Berkshire más allá de Warren Buffett

Berkshire más allá de Warren Buffett

El duradero valor de los valores

LAWRENCE A. CUNNINGHAM

Traducción de Diego Sánchez de la Cruz

EDICIONES DEUSTO

Título original: *Berkshire Beyond Buffett: The Enduring Value of Values*

Esta edición se ha publicado gracias a un acuerdo con Columbia University Press a través de International Editors and Yañez, Co.

Value School agradece especialmente la contribución de las siguientes personas a la edición de esta obra: Joaquín Aranzábal, Federico Castro-Rial Schuler, Carlos Galán, Rubén Pérez Martínez, Nicolás Albert, Manuel Pérez Segado, Miguel Ángel Martín Ollero y Rafael Rodríguez Cabrero.

Deusto es un sello editorial de Centro de Libros PAPF, SLU.
Av. Diagonal, 662-664
08034 Barcelona
www.planetadelibros.com

Diseño de colección: Sylvia Sans Bassat

Primera edición: septiembre de 2025
Depósito legal: B. 11.891-2025
ISBN: 978-84-234-3942-3
Composición: Realización Planeta
Impresión y encuadernación: Rotoprint by Domingo, S. L.
Printed in Spain - Impreso en España

A mis tres queridas chicas:
Stephanie, Rebecca y Sarah,
fuentes de valor eterno

Sumario

Parte III

Prólogo

Culturas empresariales exitosas

Warren Buffett es el inversor más estudiado y admirado del mundo de las finanzas. Se calcula que existen cerca de 300 libros sobre él y sobre todo el ecosistema de Berkshire Hathaway, su conocido vehículo inversor. Este interés pone de manifiesto la profundidad del pensamiento de Buffett, que sobresale de lo estrictamente bursátil.

Berkshire constituye un caso de éxito tremendamente singular por su duración y se erige como un objeto de estudio imprescindible para cualquier inversor, directivo o empresario con mentalidad de largo plazo y voluntad de excelencia. El texto del profesor Laurence Cunningham, que tengo el orgullo de prologar, permite explorar los hechos diferenciales que han forjado la cultura corporativa de Berkshire Hathaway y que en gran medida explican su extraordinario éxito de seis décadas batiendo al mercado.

La tesis de Cunningham, uno de los mayores expertos en la figura de Buffett, es que Berkshire ha sido capaz de dotarse de un andamiaje cultural propio que hace pensar que la compañía trascenderá a su genuino fundador, una cultura corporativa forjada a través de la conducta de Buffett y de su socio Charlie Munger a lo largo de los años que ha producido una especie de ADN empresarial propio.

Cunningham aborda la ambiciosa empresa de explicar la cultura corporativa de Berkshire. *Cultura corporativa* es una expresión siempre esquiva y sujeta a distintas interpretaciones, a partir de las pequeñas historias que hay detrás de cada una de las adquisiciones llevadas a cabo por la compañía. El resultado es una riquísima suma de pequeñas historias sobre liderazgo empresarial, negocios excelentes y empresas capaces de perdurar en el tiempo, en una narrativa similar al método del caso que se utiliza en las escuelas de negocio. En cada miniatura empresarial, Cunningham tiene la habilidad de resaltar ese elemento cultural único, esos valores capaces de forjar un negocio exitoso, así como la capacidad de Buffett para saber localizar y atraer esas pequeñas joyas empresariales hacia su paraguas inversor. A lo largo de décadas, Buffett y Munger han construido de este modo unos valores compartidos que, con el tiempo, han cristalizado en una cultura corporativa identificable.

De Berkshire, lo que llama siempre la atención es su cartera de inversiones cotizadas. Sin embargo, la clave de su desarrollo, especialmente en sus inicios, cuando operaba con una base de capital más pequeña, radica en las operaciones llevadas a cabo en los mercados privados. De hecho, una parte muy sustancial de Berkshire se asemeja a un fondo de *private equity*, con la enorme particularidad de invertir con una mentalidad de capital permanente. Berkshire es un conglomerado pensado y diseñado para maximizar el interés compuesto a largo plazo, una «colección» de negocios de calidad donde el horizonte inversor es para siempre. El paroxismo de invertir sin especular.

Éste es uno de esos libros cuyas páginas pesan y del que podríamos seleccionar multitud de elementos y lecciones de valor. Para no alargarme, me permito ahora compartir con el lector tres de mis momentos favoritos de la larga trayectoria de Berkshire.

El primero de ellos es la adquisición de See's Candies a principios de la década de 1970. Se trata de una operación relevante por ser la primera compra en la que Buffett accedió a pagar una prima en la valoración por la calidad del activo. Como en otras muchas adquisiciones de Berkshire, See's Candies era una empresa familiar, en este caso de tercera generación, que había establecido una exitosa franquicia de fabricación, distribución y venta de chocolates y bombones de alta calidad, con una cultura corporativa apoyada en la excelencia y el servicio al cliente. A finales de la década de 1960, la compañía se encontraba sin un plan de sucesión claro y se planteaba la venta en un entorno de mercado cada vez más competitivo y caracterizado por una creciente consolidación en grandes grupos. La familia propietaria pedía entonces 30 millones de dólares, algo menos si se ajustaba la posición de caja, contra un beneficio operativo (EBIT) de 4,2 y un beneficio neto de 2. Unos múltiplos de valoración sensiblemente superiores a aquellos con los que estaba acostumbrado a operar Buffett en operaciones similares. Fue entonces cuando Munger, cuyo papel ha sido esencial en Berkshire, convenció a Buffett de que el precio se justificaba por la calidad del negocio subyacente: el grupo tenía un margen bruto superior al 50 por ciento, muestra de su fuerte poder de fijación de precios, y contaba con unas excelentes perspectivas de crecimiento a largo plazo al operar entonces únicamente en unos pocos estados del Medio Oeste. Un potencial de crecimiento que, además, exigía comprometer muy poco capital. La compra se llevó a cabo en los términos que solicitaba la familia.

Durante la década siguiente, See's Candies se convertiría en la inversión más rentable de Berkshire, con un crecimiento anualizado en los beneficios del 20 por ciento, en un entorno especialmente complejo, caracterizado por un crecimiento débil y una inflación elevada. Con el tiempo, el propio Buffett reconocería que el precio pagado por la compañía fue bajo. Al margen de los suculentos beneficios reportados por See's Candies a lo largo de los años a la matriz, estimados en 1.700 millones de dólares, el gran legado de esta adquisición fue sentar un fuerte sesgo hacia la *calidad*, determinante en posteriores adquisiciones y resumido en el conocido credo de que «más vale un negocio excelente a un precio justo, que un negocio justo a un precio excelente», central en la cultura de Berkshire.

Por la misma época, encontramos otra adquisición clave: Wesco Financial. Wesco era una sociedad financiera, no muy diferente a nuestras cajas de ahorros, orientada al colectivo de veteranos del ejército estadounidense. Se trataba de una entidad tradicional, con una cultura caracterizada por la prudencia en la gestión del riesgo, y que contaba con un dueño responsable y orientado al largo plazo, la familia Casper. La sociedad Blue Chip Stamps, entonces el vehículo inversor personal de Charlie Munger, participado por la propia Berkshire, tenía un 8 por ciento de Wesco cuando, en 1973, se plantea la fusión con la Financial Corporation of Santa Barbara (FCSB). La FCSB era una entidad teóricamente similar a Wesco, pero que en la práctica no contaba con un balance tan sólido ni con un equipo directivo de tanta calidad. Por eso tanto Buffett como Munger veían injusta la ecuación de canje, al considerar que se infravaloraba Wesco y se sobrevaloraba la FCSB. Al final, convencieron a la familia Casper de retirar el plan de fusión y explorar otras alternativas de crecimiento. Este hecho propició un desplome de la acción en Bolsa, que pasó de 18 a 11 dólares en pocos días, circunstancia que muchos inversores hubieran aprovechado para consolidar una posición a fuertes descuentos. Sin embargo, Munger y Buffett, conscientes de que ellos mismos habían provocado esta situación, procedieron a lanzar órdenes de compra a 17 dólares, pagando más de lo necesario. Finalmente, Blue Chip Stamps, con el apoyo financiero de Berkshire, adquirió hasta el 80 por ciento de Wesco Financials, dando estabilidad al capital social de la sociedad y persuadiendo al competente equipo gestor de continuar al frente de la dirección operativa del negocio.

¿Por qué este sobreprecio? Buffett y Munger aprovecharon la situación para lanzar un potente mensaje al mercado sobre cómo les gustaba invertir: pagando un precio justo por los negocios, operando con mentalidad empresarial y de largo plazo, y apoyando la continuidad de equipos directivos solventes y honestos. Una *prima por integridad* que, con el tiempo, iba a convertir al conglomerado con sede en la pequeña localidad de Omaha, Nebraska, en el comprador de preferencia (*white knight*) durante las décadas siguientes para aquellos vendedores a los que Berkshire justamente quería atraer.

Por último, y relacionado con este valor de la integridad en los negocios, quisiera mencionar la participación de Berkshire en Salomon Brothers, posiblemente mi inversión favorita de Buffett por sus múltiples aristas. En 1987, en plena efervescencia de diversas OPA en Wall Street, Berkshire adquirió el 12 por ciento de Salomon, uno de los principales bancos de inversión en Estados Unidos, sustituyendo al que entonces era su principal accionista, Minorco. Buffett ejercía este papel de *white knight* apoyando al equipo directivo del banco, liderado por el peculiar John Gutfreund, para evitar la entrada de accionistas, digamos, con una mentalidad más cortoplacista. A cambio de mantener al equipo directivo sin cambios y dar estabilidad accionarial a la entidad, Buffett negoció acciones preferentes al 9 por ciento, convertibles en acciones ordinarias a plazo. Se trataba de una tesis de inversión teóricamente estable, pero que se acabó convirtiendo en un enorme dolor de cabeza tan sólo cuatro años después, cuando Salomon se vio envuelto en un sonado escándalo de malas prácticas y manipulación en el sensible mercado primario de deuda soberana estadounidense. Una situación crítica que obligó a Buffett, máximo accionista de la entidad, a asumir la presidencia interina del banco. Buffett rápidamente cogió el toro por los cuernos, renovando la plana mayor del consejo y del cuadro directivo, rodeándose de personas de inmaculado prestigio para tratar de restaurar rápidamente la reputación de la dañada entidad.

El punto determinante fue su comparecencia ante la subcomisión del Congreso encargada de investigar la mala conducta de Salomon Brothers, el 4 de septiembre de 1991. Buffett, consciente de la gravedad de los hechos en los que había incurrido la firma, empezó su testimonio pidiendo disculpas al comité y al conjunto del pueblo estadounidense por las infracciones que motivaban dicha comparecencia en su nombre y en el del conjunto de los trabajadores de la entidad. A continuación, se puso a disposición de la investigación para depurar las responsabilidades de aquellos directivos y trabajadores que habían incurrido en prácticas ilícitas y esclarecer los hechos para así también proteger a aquellos que dentro de Salomon habían mantenido una conducta íntegra. El broche vino cuando Buffett se refirió al futuro, haciendo referencia a las necesarias mejoras con respecto a las funciones de *compliance* y de cumplimiento normativo, y poniendo el énfasis en que se trata de un tema que va más allá de las normas o los procedimientos, que enlaza con la honestidad personal de cada trabajador, a los que Buffett animó a actuar como si sus acciones fuesen a ocupar los titulares de prensa del día siguiente y fuesen leídos por sus familiares y amigos, concluyendo de manera rotunda: «Perded dinero de la compañía, y seré comprensivo; perded sólo una pizca de la reputación de la compañía, y seré despiadado». Un momento estelar de Buffett que no sólo marcó *el principio del fin* en la crisis de Salomon, sino que dejaría una marca indeleble y cargada de significado en la cultura corporativa de Berkshire Hathaway.

Buena lectura.

LUIS TORRAS

Barcelona, 27 de mayo de 2024

Prólogo[1]

Es difícil remontarse a una época en la que Warren Buffett no fuera conocido. Pero, en 1986, cuando una pequeña empresa de televisión y prensa llamada Capital Cities compró la gigantesca compañía audiovisual ABC, pocas personas conocían el nombre de aquel hombre que financió el 18 por ciento del acuerdo. Apenas un pequeño número de inversores conocía su historial, Wall Street estaba empezando a familiarizarse con su nombre... pero el público en general aún no sabía nada de este analista de bajo perfil. Con el tiempo, este tipo de Omaha se convertiría en el gran maestro de los negocios en Estados Unidos y atraería la atención de los medios internacionales, ansiosos por conocer sus perspectivas. Warren Buffett hizo que los negocios fueran más comprensibles para la persona de a pie. En paralelo, se granjeó la

1. Nota del autor: después de la reunión anual de Berkshire Hathaway en 2014, le pregunté a Warren Buffett quién debería escribir el prólogo de este libro. Él sugirió inmediatamente a Tom Murphy, un legendario empresario al que él mismo me confesó que había intentado seguir a lo largo de su carrera. Más tarde, Warren me dio una explicación adicional: «La mayor parte de lo que he aprendido sobre gestión, lo aprendí de Murph. Me arrepiento de no haberlo aplicado mucho antes». Cuando se lo transmití a Tom, él modestamente evitó la idea de ser un modelo a seguir para Warren, pero aceptó escribir el prólogo de todas formas. Me siento honrado de que lo haya hecho.

atención y el respeto de las mentes financieras más sofisticadas del país.

Pero nos hemos remontado a 1986 y entonces nadie podría haber predicho lo que el futuro le depararía a Warren. En las décadas siguientes construyó una empresa valorada en más de 300.000 millones de dólares, pero lo hizo adquisición tras adquisición, operación tras operación, un logro que asombró incluso a aquéllos de nosotros que lo conocíamos desde hacía mucho tiempo. El libro de Larry Cunningham ofrece una mirada integral a muchas de las lecciones que se pueden extraer de la experiencia de Warren en la construcción de una organización diseñada para prosperar a largo plazo.

Conocí a Warren en 1969, por un amigo de la Escuela de Negocios de Harvard que invertía a través de su compañía. Supe instantáneamente lo afortunado que era mi amigo. No tardé en darme cuenta de que Warren era la persona más inteligente que jamás había conocido. No pasó mucho tiempo antes de que volara a Omaha y le pidiera que se uniera al consejo de mi empresa, Capital Cities Communications. No tuve suerte. Me dijo que mi múltiplo era demasiado alto, yo le repliqué que no era así... Luego añadió que no asumiría responsabilidades directivas, pero sí se ofreció a hacer de caja de resonancia si alguna vez lo necesitaba. Así que terminé con lo mejor de dos mundos posibles: tuve al directivo más valioso de todos... sin necesidad de que fuese realmente un directivo. ¿Se puede tener más suerte? Y, por cierto, para que conste, ¡tenía razón sobre el múltiplo!

Recuerdo lo que Warren me dijo justo antes de que se concretara el acuerdo de compra de ABC. Me advirtió de que mi feliz vida como empresario que volaba por debajo del radar, disfrutando en mi tiempo libre del pádel, estaba a punto de cambiar. Las nuevas responsabilidades que estaba por asumir aumentarían las complicaciones diarias sobre las grandes cuestiones y sobre las más pequeñas. Una cosa era segura: como jefe de una cadena de televisión, mi anonimato iba a pasar a ser cosa del pasado. ¿Estaba listo para un cambio tan rotundo?

Él mismo podría haberse hecho esa pregunta. Capital Cities se convirtió en ABC, Inc., y Warren se unió a nuestra junta directiva. Su presencia más frecuente en Nueva York y Washington, donde había formado parte de la junta de *The Washington Post*, lo expuso a la prensa nacional y atrajo cobertura mediática sobre su persona. Siguió rechazando entrevistas y compromisos para hablar en público, pero el genio había salido de la botella, y era un genio de colores y tocaba el ukelele. Mirando en retrospectiva, aquéllos de nosotros que lo conocíamos bien, sabíamos de su singularidad y atractivo, de modo que el estatus que alcanzó a nivel nacional y el consiguiente interés periodístico no fue realmente sorprendente.

Ya han pasado casi tres décadas desde que Capital Cities adquirió ABC por 3.000 millones de dólares. Dicho acuerdo fue la mayor fusión fuera del mundo del petróleo de la época, pero ha quedado eclipsada por el tamaño de las transacciones actuales. La base de negocio de Warren durante ese período ha crecido de manera exponencial. La trayectoria de Berkshire Hathaway ha sido tan consistente y fluida que la propia transición profesional de Warren ha pasado casi desapercibida. Aquel hombre que comenzó su vida empresarial como un precoz inversor dedicado a «seleccionar acciones» se ha transformado en el directivo de uno de los mayores vehículos de inversión del mundo. Este libro de Larry Cunningham narra hábilmente dicho desarrollo y, con los años de experiencia que el autor ha atesorado escribiendo sobre Warren y estudiando los negocios de Berkshire, su pluma ayuda enormemente a entender cómo ha ocurrido todo.

Las habilidades que distinguían a Warren resultaban evidentes ante los ojos de todos los que lo conocíamos desde aquellos primeros años. Me invitó a llamarlo cuando quisiese para pedirle consejo, y eso fue lo que hice. Pronto tuve una visión panorámica del amplio y matizado entendimiento de Warren sobre las perspectivas a largo plazo de un negocio. Consideraba nuestras conversaciones como si fuesen parte de la asignatura «Adquisición de empresas 1». Era una clase que Warren podría impartir con los ojos cerrados. En aquellos días, yo estaba totalmente concentrado en promover el crecimiento de Capital Cities. Tenía un gran socio a mi lado, el difunto Dan Burke, que dirigía las operaciones de la empresa, y su ayuda me daba tiempo para dedicarme a soñar. Warren reforzaba esos sueños, de modo que yo me enfocaba en encontrar canales y empresas de televisión y radio cada vez más grandes, además de periódicos y otros activos que pudiéramos comprar, mejorar y desarrollar. Warren ha hecho eso mismo a gran escala en Berkshire, con empresas repartidas por una amplia gama de sectores de actividad. Siempre estuvo disponible cuando necesité otra opinión. Aprendí mucho de él, y él, generosamente, afirma haber aprendido de mí. Gracias a mi papel como miembro de la junta directiva de Berkshire Hathaway, Warren sigue educándome y sorprendiéndome.

Warren es un estudioso del éxito empresarial y un hombre que aprecia profundamente cómo se crean y construyen los negocios, ladrillo a ladrillo, por parte de aquellos que tienen una buena idea, un impulso inconmensurable y un fuerte carácter. Ambos somos defensores de una filosofía de gestión descentralizada: creemos en contratar a las personas clave cuidadosamente, en delegar las decisiones dentro de la organización y en establecer principios generales resistiendo la tentación de involucrarse demasiado en los detalles. En otras palabras, no contrates a un perro si tú mismo quieres dedicarte a ladrar.

Sin embargo, la descentralización no es una bala mágica. Solíamos decirnos que, en el entorno equivocado, el caos y la anarquía conviven con la descentralización. Una decisión equivocada de contratación a nivel superior puede perjudicar las decisiones de contratación a niveles inferiores. Todos hemos pasado por eso. Si tenemos suerte, esos errores de juicio son pocos y se descubren rápidamente. Si no..., ya sabemos cuál es el resultado.

La descentralización funcionó bien en el caso de Capital Cities, porque la empresa era una confederación de pequeñas unidades operativas individuales, en ocasiones muy distantes entre sí. Dadas esas diferencias, era fundamental que los gerentes supieran exactamente qué queríamos que hicieran. Nos esforzamos para hacer que tuviesen conciencia sobre la necesidad de vigilar los costes, para que ese empeño fuese siempre parte integral del ADN de nuestra empresa. Queríamos que los operadores tomaran sus propias decisiones y prometimos evaluar su rendimiento a largo plazo. Subrayamos una filosofía básica de autonomía operativa en todas las reuniones de gestión, hasta el punto de que los gerentes casi podían repetir las palabras al mismo tiempo que nosotros. Todas las reuniones importantes y los informes anuales comenzaban con el siguiente credo:

> La descentralización es la piedra angular de nuestra filosofía de gestión. Nuestro objetivo es contratar a las mejores personas que podamos encontrar y darles la responsabilidad y la autoridad que necesitan para desempeñar sus funciones. Las decisiones se toman a nivel local, en consonancia con las responsabilidades básicas de la gestión corporativa. Los presupuestos, que se establecen anualmente y se revisan trimestralmente, se originan en las unidades operativas que son responsables de ellos. Esperamos mucho de nuestros gerentes. Confiamos en que sean siempre conscientes de los costes y en que reconozcan y exploten el potencial de ventas. Pero por encima de todo, esperamos que gestionen sus operaciones como buenos ciudadanos y que utilicen sus instalaciones para promover el bienestar de la comunidad.

Estos principios funcionaron bien en la práctica. Nuestros gerentes se enorgullecían de mantener bajo control los costes. De hecho, en las reuniones de presupuestos, con frecuencia nos topábamos con ejecutivos que competían por ser los más eficaces a la hora de controlar los gastos. El control de costes era la base de nuestra cultura empresarial. A partir de ahí construimos todo lo demás. Otros dos componentes hacían que todo esto funcionara. El primero era el sentido de propósito y el orgullo profesional que impulsaba el trabajo de nuestros gerentes. Eran dueños de sus resultados finales, de modo que eran propietarios de sus éxitos y de su reputación. Se lo tomaban en serio, y la independencia que les brindábamos resultaba claramente motivadora. El segundo era nuestra apuesta por compensar bien a nuestros gerentes, con un sistema de remuneración que reconocía el rendimiento y fomentaba el compromiso a largo plazo con la empresa.

Entonces llegó el año 1986 y la fusión con ABC. Cuadruplicamos el tamaño de la compañía de la noche a la mañana. Así pues, tocaba evaluar la mejor manera de combinar las dos entidades rápidamente, reconociendo que estábamos ante un cambio precipitado en la economía de nuestro negocio. Hicimos cambios en la gestión y comenzamos a ajustar el tamaño de la fuerza laboral. Comenzamos el proceso apenas días después de cerrar el trato, reuniendo a los altos directivos de ambas empresas para un encuentro de directivos fuera de la oficina.

Warren se unió a nosotros y reforzó nuestra filosofía de gestión en una sesión de preguntas y respuestas que se convirtió, con el paso del tiempo, en una tradición anual. Unos 200 gerentes comenzaron a entender las habilidades y las características que distinguen la forma de pensar de Warren. Es un maestro dotado que hace que los problemas complejos parezcan simples. Los ejecutivos quedaron impresionados por su brillantez, su sentido del humor y su capacidad para situar los temas y los eventos en un contexto histórico. Vieron que Warren es pragmático y realista, y que, en el fondo, es ante todo un optimista. Además, usaba el humor de manera muy efectiva.

En relación con la contratación, por ejemplo, solía decir lo siguiente: «Deberíais cultivar tres cualidades: integridad, inteligencia y energía». El detalle clave: «Si no tienes la primera, las otras dos te matarán».

El mensaje que transmitía cuando enunciaba esa máxima es que el carácter de los empleados es clave para construir una empresa, y ésa era también nuestra visión. Entendió que los mensajes clave deben venir siempre desde arriba, para que todos sepan lo que se espera de ellos. Estábamos todos alineados, y una de las formas que elegimos para comunicárselo a toda la organización fue leyendo nuestro credo. Lo que empezaba como «La descentralización es la piedra angular de nuestra filosofía», concluía con esta reflexión:

> Habéis oído hablar mucho sobre los beneficios. Puede que no logréis cumplir los objetivos. Además, es normal que cometáis errores, siempre que sea de forma honesta. Pero no hay segundas oportunidades en Capital Cities/ABC si os desacreditáis a vosotros mismos y a vuestra empresa al incurrir en acciones o actividades poco éticas o deshonestas.

Si yo fuera un joven o una joven que está empezando, ése es el tipo de empresa en la que querría trabajar y crecer. Espero que sintáis lo mismo.

Los valores que tratamos de inculcar en Capital Cities y ABC son similares a los que caracterizan a Berkshire Hathaway y a sus empresas. Desde fuera, puede parecer que los negocios de Berkshire, que abarcan un amplio abanico de tipos de industrias, son muy diferentes entre sí. De hecho, como explica el libro de Larry, es cierto que abarcan sectores muy diferentes, pero están unidos por ciertos valores clave, como la autonomía de gestión, el espíritu emprendedor, la austeridad y la integridad. Eso no es casualidad.

Warren quiere trabajar con personas a las que respeta y admira. Eso es muy importante para él. Por eso, por encima de todo ha buscado empresas cuyos gestores compartan sus valores, y ha consolidado esos valores para que permeen a toda la organización de Berkshire Hathaway.

Ese logro, como muestra el presente libro, contribuye significativamente a los cimientos estables de la compañía e incide directamente en su durabilidad.

Tom Murphy

Prefacio

Comencé a investigar para escribir este libro movido por la creciente paradoja que rodeaba los elogios hacia Warren Buffett. Se recalcaba que su objetivo había sido el de construir Berkshire Hathaway como una corporación perdurable en el tiempo y, sin embargo, incluso sus más grandes admiradores decían que la empresa no puede sobrevivir sin él.[2] Este tema fue uno de los asuntos centrales en la reunión anual de Berkshire Hathaway de 2013. Como accionista de Berkshire durante dos décadas, y como editor de *The essays of Warren Buffett: Lessons for corporate America*, un libro publicado por primera vez en 1997, sabía lo suficiente del tema como para creer en el futuro de Berkshire, pero me intrigaba ver que mucha gente expresaba ciertas dudas al respecto.

Aunque se ha escrito mucho sobre Buffett como persona y como inversor, ha habido menos investigaciones dedicadas a Berkshire como institución. Mi hipótesis era que Berkshire posee características distintas y una fuerte cultura corporativa que perdurarán más allá de Buffett. Sin embargo, entendí que para identificar y explicar esa cultura sería necesario mirar más allá de la filosofía de Buffett —basada en adquirir grandes empresas

2. Por ejemplo: Steven M. Davidoff, «With his magic touch, Buffett may be irreplaceable for Berkshire», *The New York Times*, 22 de mayo de 2013.

dirigidas por gestores excepcionales— y ser capaz de estudiar la corporación empezando desde arriba y examinando después sus distintas partes, centrando el tiro en las 50 organizaciones más importantes de todas las entidades controladas por Berkshire.[3]

Sabía que era posible que no encontrase lo que estaba buscando. Al fin y al cabo, quizá no existía esa cultura de Berkshire, ni tampoco un terreno común entre las diversas compañías. Los conglomerados de este tipo no tienen necesariamente culturas corporativas discernibles, especialmente si cada filial opera de manera independiente o si la lógica que hay detrás de las adquisiciones de la empresa es tan simple como comprar un buen negocio a un precio justo.

La cultura corporativa puede ser un misterio incluso en las empresas más simples. Berkshire puede parecer tan compleja como explicar los anillos de Saturno. Al inicio de mi trabajo abordé el reto revisando minuciosamente las publicaciones de Berkshire y de Buffett en busca de indicios de una cultura corporativa. Los materiales que examiné incluían los informes anuales de la compañía y las cartas de Buffett a los accionistas. Me centré, en particular, en aquellos documentos que trataban sobre las empresas adquiridas, evaluando sus historias y estudiando a sus líderes. También revisé todos los comunicados de prensa de Berkshire, especialmente los que informaban sobre adquisiciones, así como las declaraciones que aparecen en todos los informes anuales de Berkshire desde hace décadas y que describen su credo, descrito como los «principios comerciales». También me fijé en los criterios de adquisición con los que se justificaban las distintas operaciones de entrada en el capital de unas u otras compañías. Estos materiales me dieron un esbozo preliminar de la cultura de Berkshire, vista desde la perspectiva de la matriz.

Después me centré en las empresas filiales del grupo. Para las empresas que habían estado cotizadas, revisé los informes pre-

3. El número exacto de «filiales directas» de Berkshire depende de cómo se defina el concepto, ya sea desde el punto de vista jurídico, operativo o funcional. El apéndice presenta una lista compilada a partir de registros públicos que desglosa las filiales directas e indirectas.

sentados ante la Comisión de Bolsa y Valores de Estados Unidos (SEC), prestando especial atención a la información divulgada antes de su venta a Berkshire. Leí libros que perfilaban la trayectoria de dichas compañías, de sus fundadores y de sus altos directivos. Entre esos documentos, repasé autobiografías, biografías y documentos corporativos sobre la historia de las empresas y sus gestores. Estudié decenas de entradas enciclopédicas desarrolladas por redactores independientes, así como perfiles aparecidos en capítulos dispersos de una docena de libros destacados sobre el propio Buffett. Complementé toda esta investigación, que contenía perspectivas elogiosas y también miradas más críticas, con encuestas y entrevistas a decenas de directivos y consejeros que han trabajado o trabajan en las empresas de Berkshire. Asimismo, pulsé la opinión de cientos de accionistas.

Las pruebas pronto comenzaron a acumularse y a mostrar un patrón: al perfilar la compra de cada empresa, una serie de rasgos comenzaron a repetirse y resultar evidentes. En total, eran 9. No todas las filiales poseen todos y cada uno de ellos, pero muchas sí lo hacen y, además, la mayoría presenta al menos cinco de los nueve elementos identificados.[4] Además, los rasgos analizados comparten una característica común: todos son valores intangibles que los gestores han logrado transformar y traducir en valor económico. Fue así como cristalizó un retrato de la cultura de Berkshire. Es distintiva, duradera y única, y creo que será dicha cultura la que precisamente permitirá que la empresa perdure tras la partida de Buffett.

A continuación, me gustaría presentarte la hoja de ruta del contenido de este libro. La introducción brinda al lector un panorama amplio de la cultura de Berkshire y describe lo que llamo «el valor de los valores», en relación con la práctica de transformar valores intangibles en valor económico. La parte I se remonta a los poco prometedores inicios de Berkshire, repasando los diez primeros años que sentaron las bases para la formación de su cultura corporativa. A continuación se resalta la

4. Entre las filiales de Berkshire que poseen todos los rasgos culturales del conglomerado se encuentran Clayton Homes, The Marmon Group y McLane.

extraordinaria diversidad actual que uno encuentra en el seno de la corporación y se examina la noción de cultura corporativa que mantiene cohesionado el proyecto. Por el camino se presentan los perfiles culturales de algunas de las empresas controladas por la compañía matriz.

En la parte II se destila cada rasgo de la cultura corporativa de la empresa y se retratan las historias culturales de las empresas propiedad de Berkshire, mostrando cómo encajan en la cultura general de la compañía. La mayoría de estos capítulos presentan escenarios de varias empresas filiales y recogen relatos relacionados con su cultura empresarial para ejemplificar los temas y elementos comunes. Los rasgos más recurrentes aparecen repartidos por los distintos capítulos de este segundo segmento del libro, a veces insinuados, a veces recogidos de forma explícita. Las historias presentadas ilustran desafíos y contratiempos, así como fortalezas y logros alcanzados a través de distintos rasgos particulares de la cultura corporativa de la empresa. En conjunto, esto demuestra el distintivo valor económico de la cultura de Berkshire, una cuestión que sería absurdo desperdiciar.

Los capítulos finales de la parte II presentan casos de otras empresas icónicas que han perdurado a pesar del fallecimiento de fundadores idolatrados. El penúltimo capítulo ofrece una analogía entre Berkshire y su filial el Marmon Group, otro conglomerado construido por figuras ciertamente únicas, como son los hermanos Jay y Robert Pritzker. Muchos creían, erróneamente, que la firma desaparecería tras la muerte de sus fundadores. Por otro lado, el capítulo final de la parte II examina algunas de las empresas cotizadas en las que Berkshire posee una participación minoritaria. Se trata de inversiones menos significativas desde el punto de vista económico y cultural, pero que igualmente son dignas de nuestro análisis para entender lo que nos dicen sus culturas en relación con la cultura general de Berkshire. Muchas de estas historias reflejan cómo las grandes instituciones pueden trascender a las personalidades que las definen, por ejemplo, el caso de Walmart tras Samuel Walton o de The Washington Post Company tras Katherine Graham.

La parte III enfatiza que incluso las culturas corporativas

más fuertes lidian con una dificultad evidente para sostenerse por sí mismas, de modo que será necesario seguir invirtiendo en la cultura de Berkshire. Buffett ha construido una institución que puede sobrevivir a su partida, siempre y cuando sus sucesores mantengan la cultura que ha hecho que la compañía prospere. Bajo un plan de sucesión escalonado y en varias etapas, Buffett seguiría siendo el accionista mayoritario de Berkshire. Según ha indicado, tiene previsto transferir gradualmente estos títulos a organizaciones benéficas. Asimismo, hay un gran bloque de accionistas de la compañía que tienen ideas afines y cuya relevancia para la entidad ayudará a mantenerla a salvo de presiones que puedan invitar a la compañía a enfocarse en resultados a corto plazo y desviarse de su exitoso modelo de referencia.

Las inversiones y operaciones quedarán en manos de directivos elegidos dentro del actual equipo de la compañía, todos ellos experimentados y capaces, pero obligados a asumir ahora una serie de responsabilidades y tareas más desafiantes que las que ha venido enfrentando Buffett, dada la huella que ha dejado el fundador en cada paso de la construcción de Berkshire. La parte III extrae lecciones útiles para los sucesores de Buffett y ofrece conclusiones de la experiencia de Berkshire para aquellos que están fuera de la empresa, por ejemplo, negocios que deseen emular el modelo de la corporación.

Hay quien cuestiona la capacidad de la compañía para seguir a flote aludiendo a razones claramente equivocadas. La fortaleza de la cultura de Berkshire proporciona una gran seguridad interna que avala su continuación indefinida. La mayor amenaza para mantener a Berkshire como un conglomerado cotizado de resultados sobresalientes es externa. Me refiero al cortoplacismo. Sus presiones siempre van a estar ahí, tanto si Buffett se jubilase ahora como si trabajase para siempre. Este libro presenta, en esencia, un testimonio del proceso de construcción de una impresionante cultura corporativa, y advierte sobre las fuerzas externas que podrían poner en peligro dicho modelo.

Nueva York, octubre de 2014

Introducción

Berkshire Hathaway es el resultado de un accidente. Nadie lo planeó. Nunca se elaboró un plan estratégico para su desarrollo. Nació y creció con características muy inusuales, que van desde su gobernanza hasta su filosofía. Por tanto, Berkshire es un animal único en la historia corporativa que, desde sus humildes comienzos en 1965, se ha convertido en una de las corporaciones más grandes de la historia.

La empresa y su icónico líder Warren E. Buffett se hicieron famosos por su selección experta de acciones, que empezó a ser discutida ampliamente en la esfera pública durante la década de 1990. La compañía eligió participaciones minoritarias que resultaron ser apuestas muy lucrativas por empresas cotizadas como American Express, Coca-Cola, The Washington Post Company o Wells Fargo. Hoy, Berkshire es un enorme conglomerado que controla empresas repartidas por casi todos los sectores, de las finanzas a la industria manufacturera. Por ejemplo, Berkshire posee la segunda mayor empresa aseguradora de automóviles de Estados Unidos (GEICO), amén de una de las principales compañías ferroviarias transcontinentales de América del Norte (Burlington Northern Santa Fe), dos de las mayores empresas reaseguradoras del mundo (Gen Re y National Indemnity), un proveedor global de energía (Berkshire Hathaway Energy, antes conocida como MidAmerican Energy) y distintas firmas líderes en campos tan diversos como los diamantes o las casas móviles.

Si Berkshire fuera un país y sus ingresos representasen su producto interior bruto, la compañía estaría entre las 50 economías más grandes del mundo, rivalizando con Irlanda, Kuwait y Nueva Zelanda. Si fuera un territorio de Estados Unidos, Berkshire ocuparía el trigésimo lugar de la tabla, con un tamaño comparable al de Iowa, Kansas y Oklahoma. Sus filiales y empresas emplean a más de 300.000 personas, una cifra similar a la población de la ciudad de Pittsburgh. Entre las corporaciones estadounidenses, Berkshire Hathaway solamente se ve superada en cuanto a su tamaño por un puñado de gigantes corporativos de la talla de ExxonMobil y Walmart (dos empresas de las que Berkshire posee una participación minoritaria). Por sí solo, el efectivo que maneja la compañía (en los últimos años, alrededor de 40.000 millones de dólares) supera los activos totales de casi todas las corporaciones estadounidenses de mayor tamaño, a excepción del de las 100 más grandes.

Berkshire ha batido al mercado de valores, ofreciendo mayores rentabilidades a sus accionistas, el 80 por ciento del tiempo desde su fundación, a menudo con tasas de doble dígito. Hasta el año 2013, la rentabilidad anual promedio de Berkshire fue del 19,7 por ciento, más del doble del índice Standard & Poor's 500, que sirve como muestra representativa del desempeño de las acciones de empresas cotizadas en la Bolsa estadounidense. Con un valor de mercado de 300.000 millones de dólares, Berkshire ha generado un notable enriquecimiento para trabajadores, clientes, proveedores y otras partes interesadas, no solamente de forma directa, sino también indirecta.

Gracias al desempeño de Berkshire, Buffett es muchas veces milmillonario. Sus accionistas a largo plazo son también multimillonarios y milmillonarios gracias al éxito de la corporación.[5]

5. Muchos accionistas de Berkshire se hicieron milmillonarios o casi gracias a su participación en la compañía, entre ellos: Warren E. Buffett, David S. (*Sandy*) Gottesman, Homer y Norton Dodge (los primeros inversores en la compañía), Stewart Horejsi (que adquirió 4.300 acciones en 1980), Charles T. Munger, Bernard Sarnat (primo político de Benjamin Graham) y Walter Scott

Las empresas de Berkshire también han generado un notable enriquecimiento que va más allá de sus fundadores y altos ejecutivos.[6] Ciudadanos comunes han acumulado gran riqueza a través de las numerosas oportunidades de negocio que ofrecen estas empresas. Buenos ejemplos de ello los tenemos con apuestas de Berkshire tan diversas como la empresa de distribución de pinturas Benjamin Moore, los centros de ventas de productores de casas prefabricadas Clayton Homes,[7] las franquicias de la cadena de restaurantes Dairy Queen,[8] los consultores de cocina vinculados a The Pampered Chef[9] o los vendedores de productos fabricados por Scott Fetzer Companies, responsables de bienes de consumo tan dispares como las aspiradoras Kirby, las enciclopedias World Book o los cuchillos Ginsu.

A pesar de los logros sustanciales que ha cosechado Berkshire, lo que sigue siendo un misterio es saber cómo funciona tan exitosamente, dado que la corporación está compuesta por un grupo muy diverso de entidades. Superficialmente, parece no haber un terreno común entre todas estas filiales. Además de una

---

Jr. Otros se hicieron milmillonarios por otras vías, como William H. *Bill* Gates III. Ver: Richard Teitelbaum, «Berkshire billionaire found with more shares than Gates», *Bloomberg News*, 17 de septiembre de 2013.

6. Muchos fundadores o ejecutivos de filiales de Berkshire se enriquecieron de forma independiente creando esos negocios. La lista incluye a varios multimillonarios que figuran en el ranking Forbes 400, que clasifica a los mayores patrimonios del mundo. Entre los milmillonarios (o quienes rozan dicho estatus) figuran casos como los de Harold Alfond, ya fallecido, de Dexter Shoe; Jim Clayton, de Clayton Homes; William Child, de R. C. Willey; Doris Christopher, de The Pampered Chef; Barnett Helzberg Jr., de Helzberg's Diamond Shops; Lorry I. Lokey, de Business Wire; Drayton McLane, de McLane Co., Inc.; Jay y Robert Pritzker, ya fallecidos, de The Marmon Group; Richard Santulli, de NetJets; Al Ueltshci, ya fallecido, de FlightSafety; y Stef Wertheimer, de ISCAR/IMC.

7. Ver: Jim Clayton y Bill Retherford, *First a dream*, FSB Press, Estados Unidos, 2002, p. 260.

8. John W. Mooty, en entrevista telefónica con el autor, el 2 de octubre de 2013.

9. Ver: Doris Christopher, *The Pampered Chef*, Doubleday, Estados Unidos, 2005, p. 123. («Nuestros vendedores pueden obtener ingresos de seis cifras [...] sin apenas arriesgar capital.»)

cartera de inversión compuesta por participaciones minoritarias en decenas de empresas cotizadas, Berkshire posee la titularidad de otras 50 compañías que, a su vez, controlan al menos otras 200 firmas. El imperio corporativo abarca, pues, más de 500 entidades mercantiles que operan en cientos de líneas de negocio diferentes. Esta larga lista aparece en el apéndice del libro.

La mayoría de estas compañías son de baja tecnología, caso de Acme Brick, que fabrica y distribuye ladrillos, aunque otras de sus filiales son firmas de alta tecnología, como FlightSafety, que utiliza complejos simuladores de vuelo para entrenar a pilotos de aerolíneas comerciales, o MiTek, que fabrica dispositivos de ingeniería avanzada para la industria de la construcción. Algunas, como Gen Re y National Indemnity, brindan servicios financieros sofisticados a corporaciones multinacionales como Ford Motor Company y PepsiCo, mientras que otras, como Clayton Homes, otorgan préstamos sencillos a estadounidenses de clase media que compran viviendas prefabricadas. Dentro de Berkshire hay varios conglomerados integrados, como el Marmon Group, que está involucrado en más de 100 líneas de negocio, y Scott Fetzer. Asimismo, la cartera también incluye muchas pequeñas empresas familiares, como Fechheimer Brothers, que fabrica uniformes policiales, o incluso una línea de ropa deportiva de Berkshire Hathaway.

Pese a esta diversidad, una mirada cercana a las filiales de Berkshire y los objetivos de la empresa en el momento de su adquisición por parte del conglomerado de Buffett revela una serie de rasgos comunes distintivos. El filtro más importante que Berkshire aplica al evaluar una posible adquisición pasa por determinar si la empresa tiene formas de proteger su capacidad para generar beneficios. Los expertos de gestión se refieren a éstas como «barreras de entrada», que dificultan a los competidores arrebatar su cuota de mercado. El profesor Michael Porter acuñó la expresión *ventaja competitiva sostenible* para transmitir una idea similar sobre la durabilidad del valor empresarial.[10] Buffett

10. Ver: Michael E. Porter, *Competitive advantage: Creating and sustaining business performance*, Free Press, Estados Unidos, 1998.

prefiere emplear imágenes medievales, describiendo un negocio como un «castillo» y aludiendo a esas barreras y ventajas como «fosos» defensivos, aludiendo a los fosos que se excavaban alrededor de los castillos para llenarlos de agua y defenderse mejor de los invasores. Un rasgo común predominante en las empresas de Berkshire es que todas tienen un buen foso.

En Berkshire, las barreras de entrada son muy fuertes en el caso de empresas como Burlington Northern Santa Fe Railway o Berkshire Hathaway Energy, cuya operativa es tan costosa de replicar que, en la práctica, podríamos hablar de «monopolios naturales», aquellos servicios de los que la sociedad se beneficia más cuando los presta un único operador en lugar de múltiples competidores. Esto es debido a que la inversión requerida es muy grande en relación con unas rentabilidades muy bajas. Otras empresas de Berkshire mantienen ventajas competitivas a través de las estrechas relaciones que mantienen con sus clientes. Por ejemplo, las empresas químicas de Lubrizol colaboran con los fabricantes de equipos o las empresas que aplican el petróleo al desarrollo de nuevos productos, mientras que los expertos en logística de McLane, un mayorista de comestibles que también se encarga de su distribución, se asocian con sus clientes minoristas para apuntalar la gestión de sus tiendas. La lealtad a la marca es el foso propio de otras filiales de Berkshire, como vemos en los casos de Brooks (calzado deportivo), Fruit of the Loom (ropa interior), Justin (botas vaqueras), NetJets (servicios de propiedad fraccionada de aeronaves) o See's (dulces).

Cada negocio necesita un foso para perdurar y prosperar. Berkshire también necesita uno para superar a sus rivales en adquisiciones e inversiones. Si cada filial debe tener un foso, cabe plantearse cuál es el foso de la propia Berkshire. Una respuesta tentadora consistiría en decir que ese foso es Warren Buffett, pero el argumento que presento en este libro plantea que, en realidad, se trata de mucho más que eso. Tiene sentido que así sea, porque la mortalidad sugiere que ninguna persona puede ser verdaderamente un foso, en la medida en que tal circunstancia impide tener una ventaja duradera.

Algunos consideran la identidad de Buffett como un factor negativo para el futuro de Berkshire. Por ejemplo, la agencia de calificación crediticia Fitch considera que es un riesgo para la empresa que Buffett sea una «figura clave» en su operativa, apuntando al respecto que la «capacidad de Berkshire para identificar y comprar empresas atractivas está íntimamente ligada a Buffett».[11] Cuando no se puede separar la identidad de una empresa de la de su líder, la durabilidad de la empresa se ve cuestionada.[12]

En sentido contrario, una empresa puede demostrar su sostenibilidad si logra prosperar a través de una sucesión de liderazgos, trascendiendo incluso a los administradores más icónicos. Burlington Northern Santa Fe (BNSF), una amalgama empresarial cuya creación data de 1849, ilustra este punto a la perfección. Uno de sus primeros líderes fue el magnate ferroviario del siglo XIX James J. Hill, quien insistió en que una empresa logra «valor permanente» sólo cuando «ya no depende de la vida o el trabajo de ningún individuo».[13] Hay abundantes ejemplos de ello en las empresas familiares multigeneracionales que figuran entre las compañías de Berkshire. Esto incluye a compañías que se encuentran ya en la cuarta o incluso la quinta generación, así como a muchas que ya están en su segunda o tercera generación. Resulta evidente, pues, que hay una impresionante concentración de longevidad en todo el proceso, ya que la mayoría de las empresas familiares fracasan. De hecho, solamente el 30 por ciento sobrevive a la segunda generación, el 15 por ciento sigue en pie tras la tercera y apenas el 4 por ciento se mantiene en la cuarta.[14]

Las transiciones de liderazgo no necesitan ser suaves para dar fe de la durabilidad corporativa. Numerosas empresas pro-

11. Ver: «Fitch downgrades Berkshire Hathaway», *CPI Financial*, 16 de marzo de 2009.

12. Craig E. Aronoff y John L. Ward, *Family business values*, Palgrave MacMillan, Reino Unido, 2001, 2011, p. 14.

13. Lawrence H. Kaufman, *Leaders count: The story of BNSF Railway*, Monthly Custom Publishing/Texas A&M University Press, Estados Unidos, 2005, pp. 20-21.

14. Citas ampliamente divulgadas. Ver, por ejemplo: Keanon J. Alderson, *Understanding the family business*, 2011, p. 57.

piedad de Berkshire han experimentado una alta rotación en los cargos principales, tanto antes como después de ser adquiridas por la compañía de Buffett. En tiempos recientes, ya bajo propiedad de Berkshire, se han dado varios cambios abruptos que han reemplazado al consejero delegado responsable de firmas como Benjamin Moore, Gen Re y NetJets, por citar sólo algunas. Un ejecutivo que ha formado parte del equipo gestor de BNSF a lo largo de los últimos años reflexionó así sobre las tribulaciones que enfrentó la empresa en su primer siglo y medio de vida: «Ésta es una compañía maravillosa, y el hecho de que haya sobrevivido tanto y siga en la posición en que está es un tributo a lo buena que es realmente la empresa y la gente que la conforma».[15]

Por lo tanto, el «foso» de Berkshire no puede ser Warren Buffett. Una posibilidad tentadora, entonces, pasaría por considerar que dicha barrera se da merced al poder y los recursos financieros de las compañías de seguros que controla la compañía. Estas firmas poseen fosos muy notables. GEICO es la aseguradora de automóviles líder en el segmento de bajo coste, mientras que Gen Re y National Indemnity cuentan con reputaciones que avalan su prudencia en la suscripción de riesgos, propiciando una inmensa solidez financiera. Todas estas compañías perciben un volumen de negocio en concepto de primas que supera holgadamente los gastos asociados a sufragar los costes derivados de accidentes, siniestros y demás supuestos cubiertos por este tipo de producto. Ello produce fondos disponibles para invertir a coste cero, conocidos como capital «flotante», puesto que las primas son retenidas por la aseguradora y no se desembolsan hasta que se pagan las reclamaciones pertinentes. Por otro lado, ninguna compañía de seguros es inmune al desastre y tanto GEICO como Gen Re han experimentado dificultades que amenazaron su existencia en distintos momentos de su historia. Sin embargo, estas compañías de seguros son impresionantes y el capital flotante que generan proporciona una amplia base para invertir en sus filiales o en otras empresas. Pero lo cierto es

15. Kaufman, *Leaders count...*, *op. cit.*, p. 340 (citando a Grinstein).

que, si bien las empresas de seguros *contribuyen* al foso de Berkshire, esto no significa que lo definan.

Del mismo modo, las posiciones de inversión de Berkshire amplían el foso de la corporación, pero no lo constituyen porque, incluso sin ellos, la compañía sería formidable. Las participaciones a largo plazo en acciones cotizadas rara vez han representado el grueso de su balance y hoy en día suponen apenas una fracción (para ser exactos, aproximadamente una quinta parte de sus activos y alrededor de una décima parte de sus ingresos).[16] Además, a pesar de la baja rotación de muchas de estas posiciones, Berkshire no controla estas inversiones de la misma manera que hace con sus empresas filiales. De hecho, Berkshire sigue poseyendo cada compañía adquirida desde 1970 y, sin embargo, entre los cientos de valores cotizados reportados en su cartera a lo largo de los años, algunos ya no existen (por ejemplo, F. W. Woolworth), mientras que otros fueron adquiridos (por ejemplo, Beatricc Foods, General Foods). Asimismo, muchas de sus posiciones de inversión en empresas cotizadas en Bolsa han sido liquidadas (por ejemplo, es el caso de Freddie Mac, McDonald's o The Walt Disney Company). Sin duda, las inversiones aumentan la fortaleza de Berkshire, pero, al igual que vimos en el caso de las compañías aseguradoras, esta parcela del negocio explica solamente una parte de la historia.

Entonces, ¿cuál es el foso de Berkshire? La respuesta: la distintiva cultura corporativa de la compañía. Durante los últimos 50 años, Berkshire ha asumido el control de un grupo de empresas de desconcertante variedad. Sin embargo, todas están unidas por un conjunto de valores fundamentales muy específicos. El resultado que se deriva de esta circunstancia no es otro que el desarrollo y la consolidación de una cultura corporativa única. He ahí el foso de Berkshire.

16. Ver los estados financieros del informe anual de Berkshire Hathaway de 2013: *Berkshire Hathaway Annual Report, Financial Statements*, 2013, pp. 28-29. (El balance cifra el valor de mercado de los títulos de renta variable en 115.000 millones de dólares, con unos activos totales estimados, a valor contable, en 485.000 millones. La cuenta de resultados indica unas ventas totales de 182.000 millones, con 15.000 millones procedentes de inversiones.)

La cultura de Berkshire ofrece valor a sus adquisiciones empresariales, lo que a su vez mejora la posición competitiva de la corporación frente a posibles compradores rivales. Un ejemplo de los muchos que podríamos citar lo tenemos en una operación que data de 1995, cuando Berkshire adquirió RC Willey, un minorista de muebles de propiedad familiar. Lo hizo pagando un precio un 12,5 por ciento inferior al de otra oferta rival. Berkshire pagó 175 millones de dólares, superando ofertas que excedían los 200 millones.[17] Los propietarios eligieron Berkshire debido a sus valores culturales, incluida su reputación de integridad, la manera en que brinda autonomía operativa a sus gerentes y un firme compromiso de mantener para siempre la propiedad de las empresas que adquiere.[18]

El intercambio de valores es un proceso bidireccional. En 2011, Berkshire adquirió Burlington Northern Santa Fe Railway, una empresa cotizada que entonces formaba parte del S&P 500. Berkshire pagó 100 dólares por acción, aunque Buffett dijo que su valor estaba más bien cerca de los 95 dólares.[19] Muchos observadores quedaron desconcertados, pero el valor de los valores explica la diferencia del 5 por ciento abonado por la empresa. Cuando compradores y vendedores estiman el valor de un conjunto específico de intangibles, como lo hacen Berkshire y sus filiales, emerge como resultado un rango de precios más amplio, dentro del cual se puede concretar un acuerdo.[20]

17. Jeff Benedict, *How to build a business Warren Buffett would buy: The R. C. Willey story*, Shadow Mountain, Estados Unidos, 2009, p. 1.

18. Ibídem.

19. Berkshire-BNSF Joint Prospectus and Proxy Statement, 23 de diciembre de 2009, pp. 35-39.

20. Encontré una analogía con las diversas transacciones que se tratan en este libro al analizar mi propia vida.

Empecé mi carrera como un abogado de empresa bien remunerado en el próspero bufete neoyorquino Cravath, Swaine & Moore. Allí al menos tenía algunas perspectivas de llegar a ser socio y excelentes posibilidades de llegar a serlo en algún otro bufete si dejaba Cravath. Entonces apareció un futuro diferente: un puesto de profesor, primero en la Escuela Cardozo de Derecho de la

En las adquisiciones corporativas, es común llegar a un acuerdo sobre el precio mediante una comprensión reflexiva de los objetivos de cada una de las partes. Si las dos partes no pueden ponerse de acuerdo sobre el precio, el vendedor puede retener algunas responsabilidades contingentes, o quizá el comprador puede proponer la exclusión de algunos activos de propiedad intelectual (por ejemplo, las patentes de la firma). Dado que estos elementos son valorados de manera diferente —con distintos *apetitos* y perfiles de riesgo divergentes—, tal negociación puede inducir a llegar a un acuerdo sobre el precio.[21] Berkshire, por el contrario, crea escenarios en los que los intangibles sustituyen al

---

Universidad Yeshiva y, más tarde, en el Boston College y en la Universidad George Washington.

Los sueldos de los socios de Cravath y de otros bufetes privados empequeñecen los de GW, BC o Cardozo. Pero el puesto de catedrático tiene valores compensatorios, como la titularidad y la libertad académica. Cambié un sueldo más alto en parte por esos compromisos de permanencia y autonomía. Los vendedores de empresas que traspasan sus compañías a Berkshire hacen un cálculo similar, al aceptar menos dinero en metálico o en acciones a cambio de los compromisos de permanencia y autonomía, así como los demás valores que ofrece la cultura de Berkshire.

Habrá quienes dirán que comparar pagos en efectivo con tales valores intangibles es como comparar peras y manzanas. Dirán que los valores son imposibles de medir. Argumentarán que, mientras el dinero es fácil de medir, lo demás se calibra a partir de cuestiones totalmente diferentes. Desde este punto de vista, no es posible asignar simplemente a los intangibles un valor monetario inferido de cuánto se paga de más o de menos al tomar en cuenta el intercambio de valores y descontarlo de lo que sería un precio de mercado sin más.

Pero el «precio» de la autonomía o la permanencia no puede reducirse fácilmente a términos monetarios. (La dificultad recuerda a los clásicos anuncios de una tarjeta de crédito en la que nos muestran una serie de bienes y sus precios, diciendo que «una película cuesta 10 dólares, las palomitas 5... pero el tiempo compartido con la familia no tiene precio».) Ciertamente, traducir esos intangibles a un valor monetario no es lo mismo que calcular el valor actual de una renta vitalicia o un patrón de flujo de caja, pero hablamos de aspectos que incrementan las posibilidades de que dos partes que negocian la adquisición de una compañía puedan llegar a un acuerdo.

21. Ver: Dale A. Oesterle, *The law of mergers & acquisitions*, 3.ª ed., West Group, Estados Unidos, 2010 (en relación con esta y otras operaciones).

dinero. Benjamin Graham, el mentor intelectual de Buffett y autor de renombrados libros sobre inversión, enseñó a Buffett a buscar inversiones donde el precio fuera significativamente inferior al valor, proporcionando un margen de seguridad.[22] El precio es lo que pagas; el valor es lo que obtienes, medido generalmente por las ganancias o los activos netos. Con Berkshire, hay que aumentar el lado del valor en la ecuación más allá de las ganancias y los activos netos. Esto permite incluir en el cálculo los rasgos culturales intangibles. Las personas valoran estas cosas de manera diferente, al igual que los compradores y vendedores estiman de manera diferente las responsabilidades contingentes o la tecnología de patentes.

Berkshire merece crédito por este logro en materia de creación de valor. Es como si Buffett hubiera descubierto que aplicar el margen de seguridad precio-valor de Graham deja una pequeña cantidad de adquisiciones potenciales y, consciente de ello, el alumno perfeccionó el modelo de negocio transmitido por el maestro, aumentando el elemento de valor. Esto permite a Berkshire pagar un precio más bajo o aceptar el pago de una prima, dependiendo del contexto y de los perfiles implicados en cada acuerdo.

Puede que Buffett perfeccionara este modelo en Berkshire, pero el valor de estos valores trasciende a cualquier persona. Las filiales de Berkshire disfrutan también de valor económico como resultado de sus valores intangibles, como ilustran las historias que recoge este libro, y los valores compartidos entre ellas dan forma a una cultura corporativa distintiva y duradera para Berkshire.

22. Ver: Warren E. Buffett, «The superinvestors of Graham-and-Doddsville», *Hermes, The Columbia Business School Magazine*, 1984. Entre los libros de Graham, destacan: *Security analysis* (junto a David Dodd), *The intelligent investor* o *The interpretation of financial statements*. Ver: Lawrence A. Cunningham, *How to think like Benjamin Graham and invest like Warren Buffett*, McGraw Hill, Estados Unidos, 2001. Ediciones Deusto publicó en 2022 las obras completas de Benjamin Graham traducidas al castellano.

Parte I

1

Orígenes

En 1956, con sólo 26 años, Warren Buffett formó Buffett Partnership Ltd., una firma de inversiones dirigida desde su ciudad natal, Omaha. Su filosofía consistía en encontrar empresas cuyo precio estuviera por debajo de su valor contable. Las oportunidades de acceder a este tipo de gangas eran comunes en aquel momento y generaban ganancias notables, aunque algunas de ellas fracasaron con el paso del tiempo porque carecían de ventajas competitivas duraderas. Una de esas empresas, de la cual Buffett tomó el control en 1965, fue Berkshire Hathaway, Inc.

En el momento de su adquisición, Berkshire Hathaway era una fábrica textil de Nueva Inglaterra. Era el producto de una fusión pactada en 1955 entre dos empresas cuyos orígenes se remontaban al siglo XIX: Berkshire Fine Spinning Associates, una amalgama de empresas textiles que echó a andar en 1929 e incluía en su seno a Berkshire Cotton Manufacturing Company, una compañía fundada en 1889, y Hathaway Manufacturing, creada en 1888. A través de la fusión de 1955, el control de Berkshire Hathaway estaba repartido entre dos familias, los Chace y los Stanton, que habían sido propietarias durante generaciones de sus respectivas empresas constituyentes.

Estas empresas de fabricación textil habían sido muy distinguidas, pero lidiaban con una feroz competencia, en gran parte debido a sus menores costes laborales, circunstancia que tenía mucho que ver, en primer lugar, con los productores del sur de Estados Unidos y, después, con el auge de nuevos fabricantes radicados en el extranjero. Berkshire Hathaway sobrevivió reduciendo costes, cerrando fábricas y despidiendo a trabajadores. Los Stanton, especialmente los hermanos Otis y Seabury, discutían entre ellos y se enfrentaban con los Chace a la hora de determinar qué estrategia debían seguir, preguntándose, por ejemplo, cuánto debían reinvertir en un negocio que parecía ir en decadencia. La empresa estaba en Bolsa, pero sus títulos apenas se negociaban, de modo que las cotizaciones estaban infravaloradas y se movían entre un tercio y la mitad de su valor contable. En 1965, el valor contable era de 19,24 dólares por acción, lo que arrojaba una valoración de 22 millones de dólares para toda la empresa.

Buffett oyó hablar dc Berkshire por primera vez una década antes, mientras trabajaba en la firma de inversión Graham-Newman a las órdenes de su mentor, Benjamin Graham. Buffett había adquirido una participación en Berkshire Hathaway en 1962 y los corredores de Bolsa le informaron sobre la posibilidad de comprar bloques más grandes de acciones a precios que se situaban por debajo de los 8 dólares por acción. Berkshire recompraba acciones periódicamente, de modo que Buffett calculó que podría comprar un bloque de esas acciones con descuento y venderlo a un precio más alto cuando la compañía volviera a recomprar. En un momento en que la acción se negociaba a menos de 10 dólares, Seabury Stanton le preguntó a qué precio vendería su bloque. Buffett dijo que lo haría a 11,50 dólares. Seabury buscó entonces que Buffett le prometiera vender si la empresa le hacía una oferta por esa cantidad, pedido que el de Omaha aceptó. Pensando que tenían un acuerdo, Buffett dejó de adquirir acciones. Sin embargo, tiempo después, la empresa le ofreció un precio de 11,38 dólares por sus títulos. Buffett pensó que lo estaban engañando.

Como respuesta a esta maniobra, Buffett dio un giro, compró más acciones y persuadió a Otis Stanton y, finalmente, a Seabury Stanton para que le vendieran más títulos de la compañía. Desde ese momento, Buffett decidió familiarizarse mejor con su inversión. Visitó las fábricas de Berkshire, recorrió sus plantas de producción y entrevistó a los gerentes. Son ejercicios convencionales entre los compradores de negocios, pero Buffett rara vez repitió este tipo de acciones a lo largo de su carrera. Allí aprendió bastante sobre la fabricación textil y llegó a admirar el talento de su guía en aquellas visitas, el vicepresidente responsable de fabricación, Kenneth V. Chace (cuyo apellido es fruto de una mera coincidencia, puesto que no estaba relacionado familiarmente con los propietarios). Una vez que Buffett Partnership obtuvo una participación de control en el accionariado de Berkshire, los Stanton renunciaron a la dirección. Buffett fue elegido administrador y la junta nombró a Ken Chace como presidente.

La prensa local retrató la adquisición de Berkshire Hathaway por parte de Buffett como una operación hostil, alimentando rumores de que Buffett era un «artista» de las operaciones de adquisiciones que estaba preparado para acelerar la liquidación de aquella empresa en apuros. Buffett se horrorizó ante la perspectiva de acabar ganándose una reputación como ésa y se esforzó por evitar comportarse como tal. Sin embargo, la operativa textil de Berkshire siguió disminuyendo durante años, conforme las fuerzas de la globalización golpeaban al sector. Los productores rivales trasladaron la fabricación al extranjero, donde los costes laborales eran más bajos y la operativa exportadora resultaba barata gracias a contenedores intermodales cada vez más versátiles. Incluso tras un ajuste corporativo y las pérdidas que asumieron los accionistas, Berkshire se vio obligada a reducir gradualmente sus operaciones durante la década de 1970. Buffett cerró las fábricas definitivamente en 1985.

La adquisición de Berkshire fue una gran experiencia de aprendizaje para Buffett. Aprender qué no hacer es, a veces, la mejor lección posible. Desde entonces, estableció como política de Berkshire no participar en adquisiciones hostiles y se prometió que nunca liquidaría una empresa filial que hubiese adquirido para el conglomerado. Como regla, Berkshire sólo compraría empresas con gerentes de primer nivel al frente, para evitar tener que reorganizar los equipos de gestión. Sobre todo, Berkshire quería centrarse en buscar negocios con valor económico a largo plazo. A cambio, estaba dispuesto a pagar un precio justo. La angustia de cerrar el negocio textil forjó el compromiso de Buffett con la permanencia. A mediados de la década de 1980, Berkshire se deshizo de otros negocios fallidos que Buffett Partnership había adquirido inicialmente, por ejemplo, las cadenas de grandes almacenes Diversified Retailing, Associated Retail Stores y Hochshild Kohn. Luego renunció a seguir haciéndolo.

Buffett dice que le habría ido mucho mejor si nunca hubiera oído hablar de Berkshire Hathaway. Pero las lecciones aprendidas de esa primera adquisición dejaron una huella imborrable en lo que la empresa llegó a ser con el paso del tiempo.

A pesar de que las operaciones textiles de Berkshire Hathaway continuaban deteriorándose después de 1965, Buffett estaba construyendo simultáneamente lo que se convertiría en una gran compañía de la industria de los seguros, una fortaleza en el campo de las inversiones y, quizá, el conglomerado más inusual de la historia. En 1967, Berkshire adquirió dos empresas de seguros con sede en Omaha: National Indemnity Company (NICO) y National Fire & Marine Insurance Company. Cerró la operación por un total de 8,5 millones de dólares.

Estas operaciones de seguros proporcionaron una fuente de capital, ya que los clientes pagan primas que la aseguradora retiene hasta que algunos de estos fondos deben ser desembolsados para cubrir reclamaciones y reembolsos. Como inversor, Buffett apreciaba esta fuente de capital, conocida como flotante. Durante las cinco décadas siguientes, Berkshire utilizó ese capital flotante de tres maneras: para reinvertir en esas mismas empresas de seguros y hacerlas crecer, para comprar participaciones minoritarias en compañías más grandes y para adquirir filiales bajo el modelo de propiedad total.

Durante la década de 1970, Berkshire utilizó gran parte del considerable capital flotante que NICO y sus otras aseguradoras habían generado para expandir la operativa de seguros de su incipiente conglomerado. Uno de estos movimientos incluyó la adquisición de una participación minoritaria en Government Employees Insurance Company (GEICO). Para fortalecer los recursos de capital y ampliar el alcance de las pólizas, Berkshire formó o adquirió muchas otras empresas de seguros, todas ellas viables aún hoy en día.[23]

Pero el interés de Buffett no se limitaba sólo a las empresas de seguros. Entre las primeras adquisiciones no relacionadas con seguros de Berkshire estuvo Sun Newspapers of Omaha, Inc., un grupo de semanarios locales adquiridos en 1969. Un residente de Omaha que, además, era amigo de la familia Buffett, Stanford Lipsey, dirigía la empresa. Aunque la compañía nunca fue significativa financieramente hablando, sí le aportó un prestigio adicional a Berkshire.[24] En 1973, Sun ganó un premio Pulitzer por una serie de reportajes sobre Boys Town, un orfanato ubicado a las afueras de Omaha e inmortalizado en la película del mismo nombre de 1938, protagonizada por Spencer Tracy, que interpretó el papel de su visionario fundador, el padre Edward J. Flanagan. El orfanato ocupaba un amplio campus escolar, gracias a interminables campañas de recaudación de fondos que apelaban tanto a la noble misión del centro como a la supuesta persistencia de una situación financiera precaria. En 1972, pues, muchos conocían su excelente programa social, pero pocos sabían que el patrimonio de la institución superaba los 200 millones de dólares.[25] El público descubrió esta verdad —así como distintos problemas de mala gestión— gracias al reportaje de investigación que publicó Sun Newspapers.

La industria periodística también estuvo entre las primeras inversiones en acciones cotizadas que acometió Berkshire. En 1973, la compañía adquirió una participación minoritaria en The Wash-

23. Entre estas empresas que siguen activas, se encontraban Columbia Insurance Company, Cornhusker Casualty Company, Continental Divide Insurance Company, Cypress Insurance Company, National Fire & Marine (NFM) Insurance Company of Kansas y Redwood Fire & Casualty Insurance Company.

24. Berkshire vendió este negocio en 1981 a Bruce Sagan. La operación se produjo años antes del cierre del negocio textil de Berkshire, que tuvo lugar en 1985 y a raíz del cual se cimentó una política de nunca vender filiales.

25. Alice Schroeder, *The snowball: Warren Buffett and the business of life*, Bantam, Estados Unidos, 2008, p. 359. (La cifra exacta que aporta el libro es de 209 millones de dólares.)

ington Post Company, una empresa controlada por la familia Graham que llevaba el nombre del periódico metropolitano que poseía. La matriarca de la familia, Katherine (*Kay*) Graham, sacó la empresa a Bolsa en 1971, vendiendo acciones de Clase B que estaban, en gran medida, en manos de sus empleados.

Aunque procedió a adquirir bloques de acciones en el mercado abierto, Buffett aseguró a Graham que respetaba las tradiciones familiares y la gestión de la compañía, y que no deseaba interferir en ninguna de ellas.[26] A lo largo de las décadas siguientes, los dos desarrollaron una relación que podría considerarse como modélica, merced a la combinación de la influencia de un perspicaz accionista con un administrador orientado a generar valor para los propietarios. Graham buscaba el consejo de Buffett, y él respaldaba sus decisiones.[27]

Durante las primeras etapas de la década de 1970, Berkshire hizo otra gran inversión que, a la sazón, resultó definitoria para la cultura corporativa de la firma cuando adquirió la mayoría de las acciones de Blue Chip Stamps. La empresa tenía algo en común tanto con el negocio textil de Berkshire como con sus compañías de seguros: al igual que las aseguradoras, generaba capital flotante, y al igual que el negocio textil, estaba en declive.

Los cupones comerciales eran un dispositivo de marketing popular en las décadas de 1950 y 1960. Compañías como Sperry & Hutchinson (S&H), Green Stamps o la propia Blue Chip Stamps vendían cupones a minoristas. Estaciones de servicio o tiendas de comestibles los distribuían a sus clientes en proporción a las ventas que realizaban. Los clientes canjeaban los cupones acumulados por una selección de bienes de consumo, como cafeteras y tostadoras. Las empresas de cupones obtenían efectivo de los minoristas por adelantado, pero no incurrían en el pago de los costes de los premios obtenidos hasta el momento del canje, creando así capital flotante que se podía invertir.

26. Ibídem.

27. Katharine Graham, *Personal history*, Vintage, Estados Unidos, 1998, pp. 511-515 y 530-537; Deborah A. DeMott, «Agency principles and large block shareholders», *Carlozo Law Review*, 19 (1997), pp. 321-340.

Un grupo de minoristas de California formó Blue Chip como una alternativa a S&H y, con el tiempo, monopolizó el mercado en dicho territorio de la Costa Oeste. Sus rivales, incluido S&H, demandaron a Blue Chip por daños y perjuicios. El gobierno exigió a la compañía vender gran parte de su propiedad a partes no relacionadas, lo que hizo que Buffett pudiese beneficiarse de una oportunidad de inversión que también aprovecharon muchos otros, como, por ejemplo, el gerente de una sociedad de inversión de California, Charles T. (*Charlie*) Munger, un polímata que en 1962 también cofundó un bufete de abogados con sede en Los Ángeles (el hoy prominente Munger, Tolles & Olson).[28] A través de Berkshire y de otros vehículos, Buffett se convirtió en el mayor accionista de Blue Chip; el segundo era la sociedad de Munger.[29]

En virtud de sus respectivas inversiones en Blue Chip, Buffett y Munger se convirtieron en socios de negocios y comenzaron una amistad que ha durado hasta que este último murió. Munger, nativo de Omaha, vivía entonces en Pasadena, California. Contribuyó a la cultura de Berkshire desde el principio. Animó a Buffett a adoptar una visión a largo plazo de las oportunidades de negocio, en lugar del enfoque de «caza de gangas» que Buffett había practicado al inicio de su carrera. Le transmitió que era mejor comprar un buen negocio a un precio justo que un negocio regular a un buen precio. Además, Munger implantó en Buffett un enfoque más cualitativo hacia la inversión, al considerar no sólo el análisis estadístico del balance o las ganancias, sino también factores intangibles, como el espíritu emprendedor, la integridad y la reputación.

Las rentabilidades de las inversiones en Blue Chip fueron razonables en los primeros años, una vez que se resolvieron las demandas. Por un tiempo, la compañía continuó generando un mo-

28. El nombre de la empresa evolucionó a medida que cambiaban los socios. La secuencia fue más o menos como sigue: Munger, Tolles & Hills (1962-1966); Munger, Tolles, Hills & Rickershauser (1966-1975); Munger, Tolles & Rickershauser (1975-1986), y Munger, Tolles & Olson (desde 1986).

29. Janet Lowe, *Damn right! Behind the scenes with Berkshire Hathaway billionaire Charlie Munger*, Wiley, Estados Unidos, 2000, pp. 112-113.

desto flotante.[30] Sin embargo, su modelo de negocio se desvaneció a medida que cambiaron los gustos de los consumidores y el entorno económico. La gente perdió interés en reunir y canjear cupones,[31] mientras que la inflación descontrolada y los precios de la gasolina impulsaron a los minoristas a centrarse en bajar los precios, en lugar de en obtener beneficios que salían caros.[32] Finalmente, el negocio de Blue Chip se extinguió a medida que los minoristas dejaron de comprar cupones, aunque la empresa siguió funcionando durante décadas para permitir que los clientes canjearan los que aún estaban en circulación. Berkshire integró Blue Chip en su familia corporativa mediante una fusión y se convirtió en una reliquia de la historia estadounidense y de Berkshire. Pero mientras siguió operando, Blue Chip desempeñó un papel en un trío de adquisiciones que sentaron las bases de la cultura de Berkshire: See's Candies, Wesco Financial y *The Buffalo News*.

En 1971, un ejecutivo de Blue Chip Stamps, William Ramsey, llamó a Buffett para hablarle de una potencial adquisición: See's Candies.[33] Buffett le dijo a Ramsey que llamara a Munger, quien estaba entusiasmado con la posibilidad de comprar una empresa de dulces de marca con clientes leales repartidos por todo el estado de California.

Aquel negocio familiar de tercera generación se remontaba a 1921, año en que Charles A. See se mudó del norte de Canadá al sur de California en busca de una vida mejor.[34] Un incendio había destruido su negocio de farmacia y su experiencia como ven-

30. Schroeder, *The snowball...*, *op. cit.*, p. 331.

31. Ibídem, p. 318 y p. 319.

32. Ibídem, pp. 344-345.

33. Ibídem, p. 345; Lowe, *Damn right!...*, *op. cit.*, pp. 126-127.

34. Los hechos históricos relativos a See's pueden consultarse en: *International directory of company histories*, St. James, Estados Unidos, 2000, vol. 30 (en Adelante citado como *IDCH*, See's). Ver también la web corporativa de See's: <http://www.sees.com>. Ver además: Margaret Moos Pick, *See's old time candies*, Chronicle Books, Estados Unidos, 2005.

dedor de chocolate lo convenció de intentar dedicarse al negocio de los dulces. Con su madre, Mary, su esposa, Florence, y sus dos hijos pequeños, se estableció en Los Ángeles y se hizo amigo de un empresario local, James W. Reed. Juntos, el grupo lanzó See's Candies, Inc. en 1922.

La tienda, diseñada para parecerse a la cocina del hogar de Mary See, producía y vendía bombones en cajas; muchos de los dulces los hacía utilizando las recetas secretas de Mary, con ingredientes frescos y de alta calidad. El rostro de Mary, con gafas, cabello plateado y aspecto de abuela, se convirtió en la imagen de la empresa. El logotipo de la compañía presenta la sonrisa maternal de Mary See en el centro de un diseño simple, en blanco y negro, transmitiendo la sensación de calidad casera y tradicional que Charles favorecía. Las entregas a domicilio llegaban en motocicletas Harley-Davidson con sidecar, que también llevaban integrado el logotipo de la empresa. Otra de sus innovaciones de marketing consistía en ofrecer dulces a granel a iglesias, clubes y otros grupos. Tales ventas se hacían con grandes descuentos para que dichas instituciones pudiesen revender los dulces y usarlos para sus operaciones de recaudación de fondos. Mary See falleció en 1939, a los 85 años, pero su espíritu y el de la empresa perduraron.

Para entonces, la compañía tenía una docena de tiendas y una planta de producción en Los Ángeles. La firma se expandió también a San Francisco, donde abrió nueve tiendas más, así como otra planta. El hijo de Charles, Laurance, se unió al negocio durante este período, y cuando Charles falleció en 1949, Laurance asumió la presidencia.

La década de 1950 fue la era de la suburbanización en Estados Unidos y Laurance lideró la apertura de See's Candies en los nuevos centros comerciales que estaban surgiendo por toda California. Llegado el año 1960, la cadena contaba con 124 tiendas. Durante la década de 1960, See's se expandió a Arizona, Oregón y Washington, y creció hasta alcanzar 150 locales. Con unos beneficios sólidos, superó a sus competidores locales y rivalizó con marcas nacionales como Hershey, Russell Stover y otras.

En 1969, Laurance murió. Su hermano menor, Harry, accionista y director, debía sucederlo, pero Harry se mostró indeciso en el momento de tomar la decisión, puesto que también administraba un viñedo en otra parte del estado. A regañadientes, la familia See, que poseía el 67 por ciento de las acciones, decidió traspasarlas. En un paso que más tarde se ha considerado peculiar, habida cuenta del tipo de operativa que ha venido realizando Berkshire Hathaway, Buffett y Munger se desplazaron a la fábrica de Los Ángeles y la visitaron en 1969.[35]

La familia See pidió 30 millones de dólares por su negocio (técnicamente, pidieron 40 millones, pero la empresa tenía asimismo más de 10 millones en efectivo). Sin embargo, Buffett comprobó que los ingresos antes de impuestos eran de apenas 4 millones de dólares y halló asimismo que el balance mostraba activos netos de sólo 7 millones. Aún no estaba habituado a pagar una prima que reconociese los valores intangibles de las firmas que adquiría.[36] Sin embargo, Munger convenció a Buffett de los aspectos cualitativos del negocio, y juntos decidieron que podían hacer una oferta mejor, de 25 millones de dólares. La familia See aceptó. Años más tarde, Buffett afirmó que su propuesta fue demasiado baja, lo que atribuyó a su ignorancia respecto al valor de las franquicias.[37]

Pero ¿por qué aceptó la familia See, con tres generaciones de experiencia a la cabeza de su franquicia, una oferta a la baja? La autonomía no es una razón probable, ya que la familia See ya no iba a estar en la gestión. Sin embargo, Buffett y Munger eligieron

35. Schroeder, *The snowball...*, *op. cit.*, p. 345.

36. William N. Thorndike Jr., *The outsiders: Eight unconventional CEOs and their radically rational blueprint for success*, Harvard Business Review Press, Estados Unidos, 2012, p. 174.

37. Berkshire Hathaway, Inc., *1991 Annual Report*, 28 de febrero de 1992, «Carta del presidente»: «El precio nominal que pedían los vendedores, calculado sobre el cien por cien de la propiedad que finalmente conseguimos, era de 40 millones de dólares. Sin embargo, la empresa tenía un exceso de liquidez de 10 millones, por lo que el precio real de la oferta era de 30 millones. Charlie y yo, que aún no apreciábamos plenamente el valor de poseer una franquicia económica, nos fijamos en los 7 millones de dólares de patrimonio neto tangible de la empresa y dijimos que 25 millones era lo más alto que podíamos llegar (y lo decíamos en serio). Afortunadamente, los vendedores aceptaron nuestra oferta».

personalmente al nuevo presidente de la empresa, Charles N. Huggins, y todos entendieron que el nuevo responsable de la firma, que había estado en See's desde 1951 (y continuó hasta 2005), debía preservar las tradiciones de See's y no dedicarse a transformar la empresa. En efecto, acometió pocos cambios, ya que la compañía siguió operando de la misma manera que lo había hecho durante los 50 años anteriores: dulces y bombones caseros producidos y vendidos de manera tradicional. La permanencia —parece, al menos en retrospectiva— fue parte del intercambio. A mediados de la década de 1990, See's vendía más cajas de bombones que cualquier otra empresa, excepto Russell Stover.[38] Hoy en día, genera 80 millones de dólares anuales.[39]

Si en la adquisición de See's vimos que Buffett pagó un precio por debajo del valor, en la segunda adquisición del trío de empresas que dio forma a la cultura de Berkshire ocurrió lo contrario. En 1972 y 1973, Blue Chip adquirió el 8 por ciento de Wesco Financial Corporation, una empresa en la que previamente había invertido la sociedad de Munger. Con sede en Pasadena, Wesco fue fundada por la familia Casper. Su principal negocio era una mutua de crédito y ahorro que se volcaba en atender a veteranos del ejército y prosperaba gracias a su compromiso con la reducción de costes. En 1973, la dirección de Wesco propuso fusionar a la empresa con la Financial Corporation of Santa Barbara (FCSB), entregando las correspondientes acciones de FCSB a los accionistas de Wesco, que no estaban de acuerdo con la ponderación de esas acciones que iban a recibir como pago. Buffett y Munger creían que las acciones de Wesco estaban infravaloradas y las de FCSB sobrevaloradas. Por lo tanto, se opusieron a la fusión.

Munger propuso comprar suficientes acciones de Wesco para bloquear el acuerdo, mientras que Buffett pensó que sim-

38. *IDCH*, See's.

39. David Kass, en referencia a Warren Buffett, «Warren Buffett's meeting with University of Maryland MBA students — November 15, 2013», *Dr. David Kass: Commentary on Warren Buffett and Berkshire Hathaway*, 8 de diciembre de 2013.

plemente deberían aceptar que esa inversión les había generado pérdidas. En lugar de hacer cualquiera de esas dos cosas, Munger acabó persuadiendo al director ejecutivo de Wesco, Louis R. Vincenti, para que abortara la fusión. Munger indicó que Blue Chip estaría interesada en adquirir Wesco, pero Vincenti le señaló que la decisión dependía de los accionistas de Wesco, no de él. Entonces, Buffett se reunió con Elizabeth (*Betty*) Casper Peters, una de las principales accionistas de la empresa que, además, era la líder del bloque accionarial que estaba en manos de su familia. Le explicó los beneficios potenciales de ser propiedad de Blue Chip, incluidos los intangibles. Subrayó especialmente la orientación compartida como copropietarios. Peters, que estaba por la labor de ver cómo el negocio familiar seguía creciendo, apoyó la decisión de cancelar la fusión.

La fusión no se llevó a cabo, y el precio de las acciones de Wesco cayó, como suele ocurrir en tal escenario, pasando de un máximo de 18 dólares a un mínimo de 11. Blue Chip podría haber comenzado a adquirir acciones por ese precio tan bajo, causado por la caída de valoración tras la cancelación de la fusión. Aunque querían adquirir Wesco, creyeron que no sería justo pagar un precio tan bajo después de que su interferencia en la fusión provocara tal caída, así que ordenaron a sus corredores que adquiriesen las acciones a precios de hasta 17 dólares y, posteriormente, hicieron una oferta formal de compra valorada en 15 dólares. Blue Chip finalmente adquirió el control mayoritario de Wesco, y Munger convenció a Louis R. Vincenti, que como vimos era el director ejecutivo de Wesco, para que se quedara.

Las personas que seguían la operación de adquisición estaban desconcertadas. ¿Por qué Blue Chip pagó un precio más alto del necesario? La Comisión de Bolsa y Valores (SEC) abrió una investigación.[40] Aparentemente, lo hizo a instancias de la FCSB.[41] Las autoridades sospechaban que pagar más que el valor de mercado indicaba que Blue Chip había manipulado ilegalmente el precio de las acciones de Wesco o violado las leyes que

40. Ver: «In the matter of Blue Chip Stamps et al.», SEC File n.º HO-784.

41. Schroeder, *The snowball...*, *op. cit.*, p. 408, nota 23.

regulan las ofertas públicas de adquisición de acciones. Los investigadores estaban perplejos, ya que creían que los empresarios racionales siempre pagan el precio más bajo posible, de igual manera que cobran el precio más alto posible. En parte, la curiosidad se despertó también por la ambigua relación entre Buffett y Munger, y por la confusa y compleja estructura de los diversos negocios en los que ambos se habían involucrado.

A la gente le costaba entender algo que Buffett y Munger se pasaron un año explicando: pagaron un precio más alto para demostrar integridad. De hecho, esa prima tenía un valor económico, porque la integridad es una ventaja reputacional que los demás operadores podrían ponderar de cara a transacciones futuras. Buffett y Munger enfatizaron tanto el valor inmediato de ganarse el respeto de Louis R. Vincenti como de impulsar el valor a largo plazo de la «reputación general de los negocios de Blue Chip».[42] Finalmente, las autoridades aceptaron las explicaciones.[43] Blue Chip pudo adquirir el 80 por ciento de Wesco y la compañía sigue formando parte de Berkshire, hasta el punto de que la totalidad de su accionariado está en manos de la compañía de Buffett desde el año 2011.[44]

La tercera de las adquisiciones tempranas y definitorias de Buffett (y Munger) agregó otra motivación no convencional que caracterizaría desde entonces el enfoque empresarial de Berkshire. Se trató de la compra de *The Buffalo Evening News*. Desde 1881, el *News* ayudó a construir la tradición de los perió-

42. Ibídem, p. 410.

43. Complaint, Securities and Exchange Commission v. Blue Chip Stamps, n.º 76-1009 (Corte de Apelaciones del Distrito de Columbia, 9 de junio de 1976).

44. Blue Chip adquirió el 80 por ciento de Wesco. El resto de la capitalización cotizaba en Bolsa y la empresa estaba presidida por Munger. Berkshire se hizo con el 80 por ciento de la compañía en 1983. Posteriormente, en 2011, Wesco se fusionó con Berkshire, que pagó unos 550 millones de dólares en una combinación de efectivo y acciones a cambio del 20 por ciento de las acciones restantes. Berkshire Hathaway, «Berkshire Hathaway Inc. to acquire outstanding common stock of Wesco Financial Corporation not presently owned», comunicado de prensa enviado el 7 de febrero de 2011.

dicos, moldeando el debate cívico estadounidense. El crédito de haber logrado tal cosa corresponde ante todo a Edward H. Butler Sr., el fundador del periódico.[45] Una biografía describe a Butler como «una figura emblemática de los nuevos periodistas de finales del siglo XIX que construyeron la prensa moderna a base de arrancar el discurso cívico de sus raíces partidistas estrechas y esculpir nuevos roles vitales para los periódicos en el ámbito cultural, social, económico y político».[46] Tras la muerte de Butler en 1913, su hijo, Edward Jr., dedicó su vida a dirigir el negocio de acuerdo con los principios de su padre. Después de su muerte, en 1956, su esposa, Kate Butler, asumió el mando.[47]

Los asesores alentaron durante mucho tiempo a Kate Butler a minimizar los impuestos que debería pagar la compañía tras su fallecimiento a base de transferir activos en vida.[48] Le dijeron que no hacerlo podría requerir una «venta apresurada» del periódico para poder hacer frente a los pagos tributarios pertinentes. Kate murió en agosto de 1974 sin haber seguido su consejo. Como resultado, sus albaceas pusieron el periódico a la venta. En diciembre de 1976, los herederos ofrecieron el periódico a The Washington Post Company, en cuya junta directiva estaba Buffett.[49] Éste le dijo a Kay Graham que, si el *Post* no deseaba comprar el *News*, él podía hacerlo. Después de que el *Post* declinara la oportunidad, Buffett y Munger se interesaron por la operación.

En aquel momento, Búfalo poseía dos periódicos: el *News* y el *Buffalo Courier-Express*. El *News* tenía más ingresos publicitarios que el *Courier*, y su circulación en días laborables era ma-

45. «Obituary of Edward H. Butler Sr.», *The New York Times*, 10 de marzo de 1914.

46. Michael Dillon, *The life and times of Edward H. Butler, founder of The Buffalo News (1850-1914): A crusading journalist navigates the Gilded Age*, Mellen Studies in Journalism, serie 5, Edwin Mellen, Estados Unidos, 2003.

47. Murray B. Light, *From Butler to Buffett: The story behind The Buffalo News*, Prometheus, Estados Unidos, 2004, p. 105 y p. 133.

48. Ibídem, p. 195.

49. Ibídem, pp. 196-197.

yor. Sin embargo, el fin de semana era cosa del *Courier*, mientras que el *News* no había publicado un periódico dominical desde la década de 1920. En su lugar, el *News* publicaba los sábados por la tarde una edición de «fin de semana», que era una versión más ligera de lo que los periódicos de todo el país solían editar los domingos, con secciones de arte, cómics, páginas de opinión y una guía de televisión. Buffett había comprobado en sus análisis periódicos de la industria de la prensa escrita que, en la mayoría de las ciudades, el periódico que ocupaba el segundo lugar en términos de difusión estaba condenado a desaparecer. Previó que la tendencia continuaría, percibió que tenía una buena oportunidad con el *News* y, sin hacer ni siquiera la diligencia debida, acordó adquirirlo a los custodios de la herencia de Butler por un precio negociado de 35,5 millones de dólares.[50]

Buffett y el editor gerente del periódico, Murray B. Light, se pusieron a trabajar rápidamente en el frente competitivo. El *News* reconfiguró su edición de fin de semana, cambió el lanzamiento de dicha publicación a la mañana del domingo y comenzó otra los sábados por la mañana con un contenido comparable al del periódico de entre semana. Antes del cambio, el periódico lanzó una promoción: ofrecía a los clientes cinco semanas del nuevo programa al precio anterior, de modo que, en efecto, se estaba regalando el nuevo periódico dominical a los lectores adheridos a la oferta. Con estos clientes comprometidos para las cinco semanas que duraba la promoción, la empresa aumentó los ingresos publicitarios a base de garantizar a los anunciantes el aumento de su impacto, al tomar en cuenta la circulación dominical que se iba a producir en ese período de arranque.

Dos semanas antes de la fecha de lanzamiento, el *Courier*, al darse cuenta de que esta empresa representaba una amenaza competitiva, demandó al *News*, alegando un intento ilegal de monopolizar el mercado local de periódicos. Alegó que el programa de regalos del *News* no escondía más que la depredadora in-

50. Ibídem, p. 197.

tención de arruinar al *Courier*. En campañas publicitarias para ganarse a los lectores locales, el *Courier* retrató a Buffett como un monopolista dispuesto a liquidar su periódico y acabar con la situación que vivía Búfalo, una ciudad en la que los lectores podían elegir entre dos diarios. Ya en pleno proceso judicial, los abogados del *Courier* criticaron a Buffett alegando que nunca visitó la redacción del periódico que había adquirido y alegaron que ni siquiera había contratado consultores de adquisiciones para evaluar la operación de compra del *News*.

El juez federal de primera instancia, Charles Brieant, se mostró de acuerdo con el *Courier*. Sugirió que un máximo de dos periódicos gratuitos hubiera sido válido. Después caricaturizó el caso y a las distintas personalidades involucradas, dibujando a Buffett como una suerte de invasor externo y acusándolo de usar «trucos y dispositivos anticompetitivos».[51] Brieant reforzó su opinión dc Buffett como la de un monopolista depredador citando el hecho de que no había realizado ninguna diligencia debida para cerrar la transacción. Sin embargo, el tribunal de apelaciones, encabezado por Henry Friendly, desestimó la sentencia de Brieant al considerarla legal y fácticamente defectuosa.[52] Con todo, la demanda tardó dos años en resolverse e implicó millones de dólares dedicados al pago de honorarios legales, retrasando asimismo el lanzamiento del nuevo periódico dominical del *News*.

Para ayudar a lidiar con la crisis, Buffett persuadió a Stan Lipsey, quien había vendido los *Sun Newspapers* a Berkshire, para que supervisara el *News*. Lipsey descubrió que el periódico estaba en excelente forma en términos editoriales, pero en una situación financiera mucho más pobre. Construyó el nuevo proyecto basándose en sus fortalezas y, después de sufrir pérdidas durante varios años, hizo rentable el periódico en 1980. Eclipsó así al *Courier*, que acabó desapareciendo. Lipsey permaneció al mando hasta 2012, anclando a *The Buffalo News* (como pasó a

51. Buffalo Courier-Express, Inc. v. Buffalo Evening News, Inc., 441 F. Supp. 628 (W.D.N.Y. 1977).

52. Buffalo Courier-Express, Inc. v. Buffalo Evening News, Inc., 601 F.2d 48 (2d Cir. 1979) (Friendly, J.).

llamarse la cabecera) mientras Berkshire adquiría decenas de periódicos locales ese año y el siguiente. De dichas compras, destaca la adquisición del *Omaha World-Herald*.[53]

Durante las batallas por el control corporativo que se libraron durante la década de 1980, muchas empresas colocaban bloques de acciones en manos amistosas como medida defensiva. En varias ocasiones, Berkshire desempeñó ese papel de amigo, de *white knight* o «caballero blanco» (o de «escudero blanco», dependiendo de si compraba una participación minoritaria o de control). Una de esas compañías fue Salomon Brothers, Inc., la firma de banca de inversión.

En 1987, el mayor accionista de Salomon, Minorco, se oponía a la reciente expansión de la entidad y percibía un desacuerdo entre los altos directivos de la empresa sobre su estrategia empresarial.[54] Insatisfecho con la respuesta de la dirección, Minorco comenzó a discutir la venta de su bloque del 12 por ciento a Ronald O. Perelman, un empresario que había tomado el control de Revlon, Inc., el gigante de los cosméticos, a través de una OPA hostil. Los ejecutivos de Salomon, liderados por John Gutfreund, temían que su empresa fuera el próximo objetivo de Perelman.

Entre muchas medidas defensivas, incluida la recompra del bloque de acciones de Minorco, Gutfreund solicitó a Berkshire que actuase como una suerte de «escudero blanco». Buffett dictó términos favorables: una acción preferente al 9 por ciento que Berkshire podría convertir en acciones comunes o que Salomon podría redimir en quintas partes anualmente, desde 1995 hasta 1999. A cambio, las preferentes no podían venderse como un bloque a ningún otro operador y, además, antes de hacer cual-

53. Berkshire Hathaway Inc., *2012 Annual Report*, «Carta del presidente», p. 3.

54. Minorco era el acrónimo de Mineral and Resources Corporation, un brazo inversor con sede en Luxemburgo de la Anglo American Corporation of South Africa de Harry Oppenheimer y de la firma De Beers Consolidated Mines Ltd.

quier venta, Berkshire debía ofrecer estas participaciones a Salomon para su recompra. Berkshire también acordó no adquirir más del 20 por ciento de las acciones de Salomon durante al menos siete años.[55]

La importancia que tuvo esta inversión para la cultura empresarial de Berkshire cristalizó cuatro años después, cuando Salomon se vio envuelta en un escándalo relacionado con intentos ilegales de algunos empleados que pretendían acaparar el mercado de bonos. Los reguladores y la fiscalía estaban pensando en acusar a Salomon, un paso grave contra cualquier empresa, lo que destruiría la posición de la firma. Aquel estigma alimentaría la deserción de clientes y empleados, una fuga que podría significar el fin de Salomon. Para evitar ese destino, la junta de la compañía limpió la casa y pidió a Buffett que ejerciera como presidente interino.

En una entrevista concedida a la prensa en mayo de 1991, Buffett anunció de manera improvisada una directriz para el personal de Salomon que se incrustaría en el ADN de Berkshire: no hagas nada que te pueda avergonzar cuando un reportero, seguramente hostil pero suficientemente inteligente para hacer su trabajo, lo publique en la primera plana de un periódico. Repitió esa advertencia en su testimonio ante el Congreso y la reiteró regularmente desde entonces a los directores ejecutivos de las empresas propiedad de Berkshire.[56]

Buffett se comprometió conscientemente a cambiar la cultura corporativa de Salomon. Tenía la reputación de operar dentro

55. Para más información sobre las acciones preferentes de Salomon, ver: Schroeder, *The snowball...*, *op. cit.*, p. 541 y pp. 901-902, notas 73 y 81.

56. Warren E. Buffett, ante el Subcomité de Telecomunicaciones y Finanzas del Comité de Comercio y Energía de la Cámara de Representantes de Estados Unidos, en sesión celebrada en 1991. Declaraciones recogidas en la edición del 1 de mayo de 2010 del *The Wall Street Journal*. Buffett escribe en una misiva bienal a los ejecutivos de Berkshire: «Asegurémonos de que todo lo que hacemos en los negocios puede aparecer en la portada de un periódico nacional, en un artículo escrito por un reportero hostil pero inteligente». Citado por Robert P. Miles, *The Warren Buffett CEO: Secrets from the Berkshire Hathaway managers*, Wiley, Estados Unidos, 2003, pp. 357-358.

de la ley, pero llevando las cosas al límite. Él siempre promovía la necesidad de actuar correctamente y moverse siempre dentro de los márgenes de la rectitud. Además de predicar, estableció un nuevo tono al nombrar a altos directivos que seleccionó personalmente, incluidos Deryck Maughan, un reputado directivo de banca; Robert E. Denham, un distinguido abogado corporativo que entonces era socio gerente de Munger, Tolles & Olson, y Robert H. Mundheim, un eminente profesor de Derecho Mercantil que además era decano de la Facultad de Derecho de la Universidad de Pensilvania. La cultura que imaginaba para la nueva Salomon tenía un rasgo clave que se encuentra en todas las filiales de Berkshire hoy en día: la inversión en reputación e integridad. En el caso de Salomon Brothers, Buffett ofreció una lección sobre el valor de los valores, enfatizando la afinidad entre la ética y las ganancias.

En sus primeras adquisiciones, Buffett y Munger comenzaron una relación que duraría toda la vida y forjaron principios que contribuyeron a definir la cultura de Berkshire. Sus acuerdos demostraron la diferencia entre el precio, lo que se paga, y el valor, lo que se intercambia. Pagaron de menos por See's, pero lo compensaron con la permanencia de la empresa, y pagaron de más por Wesco, pero lo hicieron en nombre de la integridad. Los primeros acuerdos mostraron la disposición a acometer acciones no convencionales, a pesar de los costes que esto pudiese conllevar. Fueron sospechosos de haber cometido irregularidades al pagar de más por Wesco y también estuvieron en el punto de mira de la justicia por ignorar los procesos de diligencia debida en el caso del *The Buffalo News*. En la misma línea, el papel de Buffett en Salomon Brothers subrayó la importancia de la integridad en la cultura de Berkshire.

La investigación de la SEC tras el caso de Wesco aportó otra importante lección para consolidar la cultura de Berkshire, al recalcar la fortaleza de la simplificación. Buffett y Munger aclararon su relación y simplificaron la estructura corporativa de sus distintas operaciones. Consolidaron las empresas que habían adquirido bajo el paraguas de Berkshire, que se convirtió en la entidad corporativa principal bajo la que canalizaron sus negocios. Nombraron a Buffett presidente y director ejecutivo, y a Munger, vicepresidente. En última instancia, Buffett llegó a personificar a Berkshire, liderando las adquisiciones y dando forma a la cultura, mientras que Munger desempeñó más bien el papel propio de un *consigliere* délfico. Al explicar sus roles en 1999, tras décadas compartiendo su proyecto empresarial, Buffett dijo lo siguiente: «La amplitud de los intereses de Charlie es mayor que la mía. No tiene la misma intensidad por Berkshire que yo. No es su bebé».[57] Munger estuvo de acuerdo: «Todo el amor propio de Warren está volcado en Berkshire».

57. Anthony Bianco, «The Warren Buffett you don't know», *Bloomberg Businessweek*, 5 de julio de 1999, p. 54.

2

Diversidad

En 1986, Berkshire ya poseía diversas empresas que ofrecían todo tipo de productos, desde bombones hasta seguros. Con sus dos siguientes adquisiciones siguió diversificándose. A comienzos de ese año, la dirección de la empresa Scott Fetzer, dirigida por Ralph E. Schey, propuso una operación de compra apalancada. Aquel plan atrajo la atención de los artistas de las compras corporativas, entre ellos el famoso y controvertido Ivan Boesky.[58] Buffett siguió la batalla a través de los periódicos y finalmente escribió una carta a Schey. En ella, le recalcó la aversión de Berkshire a las ofertas hostiles y le transmitió que le llamara si quería discutir un acuerdo de compra amistosa. La adquisición resultante aportó a Berkshire una nueva mezcla de negocios, de los cuchillos Ginsu a las aspiradoras Kirby o la enciclopedia World Book.

La empresa se creó en 1914, cuando George Scott y Carl Fetzer fundaron un taller en Cleveland donde fabricaban pistolas para bengalas.[59] Durante la década de 1920, formaron una em-

58. Ver: James B. Stewart, *Den of thieves*, Touchstone, Estados Unidos, 1992.

59. La mayoría de los hechos históricos relacionados con Scott y Fetzer pueden encontrarse en: *International directory of company histories*, vol. 12, St. James, Estados Unidos, 1996.

presa junto al inventor local Jim Kirby, responsable de la aspiradora homónima. Los tres empezaron a trabajar juntos, perfeccionando no sólo el producto, sino también un método de venta directa a través de distribuidores independientes. Las aspiradoras Kirby se convirtieron en un producto básico en los hogares estadounidenses. Se vendieron millones de unidades a lo largo de las siguientes décadas. Desde la década de 1920 hasta la de 1960, Scott Fetzer hizo poco más que vender ese producto.

Pero a finales de los años sesenta, Scott Fetzer se transformó en una empresa diversificada, aprovechando la ola de creación de conglomerados que se produjo durante ese período. Pronto pasó a operar a través de 31 divisiones de negocio diferentes, con ofertas de producto que iban desde motosierras hasta enganches de remolque, cada una de ellas gestionada de forma autónoma por los respectivos jefes de cada división de negocio. Schey, que llegó a la presidencia en 1974, vendió algunas de estas compañías y añadió otras nuevas, entre ellas la joya de la corona, la firma de enciclopedias World Book, adquirida en 1978.

En 1986, Scott Fetzer era un importante conglomerado que cotizaba en Bolsa y tenía una deuda modesta. Esta combinación lo hizo atractivo para los depredadores corporativos de la época o los especialistas en compras apalancadas. Estos operadores podían financiar las adquisiciones con préstamos reembolsados mediante la venta de las divisiones individuales o con créditos adicionales asumidos para tal objetivo. Sin embargo, Scott Fetzer era una empresa seria, con productos líderes en numerosos campos y una rentabilidad demostrada. Como era de esperar, esta combinación resultaba atractiva para alguien como Buffett, que veía en Scott Fetzer una miniatura de lo que Berkshire llegó a ser a gran escala. Berkshire pagó 315 millones de dólares y le hizo distintas promesas de autonomía de gestión a Schey y a su equipo, trasladando un mensaje de permanencia a la empresa y sus accionistas. Ambas promesas contrastaban notablemente con lo que auguraba Boesky.[60]

60. El importe exacto de la adquisición de Scott Fetzer por parte de Berkshire se ha divulgado a distintos niveles, presumiblemente porque se pagó en

Otra adquisición de Berkshire en 1986 introdujo a la empresa en un nuevo sector. El 15 de enero de 1986, un antiguo accionista de Berkshire, Robert W. Heldman, de Cincinnati, envió una carta a Buffett. Heldman se presentó como presidente de Fechheimer Brothers Company, una empresa de la que Buffett nunca había oído hablar. Cuando ambos se reunieron más tarde en Omaha, Heldman le explicó que la empresa había venido fabricando y distribuyendo uniformes desde 1842, para abastecer a distintos ámbitos del servicio público. Elaboraban la vestimenta de bomberos, militares, policías, empleados de la compañía pública de envíos postales, trabajadores de prisiones, guardias de tráfico... Entre sus clientes figuraban la Marina de Estados Unidos, los departamentos de policía de Cincinnati y Los Ángeles, las autoridades de transporte de ciudades como Boston, Chicago y San Francisco...

El padre de Heldman, Warren Heldman, se incorporó a la compañía en 1941. Le siguieron sus hijos Robert y George, a los que finalmente se sumaron sus respectivos hijos, Gary, Roger y Fred. La innovación fue durante mucho tiempo un sello distintivo de Fechheimer, con ofertas que incluían pantalones especializados que eran desarrollados en colaboración con las autoridades federales para todo tipo de personal encargado de hacer cumplir la ley. Los contratos gubernamentales ayudaron al fabricante textil a hacer frente a los retos planteados por la mano de obra extranjera barata y el transporte internacional, gracias a un mosaico de leyes que obligan a los organismos gubernamentales a «comprar productos estadounidenses».[61]

En 1981, sin embargo, Fechheimer fue vendida a un grupo inversor externo mediante una operación de compra apalancada, aunque la familia conservó una participación en el capital.

---

una combinación de efectivo y la asunción de determinados pasivos. Ver, por ejemplo: Schroeder, *The snowball...*, *op. cit.*, p. 900, notas 52 (donde se mencionan 320 y 230 millones) y 531 (410 millones); y Berkshire Hathaway, Inc., *1986 Annual Report*, «Carta del presidente» (menciona 315 millones).

61. Ver, por ejemplo, la *Buy American Act* de 1933 (41 U.S.C. 10a-10d) y la Enmienda Barry referida a los uniformes militares.

A pesar de la pesada carga de la deuda, el rigor presupuestario de la compañía le permitió hacer frente a sus obligaciones. En 1985 ya se había amortizado gran parte de la deuda y el valor de sus acciones estaba aumentando. Había llegado el momento de que los inversores externos se marcharan.

Heldman pensó que Berkshire sería un buen comprador. La familia, que abarcaba varias generaciones, disfrutaba dirigiendo la empresa y deseaba seguir haciéndolo sin la interferencia de un nuevo propietario y sin el temor a ser vendida por capricho. Buffett se mostró de acuerdo. Le gustó el sólido historial de rentabilidad y liderazgo sectorial de Fechheimer y quedó admirado por su comprometido bagaje de gestión familiar. Berkshire adquirió una participación del 84 por ciento por 46 millones de dólares, y la familia se quedó con el resto. Nadie visitó Cincinnati por parte de Berkshire. De igual modo, nadie llevó a cabo un proceso de debida diligencia por parte de Fechheimer. De hecho, aunque un juez federal le reprendió gratuitamente por no llevar a cabo la diligencia debida en la adquisición de *The Buffalo News*, Buffett se enorgulleció de forma recurrente de saltarse tales ejercicios, haciendo que sus anteriores visitas a las fábricas textiles de Berkshire Hathaway y a la fábrica de bombones See's parecieran anacrónicas.

Fechheimer y Scott Fetzer difieren mucho. Fechheimer es una empresa familiar de capital privado, tan antigua que abarca varias generaciones y con una línea de negocio especializada que se centra en clientes institucionales. Se trata de una pequeña empresa que Buffett desconocía y que estaba gestionada por sus propietarios, que la supieron dirigir prósperamente a través de los retos de una compra apalancada. Scott Fetzer, por su parte, adoptó su forma de conglomerado a finales de la década de 1960 y desplegó su actividad por muchas líneas de negocio, vendiendo productos al por menor a través de una red de distribuidores y concesionarios independientes. Esta gran empresa cotizaba en Bolsa, de modo que Buffett la seguía de cerca. Había sido gestionada por un grupo de gestores profesionales que dirigieron la empresa hacia Berkshire como alternativa ante la perspectiva de una compra apalancada. Incluso la estructura de los acuerdos era muy diferente, porque con Scott Fetzer se hablaba de la plena propiedad y, con Fechheimer, de una participación familiar del 16 por ciento.

Lo que ambas empresas tenían en común y atraía a Buffett era la buena gestión, la rentabilidad demostrada y el liderazgo alcanzado en sus respectivos sectores. El otro denominador común era lo que cada una de estas empresas valoraba en relación con Berkshire: la expectativa de retener un alto grado de autonomía y la vocación de encontrar un socio que apostase por la permanencia. En el caso de Scott Fetzer, tanto la dirección como los accionistas rechazaron el control directo y la liquidación fragmentaria de la compra apalancada de Boesky y se mostraron a favor de la autonomía de gestión y la permanencia ofrecida por Buffett y Berkshire. La familia Heldman, tras haber visto cómo se llevaba a cabo una compra apalancada, se dirigió a Buffett y le ofreció un hogar permanente a Berkshire a cambio de una gestión sin mucha intervención.

Hoy en día, las filiales de Berkshire se dedican a una multitud de negocios no relacionados, de forma que cada uno contribuye a su manera a la corporación. En un esfuerzo por organizar tanta diversidad, la carta anual de Buffett a los accionistas de Berkshire esboza cuatro sectores de actividad empresarial y desglosa cada uno de ellos en distintas divisiones. El primer sector, el de los seguros, es el más antiguo en la cartera de Berkshire, así como el más importante en términos de contribuciones históricas al valor empresarial. El segundo, el de las industrias reguladas o intensivas en capital, es el sector más reciente, y es cada vez más importante en términos de ingresos y beneficios. El tercer sector es el de las finanzas y los productos financieros, el más pequeño de los cuatro, pero indudablemente significativo en tamaño absoluto. El último sector no es más que una amplia agrupación de empresas que abarca diversos tipos de industrias, empresas de servicios y compañías especializadas en la venta al por menor, como es el caso de Fechheimer y Scott Fetzer.

El sector de seguros de Berkshire se compone de grandes empresas que suscriben seguros de automóviles personales (por ejemplo, GEICO), así como grandes riesgos empresariales (por ejemplo, Gen Re y NICO), junto con una docena de firmas más pequeñas dedicadas a una amplia variedad de productos de aseguramiento, que van desde barcos a indemnizaciones de tipo laboral. En total, el sector asegura casi todo lo que uno pueda imaginar, desde el coche del vecino hasta los rascacielos más altos de las ciudades, desde la cafetería del final de la calle hasta las más grandes aerolíneas del mundo.

El segundo sector empresarial de Berkshire, las industrias reguladas o intensivas en capital, comprende dos actividades empresariales distintas. Una es la energía, subcategoría que consiste únicamente en Berkshire Hathaway Energy (antes conocida como MidAmerican Energy), un conglomerado global que invierte en distintas formas de energía, desde la solar y la eólica hasta los gasoductos por los que corre el gas natural. La otra subcategoría es el transporte, rama encabezada por Burlington Northern Santa Fe, uno de los mayores operadores de ferrocarriles de Norteamérica. Los intereses de Berkshire en el transporte también abarcan dos firmas líderes en la aviación: FlightSafety, que imparte formación a pilotos, y NetJets, pionera en la propiedad fraccionada de aviones. Este sector del transporte de Berkshire también incluye Forest River, fabricante de embarcaciones y vehículos recreativos.

En tercer lugar, el sector financiero de Berkshire abarca tres empresas cuyas operaciones de financiación pueden ser similares, pero cuyos productos difieren sustancialmente. Son las siguientes: Clayton Homes, constructora, vendedora y financiera de viviendas prefabricadas; CORT, que alquila mobiliario; y XTRA, que arrienda equipos de transporte por carretera.

El cuarto y último sector (al que se adscriben Fechheimer y Scott Fetzer) incluye ocho subdivisiones. Aquí entran algunos tipos similares de actividad empresarial y otros más dispares. Por ejemplo, tanto See's como Dairy Queen forman parte del sector de la alimentación, pero los modelos de negocio de estas dos empresas difieren notablemente, puesto que See's es una cadena de tiendas controladas en propiedad, mientras que Dairy Queen opera un sistema de franquicia.

La subdivisión de joyería de Berkshire incluye tres minoristas: Ben Bridge Jewelers, Borsheim y Helzberg Diamonds. Además, cuenta también con un fabricante y mayorista, Richline. La subdivisión de muebles para el hogar opera en paralelo y consta de cuatro minoristas afines: Jordan's Furniture, Nebraska Furniture Mart, RC Willey Home Furnishings y Star Furniture. A todos ellos hay que sumarle también un fabricante de marcos para cuadros, Larson-Juhl. De igual modo, en el sector de los medios de comunicación se incluye a decenas de periódicos locales, como *The Buffalo News*, el *Omaha World-Herald* y el *Richmond Times-Dispatch*, pero también a un servicio internacional de comunicados de prensa llamado Business Wire.

La subdivisión de construcción de Berkshire produce materiales de construcción (Johns Manville), ladrillos (Acme), pinturas (Benjamin Moore) o conectores de acero (MiTek). Las filiales del subsector textil y de confección son empresas como Brooks, Fruit of the Loom, Garan, H. H. Brown Shoe o Justin Brands, que ofrecen en conjunto casi todo tipo de calzado (botas vaqueros, zapatos de vestir, botas de trabajo, zapatos de golf, zapatillas para correr...), así como ropa deportiva, infantil, interior, etcétera, sin olvidar los uniformes profesionales que elabora Fechheimer.

La subdivisión de ventas es una mezcolanza de compañías que distribuyen productos de electrónica (TexTronics, Inc.; TTI), utensilios de cocina (The Pampered Chef), artículos para fiestas (Oriental Trading), etcétera. Por último, la subdivisión industrial incluye un fabricante de equipos agrícolas (Chore-Time Brock; CTB), otro de productos químicos especializados (Lubrizol) y una empresa mundial dedicada al corte de metales (Israel Carbide/International Metalworking Companies; ISCAR/IMC). Asimismo, aquí también entran los conglomerados Scott Fetzer y el Marmon Group.

La diversidad de Berkshire y de sus líneas de negocio se corresponde con la diversidad apreciada en casi todas las categorías medibles. Vemos grandes divergencias en los precios de adquisición, la valoración de las compañías incorporadas, su contribución en dólares a la corporación, el tamaño de cada empresa, su base de empleo y otras características financieras muy diversas. Al tener todas estas empresas bajo un mismo paraguas, por así decirlo, cabría esperar cierto grado de homogeneidad, como, por ejemplo, una ratio precio/valor contable uniformemente baja, siguiendo la filosofía de inversión original de Buffett, o quizá una relación precio/beneficio muy alta, en línea con los filtros convencionales de la inversión en valor. Pero esto no es así, en absoluto. En Berkshire, los rasgos unificadores y comunes no se encontrarán en tales métricas, sino que emergen más bien en rasgos más intangibles de sus negocios.

Los 46 millones de dólares que Berkshire pagó en 1986 por Fechheimer y los 315 millones de dólares que abonó para hacerse con Scott Fetzer presagiaron la amplia gama de precios de adquisición que Buffett abonó por sus adquisiciones a lo largo de las décadas siguientes. Durante la primera, los precios de adquisición pagados por Berkshire oscilaron entre menos de 100 millones de dólares y más 2.300 millones de dólares por la consolidación de GEICO. En los 20 años siguientes, la escala aumentó, y el rango se siguió ampliando, con muchas operaciones entre 400 y 900 millones de dólares, algunas por encima de los 1.000 millones y un puñado de compras por encima de los 10.000 millones (ver tabla 2.1).

Tabla 2.1. Precios de adquisición

(miles de millones de dólares)		**(millones de dólares)**	
44	Burlington Northern Santa Fe (BNSF)	800-900	Fruit of the Loom, Pampered Chef, TTI
22	Gen Re	600-700	Dairy Queen, NetJets
10	Lubrizol	400-500	Dexter, Justin, MiTek, Scott Fetzer, XTRA
5-9	ISCAR/IMC, Marmon Group, MidAmerican (Berkshire Hathaway) Energy	300	Business Wire, CORT
2-4	GEICO, Shaw	200	Applied Underwriters, Ben Bridge, Garan, Jordan's, Larson-Juhl

.../...

.../...

(miles de millones de dólares)		(millones de dólares)	
1,5-1,9	Clayton, FlightSafety, Johns Manville, McLane	100	CTB, Helzberg, H.H. Brown, RC Willey, Star
1-1,4	Benjamin Moore, Forest River, Medical Protective	< 100	Borsheim, *The Buffalo News*, Central States Indemnity, Fechheimer, Kansas Bankers Surety, Nebraska Furniture Mart, NICO, Richline, See's, Wesco

Nota: Para las adquisiciones realizadas por fases, se presenta la cantidad total abonada por la compra de la compañía.

Los precios de adquisición de Berkshire han implicado diferentes referencias de valoración en términos de las ratios precio-beneficio y precio-valor contable. Las diversas filiales de la corporación se adquirieron con relaciones precio-beneficio que oscilaban entre 8 y 1, en la banda baja, y más de 30 a 1 en la banda alta. En cuanto a las relaciones, hubo transacciones a un precio-valor contable de menos de 1 a 1 y otras con una ratio de más de 5 a 1 (ver tabla 2.2). Esta gama de múltiplos refleja la diversidad de las filiales de Berkshire, así como la amplia gama de técnicas de valoración que se aplican en diferentes momentos a los distintos tipos de empresas que controla el grupo (seguros, suministros, finanzas, fabricación, venta al por menor, servicios...). Por ejemplo, en comparación con las empresas de servicios o minoristas, las operaciones manufactureras intensivas en activos pueden valorarse a múltiplos inferiores al valor contable.

Tabla 2.2. Ratios de precios

Ratio precio-beneficio		Ratio precio-valor contable	
< 8	Fruit of the Loom	< 1,00	Fruit of the Loom
8-10	Garan	1,00-1,99	Clayton, CTB, Garan, Justin, XTRA
11-13	Johns Manville, Lubrizol, XTRA	2,00-2,99	Benjamin Moore, Dairy Queen, FlightSafety, Gen Re, Johns Manville

.../...

.../...

Ratio precio-beneficio		Ratio precio-valor contable	
14-17	Benjamin Moore, Clayton, Dairy Queen	3,00-3,99	BNSF, See's, Shaw
18-22	FlightSafety, Gen Re, Justin, Shaw	4,00-4,99	Lubrizol
23-30	BNSF, CTB	> 5	MidAmerican (Berkshire Hathaway) Energy
> 30	MidAmerican (Berkshire Hathaway) Energy		

Nota: La mayoría de los datos proceden de Bloomberg. Las ratios son el valor total anunciado de la operación, dividido por los ingresos netos del objetivo en los últimos doce meses para el precio sobre beneficios (*price to earnings*, PE) y por el valor contable para el precio sobre el valor contable (*price to book*, PB). Para Fruit of the Loom, adquirida en situación de quiebra con beneficios y valor contable negativos, el PE se basa en los beneficios antes de intereses, impuestos, depreciación y amortización (EBITDA) y el PB se calcula a partir del valor de la empresa. Los datos para FlightSafety y See's proceden de los informes anuales de Berkshire Hathaway.

Las filiales de Berkshire contribuyen de forma dispar a los resultados corporativos. Los ingresos totales alcanzados en 2013 fueron de 182.000 millones de dólares: 130.000 millones procedentes de negocios que no son aseguradoras, 37.000 millones de las operaciones que sí realizan las aseguradoras y 15.000 millones obtenidos de inversiones y otras fuentes.[62] Algunas filiales generan menos de 250 millones, muchas se quedan por debajo de 1.000 millones, otras aportan más de 10.000 millones y una, McLane, reporta casi 46.000 millones. Si las filiales de Berkshire fueran empresas independientes, ocho de ellas estarían en la lista Fortune 500, tomando como referencia un umbral de ventas superior a 5.000 millones de dólares para el año 2013 (ver tabla 2.3).

Tabla 2.3. Ventas y beneficios antes de impuestos de las filiales de Berkshire

	Ventas (MM $)		**Beneficio antes de impuestos (M $)**
McLane	45,9	BNSF	5.900
BNSF	22,0	Berkshire Hathaway Energy	1.800

.../...

62. Berkshire Hathaway, Inc., *2013 Annual Report*, p. 64.

.../...

	Ventas (MM $)		Beneficio antes de impuestos (M $)
GEICO	18,5	NICO	1.700
Berkshire Hathaway Energy	12,7	Marmon Group	1.200
NICO	12,0	Lubrizol	1.200
Marmon Group	7,0	GEICO	1.100
Lubrizol	6,1	McLane	500
Gen Re	5,9	Gen Re	300

Nota: Las cifras correspondientes a Lubrizol son estimaciones. Los datos para NICO agrupan las operaciones de Berkshire Hathaway Reinsurance Group y Berkshire Hathaway Primary Group.

Fuente: *Informe anual de Berkshire Hathaway*, 2013, p. 64.

Las filiales de Berkshire tienen en nómina a muchos trabajadores, pero de nuevo nos topamos con una notable variabilidad. Hay algunas con menos de 100 trabajadores y otras con más de 20, 30 o incluso 40.000... Los datos aparecen reflejados en la tabla 2.4.

Tabla 2.4. Número de trabajadores de las filiales de Berkshire

Empleados	
> 40.000	BNSF
> 30.000	Fruit of the Loom
> 25.000	GEICO
> 20.000	McLane, Shaw
> 15.000	Berkshire Hathaway Energy, Marmon Group
> 10.000	Clayton Homes, ISCAR/IMC
> 7.500	Forest River, Lubrizol
> 5.000	Johns Manville, NetJets, Scott Fetzer
> 2.500	BH Media, CTB, FlightSafety, Garan, Nebraska Furniture Mart, Richline, See's, TTI
> 1.000	NICO y una docena de filiales no aseguradoras
< 1.000	Más de una docena de filiales no aseguradoras; todas las demás filiales aseguradoras

Las filiales de Berkshire tienen características financieras únicas. Los márgenes de beneficio (ganancias divididas por ingresos) oscilan entre el 1 y el 25 por ciento, y los rendimientos del capital abarcan un abanico más estrecho, pero amplio. Por lo general, las filiales disfrutan de una economía sólida, medida por indicadores como la rentabilidad de sus activos (beneficios después de impuestos sobre activos tangibles netos no apalancados). En el caso de muchas empresas de Berkshire, oscila entre el 25 y más del cien por cien. En la mayoría de las filiales, el rango se mueve de un respetable 12 por ciento a niveles de en torno al 20 por ciento. Pero también es cierto que algunas de las filiales ni siquiera se acercan al extremo inferior de la horquilla, reflejo de los errores en los que ocasionalmente han incurrido los responsables de Berkshire al decidirse a hacer una u otra adquisición.[63]

El error más costoso de todos fue, en cierto sentido, una repetición de la operación original de Berkshire Hathaway, pero esta vez con una empresa de calzado de Nueva Inglaterra. Fundada por Harold Alfond en 1956 y radicada en Dexter, Maine, echó a andar con una participación de 10.000 dólares. Dexter Shoe se convirtió en una dinamo, produciendo millones de zapatos al año en fábricas locales. Se hizo un hueco en el mercado del calzado de golf y ganó premios otorgados por los clientes de distintos grandes almacenes gracias a su excelencia. Dexter mantuvo su producción en Estados Unidos, pagaba salarios más altos que sus competidores y parecía superar en calidad y estilo a las importaciones competidoras de países que tenían salarios bajos.

En 1993, Berkshire adquirió Dexter por 443 millones de dólares, todo pagado con acciones de Berkshire. La empresa tenía rasgos positivos que se habían visto en otras de las primeras adquisiciones de la corporación: una familia fundadora emprendedora parecida a See's, un rigor presupuestario parecido al de Wesco, así como una marca, una distribución y unas relaciones sólidas con los clientes. Pero Dexter también tenía un rasgo negativo latente idéntico al de las operaciones textiles de Berkshire Hathaway: plantas de fabricación en Estados Unidos con costes

63. Berkshire Hathaway, Inc., *2010 Annual Report*, «Carta del presidente».

diez veces superiores a los de China. Con el tiempo, los rivales producirían zapatos tan buenos como los de Dexter... pero a una décima parte del coste. En 2007, Buffett confesó que la adquisición de Dexter había sido el peor negocio de su vida.[64]

En ese momento, Berkshire transfirió el negocio de Dexter a H. H. Brown Shoe Company, una próspera filial de calzado que había adquirido en 1990. El linaje de dicha firma también procedía de Nueva Inglaterra. H. H. Brown data de 1883, año en que Henry H. Brown fundó la empresa en la localidad de Natick, en Massachusetts, que entonces era el centro de la industria zapatera del país. En 1927, Brown vendió la empresa por 10.000 dólares a Ray Heffernan, un joven de 29 años que la dirigió hasta que murió a los 92, en 1990.[65]

A lo largo de los años, Heffernan hizo crecer el negocio de forma constante, realizando adquisiciones y siendo un verdadero pionero en muchas innovaciones de producto, como demostró incorporando el uso de Gore-Tex a los forros de los zapatos. En 1990, la compañía tenía cuatro fábricas, todas en Estados Unidos. Empleaba a 3.000 personas y tenía unos ingresos brutos de 25 millones de dólares al año.[66] Cuando la salud de Heffernan empeoró, la dirección de H. H. Brown recayó en su yerno, Frank Rooney, que durante mucho tiempo fue director general de una empresa de calzado rival.[67] Tras la muerte de Heffernan, la familia quiso traspasar la titularidad de H. H. Brown. Durante un partido de golf, Rooney mencionó tal deseo a John Loomis, amigo de Buffett y accionista de Berkshire, quien le dijo a Rooney que llamara al de Omaha.[68] Rápidamente se cerró un acuerdo

64. De hecho, el coste real fue superior a los 443 millones de dólares del precio de compra, ya que se pagó en acciones de Berkshire. Las acciones pagadas representaban el 1,6 por ciento de Berkshire, que en 2007 tenía un valor de aproximadamente 3.500 millones de dólares.

65. Berkshire Hathaway, Inc., *1991 Annual Report*, «Carta del presidente».

66. Ibídem.

67. Cuenta la leyenda que antes de que Rooney se casara con Frances Heffernan, su futuro suegro le dijo que no sería bien recibido en H. H. Brown. Berkshire Hathaway, Inc., *1991 Annual Report*, «Carta del presidente».

68. Ibídem.

mediante el que Berkshire adquirió H. H. Brown por 161 millones de dólares. Buffett convenció a Rooney para que se quedara. Esto era importante para Berkshire, que había renunciado a contratar a directivos para sus nuevas filiales.

H. H. Brown era el principal fabricante estadounidense de zapatos y botas de trabajo. Tenía un historial probado de rentabilidad. La empresa produce sus zapatos de marca *premium* en Estados Unidos, cobrando precios más altos para compensar sus mayores costes, y fabrica marcas estándar más baratas en el extranjero. Brown vende también botas militares a través de los intercambios postales de las bases militares de Estados Unidos, beneficiándose de las leyes federales que promueven la compra de bienes hechos en el país. Asimismo, fabrica botas de trabajo para obreros obligados a llevarlas en su día a día por mandato de la Administración Federal de Seguridad y Salud en el Trabajo, una agencia del gobierno federal. H. H. Brown ha logrado sobrevivir —y prosperar— gracias a una combinación de tradición y adaptación que Dexter no logró consolidar.

Aparte de ilustrar la diversidad de las operaciones de Berkshire, observada en estos casos dentro de una misma línea de negocio, lo más notable de la historia de Dexter y Brown es el final. Berkshire no vendió Dexter, sino que la reconvirtió como parte de H. H. Brown. Brown cerró entonces las operaciones de Dexter en Estados Unidos y las trasladó al extranjero, lo que permitió que la marca Dexter perdurara.

Berkshire adquirió sus filiales a lo largo de 50 años (ver tabla 2.5). Las adquisiciones más pequeñas (*The Buffalo News*, See's, Wesco, Fechheimer) tendieron a producirse en las primeras décadas, mientras que las más grandes han tenido lugar más recientemente. A medida que sus recursos de capital han crecido, Berkshire ha dado cada vez más importancia a la búsqueda de adquisiciones ligadas a compañías de mayor envergadura. Con todo, las grandes adquisiciones siguen siendo escasas, y a menudo vemos que una suma de adquisiciones más pequeñas puede ser más rentable que mantener esos recursos como efectivo o invertido en bonos del Estado durante largos períodos de tiempo.

Tabla 2.5. Adquisiciones de Berkshire, por épocas

	Aseguradoras	**No aseguradoras**
Década de 1960	National Indemnity (NICO), National Fire & Marine	
Década de 1970	BH Homestate	*The Buffalo News*, See's, Wesco
Década de 1980		Borsheim, Fechheimer, Nebraska Furniture Mart, Scott Fetzer
Década de 1990	Central States, GEICO, Gen Re, Kansas Bankers Surety	Ben Bridge, H. H. Brown, Dairy Queen, FlightSafety, Helzberg Diamonds, Jordan's, Star, MidAmerican (Berkshire Hathaway) Energy, NetJets, RC Willey
2000-2005		Benjamin Moore, Clayton, CTB, CORT, Forest River, Fruit of the Loom, Garan, Johns Manville, Justin, McLane, MiTek, Pampered Chef, Shaw, XTRA
2006-2010	Applied Underwriters, BoatUS, Medical Protective, US Liability	Business Wire, ISCAR/IMC, Larson-Juhl, Marmon Group, Richline, TTI
Década de 2010	Guard	BNSF, Lubrizol, Oriental Trading

Se suele creer que las adquisiciones de Berkshire se focalizan en hacerse con empresas no cotizadas. Aunque esto es en parte cierto si observamos el número de empresas no cotizadas adquiridas, el total de dólares pagados para cerrar operaciones de compra de acciones de empresas que sí están en el parqué supera el monto dedicado a adquirir compañías no cotizadas. De hecho, Berkshire ha inyectado más de 100.000 millones de dólares en sus operaciones de compra de empresas cotizadas. Sin embargo, en la mitad de las empresas cotizadas adquiridas, un gran porcentaje de las acciones era propiedad de una sola familia y al menos algunos miembros de la familia actuaban como directivos o gerentes de la firma en cuestión (ver tabla 2.6).

Tabla 2.6. Tipo de propiedad

Cotizada (accionariado disperso)	Cotizada (accionariado fuertemente concentrado en la familia)
BNSF	Benjamin Moore
CORT	Clayton Homes
Fruit of the Loom	CTB
Gen Re	Dairy Queen
Johns Manville	FlightSafety
Lubrizol	Garan
MidAmerican (Berkshire Hathaway) Energy	Justin/Acme
XTRA	Shaw Industries
	Wesco

Las adquisiciones empiezan y terminan con Berkshire poseyendo la totalidad de las acciones de la empresa vendedora, pero en varios casos la posición de partida comienza siendo pequeña y crece después hasta el cien por cien. Algunos ejemplos de esta evolución a más serían las operaciones de compra de Burlington Northern Santa Fe Railway, GEICO y Blue Chip Stamps. En algunos casos, como con los Heldman en Fechheimer, los accionistas vendedores retuvieron una parte de forma indefinida o permanente.[69] En otros acuerdos, la posición inicial de Berkshire fue inferior al cien por cien, pero se acordaron distintas hojas de ruta pensadas para que la compañía adquiriera el resto del accionariado a su debido tiempo.[70]

Con frecuencia se dice que las filiales de Berkshire son muy antiguas, pero tampoco es así. Más bien son empresas de distintas

69. Otros casos: de Applied Underwriters se adquirió un 81 por ciento, en Central States un 82 por ciento (la familia Kizer se quedó un 18 por ciento), con Nebraska Furniture Mart se cerró una compra del 90 por ciento (los Blumkins retuvieron el 10 por ciento para sí mismos y para remunerar a distintos directivos), y en la compra de Fechheimer se adquirió el 84 por ciento (la familia Heldman retuvo el 16 por ciento).

70. Con Shaw Industries, la adquisición inicial fue del 80 por ciento. En las compras de ISCAR/IMC y el Marmon Group, la participación original fue del 80 y el 60 por ciento, respectivamente.

épocas. Diez de ellas datan del siglo XIX (Fechheimer es la más antigua, puesto que se fundó en 1842). La mitad se fundaron antes de la Segunda Guerra Mundial, y la otra mitad, después de 1945 (ver tabla 2.7). Entre las compras de empresas más recientes se encuentran firmas como Richline, fabricante de joyas fundado en 2007, o Forest River, fabricante de vehículos recreativos que empezó su actividad en 1996, a partir de las cenizas de un grupo de activos más antiguo. La edad más discutible, dadas las fusiones, reorganizaciones y consolidaciones empresariales que atravesaron, es la de Burlington Northern Santa Fe, que data efectivamente de 1849, pero se constituyó en 1995, y la de Berkshire Hathaway Energy, constituida en 1998, pero producto de fusiones y adquisiciones que parten de una empresa original fundada en 1971.

Tabla 2.7. Adquisiciones de Berkshire, por época de fundación de la compañía

	Aseguradoras	**No aseguradoras**
Siglo XIX	Medical Protective	Benjamin Moore, BNSF, H. H. Brown, *The Buffalo News*, Fechheimer, Fruit of the Loom, Johns Manville, Justin, McLane
Siglo XX antes de la Segunda Guerra Mundial	GEICO, Gen Re, National Indemnity (NICO)	Acme, Ben Bridge, Borsheim, Dairy Queen, Helzberg Diamonds, Jordan's, Lubrizol, Nebraska Furniture Mart, Oriental Trading, See's, Star, RC Willey
Siglo XX después de la Segunda Guerra Mundial	Applied Underwriters, BoatUS, Central States, Kansas Bankers Surety	Business Wire, Clayton, CORT, CTB, FlightSafety, Forest River, Garan, ISCAR/IMC, Larson-Juhl, Marmon Group, MidAmerican (Berkshire Hathaway) Energy, NetJets, Pampered Chef, Scott Fetzer, Shaw, TTI, XTRA
Siglo XXI		Richline

La cartera de empresas de Berkshire es también un claro ejemplo de diversidad geográfica. Casi la mitad de los territorios de Estados Unidos albergan sedes de una o más filiales de Berkshire, salpicando el mapa por todo el país (ver mapa 2.1 y tabla 2.8). Omaha alberga la sede central de Berkshire, así como la de varias empresas de seguros y otras cuatro filiales. Otras 15 filiales de Berkshire están en el Medio Oeste, siete de ellas están situadas en el Oeste, 11 en el Sur y nueve en el Este.

Mapa 2.1. Distribución de las empresas de Berkshire Hathaway

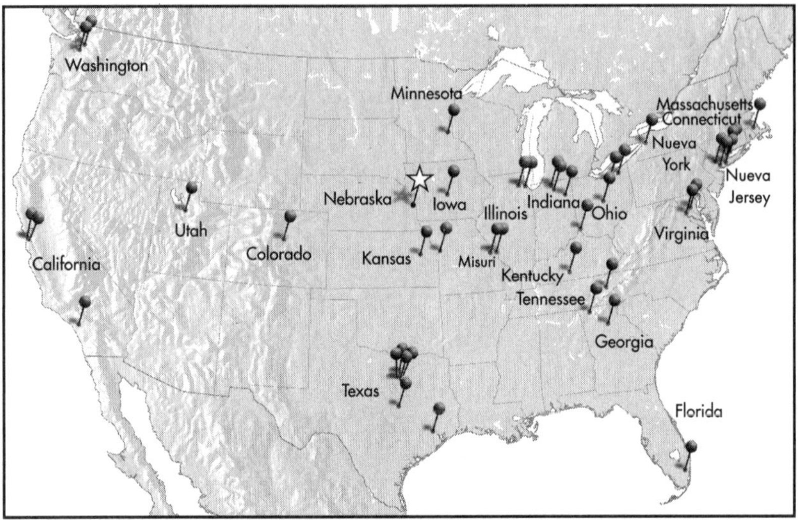

Tabla 2.8. Ubicación geográfica de los estados donde están situadas las empresas de Berkshire Hathaway

MEDIO OESTE	
Nebraska (todas en Omaha)	Applied Underwriters, BH Homestate, BH Media, Borhseim, Central States, Nebraska Furniture Mart, NICO, Oriental Trading
Illinois	Marmon Group, Pampered Chef
Indiana	CTB, Forest River, Medical Protective
Iowa	Berkshire Hathaway Energy
Kansas	Kansas Bankers Surety
Minnesota	Dairy Queen
Misuri	Helzberg Diamonds, MiTek, XTRA
Ohio	Fechheimer, Lubrizol, NetJets, Scott Fetzer

.../...

.../...

OESTE	
California	Business Wire, See's, Wesco
Colorado	Johns Manville
Utah	RC Willey
Washington	Bridge, Brooks
SUR	
Florida	Richline
Georgia	Larson-Juhl, Shaw
Kentucky	Fruit of the Loom
Tennessee	Clayton
Texas	Acme, BNSF, Justin, McLane, Star, TTI
ESTE	
Connecticut	Gen Re, H. H. Brown
D. C./Virginia	BoatUS, GEICO
Massachusetts	Jordan's
Nueva Jersey	Benjamin Moore
Nueva York	*The Buffalo News*, FlightSafety, Garan
Israel / Países Bajos	ISCAR/IMC

Las ubicaciones de las sedes de las filiales de Berkshire reflejan que es una corporación principalmente estadounidense, aunque algunas filiales, como Gen Re, Lubrizol y MiTek, mantienen desde hace tiempo operaciones internacionales. Aun así, Berkshire sólo ha adquirido una filial significativa no estadounidense: ISCAR/IMC, líder mundial en la fabricación de herramientas de corte de metales.[71] ISCAR/IMC fue fundada en 1952 por Stef Wertheimer, quien hoy es un multimillonario

71. Para un perfil de la compañía y un vistazo selectivo a sus altos cargos, ver: Guy Rolnik, «Who on earth is Jacob Harpaz?», *Haaretz*, 15 de julio de 2009; Tali Heruti-Sover, «Their hearts belong to ISCAR», *Haaretz*, 29 de septiembre de 2012.

israelí. En 1937, a los 9 años, Stef huyó de Alemania con sus padres para escapar del nazismo y de Hitler. La familia se instaló en Tel Aviv, donde Wertheimer ingresó más tarde en la Real Fuerza Aérea Británica (RAF) como técnico de equipos. Utilizando los conocimientos adquiridos en la RAF, Wertheimer abrió una pequeña fábrica de corte de herramientas metálicas en el patio trasero de su casa, a la que llamó ISCAR, que no es más que una abreviatura de Israel y Carbide.

Wertheimer y su familia, encabezada por su hijo Eitan, transformaron la empresa de herramientas en la mayor red de metalurgia del mundo. ISCAR es el buque insignia de un grupo de empresas metalúrgicas llamado International Metalworking Companies BV (IMC). El grupo está formado por decenas de filiales fundadas por empresarios locales a lo largo del siglo pasado y opera en una docena de países. Todas sus compañías fabrican productos metálicos especializados, principalmente para las industrias aeroespaciales y automovilísticas nacionales de sus distintos mercados. Los productos de IMC son pequeñas herramientas baratas que se utilizan en el marco de la costosa red de maquinaria que controlan sus clientes. El valor añadido de estas herramientas es sustancial, ya que hacen que la maquinaria sea más eficiente, aumentando así los beneficios del cliente.

En 2005, la familia Wertheimer necesitaba afrontar los retos del traspaso generacional. Eitan Wertheimer escribió a Buffett una breve carta en la que le habló de la empresa y de su sector.[72] Buffett invitó a Wertheimer a Omaha y, en pocas horas, creyó que era posible llegar a un acuerdo. Berkshire compró poco después el 80 por ciento de ISCAR/IMC, y la familia Wertheimer se quedó con el resto. En 2013, la familia Wertheimer ejerció su derecho a vender el 20 por ciento restante a Berkshire, de modo que el precio total de compra para Berkshire ascendió a 5.000 millones de dólares.

La concentración de las adquisiciones de Berkshire en Estados Unidos se debe principalmente a la casualidad histórica, puesto que la empresa se adelantó a la globalización. No implica, pues,

72. Berkshire Hathaway, Inc., *2006 Annual Report*, «Carta del presidente».

que haya límites a la eficacia del modelo de Berkshire bajo un escenario global. Al contrario: el modelo de negocio ISCAR/IMC (que en sí mismo es una red de empresas) sugiere la evidente viabilidad de expandir Berkshire globalmente.

Las numerosas filiales de Berkshire, incluidas Fechheimer, Scott Fetzer, Dexter, H. H. Brown e ISCAR/IMC, así como See's, Wesco y *The Buffalo News*, varían en casi todos los aspectos, desde los productos vendidos hasta los márgenes de beneficio obtenidos, pasando por su particular camino de entrada en Berkshire. Sin embargo, como ha demostrado nuestro encuentro con estas filiales, hay un hilo conductor que relaciona todas estas operaciones y sirve como punto en común. Con todo, dada la escala de Berkshire y la complejidad de su estructura corporativa, parece necesario indagar un poco más en las filiales para sintetizar la cultura de la corporación y averiguar de qué manera promueven la durabilidad de Berkshire más allá de Buffett.

3

Cultura

En relación con la cultura corporativa, a Buffett le gusta citar a Winston Churchill: «Tú das forma a tus casas y luego ellas te dan forma a ti».[73] En su caso, las empresas se seleccionan a sí mismas para formar parte de la familia Berkshire. Los propietarios de empresas no venden a Berkshire (y Berkshire no compra empresas) a menos que estén de acuerdo con las normas y estándares de su cultura.

La cultura corporativa es compleja en cualquier organización, pero más aún en un conglomerado de la escala y diversidad de Berkshire. Podemos definir la cultura corporativa como el conjunto de creencias, prácticas y puntos de vista compartidos que determinan las expectativas de una empresa e influyen en el comportamiento de su personal hacia sus compañeros, clientes y propietarios.[74] El tono de dicha cultura se establece en la cúpula y se difunde por toda la organización a través de las decisiones diarias, los retos y las crisis. Los valores de una empresa son el

73. Por ejemplo: Berkshire Hathaway, Inc., *2010 Annual Report*, «Carta del presidente».

74. Ver, por ejemplo: Eric Van den Steen, «On the origin of shared beliefs (and corporate culture)», *Rand Journal of Economics*, 41 (2010), p. 617.

núcleo de su cultura, ya que establecen las normas para alcanzar sus objetivos.[75]

En Berkshire, estos valores empezaron a tomar forma a partir de los criterios de adquisición que Buffett fijó para identificar posibles adquisiciones. En 1986, Berkshire publicó un anuncio en *The Wall Street Journal* indicando su interés por comprar empresas y delineando sus criterios para llevar a cabo tales actuaciones. Desde entonces, estos mismos criterios se han publicado todos los años en los informes anuales de Berkshire y nunca han cambiado, excepto en lo referido al tamaño mínimo deseado, que ha pasado de 5 millones de dólares de beneficio anual en el anuncio original de 1986 a 75 millones de dólares de ganancias por ejercicio en la actualidad. Así, Berkshire busca empresas con una rentabilidad probada, buenos rendimientos no apalancados sobre el capital, una gestión apropiada, negocios razonablemente básicos y un precio justo.

Otra expresión del tono con el que Berkshire ayudó a forjar sus valores corporativos lo tenemos en un conjunto de principios empresariales relacionados con el propietario de la firma, que definen cómo Berkshire y sus filiales se relacionan con sus accionistas y con sus constituyentes. Al igual que con los criterios de adquisición, estos principios se publican de forma regular en cada informe anual. Se trata de una impresionante lista de 15 principios por los que se rige el máximo responsable de Berkshire. Entre ellos, se habla de concebir la organización como una sociedad, a pesar de utilizar la forma corporativa; de minimizar el uso de dinero prestado en su operativa; de evaluar si reinvertir los beneficios o pagar dividendos en función de si cada dólar reinvertido aumentará el valor para el accionista en al menos la misma cantidad; de mantener las filiales para siempre bajo su propiedad... Estos principios reflejan que Buffett ha sido, ante todo, un accionista y, siempre después, un gestor. Sus convicciones empresariales elevan los intereses de los accionistas. Buffett admira a aquellos directivos que dirigen sus empresas como si fue-

75. Ver: Terrence E. Deal y Allan A. Kennedy, *Corporate cultures: The rites and rituals of corporate life*, Addison-Wesley, Estados Unidos, 1982.

ran de su propiedad.[76] Esta mentalidad inculcó desde el principio en Berkshire valores de austeridad y pericia inversora.

Los principios empresariales de Berkshire más relacionados con su propietario, y especialmente la concepción de la corporación como una sociedad, ponen a los accionistas en el centro. La compañía trata a sus accionistas no como meros tenedores temporales de sus acciones, sino como socios comerciales en una empresa sin fin. Este valor es uno de los más frecuentes en Berkshire, ya que sus filiales (incluidas muchas empresas familiares) buscan un hogar permanente para su compañía, y en efecto, Berkshire se enorgullece de mantener a sus filiales en cartera de forma permanente. Para estos propietarios, los directivos de la corporación, incluyendo a Buffett y a los distintos responsables de las filiales, son administradores. Estos principios también hacen hincapié en que el consejero delegado de Berkshire y los accionistas mayoritarios de la empresa tratarán a los demás accionistas lealmente y como socios, no como meras fuentes de capital.

El planteamiento de Berkshire ha logrado atraer a un grupo de accionistas con características inusuales para el mundo empresarial estadounidense. Berkshire cuenta con apenas una quinta parte de la rotación de acciones observada en otras grandes empresas. Tiene asimismo una asistencia inusualmente alta a sus reuniones anuales (con 35.000 asistentes en los últimos años). Su propiedad está esencialmente en manos de individuos y familias (no de instituciones financieras o fondos de inversión que, por el contrario, poseen la mayoría de las acciones de otras grandes empresas cotizadas). Asimismo, hay un alto grado de

76. Algunos de los principios empresariales de Berkshire relacionados con los accionistas se aplican a nivel de la matriz, pero no tanto a las filiales. Por ejemplo, muchos abordan temas relevantes sólo para las empresas cotizadas, como vincular la política de dividendos al precio de las acciones, aspirar a que las propias acciones coticen a un precio justo o relacionar el precio de las acciones con el valor intrínseco, mientras que otros sólo lo hacen a nivel de Berkshire, pero no de las filiales, como ser reacio a utilizar acciones de la corporación para pagar operaciones de adquisición, porque ello diluye los intereses de los propietarios actuales.

concentración de cartera entre los accionistas.[77] Colectivamente, los accionistas de Berkshire aceptan el concepto de la corporación como una asociación en la que poseen no sólo una acción líquida, sino una participación permanente.[78]

Aunque cotiza en la Bolsa de Nueva York desde 1988, Berkshire ha heredado las características propias de las sociedades de la época en que Buffett empezaba a dirigir una empresa de inversión privada. El consejo de administración de Berkshire, por ejemplo, siempre ha estado compuesto por amigos y familiares. Una de sus integrantes fue Susan, la difunta esposa de Buffett, que ostentó dicha responsabilidad durante muchos años. Su hijo Howard hace lo propio desde 1993. En el consejo también se sienta Charlie Munger, el mejor amigo de Buffett, desde 1978. Walter Scott Jr., otro empresario de Omaha, hace lo propio desde 1988. Desde 1997, otro de sus integrantes es Ronald L. Olson, socio de Munger, Tolles & Olson, entidad a la que Berkshire recurre ampliamente para articular sus adquisiciones o solicitar otros trabajos de tipo jurídico.

En 2003-2004, el consejo se amplió con la incorporación de Donald R. Keough, veterano ejecutivo de Coca-Cola, una empresa de la que Berkshire posee una importante participación, o Thomas S. Murphy, director ejecutivo de Capital Cities/ABC, otra compañía participada por Berkshire. Otros viejos amigos con representación en el consejo son David S. (*Sandy*) Gottesman, inversor neoyorquino y amigo de Buffett desde 1962, o William (*Bill*) H. Gates III, fundador de Microsoft Corporation y amigo de Buffett desde 1991. Los consejeros de Berkshire actúan como propietarios: compran paquetes de acciones de la corporación, reciben una remuneración nominal sin opciones sobre acciones y prestan sus servicios sin el seguro de responsabilidad que otros consejos dan por sentado a sus integrantes. Aunque Buffett ha sido el accionista más importante de Berkshire, controlando hasta el 40 por ciento de los títulos, el grupo formado por los consejeros, sus familias y los clientes de las instituciones

77. Ver cap. 14, principalmente las tablas 14.2, 14.3, 14.4 y 14.5.
78. Ibídem.

que dirigen suma, en su conjunto, bastante más del 10 por ciento.[79] Por lo demás, la contribución más importante del consejo a la cultura de Berkshire ha sido la de afirmar y reforzar los valores que Buffett le ha inyectado continuamente.

A diferencia de muchos conglomerados, la sede central de la corporación no cuenta con directores operativos, sino con una pequeña plantilla de trabajadores centrados en la elaboración de informes financieros. De 1981 a 1993, Michael Goldberg supervisó un grupo de empresas de Berkshire y movió a algunos de sus altos directivos para que pasasen de una a otra.[80] Por ejemplo, pidió a Brad Kintsler que dirigiera una serie de compañías de seguros, para luego asignarle la presidencia de Fechheimer. Más tarde, tras la jubilación de Chuck Huggins, Buffett le solicitó a Kintsler que dirigiera See's.[81] De 1999 a 2011, David L. Sokol, jefe ejecutivo de MidAmerican Energy (ahora Berkshire Hathaway Energy) fue algo así como el «solucionador de problemas itinerante», que iba pasando por las distintas filiales de la compañía. Desde entonces, Tracy Britt Cool, una directiva júnior, ha ayudado a las filiales que necesitaban algún tipo de auxilio. Pero más allá de estos recursos limitados o de la sustitución ocasional de los directores ejecutivos, las compañías que forman parte de Berkshire están solas en cuanto al manejo de su talento directivo. Sus consejos de administración, si los tienen, son pequeños (a menudo de sólo tres miembros) y sus reuniones son puntuales (quizá solamente una vez al año).

La cultura de Berkshire es la suma de las culturas que aporta al proceso de adquisición y propiedad, así como de las culturas operativas de todas sus filiales. La historia de dichas filiales, contada por los propios fundadores o por otras figuras relevantes, refleja las creencias, prácticas y perspectivas que han dado forma a sus respectivas culturas corporativas. Aquí entran las historias y relatos sobre las personas que fundaron estas empresas, las tra-

79. Ibídem, combinando datos de las tablas 14.2 y 14.3 del cap. 14.

80. Bianco, «The Warren Buffett...», art. cit.

81. Ver: Ronald Chan, *Behind the Berkshire Hathaway curtain: Lessons from Warren Buffett's top business leaders*, Wiley, Estados Unidos, 2010, p. 100.

diciones que se derivan de los retos afrontados, las pruebas que han supuesto las distintas transiciones en la gestión de la firma, etcétera.[82]

La cultura corporativa es importante porque se traduce en rendimiento empresarial. Por ejemplo, una empresa cuya dirección y accionistas adoptan una perspectiva a largo plazo puede capear mejor la volatilidad financiera. Las compañías con reputación de ahorradoras y conservadoras tienen menos probabilidades de impago y, por tanto, disfrutan de mejores calificaciones crediticias y de menores costes de endeudamiento, lo que hace que los precios de sus acciones tiendan a ser menos volátiles, atrayendo así a los inversores.[83] Una empresa conocida por su integridad, que trata a proveedores, empleados y clientes como le gustaría ser tratada si tales posiciones fueran a la inversa, suele suscitar más interés y cooperación entre dichos grupos que otros grupos rivales que demuestran menos escrúpulos. Esta reputación de excelencia (en la comercialización, en la fabricación, en los servicios o en otras actividades empresariales) puede traducirse en mejores condiciones comerciales al inicio de las relaciones y en más flexibilidad para hacer frente a las adversidades periódicas.[84]

Un estudio de cientos de grandes empresas demostró que las compañías que proyectan culturas corporativas positivas y sólidas disfrutan de un rendimiento económico superior.[85] Otros investigadores han explorado cómo dichas culturas se ganan el respeto de la comunidad empresarial.[86] El profesor Raj Sisodia y el cofundador de Whole Foods, John Mackey, sostienen que las

82. Ver: L. J. Rittenhouse, *Investing between the lines*, McGraw Hill, Estados Unidos, 2013.

83. Ver, por ejemplo: Moody's 8 de octubre de 2013, *Informe sobre Berkshire Hathaway*.

84. Aronoff y Ward, *Family business..., op. cit.*, p. 16 («Una empresa estable, digna de confianza [...] y con una orientación a largo plazo tiene una clara ventaja competitiva»).

85. Ver: John Kotter y James Heskett, *Corporate culture and performance*, Free Press, Estados Unidos, 1992.

86. Ver: Deal y Kennedy, *Corporate cultures..., op. cit.*

empresas que persiguen simultáneamente la mejora de sus beneficios económicos y el apuntalamiento de sus valores intangibles consiguen un mejor valor económico a largo plazo.[87] Robert Mondavi, que amasó una fortuna convirtiendo el valle de Napa en una gran institución en el ámbito de la producción vinícola, afirma que detrás de su éxito estaba la búsqueda de una noción intangible de excelencia.[88] Sin embargo, no siempre es fácil medir y ni siquiera identificar la ventaja concreta o el proceso a través del cual los intangibles adquieren valor económico. La parte II del libro tratará de ilustrar dichos intangibles a través de numerosos ejemplos extraídos de las historias de Berkshire y sus empresas filiales.

La cultura corporativa, un concepto moderno similar a nociones vagas como el espíritu de equipo, es más difícil de definir que otras venerables herramientas de análisis empresarial, como, por ejemplo, el retorno de la inversión. Variable blanda pero de gran capacidad, la cultura es el resultado de múltiples factores que incluso pueden entrar en conflicto entre sí. Tanto si la llamamos cultura corporativa como si la expresamos de otro modo, la recurrencia manifiesta de un número de rasgos clave es determinante para forjar la identidad, el rendimiento y la durabilidad de Berkshire como institución.

Identificar la cultura de Berkshire examinando sus filiales no significa que cada una de ellas tenga cada rasgo de aquélla, ni que cada rasgo se aplique a cada filial. Se trata, más bien, como si fuese la cultura de un buen equipo de baloncesto. Los jugadores competitivos tienden a ser rápidos, fuertes y altos, pero no todos los jugadores deben tener esos tres rasgos. Un equipo puede tener éxito con algunos jugadores que son bajos, pero rápidos y fuertes, y otros que son lentos, pero grandes y potentes. El con-

87. Ver: John Mackey y Rajendra Sisodia, *Conscious capitalism: Liberating the heroic spirit of business*, Harvard Business Review Press, Estados Unidos, 2013; James Collins y Jerry Porras, *Built to last*, Harper Business, Estados Unidos, 1994.

88. Ver: Robert Mondavi y Paul Chutkow, *Harvests of joy: How the good life became great business*, Houghton Mifflin Harcourt, Estados Unidos, 1998.

junto de características de los jugadores da lugar a una cultura de equipo. Más que la suma de sus partes, la cultura de equipo también incluye normas inculcadas por los entrenadores, como la deportividad y el trabajo en equipo. Del mismo modo, los rasgos de Berkshire, aunque no necesariamente omnipresentes en cada una de sus empresas, crean en su conjunto la cultura de todo el grupo empresarial, al que se da forma desde arriba.

Los líderes empresariales construyen culturas promoviendo o ejemplificando determinados valores. Los valores contribuyen a la toma de decisiones, y motivan y atraen a las personas que los comparten, al tiempo que repelen a quienes no lo hacen.[89] Cuanto más sencillos de transmitir sean esos valores, más duraderos tenderán a ser. Cuanto antes aprovecha un líder empresarial el potencial de los valores compartidos, más resistente se vuelve la cultura corporativa, ofreciendo a dicho líder un legado duradero. La tabla 3.1 ofrece un esbozo de los rasgos culturales identificados en las historias que recoge la parte II.

Tabla 3.1. Rasgos de la cultura corporativa de Berkshire descritos en la parte II del libro

Rasgo	Esencia	Ejemplo(s) de referencia
Austero	Un céntimo ahorrado es un céntimo ganado.	GEICO (seguros de coche)
Serio	El valor de cumplir las promesas.	NICO (aseguradora comercial y de situaciones catastróficas) Gen Re (empresa de reaseguros)
Reputación	Los resultados se benefician de la reputación.	Clayton Homes (clientes, inversores) Jordan's Furniture (clientes) Benjamin Moore (distribuidores) Johns Manville (personas, entorno)
Afinidad	La riqueza puede durar más de tres generaciones cuando las familias valoran la identidad y el legado.	Nebraska Furniture Mart (familia Blumkin) RC Willey (familia Child) Star Furniture (familia Wolff) Helzberg Diamonds Ben Bridge Jeweler

.../...

89. Aronoff y Ward, *Family business...*, *op. cit.*, pp. 8-10.

.../...

Rasgo	Esencia	Ejemplo(s) de referencia
Emprendedores	El empresario recoge los frutos.	FlightSafety (formación de pilotos) NetJets (propiedad fraccionada de aeronaves) Garan (línea infantil Garanimals) Justin/Acme (marca de botas/ladrillos) Dairy Queen (franquicia de negocios)
No intervencionista	Delegar todo, menos la reputación.	The Pampered Chef (consultores) Scott Fetzer (distribuidores) Lubrizol (saga de Berkshire)
Conocedor de inversiones	El precio se paga, el valor se intercambia.	McLane (cobertura geográfica) MiTek (adquisiciones complementarias y agregadas) Lubrizol (punto de inflexión) Berkshire Hathaway Energy (fuente de capital)
Rudimentario	Los sueños imposibles son imposibles, así que céntrate en lo que sabes hacer.	BNSF (vieja economía, buena economía) Shaw Industries (aprender de los errores) Fruit of the Loom (apalancamiento excesivo)
Eterno	Berkshire como un hogar permanente, un santuario para las empresas sin hogar.	Brooks (propietarios corporativos en serie) Forest River (después de una compra apalancada/bancarrota) Oriental Trading (después de una compra apalancada/bancarrota) CTB (después de capital privado) CORT (después de múltiples compras apalancadas) TTI (evitar propietarios temporales)

El profesor que hay en mí encontró la forma de poner todos los valores en un acróstico que, en inglés, se deletrea: B • E • R • K • S • H • I • R • E.[90]

90. B: *budget conscious* (austero); E: *earnest* (serio); R: *reputation* (reputación); K: *kinship* (afinidad); S: *self-starters* (emprendedores); H: *hands off* (no intervencionista); I: *investor savvy* (conocedor de inversiones); R: *rudimentary* (rudimentario); E: *eternal* (eterno). *(N. del t.)*

PARTE II

4

Austeridad y seriedad

1936, San Antonio, Texas. Leo Goodwin, un gestor de seguros de 50 años, lleva tiempo trabajando estrechamente con el personal militar de Estados Unidos a través de USAA, una aseguradora volcada precisamente en los militares.[91] Le preocupaba que sus clientes pagaran demasiado por el seguro de coche y calculó que, agrupando a los conductores con un perfil de menos riesgo y vendiendo sus pólizas sin agentes, podría rebajar sus precios hasta un 20 por ciento y, pese a ello, seguir obteniendo beneficios. Esta sencilla idea se convirtió en última instancia en GEICO, una compañía de seguros de automóviles que se ha erigido como una de las piedras angulares del negocio de Berkshire y que personifica, además, el primero de los valores de la corporación que voy a analizar: el rigor presupuestario, en el sentido estricto de austeridad y ahorro.

Los comienzos de GEICO se sitúan en el momento en que Goodwin convenció a un banquero local, Cleaves Rhea, para

91. Los hechos históricos relativos a GEICO pueden consultarse en: William K. Klingaman, *GEICO: The first forty years*, GEICO, Estados Unidos, 1994; *International directory of company histories*, vol. 40, St. James, Estados Unidos, 2001 (en adelante citado como: *IDCH*, GEICO); web corporativa de GEICO: <http://www.geico.com>.

que movilizase 75.000 dólares, que, junto con 25.000 dólares de su propio bolsillo, proporcionaron el capital inicial para poner en práctica la idea.[92] Dado que esos trabajadores suelen estar radicados en la capital del país, Goodwin y su esposa, Lillian, se mudaron a Washington D. C., con el sueño de poner en marcha la nueva empresa, llamada Government Employees Insurance Company (GEICO). Trabajando 12 horas al día, seis días a la semana, los Goodwin crearon GEICO a base de agallas. Hacían marketing por correo directo, se ocupaban de los detalles de suscripción y gestionaban las reclamaciones. Los fines de semana, Leo Goodwin visitaba las distintas bases militares del país y realizaba sus ventas a puerta fría.

Para complementar su compromiso con los seguros de bajo coste, GEICO hizo hincapié en el servicio al cliente. Por ejemplo, en 1941, después de que una tormenta de granizo dañara numerosos coches por toda la ciudad, Goodwin se puso de acuerdo con los talleres locales para que hicieran horas extra en las reparaciones y consiguió que los proveedores agilizaran el envío de cubiertas y lunas.[93] Los clientes de GEICO agradecieron que sus coches volvieran a funcionar antes que los de sus vecinos, que estaban asegurados por la competencia.[94]

El modelo de negocio de Goodwin era sencillo: seguros de bajo coste, comercialización sin agentes, volcado en grupos de bajo riesgo muy específicos y con un servicio de atención al cliente de calidad. Los resultados de su primer año fueron prometedores: 3.754 pólizas suscritas, 103.700 dólares en primas y una plantilla de 12 personas.[95] Los resultados de la suscripción (es decir, la diferencia entre las primas suscritas y las reclamaciones pagadas) fueron negativos al principio, pero pronto empezaron a arrojar un pequeño beneficio. A pesar de

92. Web corporativa de GEICO. Buffett ha cifrado la inversión inicial en 200.000 dólares. Berkshire Hathaway, Inc., *2004 Annual Report*, «Carta del presidente».

93. Klingaman, *GEICO...*, *op. cit.*, p. 15.

94. *IDCH*, GEICO.

95. Klingaman, *GEICO...*, *op. cit.*, p. 12.

la Gran Depresión y de la Segunda Guerra Mundial, este «ahorrador» modelo de negocio se reivindicó, ya que GEICO creció de manera constante, tanto en la contratación de pólizas o en las primas, como en los beneficios.

En 1948, la familia de Rhea vendió sus acciones de GEICO a varios inversores privados. Su amigo, el banquero y directivo de GEICO, Lorimer (*Davy*) Davidson, ayudó a los Goodwin a localizar a estos nuevos inversores. Entre otros, colocó un gran paquete de acciones a Graham-Newman, cuyo socio, Benjamin Graham, se convirtió en presidente de GEICO.

La posición de Graham-Newman en GEICO representaba una gran parte de los activos de la empresa. Esa mayor concentración de su inversión se apartaba de la preferencia habitual por la diversificación que caracterizaba a Graham. Fue entonces cuando las autoridades federales dictaminaron que una sociedad de inversiones como Graham-Newman no podía poseer una participación tan grande de una compañía de seguros, así que la empresa distribuyó sus acciones de GEICO entre sus partícipes, para que las tuvieran directamente. En aquel momento, las acciones estaban en manos de tantas personas que la ley federal exigió que se registraran en la Comisión del Mercado de Valores, lo que convirtió a GEICO en una empresa cotizada.[96]

Unos años más tarde, Buffett se matriculó en el curso de inversiones que Graham impartía en la Columbia Business School, concretamente en el campus principal de la universidad, ubicado en el barrio de Morningside Heights de Manhattan. En la biografía de Graham se describía al profesor como presidente de GEICO, una empresa de la que Buffett nunca había oído hablar, y dedicada a un sector del que no sabía nada. Deseoso de saber más, Buffett decidió visitar la sede de la compañía en Washington.

Un frío sábado de enero de 1951, Buffett se subió al tren «Morning Congressional» a las 6.30 de la mañana. Era la ruta de Pensilvania, procedente de Nueva York.[97] Al llegar a Washington

96. Ibídem, p. 31.

97. Ése era el principal medio de transporte ferroviario entre Nueva York y Washington en esa época. Bruce F. Smith (presidente de la Pennsylvania Rail-

cuatro horas más tarde, se encontró con que el edificio de GEICO, situado entonces en las calles 14 y L del noroeste, estaba cerrado. Pero el joven Buffett llamó la atención de un conserje, que le indicó que había alguien trabajando en la planta superior.[98] Era Davidson. Buffett le dijo a Davidson que era alumno de Graham, y Davidson acabó pasando cuatro horas con Buffett, explicándole el funcionamiento de su empresa y del sector.

La clave para Buffett: «El método de venta de GEICO, con una comercialización directa, le proporcionaba una amplia ventaja de costes sobre sus competidores, que vendían a través de agentes comerciales. Aquélla era una forma de distribución tan arraigada en el negocio de estas aseguradoras que, para todas las demás firmas, parecía imposible pensar en renunciar a ella».[99] Inspirado por su charla con Davidson, Buffett estudió detenidamente el caso de GEICO y el sector de los seguros. Después, escribió un informe sobre la compañía («The security I like best») para la columna del *Commercial and Financial Chronicle*, una publicación muy leída en el ámbito empresarial y financiero.[100] Quiso ir más allá y demostrar su apuesta con la cartera, de modo que compró 350 acciones de GEICO durante 1951, a un coste de 10.282 dólares, lo que representaba la mitad de su patrimonio neto. (Un año después, vendió sus participaciones por 15.259 dólares. Esto le enseñó una lección valiosa sobre la importancia de comprar y mantener las acciones durante más tiempo, porque, en 1995, esa misma tenencia de acciones le habría reportado más de un millón de dólares.)

A lo largo de la década de 1950, Leo Goodwin siguió construyendo GEICO, haciendo hincapié en su objetivo de reducir los costes al mínimo absoluto. Sin embargo, el objetivo de tal estrategia no era simplemente aumentar los beneficios. De hecho, Good-

---

road Technical and Historical Society), en correo electrónico al autor, remitido el 13 de febrero de 2014.

98. Era la sexta planta del edificio de GEICO, que se trasladó en numerosas ocasiones a lo largo de las décadas siguientes. *IDCH*, GEICO.

99. Berkshire Hathaway, Inc., *1995 Annual Report*, «Carta del presidente».

100. Berkshire Hathaway, Inc., *2005 Annual Report*, ver p. 24 de la «Carta del presidente», donde se reproduce el artículo al completo.

win insistió en trasladar el grueso del ahorro a sus clientes, en forma de primas más bajas. Esto, a su vez, atrajo a más clientes. El resultado fue un aumento del volumen total de primas y, en última instancia, de los beneficios, así como una mayor fidelidad de sus clientes, que de hecho conformaban una base cada vez más amplia.

Conforme se fue acercando el final de la década, GEICO tenía más de 700.000 pólizas y suscribía 65 millones de dólares en primas.[101] Goodwin se jubiló en 1958 y cedió las riendas a Davidson, que mantuvo el modelo de negocio de la compañía, único en el sector. Continuó su tradición de ahorro y elevó el volumen manteniendo las primas bajas. En 1965, las primas de seguros ascendían a 150 millones de dólares y los beneficios se duplicaron hasta los 13 millones.[102]

En la década de 1970, tras la jubilación de Davidson y el fallecimiento de los Goodwin, la historia de GEICO tomó un rumbo diferente. El crecimiento del volumen de primas pasó a ser más importante que la gestión de costes o la calidad de la suscripción, y las pólizas se suscribieron o renovaron sin tener en cuenta información relevante, como el historial de accidentes de los asegurados.[103] En 1973, la compañía abrió el acceso a todos los asegurados, independientemente de su empleo, asumiendo que la tecnología y los modelos estadísticos permitían una selección más eficaz que los grupos ocupacionales. Sin embargo, la empresa carecía de sistemas informáticos necesarios para agregar o analizar estos datos.[104] Como resultado de ello, las pólizas y el volumen de primas se dispararon.

También en esa época, muchos estados adoptaron las llamadas «leyes de seguro sin culpa». Hasta entonces, las aseguradoras de los conductores «culpables» pagaban las reclamaciones. Como los buenos conductores de GEICO rara vez eran culpables, la empresa rara vez tenía que afrontar el pago derivado de accidentes o

101. Klingaman, *GEICO...*, *op. cit.*, p. 65 (cifras de 1960).
102. Web corporativa de GEICO.
103. Klingaman, *GEICO...*, *op. cit.*, p. 100.
104. Ibídem, p. 96.

siniestros. La ausencia de culpa hacía que el énfasis pasara de *quién* tenía la culpa a *cuántos* daños se habían producido. La dirección de GEICO no supo apreciar cómo afectarían esos cambios a la empresa. Durante varios años, la empresa subestimó los siniestros y, por tanto, fijó precios inferiores a los seguros, un error que, a mediados de la década de 1970, llevó a la empresa al borde de la quiebra.[105]

En 1976, un directivo de GEICO, Samuel C. Butler, socio principal de Cravath, Swaine & Moore, contrató como director general a John J. (*Jack*) Byrne, un prodigio del sector de los seguros, de 43 años de edad. Byrne no tardó en mejorar el método de estimación de siniestros de la empresa y restauró su tradicional disciplina de suscripción. Tomó otras medidas para controlar los costes, como negarse a renovar las pólizas de los conductores de alto riesgo o aumentar los ingresos a base de elevar, ahora sí, las primas. Para aliviar la presión y mantener la confianza de los consumidores, Butler y Byrne consiguieron que un consorcio de aseguradoras asumiera una gran parte de las pólizas de GEICO. Con el fin de reunir capital para hacer frente a las reclamaciones, GEICO realizó una oferta secundaria de sus acciones. En aquella operación, Berkshire se hizo con una participación del 15 por ciento.

Gracias al liderazgo de Byrne y a la aportación de capital de Berkshire, GEICO se libró de un destino fatal. Se convirtió en una empresa mucho más pequeña, con una cuota de mercado inferior al 2 por ciento, rúbrica que se mantuvo casi inalterada durante más de una década. Byrne, junto con su colega y sucesor, William B. Snyder, se adhirieron al modelo de negocio que Goodwin había establecido: ser un vendedor de bajo coste en un gran mercado en el que los competidores se aferraban a la costosa práctica de la comercialización a través de agentes comerciales.[106]

105. Berkshire Hathaway, Inc., *1986 Annual Report*, «Carta del presidente». Para más detalles de esta crisis que afectó a tantas variables, ver: Klingaman, *GEICO...*, *op. cit.*, pp. 104-122.

106. Byrne dejó GEICO en 1985 para dirigir el Fireman's Fund. Más tarde dirigió la creación de White Mountain Insurance, en la que Berkshire realizó una importante inversión.

En 1980, Berkshire duplicó con creces su participación en GEICO, llegando a poseer la mitad de las acciones.

La austeridad era, por encima de cualquier otro factor, el ingrediente secreto del atractivo de GEICO. En 1986, el total de los gastos de suscripción y de ajuste de pérdidas de GEICO representaba sólo el 23,5 por ciento de las primas.[107] Los gastos de la competencia eran 15 puntos porcentuales mayores. Su ratio combinada (gastos más siniestros, como porcentaje de las primas) era de 96 en 1983, año en que este mismo indicador alcanzaba el 111 para el conjunto de su sector de actividad. La diferencia radicaba en que la ratio combinada de GEICO era más baja. Ése era el «foso» de GEICO, lo que protegía su «castillo» empresarial.[108] Buffett lo explicó así:

> El crecimiento de GEICO ha generado una cantidad cada vez mayor de fondos para invertir que tienen un coste efectivo considerablemente inferior a cero. Esencialmente, los asegurados de GEICO, en conjunto, pagan a la empresa intereses sobre el capital flotante, y no al revés. (Pero la efectividad se demuestra con hechos, y la inusual rentabilidad de GEICO es el resultado de su extraordinaria eficiencia operativa y de su cuidadosa clasificación de riesgos, un paquete que a su vez permite precios mínimos para los asegurados.)[109]

En 1995, Berkshire pagó 2.300 millones de dólares por el 50 por ciento que aún no poseía de GEICO, una suma excepcional comparada con los 46 millones que desembolsó por la primera mitad 19 años antes. Buffett destacó entonces la importancia de atraer y conservar buenos clientes, y de reservar y tarificar con precisión, pero subrayó que la clave seguirían siendo unos costes mínimos capaces de permitir que las primas siguiesen siendo bajas:

107. Berkshire Hathaway, Inc., *1986 Annual Report*, «Carta del presidente».
108. Ibídem.
109. Berkshire Hathaway, Inc., *1990 Annual Report*, «Carta del presidente».

> Las economías de escala que disfrutamos deberían permitirnos mantener, o incluso ampliar, el foso protector que rodea nuestro castillo económico. Nos va mejor en costes en aquellas zonas geográficas en las que disfrutamos de una alta penetración de mercado. A medida que aumente nuestro número de pólizas, y que por tanto se produzca el consiguiente aumento de la penetración, esperamos reducir considerablemente nuestros costes.[110]

Buffett atribuye la prosperidad de la que goza GEICO en la actualidad a Olza M. (*Tony*) Nicely, que se incorporó a GEICO en 1961 a la edad de 18 años y es consejero delegado desde 1992, uno de los varios ejecutivos de Berkshire que llevan en su empresa más de 50 años. Buffett subraya que Nicely heredó una empresa que sólo dominaba el 2 por ciento del mercado y que no venía experimentando un crecimiento significativo, pero que se convirtió con el paso de los años en una poderosa fuerza corporativa, manteniendo al mismo tiempo la disciplina en términos de suscripción y unos costes bajos.[111] Por ejemplo, durante un período de tres años a principios de la década de los 2000, el volumen de pólizas aumentó un 42 por ciento, de 5,7 a 8,1 millones, mientras que la base de empleados se redujo un 3,5 por ciento, lo que contribuyó a un crecimiento de la productividad (en pólizas por empleado) del 47 por ciento.[112]

Si Nicely ejemplifica la calidad directiva en las filiales de Berkshire, su colega Louis (*Lou*) Simpson, director de inversiones de GEICO durante décadas, se ha ganado un lugar en el salón de la fama. Berkshire distingue entre las actividades operativas y de inversión de sus filiales de seguros. Pues bien, de 1980 a 2010, Simpson gestionó lo que se convirtió en una cartera de 4.000 millones de dólares que GEICO dedicó a inversiones en acciones

110. Berkshire Hathaway, Inc., *1996 Annual Report*, «Carta del presidente».

111. Berkshire Hathaway, Inc., *2010 Annual Report*, «Carta del presidente».

112. Berkshire Hathaway, Inc., *2006 Annual Report*, «Carta del presidente».

ordinarias. Lo hizo aplicando principios similares a los que Ben Graham estableció y que Buffett amplió.[113] Pues bien, sus impresionantes resultados hicieron que su rentabilidad anual superase en un 50 por ciento al S&P 500, apuntalando la solidez financiera de GEICO.[114]

El modelo de negocio de GEICO es algo más que ser un productor de bajo coste. Su austeridad influye en los incentivos que transmite a sus empleados y en el trato que brinda a los clientes. Todos los empleados reciben una generosa participación en los beneficios, basada en incentivos. Los pagos se basan en dos factores igualmente ponderados: el crecimiento de las pólizas en vigor y los beneficios de las pólizas consolidadas (excluidas las pólizas de primer año, que no son rentables en un negocio de venta directa, dados los costes de marketing e iniciación).[115] Los pagos pueden ser cuantiosos, hasta el punto de alcanzar entre el 17 y el 32 por ciento del salario base.[116] Así, una empleada que gane 75.000 dólares puede obtener fácilmente unos ingresos de seis cifras gracias a esos incentivos.

La austeridad de GEICO es un compromiso con los presupuestos familiares de sus clientes. Por ejemplo, GEICO limita su beneficio de suscripción al 4 por ciento.[117] Si las primas superan los gastos y los siniestros, GEICO no se embolsa los beneficios, sino que reduce las primas. Esto no es altruismo. La estrategia atrae a más clientes, lo que aumenta los beneficios agregados, incluso cuando el porcentaje de beneficios de suscripción sea limitado.

El eslogan de GEICO («Ahorre un 15 por ciento o más en el seguro de su coche») resalta su modelo de negocio basado en

113. Ver: Geraldine Fabrikant, «A maestro of investments in the style of Buffett», *The New York Times*, 23 de abril de 2007.

114. Berkshire Hathaway, Inc., *2004 Annual Report*, «Carta del presidente».

115. Berkshire Hathaway, Inc., *1997 Annual Report*, «Carta del presidente»; Berkshire Hathaway, Inc., *1998 Annual Report*, «Carta del presidente».

116. Berkshire Hathaway, Inc., *1999 Annual Report*, «Carta del presidente».

117. Berkshire Hathaway, Inc., *1997 Annual Report*, «Carta del presidente»; Berkshire Hathaway, Inc., *1998 Annual Report*, «Carta del presidente».

el ahorro. Bajo la dirección de Nicely, GEICO se ha esforzado por darlo a conocer. Su presupuesto de publicidad, un compromiso discrecional, pasó de 33 millones de dólares en 1995 a 800 millones en 2009. Esto puede parecer despilfarrador, pero consideremos lo que se compra: durante ese período, la cuota de mercado de GEICO creció desde estar estancada en el 2 por ciento (para ser precisos, un 2,5 por ciento en 1995) a llegar al 10 por ciento en la actualidad.[118] El aumento en la cuota de mercado se tradujo en más primas, capital flotante y beneficios, que se triplicaron durante ese período. El aumento del presupuesto publicitario también catapultó a la fama a la mascota de GEICO, una salamanquesa. La criatura debutó en los anuncios de la compañía en el año 2000 e incluso ha viajado en una exposición nacional sobre esta mascota en varios zoológicos para promover la conservación de la fauna salvaje.

GEICO ha sido como un cohete propulsor de la prosperidad de Berkshire. Bajo la propiedad de la corporación, la compañía ha pasado de ser un actor menor en el mercado nacional de seguros de automóviles a ser el segundo más grande por cuota de mercado, con un importante margen de crecimiento por delante. Preservar GEICO debería ser esencial para quienquiera que posea o dirija Berkshire Hathaway en un futuro. La permanencia de GEICO en Berkshire es la razón por la que en 2010, a la edad de 95 años, Lorimar Davidson grabó un vídeo diciendo lo feliz que estaba de que su amada GEICO residiera para siempre en la cartera de Berkshire.[119]

El compromiso de GEICO con la tramitación de las reclamaciones de sus clientes es inquebrantable. Se enorgullece de recibir el menor número de reclamaciones de clientes presentadas

118. Ver: Phil Gusman, «Nomura Auto Insurance all about price; Independent agent role diminishin», *Property Casualty 360*, 16 de octubre de 2013 (9,9 por ciento de cuota de mercado a mediados de 2013); Berkshire Hathaway, Inc., *2006 Annual Report*, «Carta del presidente»; Berkshire Hathaway, Inc., *2009 Annual Report*, «Carta del presidente» (8,1 por ciento de cuota de mercado en 2009).

119. Berkshire Hathaway, Inc., *2010 Annual Report*, «Carta del presidente».

ante los reguladores de seguros.[120] GEICO tiene la intención de cumplir las promesas que hace. La seriedad es una característica imprescindible para cualquier compañía de seguros de primera línea y un voto sagrado en la operativa de Berkshire. Sin embargo, la importancia de la seriedad en el sector de los seguros no se pone de manifiesto en las situaciones a corto plazo y de bajo riesgo, caso de los seguros de automóviles, sino en situaciones de largo plazo y gran riesgo como las que gestionan las compañías de seguros hermanas de GEICO, National Indemnity y Gen Re, dos firmas que han añadido cada vez más solidez al «castillo» financiero de Berkshire.

La seriedad de Berkshire se refleja en el credo empresarial de National Indemnity Company (NICO), fundada en 1940 por Jack Ringwalt y su hermano Arthur.[121] Como agentes de seguros, se sorprendieron mucho cuando se enteraron de que dos compañías de taxi de Omaha habían tenido problemas para obtener un seguro, así que se metieron en el negocio para proporcionárselo. Los Ringwalt, cuyo padre y tío eran también agentes de seguros de Omaha, crearon NICO basándose en un principio fundamental: «No existe el riesgo malo; sólo existen las primas malas».[122] Traducción: podemos hacer cualquier promesa, siempre que nos paguen lo suficiente en primas para poder cubrirla si se nos pide que lo hagamos. La empresa sigue aplicando este principio en la actualidad.[123]

El credo de los Ringwalt los llevó a suscribir riesgos que otras aseguradoras no asumirían. Jack Ringwalt explicaba en sus ingeniosas memorias que ésa era la mejor manera de ganar dinero,

120. Berkshire Hathaway, Inc., *1998 Annual Report*, «Carta del presidente».

121. Ver: Andrew Kilpatrick, *Warren Buffett: The good guy of Wall Street*, Primus/Donald I. Fine, Estados Unidos, 1992, p. 73.

122. Robert Dorr, «'Unusual risk' Ringwalt specialty», *Omaha World Herald*, 12 de marzo de 1967.

123. Web corporativa de National Indemnity: <http://www.nationalindemnity.com>.

porque sus competidores «tenían más amigos, más educación, más determinación y más personalidad que yo».[124] Empezando con riesgos inusuales relacionados con el automóvil, National Indemnity se expandió a otros campos y empezó a suscribir seguros para situaciones muy dispares, como campeonatos de golf de hoyo en uno, domadores de leones, búsquedas del tesoro organizadas por emisoras de radio y un largo etcétera.[125] Los Ringwalt calculaban cuidadosamente las probabilidades y asumían riesgos solamente si podían conseguir la tarifa adecuada.

En 1967, Jack Ringwalt quería vender NICO, pero sin dejar la dirección del negocio. A través de un amigo común, Buffett se enteró de lo que estaba pasando y del precio que probablemente pediría Ringwalt. Cuando ambos se reunieron, Buffett aceptó sin vacilar el precio que le había mencionado a su amigo. Ringwalt dejó claras sus razones para vender: «Si no vendo la empresa, lo hará mi albacea, y prefiero elegir en qué casa va a estar la compañía cuando yo no esté».[126]

NICO subraya que una póliza de seguros no es más que una promesa y que, aunque las promesas varían en calidad, sus promesas son de la máxima calidad. En una aseguradora, la seriedad exige alcanzar una solidez financiera suficiente para cumplir sus promesas. Es cierto que las aseguradoras hacen promesas en contratos cuyo incumplimiento da lugar a demandas judiciales y a un escrutinio reglamentario, pero ninguna de las dos acciones garantiza el cumplimiento: algunas aseguradoras tienen fama de «lentitud en los pagos» o de «rebotar» siniestros.[127] Es más, la

124. Jack Ringwalt en *Tales of national indemnity company and its founder*, citado por Roger Lowenstein en *Buffett: The making of an American capitalist*, Random House, Estados Unidos, 1995. Las memorias se describen como «un divertidísimo paseo por los personajes no siempre agradables que uno se encuentra en los callejones del negocio de los seguros», p. 133.

125. Lowenstein, *Buffett...*, *op. cit.*, p. 134.

126. Ibídem; Berkshire Hathaway, Inc., *1992 Annual Report*, «Carta del presidente».

127. Ver, por ejemplo: Dean Starkman, «AIG's other reputation: Some say the insurance giant is too reluctant to pay up», *The Washington Post*, 21 de agosto de 2005.

historia ha demostrado que, en ocasiones, el riesgo de prometer en exceso y seguir haciéndolo hasta caer en la insolvencia es un riesgo real.[128]

A principios de la década de 1980, las convicciones de NICO y su gran solidez de capital le permitieron ampliar su negocio a algunas transacciones básicas de reaseguro en lo que pronto se empezó a denominar Berkshire Hathaway Reinsurance Group, el Grupo de Reaseguros de Berkshire Hathaway. Comenzó respaldando acuerdos estructurados, con procedimientos de liquidación de siniestros a través de pagos a plazo desembolsados durante largos períodos de tiempo. Por ejemplo, una víctima de un accidente que sufría una parálisis que limitaba su movilidad y recibía un pago de 5.000 dólares mensuales de por vida. Para que se produzca una liquidación de este tipo, no puede haber dudas sobre la solvencia de la aseguradora. Respaldando a esas aseguradoras, NICO se hizo un hueco en el mercado, ofreciendo una seguridad inigualable y cumpliendo siempre su promesa de pago.

A través de lo que ahora se llama Berkshire Hathaway Primary Group, NICO añadió una división de riesgos especiales en 1985 que se dedica a suscribir riesgos grandes e inusuales a cambio de primas proporcionales. Deportistas profesionales asegurados contra la invalidez permanente, estrellas de rock asegurados contra la laringitis, grandes acontecimientos deportivos internacionales (desde las Olimpíadas hasta la Copa del Mundo) asegurados contra eventuales trastornos... NICO puso en marcha esta división anunciando en un semanario de seguros que buscaba riesgos cuya prima fuera de al menos un millón de dólares (en dólares de hoy, sería más del doble).[129] El anuncio recibió 600 respuestas, que supusieron 50 millones de dólares en primas, de modo que hablamos de un éxito de marketing que, en cuestión de cinco años, demostró ser también un notable éxito de suscripción.

128. Ver: «Insurance regulators scrutinize new owners», *Des Moines Register*, 11 de agosto de 2013.

129. Web corporativa de National Indemnity.

NICO acepta pólizas que otros no suscriben o no pueden hacerlo. Se puede tratar de multimillonarios proyectos de satélites o de multimillonarios concursos como los de Grab.com, PepsiCo. y otros clientes corporativos.[130] En 2014 aseguró una oferta de Quicken Loans para pagar un premio de 1.000 millones de dólares a quien acertara el cuadro exacto de enfrentamientos del torneo masculino de baloncesto de la NCAA de 2014 formado por 64 equipos, un ejercicio en el que la probabilidad de acierto era de 1 entre 128.000 millones.[131] En los meses posteriores a los atentados terroristas del 11 de septiembre de 2001, NICO suscribió grandes pólizas antiterrorismo, una de ellas de 1.000 millones de dólares contratada por varias aerolíneas internacionales, otra de 500 millones negociada por una plataforma petrolífera radicada en el extranjero, la cobertura de la Torre Sears de Chicago, etcétera.

La creciente solidez financiera de NICO (respaldada por inversiones en valores cotizados de alta calidad) le permitió convertirse en líder del mercado de la suscripción de pólizas para pérdidas catastróficas. Se trata de contratos de reaseguro que las aseguradoras primarias (y algunas reaseguradoras) adquieren para protegerse de una catástrofe única (por ejemplo, un huracán o un tornado) capaz de desencadenar el pago de indemnizaciones de un gran número de pólizas simultáneamente. Se las conoce, en inglés, como coberturas CAT, en referencia a la palabra «catástrofe».

NICO tiene más capacidad que otras aseguradoras para vender cobertura CAT. Esto se debe en parte a la solidez de su balance y, también, a que las perspectivas a largo plazo de Berkshire hacen que NICO y el resto de las empresas del grupo sean indiferentes a las oscilaciones anuales de los resultados. Los com-

130. Berkshire Hathaway, Inc., *2000 Annual Report*, «Carta del presidente»; Berkshire Hathaway, Inc., *2003 Annual Report*, «Carta del presidente».

131. Ver: Chris Chase, «What are the odds of a perfect NCAA bracket?», *USA Today*, 19 de marzo de 2013. Atribuye el cálculo de dicha probabilidad al profesor de matemáticas Jay Bergen, de la Universidad DePaul.

petidores, en cambio, se preocupan mucho por los beneficios que registran sus compañías de un año para otro. Partiendo de estos puntos fuertes, NICO puede suscribir pólizas por importes que sus competidores no pueden ni considerar. Con todo, NICO sigue siendo extremadamente exigente y rechaza más del 98 por ciento de la cifra total de negocios que se le ofrecen.[132]

El negocio de cobertura CAT de Berkshire fue iniciado desde cero por Ajit Jain,[133] que durante años también dirigió todo el Grupo de Reaseguros de Berkshire Hathaway. Buffett ensalza las virtudes de Jain repetida y enfáticamente en los informes anuales de Berkshire:

> En Ajit tenemos a un suscriptor dotado de la inteligencia necesaria para evaluar correctamente la mayoría de los riesgos, así como el realismo para olvidarse de aquellos que no puede evaluar, el valor de suscribir pólizas enormes cuando la prima es adecuada y la disciplina necesaria para rechazar incluso el riesgo más pequeño cuando la prima es inadecuada. Es raro encontrar a una persona que posea cualquiera de estos talentos. Por eso, que una persona los reúna todos es extraordinario.[134]

National Indemnity ha impulsado el crecimiento de Berkshire Hathaway durante varias décadas. Cuarenta años después de adquirir National Indemnity a Ringwalt, Buffett escribió que, de no ser por NICO, el valor de Berkshire se habría reducido a la mitad.[135] Las promesas de National Indemnity son sacrosantas. Su fortaleza financiera le permite mantener su compromiso histórico de respaldar cualquier riesgo al precio adecuado, y los re-

132. Berkshire Hathaway, Inc., *1992 Annual Report*, «Carta del presidente».

133. Berkshire Hathaway, Inc., *1997 Annual Report*, «Carta del presidente».

134. Berkshire Hathaway, Inc., *1999 Annual Report*, «Carta del presidente».

135. Ver: Steve Jordon, «National Indemnity has been a foundation of Berkshire Hathaway's strategy», *Omaha World-Herald*, 24 de abril de 2005.

sultados demuestran que los clientes están dispuestos a pagar por esa seriedad.

La principal actividad de Gen Re es el reaseguro, respaldando a otras aseguradoras por una parte de las pólizas que suscriben. Hablando del sector en 2008, un año que golpeó duramente a las aseguradoras en medio de una convulsa crisis financiera, Buffett señaló lo siguiente: «El reaseguro es un negocio de promesas a largo plazo, a veces a 50 años o más. Este último año ha vuelto a enseñarles a los clientes un principio crucial: una promesa nunca es mejor que la persona o institución que la hace».[136]

Dicho con otras palabras, la seriedad es una cualidad vital para un reasegurador. Denota la intención férrea de cumplir las promesas que se han hecho. La esencia de la seriedad es la sinceridad, la sentencia tradicional de decir lo que crees y creer en lo que dices. Gen Re, al igual que NICO, asegura riesgos grandes e inusuales con pólizas que abarcan décadas, haciendo promesas cuyo tamaño o duración convierten la palabra de la compañía en un activo invaluable, pues es un verdadero «foso» defensivo para la empresa. El historial de cobertura de siniestros aumenta el valor de las promesas realizadas, traduciendo el rasgo intangible de la seriedad y la sinceridad en un beneficio económico cuantificable.

La historia de Gen Re, que Berkshire adquirió en 1998, se remonta a 1921, cuando se produjo la fusión de dos empresas noruegas que se dedicaban al reaseguro en una época en que muchos estadounidenses despreciaban ese sector por considerarlo poco más que un juego. Gen Re fue pionera del concepto en suelo norteamericano. Aportó legitimidad al negocio adoptando un conservadurismo que se convirtió en su marca: sólo aceptaba reaseguros cuando las pólizas satisfacían rigurosas normas de riesgo cuantificable que pudieran incluirse adecuadamente en la prima. Además, sólo invertía en activos de alta calidad y bajo riesgo. Por otra parte, la compañía había atesorado grandes re-

136. Ver: Berkshire Hathaway, Inc., *2008 Annual Report*, «Carta del presidente».

servas, de hecho, más de las necesarias para garantizar su capacidad de cubrir múltiples catástrofes.

En la década de 1970, este éxito atrajo a la competencia e indujo a las grandes empresas a crear compañías de seguros cautivas para autoasegurarse frente a los daños materiales. El volumen de negocio y los beneficios de Gen Re disminuyeron. Apartándose de su fortaleza tradicional, intentó compensar el declive adquiriendo una aseguradora primaria al uso. Pronto se percató de los peligros que corren las empresas de seguros que persiguen nuevos negocios y desistió de proseguir en el intento. Un ejecutivo de la época explicó que los seguros «no son lugar para cazadores de beneficios rápidos» y que «la supervivencia es la verdadera medida del éxito en un negocio que, en cierto sentido, depende del desastre».[137]

En la década de 1990, la globalización y el crecimiento del sector financiero volvieron a poner en peligro el modelo tradicional de negocio de Gen Re. En respuesta, la compañía, una de las mayores reaseguradoras del mundo, se expandió hacia los productos financieros y la gestión de activos. En 1994 adquirió el 75 por ciento de la alemana Cologne Re.[138] Se trataba de la quinta reaseguradora más grande mundo, y la más antigua, puesto que fue constituida en 1846. En suelo estadounidense, Gen Re adquirió National Reinsurance Corporation (National Re) en 1996. Se trataba de una reaseguradora que figuraba entre las 20 primeras del país y que compartía los firmes valores conservadores de su nueva propietaria, al tiempo que atendía a empresas más pequeñas.[139]

En diciembre de 1998, Berkshire pagó 22.000 millones de dólares en acciones de la corporación para adquirir Gen Re, cuya

137. *International directory of company histories*, vol. 24, St. James, Estados Unidos, 1999.

138. Cologne Re se denomina formalmente Kölnische Rückversicherungs-Gesellschaft AG.

139. Judy Greenwald, «General Re consolidates its lead: Acquisition of National Re seen as strategic move and a good fit for reinsurer», *Business Insurance*, 8 de julio de 1996; Leslie Scism, «General Re agrees to buy National Re in deal valued at about $940 million», *The Wall Street Journal*, 2 de julio de 1996.

participación en Cologne Re había aumentado hasta el 82 por ciento. La adquisición de Gen Re por Berkshire marcó un hito, tanto para la propia corporación como para el sector de los seguros. Fue considerada como la operación de la década para el sector, que convirtió a Berkshire en un actor importante en el reaseguro. Como resultado de la adquisición, el 18 por ciento de Berkshire pasó a manos de nuevos propietarios (aunque muchos vendieron sus acciones y el consejero delegado de Gen Re, Ronald E. Ferguson, fue invitado a formar parte del consejo de Berkshire, pero declinó la propuesta).[140] Berkshire se sintió atraída por Gen Re por su reputación de conservadurismo, integridad y seriedad.

Renunciando a cualquier capacidad para mejorar la forma en que Gen Re o Cologne Re gestionaban sus negocios de reaseguro, Berkshire estaba brindándole a la dirección de Gen Re la máxima libertad posible para explotar sus puntos fuertes. De todas formas, la libertad de la compañía estaba limitada por la presión para evitar la volatilidad de los beneficios.[141] A veces rechazaba buenas oportunidades de negocio por temor a que las grandes pérdidas ocasionales produjeran grandes oscilaciones en los resultados, algo que los clientes, accionistas y analistas no verían con buenos ojos. La solidez del capital de Berkshire y su horizonte a largo plazo inmunizaban a Gen Re frente a tales preocupaciones, permitiéndole tomar decisiones empresariales en función de los méritos de la propuesta y no bajo la presión y las dudas del corto plazo.

Buffett conocía a Ferguson, director general de Gen Re, desde hacía muchos años. Berkshire y Gen Re habían hecho importantes negocios entre sí, y esta última había ayudado a GEICO a evitar su colapso en 1976.[142] Sin embargo, lo que ni Buffett ni Ferguson sabían era que, a mediados de los años noventa, las

140. Ver: Andrew Kilpatrick, *Of permanent value: The story of Warren Buffett*, Andy Kilpatrick Publishing Empire, Estados Unidos, 2011, pp. 283-284.

141. Ver: Berkshire Hathaway, Inc., *1998 Annual Report*, «Carta del presidente».

142. Klingaman, *GEICO...*, *op. cit.*, p. 137.

prácticas de reserva y la disciplina de suscripción de Gen Re habían decaído. No había reservado lo suficiente para los riesgos que cubría. Los suscriptores utilizaban esas bajas reservas para fijar los precios de las nuevas pólizas. Las pérdidas resultantes superaban los ingresos por primas. Los suscriptores también persiguieron negocios que deberían haber rechazado, a menudo a través de una excesiva concentración en determinados riesgos. La apuesta por la seriedad se había visto comprometida.

De 1999 a 2001, Gen Re incurrió en pérdidas de suscripción por valor de 6.100 millones de dólares.[143] Buffett tardó un par de años en darse cuenta de la existencia de estos problemas, ya que las pólizas de seguros tardan tiempo en agotarse. Las consecuencias de los atentados terroristas del 11 de septiembre de 2001 revelaron los problemas culturales que se habían desarrollado en Gen Re. Por ejemplo, la compañía había cubierto una concentración intolerable de riesgos nucleares, químicos y biológicos. Las pérdidas eran tan elevadas y los problemas tan profundos que, de no ser porque Berkshire era propietaria de Gen Re, los costes de cubrir la destrucción del 11-S podrían haber llevado a la quiebra a la compañía.[144]

Poco antes del 11 de septiembre de 2001, Buffett sustituyó a Ferguson por Joseph P. Brandon, un brillante ejecutivo de Gen Re, de 43 años, y ascendió a presidente a Franklin (*Tad*) Montross, de 45, que había sido el director de suscripciones de Gen Re desde hacía mucho tiempo. Buffett otorgó a este dúo una mayor autoridad para corregir rápidamente los errores del pasado y devolver a la compañía su conservadurismo tradicional.[145]

Hoy en día, éstas son las métricas que más importan en Gen Re. A lo largo de esos años difíciles, la compañía conservó su solidez financiera, manteniendo su calificación AAA (en 2003, sólo

143. Mark A. Hoffman, «Warren Buffett accepts blame for General Re's poor results», *Business Insurance*, 18 de marzo de 2002; Steve Jordon, «General Re is the key to Berkshire's ignition, underwriting losses», *Omaha World-Herald*, 28 de abril de 2002.

144. Berkshire Hathaway, Inc., *2002 Annual Report*, «Carta del presidente».

145. Ibídem.

dos reaseguradoras tenían calificación AAA: Gen Re y NICO). Con el tiempo, la firma se convirtió en la mayor fuente de capital flotante de Berkshire, con 24.000 millones de dólares en 2007, confirmando la restauración efectiva de la disciplina en la suscripción, una política conservadora en relación con las reservas y una cuidadosa política de selección de empresas y clientes.[146]

Pero la cultura de Gen Re pronto se enfrentó a otra prueba de legado, liderazgo y resistencia, al verse en medio de una investigación nacional sobre prácticas dudosas del sector. Las aseguradoras habían creado pólizas arcanas (denominadas «coberturas finitas») entre sí para lograr diversos objetivos contables y operativos, entre ellos garantizar unas reservas adecuadas para siniestros. Ya en 2003, los reguladores de seguros del estado de Virginia cuestionaron las prácticas de una contraparte de Gen Re, la desaparecida Reciprocal of America. Gen Re cooperó facilitando información a los reguladores de Virginia y abriendo sus libros a las autoridades de otros estados y a la Comisión Federal del Mercado de Valores. Al examinar los libros, las autoridades encontraron notas de una llamada telefónica del 31 de octubre de 2000 entre Ferguson y Maurice R. (*Hank*) Greenberg, presidente de American International Group (AIG), un importante cliente de Gen Re. Greenberg explicó que una filial de AIG había pagado recientemente grandes pérdidas en pólizas catastróficas y que, como consecuencia, AIG quería renovar sus reservas. Propuso a AIG y Gen Re intercambiar algunos riesgos de pólizas en una operación que permitiría a AIG aumentar sus reservas.

Ferguson asignó la transacción a dos suscriptores sénior de Gen Re, que la negociaron junto con varios colegas. Sin embargo, al hacerlo, aquella operación se entrelazó con otras transacciones cruzadas de AIG-Gen Re, de tal manera que, para un observador externo, podría haber parecido que no se había transferido ningún riesgo, lo que significaría que AIG no tenía derecho a aumentar sus reservas. De ser así, la transacción parecería un artificio contable. Los fiscales iniciaron una causa penal contra Ferguson,

146. Ver: Berkshire Hathaway, Inc., *2007 Annual Report*, «Carta del presidente».

varios directivos de Gen Re y otro empleado de AIG. (Greenberg no fue acusado en la causa penal, pero luchó durante una década en una causa civil iniciada por el fiscal general de Nueva York, Eliot Spitzer.)[147]

Dos directivos de Gen Re no tardaron en declararse culpables, admitiendo haber urdido un fraude y testificando contra otros implicados a cambio de una sentencia más benigna. El caso contra Ferguson y los demás se arrastró durante seis años, con un juicio ante un jurado celebrado en 2007-2008 y seguido de una apelación. El jurado dictó sentencia condenatoria en febrero de 2008, pero el tribunal de apelación la anuló en junio de 2012. En ese momento, el gobierno llegó a un acuerdo y cada empleado pagó multas de entre 100.000 y 250.000 dólares.[148]

Siguiendo la práctica habitual en estos casos, las autoridades habían lanzado una red de arrastre y, en 2005, la SEC informó a Brandon de que también estaba investigando su papel en el incidente. Brandon acusó a Ferguson y otro investigado lo acusó a él. Brandon cooperó sin solicitar inmunidad. En febrero de 2008, animadas por el efímero veredicto del jurado, las autoridades sintieron que tenían las cartas a su favor. En consecuencia, en marzo y principios de abril, animaron a Buffett a despedir a Brandon.[149] La presión resultó abrumadora y, probablemente, fue injusta.[150] Los fiscales pueden jugar la gran baza de aludir a la «responsabilidad penal de las empresas». Esto permite a las autoridades exigir responsabilidades penales a las empresas por delitos cometidos por sus empleados. Todo lo que se necesita son acusaciones creíbles de que un empleado ha cometido un delito mientras trabajaba para dicha compañía. Recordando el caso de

147. Ver: Maurice R. Greenberg y Lawrence A. Cunningham, *The AIG story*, Wiley, Estados Unidos, 2013, pp. 171-202.

148. Ibídem, pp. 178-179.

149. Steve Jordon, «Buffett urged to dump boss at Gen Re: A report says prosecutors are asking for the CEO's removal», *Omaha World-Herald*, 7 de abril de 2008.

150. Ver: Noah A. Gold, «Corporate criminal liability: Cooperate and you won't be indicted», *Georgetown Journal of Law and Public Policy*, 8 (2010), pp. 147-165.

Salomon Brothers, para las empresas cuyos negocios dependen de la reputación, y especialmente en un ámbito como el de Gen Re (y Berkshire), la acusación de responsabilidad penal corporativa puede resultar desastrosa.

Se supone que los fiscales deben evitar un uso excesivo de este poder; en concreto, no deben presionar a las empresas para que despidan a sus empleados sin respetar sus debidas garantías procesales. Por ejemplo, es una violación de los derechos constitucionales de un trabajador que los fiscales presionen a la empresa para que retire cualquier apoyo financiero a la defensa legal de dicho empleado.[151]

La reacción del mercado al despido de Brandon fue moderada. Algunos pensaron que la medida era inevitable, dado el contexto. El juicio había ensombrecido la reputación de Gen Re y lo cierto es que hay pocas formas mejores de limpiar la reputación corporativa que despedir a un consejero delegado.[152] Muchos observadores estaban de acuerdo en que Brandon era un gran gestor que había devuelto a Gen Re a la senda de sus principios y su trayectoria conservadora, reintroduciendo normas rigurosas y controles estrictos. Asimismo, el mercado partía de que su sustituto, Tad Montross, reflejaba el profundo «banquillo» de talento que tenía la compañía, puesto que Montross había dirigido aquel esfuerzo junto a Brandon.[153]

Hoy en día, Montross hace hincapié en los beneficios de la suscripción y cree que la disciplina en dicho ámbito está arraigada en el ADN de Gen Re, como él mismo expresó en la correspondencia que intercambiamos mientras preparaba este libro. Cuando revisa los resultados trimestrales con los asociados de Gen Re, les recuerda que la empresa «no tiene estrategia de salida» y que, como Berkshire, su horizonte temporal es eterno. La

151. United States v. Stein, 541 F.3d 130 (2d Cir. 2008).

152. «Brandon leaves Gen Re under a cloud», *Reactions*, 1 de mayo de 2008, citando a Justin Fuller, analista de Morningstar.

153. Ibídem, citando las elevadas calificaciones y los comentarios positivos que han venido brindando AM Best y Standard & Poor's en sus distintos informes sobre la compañía.

Gen Re de hoy es como la compañía de principios del siglo XX. Se toma muy en serio sus compromisos y planea estar presente para cumplirlos.

Los modelos de negocio de Gen Re/NICO y GEICO no podrían ser más diferentes. La ventaja competitiva duradera de GEICO (su «foso») es ser el productor de bajo coste, lo que le permite repercutir prácticamente todos los ahorros generados a los clientes. En cambio, los «fosos» de Gen Re y NICO radican en ser productores de alto margen que cobran mucho por sus ofertas *premium*. Sin embargo, la austeridad por un lado, y la seriedad, por otro, son características de las tres empresas, así como de las docenas de pequeñas operaciones de seguros de Berkshire.

Buffett resumió ambos aspectos en 2005, al describir la adquisición de Medical Protective Corporation, una aseguradora de negligencias médicas que fue comprada por Berkshire. Según dijo, la empresa adoptó «esa ventaja que proporciona la actitud que comparten todas las aseguradoras de Berkshire, que consiste en que la disciplina a la hora de suscribir triunfa sobre cualquier otro objetivo».[154] Medical Protective se comprometió a mantener sus promesas con el fin de «garantizar a los médicos que las reclamaciones pendientes no acabarían ante

154. Berkshire Hathaway, Inc., *2005 Annual Report*, «Carta del presidente». Entre otras aseguradoras más pequeñas de Berkshire, hay tres que son excepcionalmente emprendedoras: Boat America Corporation (o Boat Owners Association of the United States), un ente similar a los clubes automovilísticos como la Asociación Americana del Automóvil (AAA), pero centrado en propietarios de embarcaciones, a las que ofrece seguros y otros servicios; Applied Underwriters, que combina servicios de nóminas con seguros de accidentes laborales; y Kansas Bankers Surety, que se creó formando relaciones directas con cientos de banqueros en una docena de estados. Otro par de compañías del ramo (Berkshire Hathaway Homestate y Guard Insurance) atienden a compañías más pequeñas, mientras que otras dos son empresas familiares: una paga las facturas mensuales de las tarjetas de crédito de discapacitados o desempleados (Central States Indemnity) y otra cubre riesgos inusuales (U. S. Liability), conocidos como «líneas de exceso y excedente» en el argot asegurador.

sus puertas porque su aseguradora les haya fallado», escribió Buffett.

La austeridad no es un rasgo exclusivo de las filiales de seguros de Berkshire, sino una práctica generalizada en todo el grupo de Buffett. Otras compañías de Berkshire que hacen del ahorro parte de su estrategia son Nebraska Furniture Mart o RC Willey, amén de otras cadenas de tiendas de muebles, así como distintos fabricantes de alfombras, ropa interior o herramientas (Shaw Industries, Fruit of the Loom e ISCAR/IMC), que son de hecho tres de las diez mayores filiales de Berkshire. En la misma línea, la seriedad y la honestidad no son rasgos exclusivos de las aseguradoras de Berkshire, sino que están omnipresentes en todas sus empresas, como se demostrará en el próximo capítulo sobre reputación.

5

Reputación

Entre los culpables de la crisis financiera de 2008 se encontraba una rama de la industria inmobiliaria que vendía hipotecas de forma irresponsable a propietarios desprevenidos e insolventes. Cuando salieron a la luz, estas prácticas dudosas acabaron provocando la quiebra de muchos bancos y entidades financieras, lo que causó, a su vez, la ejecución de millones de hipotecas de viviendas. Dentro del sector más afectado, el de las viviendas prefabricadas, hubo una única excepción que se salvó de la quema: una empresa filial de Berkshire llamada Clayton Homes, Inc.

Clayton Homes es un ejemplo estelar de empresa que se ha beneficiado económicamente de su reputación. Su fundador, James L. Clayton, nació en 1934 en una granja de Tennessee. Empezó sus días viviendo en una cabaña de madera, sin electricidad ni suministro de agua.[155] De niño, ganaba 25 centavos al día conduciendo mulas de labranza que tiraban de troncos para hacer hileras en los campos de algodón. Ahorró todo el dinero que pudo y, a los 12 años, ya era propietario de un pequeño campo de algodón.

155. Ver: Clayton y Retherford, *First a dream*, *op. cit.* Algunos de los hechos históricos acerca de Clayton Homes se pueden consultar en: *International directory of company histories*, vol. 54, St. James, Estados Unidos, 2003 (a partir de ahora citado como *ICDH*, Clayton).

Después de terminar el instituto, Clayton se fue a Memphis. Allí vendía aspiradoras entre clase y clase a lo largo del día.[156] De noche tocaba la guitarra en bares de mala muerte. Más tarde se trasladó a la Universidad de Tennessee, en Knoxville, donde estudió ingeniería mientras regentaba su propia tienda de coches usados junto con su hermano Joe. Al protagonizar un programa de radio local y codearse con estrellas de la música *country* como Dolly Parton, Clayton se convirtió en una personalidad conocida en Knoxville.

Los hermanos Clayton adquirieron una franquicia de Volvo en 1958 y un concesionario de American Motors en 1960. Sin embargo, ambos negocios experimentaron dificultades y acabaron quebrando. Jim Clayton se licenció en Derecho por la Universidad Técnica de Knoxville en 1964 y, tras graduarse, ayudó a sus compañeros de clase a vender las casas prefabricadas en las que habían estado viviendo, lo que le dio al empresario una nueva idea de negocio: un punto de venta al por menor de sus casas modulares. Con un préstamo de 25.000 dólares, Jim puso en marcha el proyecto en el año 1966.

El mercado era vibrante y Jim tuvo éxito, con una media de ventas de dos casas al día a lo largo de los primeros años de su operativa. El éxito motivó a Clayton a ampliar la fabricación de estas casas. Mantuvo los costes bajos y la rotación de existencias alta, lo que mejoró sus márgenes de beneficio. Además de fabricar y vender casas prefabricadas, en 1974 decidió empezar a financiarlas, utilizando una filial independiente a la que llamó Vanderbilt Mortgage & Finance, Inc. Esta rama del negocio resultaría lucrativa y catapultaría a Clayton como uno de los mayores prestamistas del país para familias con rentas bajas.

En 1983, Jim Clayton vendió el 20 por ciento de Clayton Homes, Inc. a través de una oferta pública inicial de acciones que la situó entre las compañías cotizadas de la Bolsa de Nueva York.[157] Los ingresos conseguidos con la salida a Bolsa ascendieron a

156. Aunque desgraciadamente no eran aspiradoras Kirby.

157. Los hechos comentados en este apartado del libro se recogen en: Clayton y Retherford, *First a dream*, *op. cit.*, p. 236.

10,5 millones de dólares, es decir, la empresa tenía, pues, un valor de 52,5 millones de dólares. El precio de las acciones se disparó y la empresa pasó a tener una valoración de 120 millones, de modo que la participación personal de Jim Clayton llegó a ser de 95 millones. Apenas dos años antes, un tasador había calculado el valor de su participación en 7,5 millones. «Ahora ya sé por qué tantos empresarios sueñan con sacar sus empresas a Bolsa», declaró Jim un tiempo después.[158]

Para capear la adversidad económica de la época, que acosó a competidores de primera fila como Oakwood Homes y Fleetwood Enterprises, Clayton se concentró en entender mejor las circunstancias de sus clientes. Pensó que su cliente promedio (obreros y jubilados) podría permitirse pagar, como máximo, una cuota de 200 dólares al mes. Clayton trabajó para construir y financiar viviendas con un precio ajustado a ese presupuesto.[159]

En 1987, llevando el concepto de integración vertical a su máxima expresión, Clayton inauguró su primera comunidad de casas prefabricadas, ubicada en Texas. Pronto puso en marcha otros proyectos similares en Michigan, Misuri, Carolina del Norte y Tennessee. Entre 1989 y 1992, *Forbes* nombró a Clayton Homes como una de las mejores pequeñas empresas de Estados Unidos. Contaba con 10 plantas de fabricación, 125 concesionarios propios y 325 concesionarios de asociados que operaban en la mitad de los estados del país.

La prosperidad de la empresa continuó incrementándose durante la década de 1990, cuando creció en todos los sentidos, abriendo nuevas plantas de fabricación y concesionarios, y aumentando las ventas y los ingresos por financiación. En 1996, Clayton logró su decimosexto año consecutivo de beneficios récord. Un año después, los ingresos superaban por primera vez el umbral de los 1.000 millones de dólares. Tal crecimiento se complementó con la adquisición de comunidades

158. Ibídem.

159. Ver: *ICDH*, Clayton; e-mail remitido al autor por personal corporativo de Clayton Homes, con fecha 18 de febrero de 2013.

de casas prefabricadas radicadas en otros territorios. En 1998, Clayton poseía unas 70 comunidades en las que vivían 18.900 familias.

En 1999, cuando *Forbes* nombró a Clayton una de las 400 mayores empresas de Estados Unidos, Jim Clayton pasó las riendas de la dirección general a su hijo Kevin. Un año después, a raíz del hundimiento de la economía, el sector de las viviendas prefabricadas entró en barrena. La situación empeoró a medida que avanzaba la década. Mientras sus competidores reducían drásticamente sus plantillas y cerraban plantas, Clayton consiguió minimizar la necesidad de actuar de esa manera. Gracias a la exitosa integración vertical del negocio, que generó múltiples flujos de ingresos, la empresa consiguió incluso mantener la rentabilidad a lo largo de aquel decenio tan complejo.[160]

La empresa fue siempre muy escrupulosa en su trato con los compradores de viviendas y con las financieras que invierten en los conjuntos de hipotecas que suscribía. Jim Clayton criticó las prácticas poco recomendables de sus homólogos, entendiendo que facilitaban demasiado los préstamos ofrecidos a los clientes, incurriendo, por ejemplo, en la manipulación de las condiciones de los pagos iniciales o las desgravaciones, lo que contrasta con la cultura de Clayton Homes:

> En Clayton Homes no podemos comprometer nuestra credibilidad participando en tales esquemas. No toleramos ni toleraremos comportamientos poco éticos. Actualmente vendemos más de 1.000 millones de dólares al año en hipotecas, y los inversores que compran esas hipotecas no conocen a los clientes ni ven las garantías. La confianza y la fe de las que goza nuestra empresa por parte de tantos accionistas, inversores y proveedores, así como de los 8.000 miembros de nuestro equipo, es muy importante. Debemos tomarnos siempre en serio nuestra credibilidad e integridad.[161]

160. Clayton y Retherford, *First a dream*, *op. cit.*, p. 193.
161. Ibídem, p. 256.

La oportunidad de adquirir Clayton Homes llamó la atención de Berkshire por primera vez en 2003.[162] Albert L. Auxier, que impartía un curso de finanzas en la Universidad de Tennessee, viajaba cada año a Omaha con sus estudiantes para que conocieran a Buffett. Era uno de las varias docenas de grupos de estudiantes a los que Buffett recibía (y recibe) anualmente. Los alumnos de Auxier siempre llevaban consigo un regalo. En 2003, el obsequio era la nueva autobiografía de Jim Clayton, *First a dream*. Buffett había oído hablar de Jim y su empresa, pero Berkshire había realizado inversiones decepcionantes en los bonos de Oakwood Homes, un competidor cuyas cuestionables prácticas en materia de préstamos al consumo no salieron a la luz hasta que la empresa quebró.

Berkshire ofreció comprar Clayton Homes en abril de 2003 por un precio un 7 por ciento superior a su precio medio en el mercado durante los meses anteriores. Muchos accionistas institucionales de Clayton se opusieron. Algunos impugnaron la operación ante los tribunales.[163] Otro, Cerberus Capital Management, comunicó a la dirección de Clayton que quería tener la oportunidad de presentar su propia oferta competidora. El resultado fue un retraso de seis meses en la votación de los accionistas de Clayton, que finalmente aprobaron la operación de adquisición planteada por Berkshire. Ese mismo año, aprovechando una expansión oportunista, Clayton adquirió muchos de los activos de Oakwood, que estaba en proceso de quiebra y reestructuración.

A principios de la década de los 2000, los promotores de casas prefabricadas estimularon su negocio desviando fondos a compradores que no debían haber adquirido viviendas. Lo hicieron con préstamos que los prestamistas no deberían haber concedido. Si algo distinguía a Clayton Homes era el hecho de que

162. Berkshire Hathaway, Inc., *2003 Annual Report*, «Carta del presidente».

163. Ver: Denver Area Meat Cutters v. Clayton, 209 S.W.3d 584 (Tenn. Ct. App. 2006); Denver Area Meat Cutters v. Clayton, 120 S.W.3d 841 (Tenn. Ct. App. 2003).

su división de financiación, a diferencia de la de sus competidores, no concedía préstamos abusivos ni se aprovechaba de la ingenuidad de sus clientes. Jim Clayton atribuyó la diferencia a que su empresa mantenía un «muro sagrado» que separaba a su equipo de ventas de su servicio de concesión de crédito, «muro» que los competidores no lograban mantener, a tenor de los resultados.[164]

Los problemas del sector cristalizaron durante la crisis financiera de 2008. Clayton los aprovechó. Antes de ese año, hizo crecer su propio negocio aplicando criterios de financiación prudentes que dieron lugar a una cartera de préstamos con buenos resultados. Después de 2008, prosperó mientras sus principales rivales, como Champion, se tambaleaban. Clayton y sus clientes comparaban los pagos reales de la hipoteca con los ingresos reales, de modo que solamente concedían préstamos cuando la relación resultaba asequible para los aspirantes a recibir el crédito. Los competidores, en cambio, evaluaban la asequibilidad a largo plazo utilizando tipos de interés iniciales que se aplicaban tal cual en los primeros años, pero aumentaban más tarde.

En medio de la crisis, Clayton fue una excepción: ningún comprador de los préstamos que había originado o reempaquetado para su posterior venta perdió un céntimo de capital o interés en esa inversión.[165] Los resultados fueron sorprendentes para el sector, así como para Clayton y Berkshire. En 1999, los tres mayores fabricantes eran Champion, Fleetwood y Oakwood, que juntos acaparaban casi la mitad de la producción. Clayton figuraba en cuarto lugar. En cambio, llegado el año 2009, los tres primeros operadores se habían desintegrado, y Clayton Homes, que había adquirido gran parte de Fleetwood y Oakwood, así como a otras empresas rivales, era ahora la firma número 1.[166] Quienes invirtieron en paquetes de hipotecas vinculadas a la compra de viviendas prefabricadas perdieron grandes sumas de

164. Clayton y Retherford, *First a dream*, *op. cit.*, pp. 93-94.

165. Berkshire Hathaway, Inc., *2009 Annual Report*, «Carta del presidente».

166. Ibídem.

dinero. En cambio, el desempeño de Clayton Homes hasta convertirse en líder del sector ha demostrado que la integridad no es sólo una virtud moral, sino un valor empresarial.

Jordan's Furniture, Inc. vende anualmente una cifra equivalente a 950 dólares por metro cuadrado de mobiliario. Esta cifra es seis veces mayor que la media del sector. La firma renueva su inventario 13 veces al año, un múltiplo también superior al promedio de los minoristas de muebles.[167] El secreto del éxito es su reputación de servicio único al cliente, un valor intangible que la empresa traduce hábilmente en valor económico.

El negocio se remonta a la década de 1920, cuando Samuel Tatelman vendía muebles en la zona de Boston. Lo hacía, de hecho, con la parte trasera de su camión como «oficina». Unos pocos años después, abrió una tienda en Waltham, un suburbio de clase media de Boston. Pronto su hijo Edward se unió al negocio,[168] que avanzaba de forma modesta, centrado en el mercado local. Su publicidad, que se limitaba a inserciones en el periódico de la ciudad de Waltham, aspiraba a llamar la atención de los coches que se movían cerca del comercio. Durante el mandato de Edward, la tienda nunca llegó a tener más de una docena de empleados.

En 1973, sin embargo, Edward traspasó la dirección del negocio a sus hijos, Barry y Eliot, que ampliaron agresivamente su nómina de clientes anunciándose de forma más intensiva en la radio y, más tarde, en la televisión. Los propios hermanos hacían de portavoces en esos anuncios, lo que les daba un toque personal y ayudaba a que los clientes de la tienda tuvieran la sensación de encontrarse con personajes reconocidos cuando acudían a su establecimiento.

167. Ver: Mackey y Sisodia, *Conscious capitalism...*, *op. cit.*, p. 285; Kilpatrick, *Of permanent...*, *op. cit.*, p. 483: «La tienda de muebles promedio renueva su stock de existencias una o dos veces al año».

168. Determinar por qué Samuel llamó a su tienda Jordan's sigue siendo un misterio empresarial.

En 1983, con el negocio de su tienda de Waltham en auge, Jordan's abrió una nueva tienda en Nashua, New Hampshire, justo al otro lado de la frontera con Massachusetts. En 1987, pusieron en marcha la que ahora es su tienda insignia, radicada en Avon, Massachusetts. La inauguración reunió a tantos clientes que, según cuenta la leyenda, la carretera 24 sufrió el peor atasco de su historia. Al parecer, los hermanos intervinieron en la radio local y advirtieron que no querían generar un atasco, lo que no hizo más que atraer a más clientes a la tienda.

Jordan's adoptó un enfoque innovador del servicio al cliente. La empresa fue más allá de ofrecer una amplia selección de producto a buen precio y con entrega rápida y optó, además, por introducir distintas fórmulas de lo que la empresa describía como «entretenimiento para el comprador». En la tienda de Avon, por ejemplo, los clientes pueden sentarse en su sala de cine de 48 butacas para ver una película de simulación de vuelo en una pantalla de 12 metros. La tienda en Natick, Massachusetts, está ambientada en Nueva Orleans, de modo que los clientes pueden pasear por una especie de maqueta que replica la célebre Bourbon Street, visitar una especie de barco fluvial y asistir a una celebración multimedia de Mardi Gras. El concepto entretiene y atrae a personas de todas las edades, pero tiene una ventaja especial para su mayor grupo demográfico: las familias con niños.[169] A las familias jóvenes puede resultarles difícil lidiar con el aburrimiento de sus hijos cuando compran muebles. El entretenimiento de Jordan's atrae a estos posibles compradores porque permite a los padres relajarse mientras compran, lo que aumenta su satisfacción y empuja al alza las ventas de la empresa.

La compañía también cultiva una reputación de compromiso con la comunidad. Esta filosofía empresarial se traduce en un generoso apoyo a organizaciones cívicas y benéficas, como Massachusetts Adoption Resource Exchange, que ayuda a colocar a

169. Michael Roberto, Universidad Bryant, «Jordan's Furniture: Shoppertainment», *Professor Michael Roberto's Blog*, 27 de octubre de 2009. Disponible en: <http://michael-roberto.blogspot.com/2009/10/jordans-furniture-shoppertainment.html>.

niños de acogida en hogares permanentes, o Project Bread, que trabaja para alimentar a familias pobres. La tienda solicita donativos a esos mismos clientes que disfrutan, por ejemplo, de su película de simulación de vuelo. Una vez que los recauda, los destina a obras benéficas.

Buffett conoció Jordan's Furniture por puro boca a boca sectorial. A lo largo de los años, cada vez que preguntaba a los gerentes de otras tiendas de muebles de Berkshire por los mejores nombres del sector, invariablemente escuchaba el nombre de los hermanos Tatelman.[170] Al acordar la compra de la empresa en 1999, Buffett destacó la reputación que Eliot y Barry se habían labrado entre los empleados, los clientes y la comunidad, que de hecho calificó como «incomparable».[171]

Como parte de la venta a Berkshire, los hermanos Tatelman distribuyeron una parte de los beneficios entre los empleados de la empresa. Cada trabajador recibió una bonificación de al menos 50 céntimos por hora trabajada. El fondo repartido ascendió en total a 9 millones de dólares. Aquel día, algunos empleados que llevaban largo tiempo en la firma se hicieron muy ricos.

Jordan's sigue ampliando y profundizando su enfoque promocional. Abrió una gran tienda en Reading, Massachusetts, y cerró la tienda original de Waltham, que hacía tiempo que se había quedado demasiado pequeña. El nuevo establecimiento de Reading contaba no sólo con una gigantesca sala de exposiciones, sino también con una sala de cine IMAX en 3D. Eliot Tatelman sigue apareciendo en los anuncios de la empresa, con el aspecto de un viejo roquero, con el pelo largo y blanco recogido en una coleta. Es una personalidad reconocida a nivel local y a los clientes les encanta conocerlo en persona. La reputación de Jordan's, conocida por ofrecer un servicio inigualable, ha dado sus frutos.

170. Berkshire Hathaway, Inc., *1997 Annual Report*, «Carta del presidente»; Berkshire Hathaway, Inc., *1999 Annual Report*, «Carta del presidente».

171. Berkshire Hathaway/Jordan's Furniture, comunicado de prensa remitido el 11 de octubre de 1999.

El valor empresarial de la integridad se acumula con los años, pero puede desvanecerse en días, como aprendieron de sopetón los miembros de la empresa Benjamin Moore & Co. Dicha compañía fue fundada en Brooklyn en 1883 por parte de Benjamin Moore, de 27 años, junto con su hermano Robert, de 43. Moore articuló varios principios empresariales para guiar a su empresa:

1. Ofrecer un trato justo a todos.
2. Entregar el valor recibido sin chanchullos ni argucias.
3. Reconocer el valor de la verdad a la hora de comercializar nuestros productos y esforzarse en todo momento por mantener tales productos al más alto nivel.
4. Cultivar una economía estricta sin espíritu de tacañería y ejerciendo la gestión de manera inteligente y con ánimo íntegro.[172]

El lema de Moore era ofrecer «calidad de principio a fin». Cobraba un precio superior por ello, incluso cuando eso implicaba sacrificar cuota de mercado. Para reforzar su inversión en calidad, los hermanos Moore empezaron a vender pintura a través de distribuidores independientes. Otros fabricantes de pinturas despachaban sus productos en ferreterías, como productos de marca propia en establecimientos minoristas o a través de sus propias tiendas. Benjamin Moore & Co. se adhirió al modelo de vender exclusivamente a través de distribuidores certificados que, por su parte, hacían considerables esfuerzos por construir sus negocios y así cumplir su parte del trato.

Benjamin Moore se ganó una reputación de liderazgo en materia de seguridad y desempeño medioambiental. Parte del crecimiento de la empresa en la década de 1940 se basó en la investigación y el desarrollo de pinturas más duraderas y respetuosas con el medioambiente, incluidas las pinturas a base de látex. En 1968, Benjamin Moore eliminó el plomo de sus productos, ade-

172. Los datos históricos más destacados sobre Benjamin Moore pueden consultarse en: *International directory of company histories*, vol. 38, St. James, Estados Unidos, 2001 (en adelante citado como: *IDCH*, Benjamin Moore).

lantándose a la ola de regulaciones y litigios que enfrentaron muchos de sus competidores durante las décadas siguientes.[173] En la década de 1970, tras la aprobación de la Ley de Seguridad y Salud Ocupacional (OSHA, por las siglas en inglés de Occupational Safety and Health Act), la empresa desarrolló revestimientos codificados por colores para así cumplir con los nuevos estándares regulatorios.

Benjamin Moore hizo que la conciencia medioambiental fuera entendida como algo bueno para hacer negocios. Por ejemplo, en los años ochenta, los organismos federales implantaron normas que limitaban la liberación de compuestos orgánicos volátiles (COV) nocivos. La empresa fabricó pinturas adaptadas a las distintas formas de aplicación de la normativa adoptadas por distintos organismos en todo el país. En 1992, inauguró una especie de granja de pinturas en la que se dedicó a probar sus productos respetuosos con el medioambiente. Asimismo, constituyó un centro de formación para toda la empresa que se dedicaba a promover la eficiencia medioambiental en el día a día de la compañía. A lo largo de los años noventa, la empresa lideró el sector en su compromiso con las normas medioambientales, sanitarias y de seguridad más estrictas. Por ejemplo, la línea Pristine Eco-Spec de pinturas acrílicas de látex para interiores, introducida en 1999, no emite COV nocivos. La demanda de productos responsables es alta, y mucha gente está dispuesta a pagar más para hacerse con ellos.

La tradición de integridad de la empresa se demuestra en sus incesantes esfuerzos por mejorar la posición de sus distribuidores y atraer a nuevos empresarios para integrarlos en su negocio. En la década de 1960, adelantó los fondos necesarios para iniciar distintos proyectos de distribución que entonces requerían unos 200.000 dólares. Los beneficiarios fueron, principalmente, empresarios pertenecientes a minorías. En la década de 1980, la empresa ofreció a sus distribuidores más financiación con la que apo-

173. Los esfuerzos a nivel federal para reducir el uso de pinturas con plomo comenzaron en la década de 1970 y se prolongaron hasta principios de la de 1990.

yar las compras de sistemas de color informatizados.[174] Tras los disturbios de Los Ángeles en 1992, Benjamin Moore recibió elogios por haber implementado este tipo de programas de larga duración, centrados en la inversión en los barrios.[175] Su empresa explicó que tales iniciativas no eran producto del altruismo, sino que simple y llanamente se trataba de buenas prácticas empresariales.

En el año 2000, los directivos de Benjamin Moore consideraron alternativas estratégicas para dar encaje al futuro de la firma, estudiando posibles fórmulas de adquisición, fusión o venta. Un directivo, Robert H. Mundheim, a quien Buffett había nombrado consejero general de Salomon Brothers tras su escándalo de negociación de bonos, se ofreció voluntario para conectar a la empresa con Berkshire.[176] Benjamin Moore era, en su opinión, el tipo de empresa que le gustaría a Buffett, quien propuso que Berkshire adquiriera la firma a cambio de un pago de 1.000 millones de dólares en efectivo. El consejo de Benjamin Moore preguntó a Mundheim si tenía sentido contratacar con otra propuesta, pero éste explicó que proceder así sería inútil.[177] Sin embargo, como parte de la adquisición, Berkshire prometió mantener la política histórica de la empresa, que se remontaba al siglo XIX, de depender exclusivamente de sus miles de distribuidores independientes, un valioso activo para el negocio, compuesto por personas que habían invertido sus recursos para el desarrollo de sus concesionarios de venta.[178]

En julio de 2007, Buffett ascendió al cargo de presidente a Denis Abrams, que durante mucho tiempo fue vicepresidente de

174. *IDCH*, Benjamin Moore.

175. Jane Applegate, «Moore's program lays the base coat for minority-owned paint stores», *Los Angeles Times*, 31 de agosto de 1993; Jane Applegate, «Minority businesses get a head start on ownership», *The Washington Post*, 20 de septiembre de 1993.

176. Robert H. Mundheim, «Deals without bankers: Salomon and Benjamin Moore», *Concurring Opinions* (blog), 21 de mayo de 2013.

177. Robert Mundheim, entrevista telefónica con el autor mantenida el 21 de enero de 2014.

178. Berkshire Hathaway, Inc., *2000 Annual Report*, «Carta del presidente».

operaciones de Benjamin Moore. Cuando aquel verano le preguntaron en qué se diferenciaba el Benjamin Moore de siete años atrás, cuando Berkshire compró la empresa, con el Benjamin Moore de aquel momento, Abrams respondió que había «muy poco» que señalar en términos de diferencias, puesto que la compañía se ceñía a su «historia y tradición» precisamente porque Berkshire «no dicta a sus empresas cómo deben funcionar».[179] Preguntado sobre qué ocurre cuando los ejecutivos de las filiales de Berkshire «meten la pata», Abrams dijo que no tenía ni idea porque no sabía que eso hubiese ocurrido alguna vez.[180]

Pero al cabo de un año las cosas empezaron a cambiar. Un lustro después, Abrams conoció de primera mano la reacción de Buffett ante una metedura de pata de un ejecutivo de Berkshire. El factor precipitante fue la recesión económica que comenzó a principios de 2008. Benjamin Moore pasó apuros al lidiar con una disminución de sus ventas a medida que las familias redujeron su presupuesto para la reforma y mejora del hogar. La empresa hizo frente a la situación con despidos, incluido el cese de varios altos ejecutivos de ventas. Se decretó una congelación salarial, así como la reducción de las comisiones por ventas y la reducción del presupuesto para publicidad. El resultado fue un descenso de la cuota de mercado y un duro golpe a la moral de los empleados.[181]

Algunos culparon a Berkshire de los males de la empresa, alegando que los altos ejecutivos de Benjamin Moore estaban bien pagados y ganaban primas por alcanzar los objetivos de beneficios a costa de los trabajadores. Una queja común sostenía que Berkshire obtuvo 150 millones de dólares anuales de Benjamin Moore, a pesar de que la empresa no tuvo ningún cre-

179. Denis Abrams (Benjamin Moore), entrevistado en *Nightly Business Report*, el 2 de mayo de 2007.

180. Ibídem. Berkshire no fija objetivos de ventas ni de beneficios, según ha explicado el propio Abrams.

181. James Covert, «Margaritaville memo: Execs may walk plank», *New York Post*, 26 de junio de 2012.

cimiento trimestral en sus ventas desde 2008 hasta mediados de 2012.[182] Sin embargo, Benjamin Moore fue rentable durante la década, los ingresos se mantuvieron constantes, y tal dividendo entraba dentro de la discreción de una empresa matriz, especialmente teniendo en cuenta los deberes que tienen sus directivos con los accionistas.[183]

Abrams se centró en los canales de distribución. Comunicó a la fuerza de ventas que persuadiera a los distribuidores para que se convirtieran en vendedores exclusivos de pinturas Benjamin Moore. Al parecer, Abrams aprobaba tácticas de mano dura, como amenazar con «invadir el territorio» de estos distribuidores a base de abrir tiendas de Benjamin Moore en las inmediaciones de sus comercios.[184] Algunos de los distribuidores se quejaron de que se impusieron condiciones más caras para la financiación del inventario o de que se les empezara a cobrar por campañas de publicidad que nunca se llevaron a cabo.[185]

Por mucho que tales tácticas fueran incompatibles con la tradición de Benjamin Moore, la perdición de Abrams fue negociar acuerdos con grandes cadenas. Cuando todos estos acuerdos llegaron a oídos de Buffett, en junio de 2012, éste le dijo a Abrams que su proceder era inaceptable.[186] Le recordó que esos pactos iban contra el compromiso de exclusividad que Berkshire confió a los distribuidores de Benjamin Moore. Abrams, que estaba en conversaciones con Lowe's, una gran cadena minorista, respondió que esos acuerdos de venta eran esenciales para restablecer

182. James Covert, «Brooklyn paint dealers say Buffett rolled all over them», *New York Post*, 14 de octubre de 2013.

183. Ver: Steve Jordon, «Warren Buffett says he replaced Benjamin Moore's CEO to keep a promise», *Omaha World-Herald*, 16 de octubre de 2013. El reportaje apunta que Buffett afirmó que Benjamin Moore generó beneficios por valor de 1.500 millones de dólares durante la década anterior.

184. James Covert, «Warren Buffett fired Benjamin Moore CEO after Bermuda cruise», *New York Post*, 15 de junio de 2012.

185. James Covert, «Warren Buffett cans Benjamin Moore CEO», *New York Post*, 27 de septiembre de 2013.

186. Warren Buffett, en una carta a Denis Abrams, con fecha de 16 de junio de 2013.

el crecimiento y recuperar cuota de mercado.[187] Buffett acabó sustituyendo a Abrams por Robert Merritt, quien rápidamente aseguró a las tropas que haría un mejor trabajo que la dirección saliente.[188]

Merritt empezó a encaminar a la empresa hacia sus tradiciones. Los observadores reconocieron sus esfuerzos por reavivar las relaciones históricas tan especiales que la empresa había mantenido siempre con los concesionarios.[189] Sin embargo, él también fue despedido pronto, en medio de una oleada de rumores sobre sus prejuicios de género y sobre los chistes machistas que desplegaba en sus charlas con otros directivos de la compañía. Subrayando el problema central al que se enfrenta Benjamin Moore, Buffett anunció el nombramiento del sucesor de Merritt, Michael Searles, afirmando que el nuevo gestor «comprende la importancia del minorista independiente» y «está comprometido con la estrategia que hemos establecido y el compromiso que hemos esbozado con la red de distribuidores».[190]

Deshacer 130 años de tradición no es fácil, pero la saga de Benjamin Moore muestra la fragilidad de intangibles como la cultura corporativa. Por otro lado, los numerosos distribuidores que siguen creyendo en la empresa mantienen fuerte la cultura corporativa de la firma. Así lo expresa uno de estos distribuidores, Kim Freeman:

> He sido distribuidor de Benjamin Moore en Canadá durante los últimos diez años. Espero sinceramente que Berkshire Hathaway y el señor Buffett devuelvan a la empresa sus principios originales. Nosotros, como fuerza de ventas de primera línea para un nicho de mercado cultivado, debemos ser tratados como socios de negocios, no como niños descarriados que tienen que ser controlados o despedidos en busca de una mayor cuota de mercado. Existen oportu-

187. James Covert, «Boxed in by Lowe's», *New York Post*, 29 de junio de 2012.

188. Covert, «Warren Buffett fired...», art. cit.

189. Covert, «Warren Buffett cans...», art. cit.

190. Según un comunicado de prensa de Benjamin Moore.

> nidades de obtener más cuota de mercado más allá de los grandes centros. Podemos hacer crecer la empresa, contribuir a nuestras comunidades y obtener un buen retorno de nuestra inversión, pero para ello debemos ser considerados como piezas importantes para el éxito de Benjamin Moore. Últimamente hemos perdido a algunos grandes empleados y distribuidores de Benjamin Moore y, aunque es comprensible que siempre habrá cierta evolución, espero sinceramente que podamos volver al buen camino.[191]

La historia de Benjamin Moore y sus problemas contemporáneos revelan algunas formas en que los valores pueden chocar (en este caso, dando pie a una colisión entre la fidelidad a los distribuidores y el crecimiento rentable). En su comentario, Freeman observa con acierto que las empresas pueden armonizar estos valores que aparentemente entran en conflicto, como de hecho ha conseguido hacer Benjamin Moore a lo largo de más de un siglo. Y Searles está de acuerdo. En un entorno empresarial en el que otros veían adversidades, Searles ve oportunidades. Como dijo en una entrevista para este libro, «mientras rivales como Porter y Sherwin Williams se decantan por otros canales de distribución, Benjamin Moore obtiene una enorme ventaja estratégica de marketing, puesto que es la única gran marca comprometida exclusivamente con el éxito de la red de distribuidores independientes».[192]

Johns Manville Corporation, fabricante y comercializador de productos de construcción de primera calidad, ha adoptado explícitamente el compromiso de forjar una cultura corporativa de integridad. Se esfuerza por ser una empresa reputada haciendo hincapié en cuatro valores fundamentales: las personas, la pasión, el rendimiento y la protección. Estos valores difieren de los que la empresa ha mostrado históricamente. Durante décadas,

191. Kim Freeman, en respuesta a un post de mi blog (<http://www.concurringopinions.com>) sobre esta cuestión.

192. Michael Searles, entrevistado por el autor durante la reunión anual de Berkshire Hathaway en 2014 (el 4 de mayo de dicho año en Omaha).

los directivos de la compañía ignoraron o malinterpretaron la verdad sobre sus productos, que causaron lesiones graves a miles de personas, amén de daños medioambientales significativos.

Johns Manville se fundó en 1901, a raíz de la fusión de H. W. Johns Manufacturing Co. y Manville Covering Co. Fabricaba productos textiles y materiales de construcción con amianto. Manville fue fundada en Wisconsin en 1886 por Charles B. Manville, mientras que Johns fue fundada en Nueva York en 1858 por Henry Ward Johns, de 21 años, que falleció en 1898, una muerte prematura que se cree que fue causada, de forma horrible, por la asbestosis.[193]

La empresa resultante, Johns Manville, desarrolló y comercializó miles de aplicaciones para el amianto, un mineral natural útil principalmente por sus propiedades ignífugas. La empresa, que empezó a cotizar en Bolsa en 1927, era una organización muy centralizada, jerárquica y burocrática, nada del estilo de Berkshire.[194] Podría haber sido una empresa poco relevante de cara al gran público si no fuera por el hecho de que el amianto, a pesar de sus usos positivos, se reveló como un carcinógeno mortal.

Desde los años treinta hasta los setenta, la dirección de Johns Manville negó su responsabilidad en todo aquello. Sus esfuerzos por advertir a empleados, clientes u otros usuarios fueron tardíos. En la década de 1930, su consejero general se hizo famoso por haber intentado silenciar, minimizar o eludir los graves riesgos médicos que planteaba el amianto, a pesar de que todos los científicos comprendían entonces la gravedad de la situación, cuestión que la mayoría de los profanos conocen hoy en día.[195]

A pesar de los problemas que causaba el amianto, Johns Manville tenía un negocio rentable entre manos. Su auge se produjo durante la Segunda Guerra Mundial, cuando el gobierno

193. Los datos históricos sobre Johns Manville se pueden consultar en: *International directory of company histories*, vol. 64, St. James, Estados Unidos, 2004 (en adelante citado como: *IDCH*, Johns Manville).

194. Ver: Sloan Wilson, *The man in the gray flannel suit*, Simon & Schuster, Estados Unidos, 1955.

195. Ver: Paul Brodeur, *Outrageous misconduct: The asbestos industry on trial*, Pantheon, Estados Unidos, 1985.

utilizó el amianto en la construcción de buques de guerra y aviones de combate. El sector público también estaba plenamente informado de los riesgos y conocía las advertencias de lo que aquello podía suponer para el personal.[196] Así, la prosperidad de Johns Manville continuó después de la guerra y hasta 1970, aunque la empresa tuvo que hacer frente a distintos problemas, como, por ejemplo, varios períodos de escaso crecimiento. Como respuesta, la firma se expandió a otros negocios, muchos de ellos no relacionados con el amianto.

Durante las décadas de 1950 y 1960, los trabajadores presentaron reclamaciones de indemnización por enfermedades directamente relacionadas con la exposición al amianto.[197] En la década de 1960, la prensa sacó a la luz las investigaciones científicas que demostraban los peligros del amianto. Esa mala publicidad llevó a la empresa a añadir advertencias sobre los riesgos de sus productos, sin llegar a adoptar ninguna otra acción correctiva.

En 1973, un tribunal federal de apelaciones asestó un duro golpe a la compañía al confirmar la declaración de negligencia emitida por un jurado. La justicia reconoció la procedencia de cuantiosas indemnizaciones por daños y perjuicios, recalcando la insensible indiferencia de la firma ante la devastación causada por sus productos.[198] Este resultado atrajo más demandas, la mayoría de las cuales tuvieron un resultado positivo, lo que, a su vez, alentó más demandas, y así hasta el infinito. En 1977, Johns Manville había agotado la cobertura de su seguro y ninguna aseguradora estaba dispuesta a suscribir una nueva póliza. La empresa estaba sola.

Como señalaba un artículo publicado en 1979 en la revista *Fortune*, el amianto empezó a consumir a la empresa, puesto que la gestión de los litigios se había convertido en parte importante de su día a día, algo así como «un negocio aparte».[199] Mientras

196. *IDCH*, Johns Manville.

197. Ibídem.

198. Borel v. Fibreboard Paper Products, p. 493 F.2d 1076 (5th Cir. 1973).

199. Stephen Solomon, «The asbestos fallout at Johns-Manville», *Fortune*, 7 de mayo de 1979.

tanto, Johns Manville continuaba sus operaciones, aumentando sus ingresos, añadiendo productos y adquiriendo empresas. Con todo, los problemas legales no dejaban de aumentar, con miles de casos pendientes, y el coste de las indemnizaciones seguía también creciendo. Los actuarios predijeron una exposición total de 2.000 millones de dólares en concepto de posibles indemnizaciones exigibles durante las décadas siguientes, cifra que suponía el doble de los activos de la empresa.[200]

Para hacer frente a esta realidad, la empresa se declaró en quiebra en agosto de 1982. Se trataba de la mayor bancarrota en la historia empresarial de Estados Unidos. El resultado fue un elaborado plan de reestructuración. Como empresa operativa, Johns Manville abandonaba el negocio del amianto y quedaba protegida ante nuevas reclamaciones. Al mismo tiempo, para pagar las deudas relacionadas con el amianto, se constituyeron fideicomisos independientes, cuyo principal activo sería una participación mayoritaria en el capital de la empresa operativa.

El plan ofrecía la perspectiva de tener un nuevo comienzo, pero la imagen pública de Johns Manville había quedado destruida y la empresa había perdido la confianza de empleados y clientes. Para revertir la situación, la dirección imploró a sus empleados que se centraran en asegurar el funcionamiento concienzudo de la empresa y en supervisar la gestión de los fideicomisos para garantizar una gestión escrupulosamente justa de las reclamaciones. Estos esfuerzos continuaron durante un prolongado proceso de quiebra y reestructuración que se prolongó hasta 1988.

De aquellas ruinas surgió una Johns Manville totalmente nueva. Se invirtió la tendencia cultural que la había ahogado en la responsabilidad por el amianto. La empresa pulsó la opinión de los empleados, y acabó ofreciéndoles un seguimiento y una protección médica más generosos. Durante una década dedicada a la rehabilitación de la corporación, la empresa fue dando un giro a mejor hasta convertirse en la Johns Manville de hoy. La firma es ahora una mercantil que abraza sin tapujos la integridad y la buena reputación corporativa.

200. *IDCH*, Johns Manville.

Mientras tanto, los gestores de los fideicomisos deseaban diversificar su concentración en acciones de Johns Manville. En junio del año 2000 acordaron vender la empresa a un operador de compra apalancada por valor de 2.400 millones de dólares. Sin embargo, un viernes del mes de diciembre, el acuerdo se abortó al fracasar la financiación. El lunes siguiente, Buffett llamó al presidente del consorcio, Robert A. Falise, y le hizo una oferta en efectivo de 1.900 millones de dólares sin ningún tipo de financiación.[201] Los administradores aceptaron al día siguiente y ambas partes firmaron el contrato una semana después.

La «increíble y polifacética odisea» de Johns Manville, como la calificó Buffett,[202] no terminó con la adquisición por parte de Berkshire. La dirección de Charles L. (*Jerry*) Henry hasta su jubilación, en 2004, y la gestión de su sucesor, Steven B. Hochhauser, ayudó a Johns Manville a mejorar su desempeño hasta conseguir un beneficio récord de 334 millones de dólares en 2005 y 345 millones en 2006.[203] Sin embargo, la buena racha se interrumpió en 2007, cuando David L. Sokol, el «solucionador de problemas» itinerante de Berkshire, se unió a su consejo y sustituyó a Hochhauser por un colega de MidAmerican Energy, Todd M. Raba. Éste guio a la empresa para que capease el declive del sector de la construcción y la consiguiente recesión.[204] Raba fue sucedido en 2012 por Mary Rhinehart, una veterana trabajadora que sumaba 34 años de trayectoria en Johns Manville y estaba deseosa por demostrar la compatibilidad de los beneficios y la integridad.

A pesar de los continuos desafíos, la cultura corporativa contemporánea de Johns Manville está comprometida con la inte-

201. Berkshire Hathaway, Inc., 2000 *Annual Report*, «Carta del presidente».

202. Ibídem.

203. Peter Lattman y Geraldine Fabrikant, «Buffett's favor for now-fallen deputy perplexed people working for him», *The New York Times*, 28 de abril de 2011.

204. Para un artículo biográfico sobre el Sr. Raba, ver: Vanessa Small, «New at the top: To meet Warren Buffett, this outdoorsman didn't stay lost in the woods», *The Washington Post*, 27 de octubre de 2013.

gridad, un cambio radical con respecto a la cultura de ofuscación que plagó el día a día de la empresa durante tanto tiempo. Johns Manville superó la adversidad y se curó las heridas autoinfligidas, demostrando que nunca es demasiado tarde para aprender. Berkshire no habría adquirido la antigua Johns Manville, pero la nueva compañía sí encaja en su modelo y, de hecho, la cultura de Berkshire contribuye a reforzar el compromiso que, desde hace décadas, ha hecho que la firma sea una empresa reputada.

La historia de Johns Manville pone de relieve el valor de los valores. La angustiosa historia de su empresa le enseñó el valor del compromiso con la salud y la seguridad de sus empleados y clientes. Hasta su quiebra, en 1982, hizo demasiado hincapié en la búsqueda de beneficios inmediatos, pero hoy sabe que la prosperidad económica se sustenta en el compromiso con intereses más amplios y de más largo plazo. La historia de Johns Manville es un buen ejemplo de cómo impulsar la rentabilidad de los accionistas asumiendo, al mismo tiempo, la responsabilidad con respecto a la salud y a la seguridad medioambiental.[205]

En los casos de Clayton Homes, Jordan's Furniture, Benjamin Moore y Johns Manville, invertir en el valor de la reputación ha dado sus frutos, pero esta integridad no es fácil de mantener. Aunque la gente suele decir que quiere el tipo de cosas que hoy promete Johns Manville (un medioambiente limpio y un lugar de trabajo seguro), lo cierto es que no siempre estamos dispuestos a pagar el precio que esto exige.[206] La realidad plantea retos a las empresas a la hora de proteger a los consumidores, asegurar a los empleados, proteger los entornos naturales en los que vivimos y ofrecer beneficios a los accionistas. La reputación es

205. Ver: Johns Manville, *We build environments: 2012 sustainability report*, Johns Manville, Estados Unidos, 2013.

206. David Vogel, *The market for virtue: The potential and limits of corporate social responsibility*, Brookings Institute, Estados Unidos, 2005, pp. 48-54.

vital para la empresa familiar, un campo donde intangibles como el legado y la identidad demuestran tener grandes beneficios económicos, como atestiguan las historias de varias empresas familiares prominentes de Berkshire que desglosa el próximo capítulo.

6

Pertenencia

En 1998, a los 104 años, falleció Rose Blumkin. Hasta un año antes, estuvo plenamente ocupada en el trabajo que había desempeñado durante la mayor parte de su vida adulta como presidenta de la Nebraska Furniture Mart, Inc., su empresa familiar.[207] Una década antes, se había enzarzado en una disputa familiar sobre su jubilación, insistiendo en seguir trabajando a pesar de la opinión de sus nietos, que por entonces rondaban los 60 años de edad y le pedían que renunciara. Berkshire se mantuvo al margen de la disputa, respetando el principio de autonomía de la compañía, pero al final desempeñó un papel mediador de forma excepcional, para ayudar a resolver la disputa familiar.

La historia de Nebraska Furniture Mart representa una buena introducción a las ventajas y los retos de trabajar con empresas familiares. A menudo, tienen un arraigado sentido de permanencia que las hace atractivas para Berkshire. Son firmas que encajan en su cultura, pero que también pueden acarrear problemas espinosos que no pueden resolverse tan fácilmente como sustituyendo a un director general por otro. A pesar de estas dificultades, los valores que conllevan muchas empresas familia-

207. Barnaby J. Feder, «Rose Blumkin, retail Queen, dies at 104», *The New York Times*, 13 de agosto de 1998.

res, como el apoyo mutuo y la lealtad, han hecho que el esfuerzo de Berkshire merezca la pena.

Rose nació el 3 de diciembre de 1893 cerca de Minsk, Bielorrusia, en una familia de ocho hijos. Su padre, Solomon Gorelick, era rabino; su madre, Chasia, regentaba una tienda de ultramarinos en la que Rose trabajó desde los 6 años. Rose, que no llegaba al metro y medio de estatura, pasó a ser dependienta a los 13 años y se convirtió en administradora del comercio a los 16, supervisando a seis trabajadores, todos ellos hombres. Con 20 años, se casó con Isadore Blumkin, un vendedor de zapatos.[208]

En 1916, antes de la Revolución rusa, la familia Blumkin vivía una situación de pobreza severa y huyó a Estados Unidos. Ambos tuvieron que viajar por separado. Dos de los hermanos de Rose partieron antes que ella, junto a su marido, mientras que sus padres y otros hermanos les siguieron más tarde.[209] Rose consiguió escapar engatusando a un guardia fronterizo ruso, demostrando su habilidad como vendedora, algo que sin duda le sería de gran ayuda en el futuro.

Cuando llegó a Estados Unidos, Rose carecía de educación (ni siquiera había asistido a la escuela primaria) y no hablaba inglés. En 1922, toda la familia se reunió en Nebraska, donde Rose e Isadore fijaron su residencia y tuvieron cuatro hijos. Rose aprendió inglés en sus primeros años en suelo norteamericano, perfeccionando sus conocimientos gracias a las clases que le impartía su hija mayor, basándose en lo que había aprendido en la escuela cada día.

En Omaha, Isadore y Rose regentaban una tienda de ropa de segunda mano. Su modelo de negocio era sencillo: bajar los precios, ampliar al máximo la oferta de producto y vender mucho. Después de trabajar duro en este negocio durante años, Rose adoptó una nueva visión en 1937. Tras una visita a Chicago, que entonces era el centro del comercio mayorista de muebles del país, se maravilló con la inmensa American Furniture Mart. Ins-

208. Ibídem.

209. Berkshire Hathaway, Inc., *1989 Annual Report*, «Carta del presidente».

pirada por dicho negocio, decidió abrir un establecimiento rival en Omaha, que llamó Nebraska Furniture Mart. Allí vendería electrodomésticos, alfombras y muebles para el hogar.

El sector era muy competitivo, ya que muchos vendedores de muebles de la zona contaban con abundantes recursos, ubicaciones ideales y reconocimiento de marca. Sin inmutarse, Rose se puso manos a la obra y encontró la manera de comprar muebles baratos y venderlos a precios más ventajosos que los de la competencia. Su negocio se apoyaba en la casa familiar, que usaban para almacenar muebles o electrodomésticos en habitaciones libres, asegurándose de vender lo suficiente para hacer frente puntualmente a las facturas de inventario. El ahorro y el servicio al cliente ayudaron a que la gente corriera la voz sobre su negocio. Cada vez más gente interesada en comprar muebles con una buena oferta de precio acudía a la Señora B., como llegó a ser conocida. Su credo también se hizo famoso: «Vende barato, di la verdad y no engañes a nadie».

Su lema, por supuesto, podía aplicarse igualmente a otras filiales de Berkshire. Por ejemplo, el modelo de negocio de Nebraska Furniture Mart se hace eco del que sigue GEICO: ambas compañías buscan ser el vendedor de bajo coste de referencia y así generar el volumen suficiente para impulsar las ventas de primera línea y obtener unos resultados finales superiores. El rigor con el presupuesto es una descripción conservadora de la mentalidad de Nebraska Furniture Mart.

En respuesta a la estrategia de bajo coste de la Señora B., los competidores de Nebraska Furniture Mart pusieron el grito en el cielo, como suele ocurrir cuando los empresarios se enfrentan con un modelo de negocio alternativo de este tipo. Alegaron que la Señora B. utilizaba tácticas ilegales para vender más que ellos a precios muy bajos. Las empresas locales instaron a los fabricantes a boicotearla. Al menos un proveedor se quejó de que sus precios de venta al público sugeridos estaban siendo ignorados.[210] Pero la Señora B. respondió agresivamente, encontrando

210. Ver: Schroeder, *The snowball...*, *op. cit.*, pp. 493-494 (menciona a Mohawk como proveedor).

nuevos proveedores en ciudades vecinas que le ofrecían sus productos a precios aún más bajos. Esto le ayudó a reducir nuevamente los precios, ganando así más cuota de mercado.

Sin inmutarse, los adversarios demandaron a la Señora B., alegando que había incurrido en la violación de varios contratos y leyes de comercio justo. La Señora B. sacó provecho de ello y consiguió una publicidad positiva derivada de aquellas demandas. Además, consiguió que desestimaran las denuncias demostrando que vendía sus alfombras de forma justa, legal y rentable, generando grandes descuentos a partir de una operativa competitiva y de mercado. Según cuenta la leyenda, una vez que terminó de exponer sus argumentos ante el tribunal, le vendió al juez una serie de alfombras por valor de 1.400 dólares...

Los hijos de la Señora B. se unieron a ella en el negocio. Con el tiempo, uno de ellos, Louis (*Louie*), se convirtió en el presidente de la compañía. Al igual que su madre, tenía un don para comprar electrodomésticos y muebles al por mayor a precios bajos. Buffett escribió lo siguiente acerca de él: «Louie dice que tuvo la mejor profesora, y la Señora B. dice que tuvo al mejor alumno. Y ambos tienen razón».[211]

A la Señora B. y a su hijo Louie se les unieron en el negocio familiar los hijos de Louie, que dedicaron toda su vida laboral a la compañía, al igual que habían hecho su abuela y su padre. La familia al completo se reunía cada 4 de julio para una celebración en la que todos cantaban *God Bless America* [Dios bendiga a América]. Era un acto que dirigía con fervor la Señora B. como homenaje a su pasado como inmigrante.

En 1983, Nebraska Furniture Mart contaba con un enorme almacén de 200.000 metros cuadrados y generaba unas ventas anuales superiores a los 100 millones de dólares. Aquélla era una operativa sin parangón a nivel nacional. Su tienda registraba más volumen de ventas que todos sus competidores con sede en Omaha juntos.

Buffett, oriundo de Omaha, estaba impresionado por la historia de los Blumkin y siempre había estado interesado en adquirir

211. Berkshire Hathaway, Inc., *1983 Annual Report*, «Carta del presidente».

el negocio, pero la Señora B. se mostraba reticente. Sin embargo, en 1983 llegó el momento. La Señora B. se acercaba a los 90 años y quería darle un hogar permanente a su negocio familiar sin que ello la obligase a dejar de dirigirlo. Buffett convenció a Blumkin de que Berkshire no sólo le ofrecía efectivo, sino también un compromiso de autonomía y permanencia. Berkshire compró el 90 por ciento de Nebraska Furniture Mart y los miembros de la familia se quedaron con el resto. El precio abonado en efectivo fue de 60 millones de dólares. Poco después de cerrar la operación, y como parte de la auditoría anual de Berkshire, los contables externos reclutados por Buffett tasaron el valor de la empresa, basándose en un inventario actualizado, en torno a 85 millones de dólares.[212]

A finales de la década de 1980, los nietos de Blumkin habían escalado posiciones, pero la Señora B. se había distanciado de ellos. La animaron a jubilarse en 1989, a los 96 años, pero ella se sintió ofendida. Como respuesta, abrió una tienda rival al otro lado de la calle, llamada Mrs. B.'s Clearance and Factory Outlet. La firma no tenía nada que envidiar a Nebraska Furniture Mart. Su familia le suplicó que volviera. En 1992, Berkshire ayudó a suavizar la disputa familiar comprando Mrs. B.'s Clearance and Factory Outlet y fusionaron la empresa que había creado la matriarca con su antigua compañía, Nebraska Furniture Mart. Superado este bache, la familia procedió a abrir nuevas tiendas en Kansas, Iowa y Texas, utilizando los principios empresariales que la Señora B. había establecido décadas antes. Los Blumkin siguen dirigiendo la empresa en la actualidad.

Las habilidades de la Señora B., incluyendo el empuje y la tenacidad, eran buenas para los negocios, pero no todas esas aptitudes son buenas para la *familia* de los empresarios. Este desajuste entre rasgos profesionales y personales puede darse en cualquier persona, pero es un problema común entre los empresarios familiares. Es especialmente difícil cuando la persistencia de un fundador le impide retirarse en condiciones que faciliten una transición satisfactoria para las generaciones posteriores.

212. Schroeder, *The snowball...*, *op. cit.*, p. 501.

Ése fue el problema con el que lidió la familia Blumkin y, evidentemente, no fue fácil resolverlo.

Con la reserva de apoyo mutuo que la familia había desarrollado desde que emigró y con la influencia de Berkshire, los Blumkin pudieron resolver sus problemas. El principio de autonomía operativa de Berkshire desempeñó un papel importante. Las dos partes de la disputa familiar veían a Berkshire como un actor imparcial. Ambas acogieron con satisfacción la operación de la corporación, que resultó en la compra del nuevo negocio de la Señora B. y facilitó su fusión con Nebraska Furniture Mart. Berkshire se beneficia de los valores familiares que bendicen a los Blumkin y, recíprocamente, los Blumkin se benefician de la cultura solidaria e ingeniosa propia de Berkshire.

Como sugiere la historia de los Blumkin, uno de los inconvenientes propios de la empresa familiar es la dificultad para decidir cómo seguir adelante cuando se llega a ciertos momentos cruciales, por ejemplo, cuando un fundador se niega a jubilarse, cuando la empresa alcanza cierta escala, cuando los miembros mayores de la familia se enfrentan a cuestiones ligadas a las obligaciones fiscales de la herencia, cuando los miembros más jóvenes de la familia desarrollan nuevos intereses profesionales... La cultura de Berkshire, junto con sus recursos de capital, ofrece soluciones a estos retos recurrentes que acucian a las empresas familiares, desde las luchas por la sucesión hasta el reto de afrontar el conflicto emocional que se produce en torno a una venta.

La venta de la empresa familiar plantea decisiones difíciles sobre la gestión del patrimonio resultante y el manejo del futuro. Los miembros de la familia pueden estar en desacuerdo y terminar divididos entre la perspectiva de seguir implicados para preservar el legado o la posibilidad de explorar el deseo de liberarse de las pesadas responsabilidades que se derivan de manejar una compañía. La cultura de permanencia de Berkshire ofrece un escenario atractivo. Para las familias que desean seguir participando en la gestión de la empresa familiar, la corporación también les brinda una solución. Tan valiosa es la cultura de Berkshire (especialmente, los valores de permanencia y autonomía), que los vendedores de empresas tratan innegablemente esa cultura como una parte valiosa de lo que reciben en el momento de la venta. Es esa cultura la que permite a Berkshire adquirir empresas a precios más bajos que sus competidores rivales.

Veamos un ejemplo. RC Willey Home Furnishings era una cadena de tiendas de muebles con sede en el Oeste de Estados Unidos. La familia Blumkin habló de dicha firma a Berkshire, que la adquirió en 1995 por 175 millones de dólares, un precio que la familia vendedora aceptó a pesar de haber recibido varias ofertas competidoras que superaban los 200 millones de dólares, atribuyendo la diferencia a la cultura de Berkshire.[213] Para aquellos deseosos de estimar cuál es el tipo de cambio que relaciona los rasgos culturales con el valor económico, este caso ofrece un valor cuantitativo de la cultura de Berkshire, que en este caso valía 25 millones de dólares para una familia que poseía un negocio de 200 millones de dólares. Podríamos decir, pues, que la cultura de Berkshire supuso la octava parte del total en el intercambio. La familia recibió los fondos, sí, pero también el valor de la cultura de Berkshire. Por su parte, la corporación ganó una empresa que encajaba en su cultura y contribuyó a reforzarla aún más.

Desde su emprendedora fundación en 1932, en plena Gran Depresión, RC Willey ha tenido la trayectoria característica de las empresas integradas en Berkshire. Al igual que Samuel Tatelman, que empezó vendiendo muebles desde su camioneta en Boston antes de abrir su tienda Jordan's Furniture, Rufus Call Willey vendía electrodomésticos puerta a puerta en la zona rural de Siracusa, en Utah, usando como punto de venta la parte trasera de su camioneta roja.[214] Empleado de una compañía eléctrica, Willey se dedicaba a comercializar cocinas y frigoríficos de la marca Hotpoint a personas que aún no estaban acostumbradas a

213. Ver: Benedict, *How to build...*, *op. cit.*, p. 1.

214. Stephen W. Gibson, «RC Willey got its humble start selling refrigerators to farmers», *Deseret News*, Salt Lake City, 11 de abril de 1999.

la electricidad, que acababa de llegar a la zona.[215] Su empresa le permitía desarrollar su negocio paralelo, ya que el uso de electrodomésticos avivaba la demanda de electricidad.

Para atraer ventas, Willey dejaba que los clientes probaran su producto durante una semana antes de comprometerse. Para aumentar las probabilidades de cerrar el trato, organizaba planes de pago a plazos de hasta tres años de duración, facilitando pagos estacionales que vencían en la época de la cosecha. Durante la Segunda Guerra Mundial, cuando las ventas cayeron, Willey amplió su negocio secundario para incluir el reacondicionamiento de electrodomésticos usados que recogía de los desguaces y recuperaba para su uso. Después de la guerra, cuando las ventas repuntaron, Willey abrió una pequeña tienda junto a su casa.

Un cáncer de páncreas truncó la vida de Willey en 1954. La gente se preguntaba si el negocio podría sobrevivir sin él. Como explica la compañía, «para sus clientes, RC Willey *era* la empresa».[216] El negocio siguió funcionando bajo la dirección de su yerno, William H. (*Bill*) Child, y de Sheldon, el hermano de Bill. Muchos miembros de la familia se unieron a ellos como empleados a lo largo de los años. Fue el caso de su padre, los ocho hijos y dos yernos de Bill o los dos hijos y el yerno de Sheldon.[217]

Child se adhirió a los valores que Willey había aplicado para construir su empresa, especialmente su ética religiosa y laboral y su creativo modelo de servicio al cliente. Sin embargo, hubo algo que sí cambió. Willey había sido un gran derrochador y un acreedor ingenuo. Concedía préstamos a clientes con malos historiales de reembolso. El resultado de esto fue que cuando Child asumió el control, la empresa tenía más deudas de lo que creía y unos activos más débiles de lo que esperaba. Child tardó varios años en estabilizar la situación financiera de la empresa.[218] Aque-

215. *International directory of company histories*, vol. 72, St. James, Estados Unidos, 2005.

216. Benedict, *How to build...*, *op. cit.*, p. 25.

217. Ibídem, p. 158.

218. Ibídem, p. 49 y p. 54.

lla angustiosa experiencia enseñó a Child una serie de lecciones imborrables sobre la importancia de la austeridad. Reconstruyó RC Willey sin pedir préstamos y verificando siempre la solvencia crediticia de sus clientes.

Tras sanear las finanzas de la compañía, los Child ampliaron su negocio de electrodomésticos para incluir muebles y expandieron de forma constante la superficie de su tienda que, con el paso de los años, pasó de tener una dimensión de algo más de 55 metros cuadrados a una superficie que superaba los 9.000 metros cuadrados. Después, en 1969, abrieron una segunda tienda y, a lo largo de las décadas de 1980 y 1990, fueron añadiendo nuevas tiendas a su negocio, al tiempo que procedieron a abrir un gran centro de distribución en Salt Lake City. Para adquirir su segunda tienda, en lugar de endeudar a la empresa, Child utilizó fondos personales para comprar el terreno y construir el edificio donde se ubicó el establecimiento, para luego alquilar las instalaciones a la empresa hasta que ésta pudo permitirse poseer en propiedad tanto el terreno como la tienda.[219]

El servicio al cliente abarcaba desde pequeñas cortesías hasta actos extraordinarios. En sus tiendas, los Child ofrecían perritos calientes gratis a todos sus clientes, amén de pequeños obsequios, como cintas métricas y varas de medir.[220] A principios de la década de 1970, la empresa que RC Willey utilizaba para financiar las garantías de sus clientes quebró. Aunque la compañía no tenía obligación de hacerlo, aceptó la responsabilidad y cubrió todas las garantías.[221] El coste fue de 1,5 millones de dólares, pero la ganancia fue un afecto inestimable por parte de los clientes.[222]

En 1975, RC Willey se puso en cabeza del sector del mueble y empezó a ofrecer financiación a los clientes mediante la emi-

219. Ibídem, p. 79.

220. Lynn Arave, «RC Willey has hot dog of a slogan», *Deseret News*, Salt Lake City, 15 de enero de 2002; Benedict, *How to build...*, *op. cit.*, pp. 85-86.

221. Benedict, *How to build...*, *op. cit.*, pp. 87-89.

222. Ibídem.

sión de tarjetas de crédito en las tiendas. De este modo se eliminaban los préstamos de terceros, lo que permitía a la empresa aplicar un tipo de interés más bajo y obtener beneficios adicionales. Aquella innovación tenía una ventaja fiscal añadida, porque los impuestos sobre las ventas en efectivo se devengaban en el momento de realizarlas, mientras que los impuestos sobre las ventas a crédito se aplazaban hasta que se recibía el importe total adeudado. A principios de los años noventa, los beneficios de RC Willey derivados de las operaciones con tarjeta de crédito superaban los 18 millones de dólares anuales, cifra a la que se sumaban algunos millones más derivados de esta ventaja fiscal.[223]

Bill Child conocía a la familia Blumkin por su trabajo en el sector del mueble. Irv Blumkin admiraba a Bill Child y RC Willey y, de hecho, se lo comentaba a menudo a Buffett.[224] A principios de 1995, Child le dijo a Blumkin que, por cuestiones de planificación patrimonial, la familia estaba considerando una venta. Child quería asegurarse de que la empresa continuaría en pie durante décadas,[225] así que envió a Buffett los estados financieros de la compañía. A éste le impresionó la tasa de crecimiento anual constante del 17 por ciento en ventas y beneficios. También le gustó el hecho de que la empresa no tuviera deudas.[226] Buffett no tardó en responder con un resumen de valoración. Junto a Child, llegaron a un acuerdo y cerraron la operación en poco tiempo. Cuando Berkshire adquirió RC Willey en 1995, ésta poseía seis tiendas y generaba 257 millones de dólares en ventas anuales.

Más tarde, cuando Bill Child propuso abrir una tienda fuera de Utah, Buffett se opuso a la idea, aduciendo que las creencias religiosas mormonas de Child le impedían operar sus tiendas en domingo. Esta práctica es habitual en Utah, donde reside una

223. Ibídem, pp. 91-93.

224. Berkshire Hathaway, Inc., *1995 Annual Report*, «Carta del presidente»; Berkshire Hathaway, Inc., *1999 Annual Report*, «Carta del presidente».

225. Benedict, *How to build...*, *op. cit.*, pp. 110-112.

226. Ibídem, p. 115.

abundante población mormona, pero Buffett se mostró escéptico sobre la perspectiva de que un minorista pueda prosperar en otro lugar renunciando a las ventas dominicales. Buffett explica así lo que sucedió:[227]

> Bill insistió en hacer una propuesta realmente extraordinaria: compraría el terreno, construiría la tienda por valor de unos 9 millones de dólares y nos la vendería si tenía éxito. De igual modo, nos dijo que si las ventas no alcanzaban sus expectativas [30 millones de dólares en ventas en el primer año],[228] podríamos abandonar el negocio sin pagarle ni un céntimo. Tal resultado, por supuesto, le dejaría con una enorme inversión en un edificio vacío. Le dije que apreciaba la oferta, pero que si Berkshire se iba a quedar con la parte positiva, también debía asumir la negativa. Bill no dijo nada: si iba a producirse un fracaso debido a sus creencias religiosas, quería asumir el golpe personalmente.

La tienda de RC Willey en Idaho abrió en 1999 y fue un éxito inmediato. Registró unas ventas de 85 millones de dólares en el año 2000. Child transfirió la propiedad a Berkshire, que le extendió un cheque. Como señaló Buffett, resaltando la singularidad de la cultura corporativa de Berkshire que ello representa, «quizá algún directivo se ha comportado de forma similar en otra empresa cotizada, pero yo no he oído hablar de ningún caso así».[229]

RC Willey siguió creciendo y abrió nuevas tiendas en California, Idaho y Nevada. En 2001, tras 46 años al frente de la empresa, Bill Child dejó el cargo de consejero delegado y presidente, pero hoy en día la firma sigue siendo una empresa familiar, puesto que el sobrino de Child, Jeffrey S. Child, ejerce ahora como presidente, mientras que su sobrino político, Scott L. Hymas, es

227. Berkshire Hathaway, Inc., *1999 Annual Report*, «Carta del presidente».

228. Benedict, *How to build...*, *op. cit.*, p. 134.

229. Berkshire Hathaway, Inc., *1999 Annual Report*, «Carta del presidente».

el consejero delegado, y otro sobrino, Curtis Child, desempeña el cargo de director financiero.[230]

Los expertos en empresas familiares suelen aconsejar a sus miembros que planifiquen qué harán si tienen éxito, contraten ayuda profesional para la gestión y recurran a un consejo de asesores remunerado. A pesar de estos consejos rutinarios, las familias suelen dudar a la hora de contratar personal externo. Como resultado, cuando la empresa familiar se enfrenta a una encrucijada, puede que no esté preparada.

Ésos fueron los males que aquejaron a Star Furniture Company, una empresa con sede en Houston. Una vez más, Berkshire rescató a una excelente empresa familiar del destino de la fortuna.[231] Como en otras operaciones, el precio financiero que Berkshire pagó por la adquisición fue solamente una parte del intercambio. El resto de la remuneración consistió en el valor de la cultura de Berkshire, especialmente la autonomía y la permanencia.

Pero vayamos al comienzo. Star Furniture era una empresa plurifamiliar fundada en 1912, propiedad de siete familias diferentes. El hijo de una de ellas, Melvyn Wolff, se incorporó a la empresa a regañadientes, ya que sus socios no aceptaron su visión empresarial. La empresa tenía problemas: demasiados propietarios, poco capital y muchas deudas. Solía obtener unos beneficios escasos y, en algunos ejercicios, llegó a perder dinero.

Wolff empezó a forzar cambios en 1962. Hasta entonces, su objetivo no era otro que superar al principal competidor de la empresa, una enorme tienda de muebles 25 veces mayor que la suya. Finalmente, se dio cuenta de que su empeño estaba condenado al fracaso. En un seminario de marketing, aprendió que no

230. William H. Child, en correspondencia digital con el autor, e-mail remitido el 20 de mayo de 2014.

231. Los hechos referidos a la trayectoria de Star Furniture aparecen recogidos en una conferencia pronunciada por Melvyn Wolff, Distinguished Leaders Series, Bauer College of Business, University of Houston, 8 de marzo de 2005.

era inteligente «atacar a una fuerza superior, en un frente amplio».[232] Esto significaba que no era sensato intentar emular a aquella gran tienda, que ofrecía una selección para todos los gustos, sino que era más inteligente tratar de hacerse un hueco. Investigando la cuestión, Wolff identificó el nicho en el que su rival era más débil y se centró en él: la gama alta del mercado medio.

Para hacerse con este nicho hacía falta expansión y, por tanto, capital, algo de lo que carecía la atribulada empresa. Tras fracasar con todos los bancos locales de Houston, un amigo puso a Wolff en contacto con un banquero de Nueva York, que accedió a conceder un gran préstamo con una condición: le pedía un estado financiero auditado. Wolff protestó, alegando que aquel proceso resultaría caro e innecesario. El banquero le explicó la importancia de dar ese paso: «Por lo que sé, su contable podría ser su cuñado...». Wolff se echó a reír a carcajadas. Su contable era, de hecho, su cuñado.

Los socios de Wolff se opusieron al préstamo y al plan de expansión, así que éste optó por hacer una oferta de compra, financiada con la venta de la tienda que la empresa tenía en propiedad y con cierre de las dos que tenía alquiladas, lo que le dejaría con unos tres establecimientos bajo gestión. En ese momento, Wolff consiguió que su hermana, Shirley Toomin, se uniera al negocio. Durante las dos décadas siguientes, los hermanos se centraron exclusivamente en el mercado medio de gama alta. Juntos, hermano y hermana impulsaron un crecimiento impresionante, trasladando gradualmente las operaciones de sus tiendas hacia las autopistas que cruzan la ciudad de Houston y perfeccionando la imagen de la empresa ante su mercado objetivo. En 1996, Star se había convertido en una de las mayores cadenas de tiendas de muebles de Estados Unidos.

Wolff y Toomin tenían prácticamente todo su patrimonio invertido en las tiendas y querían diversificarse. Les preocupaba que, tras su muerte, su patrimonio tuviera que hacer frente a impuestos muy elevados que solamente podrían pagar vendiendo las tiendas. Tal situación podría terminar desplazando a decenas de empleados leales que habían dedicado sus carreras profesionales ayudando a construir el negocio.

232. Ibídem.

Los hermanos tuvieron que empezar el proyecto desde cero. No fue fácil. A la hora de contratar asesores, barajaron todas las alternativas. Plantearon un programa de participación accionarial de los empleados para conferirles la propiedad de la firma, el lanzamiento de una oferta pública inicial (OPI), la posibilidad de una fusión con una cadena de tiendas de muebles comparable, la venta a varias cadenas más grandes, el traspaso a compradores del sector financiero... Al principio optaron por la OPI, una operación que les permitía conservar otras opciones en caso de que la salida a Bolsa no tuviera éxito. Preparar aquello llevó trabajo, puesto que la empresa debía cumplir con unos niveles mínimos de volumen de ventas, lo que implicaba abrir un mayor número de tiendas en otras ciudades. Asimismo, se hizo preciso contratar a directivos profesionales. Al final, sin embargo, se dieron cuenta de que ni la salida a Bolsa ni las otras soluciones proporcionaban la liquidez, autonomía y permanencia que buscaban.

Fue entonces cuando a Wolff se le ocurrió ponerse en contacto con Berkshire. Había oído hablar de la corporación a menudo a lo largo de los años a través de los Blumkin y los Child. Unos días antes de la reunión anual de Berkshire de 1997, Wolff pidió a los banqueros de Salomon Brothers que le ayudaran a contactar con Buffett. Wolff no tardó en tener noticias de Robert Denham, un tejano que ejercía como consejero de Berkshire y al que Buffett había reclutado para ayudar a rehabilitar la imagen de Salomon después del escándalo ligado al comercio de bonos en la década de 1990. Invitado por Buffett, Wolff asistió a la reunión de Berkshire y se quedó impresionado por la cultura que detectó.

Unos días después, Buffett y Wolff se reunieron en Nueva York. Buffett ofreció un precio y dejó claro, en línea con la práctica habitual de Berkshire, que no era negociable. Wolff intentó negociar de todos modos, pero fue en vano. Al final, el acuerdo tenía sentido, no sólo por sus estrictos términos financieros, sino porque proporcionaba a Wolff los intangibles que buscaba para su empresa y su familia, sobre todo en términos de autonomía y permanencia.

Ni con toda la planificación del mundo se pueden resolver todos los problemas de las empresas familiares. Pocos problemas son más agudos que los que afrontan los miembros veteranos de la familia que se ven divididos entre el deseo de proteger a la familia y el de liberarse de la compañía. Sin embargo, éste es precisamente el tipo de dilema que la cultura de Berkshire puede solucionar.

Uno de estos casos es el de Helzberg Diamond Shops, Inc., una cadena de joyerías de tercera generación que Berkshire adquirió en 1995, el mismo año en que adquirió RC Willey. Helzberg fue fundada en 1915 por el inmigrante ruso Morris Helzberg.[233] Todos los hijos de Morris trabajaron en la tienda y el más joven de ellos, Barnett, de 14 años, asumió el liderazgo cuando Morris sufrió un derrame cerebral incapacitante. Sus hermanos mayores estaban en la universidad o luchando en la Primera Guerra Mundial. Barnett asumió el reto y amplió el negocio, que pasó de una sola tienda en Kansas City a una cadena de docenas de establecimientos en el momento en que cedió la compañía a su hijo Barnett Jr. en 1963.

Barnett Jr., que trabajaba en Helzberg Diamond Shops desde 1956, tuvo que lidiar con un cambio demográfico. La mayoría de las tiendas de Helzberg estaban en el centro de la ciudad, donde el tráfico disminuía a medida que surgían nuevos centros comerciales en las afueras. Para hacer frente a este cambio, Barnett Jr. decidió cerrar las tiendas del centro, reducir el número de establecimientos a 15 y poner en marcha un agresivo programa de expansión durante la década de 1970. Barnett Jr. lanzó una campaña de marketing que se convirtió en una auténtica sensación pop: «I Am Loved». La empresa puso este eslogan en pines de solapa y botones que regalaba en las tiendas. Su eslogan evocaba el espíri-

233. La información referida a los antecedentes y el periplo empresarial de Helzberg puede consultarse en: *International directory of company histories*, vol. 40, St. James, Estados Unidos, 2001; Ann F. Schulte, *So far: The story of Helzberg Diamonds*, Helzberg's Diamond Shops, Estados Unidos, 1990; Barnett C. Helzberg, *What I learned before I sold to Warren Buffett: An entrepreneur's guide to developing a highly successful company*, Wiley, Estados Unidos, 2003.

tu amoroso de la época: «Si no puedes regalar un diamante a tu amor, al menos expresa tus sentimientos con un botón *I Am Loved*». El eslogan, que sigue vigente hoy en día, pronto apareció en vasos, pelotas de golf y artículos de recuerdo que se entregaron a millones de clientes potenciales.

En 1989, Helzberg tenía ya 81 tiendas abiertas, pero Barnett Jr. empezaba a estar cansado de su trabajo. Se dio cuenta de que estaba sobrecargado de trabajo un día en que su hijo de 7 años escribió «dormir» en un trabajo escolar en el que se le preguntaba qué era lo que mejor hacía su padre.[234] Barnett Jr. optó por reducir su papel y ceder la presidencia a Jeffrey Comment, que había sido ejecutivo de John Wanamaker & Co., unos grandes almacenes con sede en Filadelfia. Comment fue la primera persona ajena a la familia Helzberg que ocupó un puesto ejecutivo en la empresa. Impulsó un rápido crecimiento abriendo tiendas cada vez más grandes, incluidas las llamadas «supertiendas», ubicadas en centros comerciales.

En 1994, Barnett Jr. reflexionó sobre el futuro de la empresa familiar y se planteó distintas opciones estratégicas. En aquel momento, la empresa era la tercera mayor cadena de joyerías del país, con 143 establecimientos y unas ventas anuales cercanas a los 300 millones de dólares. Barnett Jr. consultó a empresas financieras de Nueva York, pero, reacio ante la perspectiva de reestructuraciones basadas en despidos y desinversiones, descartó las opciones más típicas, como la salida a Bolsa o la venta a un competidor.[235]

Barnett Jr. tenía sentimientos encontrados, algo muy común entre los jefes de empresas familiares. Entendía que, si bien Comment había contribuido a aliviar la carga de la gestión, seguía sintiendo una gran responsabilidad. Buscaba la manera de liberarse de ese peso y, al mismo tiempo, conservar la empresa. Tras haber sido accionista de Berkshire desde 1989 y haber asis-

234. Kevin Coleman, «Rough start taught Helzberg lessons: Perseverance key to success», *Columbia Daily Tribune* (Misuri), 3 de noviembre de 2006.

235. Helzberg, *What I learned...*, *op. cit.*, p. xv; Jennifer Mann Fuller, «Warren Buffett to buy Helzberg shops: No plans to change location of headquarters, management», *Kansas City Star* (Misuri), 11 de marzo de 1995.

tido a sus juntas anuales, su sueño era vender a Berkshire.[236] Y ese sueño se hizo realidad, pero por casualidad.

Con ocasión de una reunión en Nueva York con Morgan Stanley en mayo de 1994 que se celebró una semana después de la reunión anual de Berkshire, Barnett Jr. estaba paseando por la Quinta Avenida y vio por casualidad a Buffett, que se encontraba junto a un paso de cebra en la calle 58.[237] Barnett Jr. se presentó y le hizo a Buffett un breve «discurso de ascensor» (*elevator pitch*) para explicarle los rasgos fundamentales de Helzberg Diamonds.[238] Buffett invitó a Barnett a que le enviara los detalles. El panorama financiero de Helzberg era impresionante y al de Omaha le encantó la historia de que, empezando con una única tienda, la firma fue capaz de crecer hasta convertirse en una gran cadena. El crecimiento de las ventas era fuerte: 10 millones de dólares en 1974, 53 millones en 1984, 282 millones en 1994... Las tiendas eran grandes. Registraban una media de 2 millones de dólares en ventas anuales, lo que revelaba una productividad por tienda muy superior a la de sus competidores.

Más tarde, cuando ambos se reunieron, Buffett le pidió a Barnett Jr. que fijara un precio, algo habitual en las adquisiciones de Berkshire. Después, ambos negociaron y regatearon, algo que no era habitual en las adquisiciones de la corporación.[239] Barnett Jr. había consultado previamente con un contable de Deloitte para identificar una adquisición que pudiesen conside-

236. Helzberg, *What I learned...*, *op. cit.*, p. xvii; Don Dodson, «Jewelry firm sold to Berkshire Hathaway: Dream comes true», *The News-Gazette* (Champaign-Urbana, Illinois), 3 de mayo de 2004.

237. Los detalles de este apartado y los siguientes pasajes del presente capítulo se basan en: Berkshire Hathaway, Inc., *1995 Annual Report*, «Carta del presidente»; Helzberg, *What I learned...*, *op. cit.*, p. xv; Joyce Smith, «Multifaceted advice: Jeweler Barnett Helzberg shares some secrets behind his success», *Kansas City Star* (Misuri), 9 de abril de 2003 (en referencia a la autobiografía de Helzberg).

238. Nick Wreden, «Key to elevator pitch: Get their attention», *South Florida Sun-Sentinel*, 11 de febrero de 2002 (adaptación de una newsletter de la Harvard Business School Publishing).

239. Berkshire Hathaway, Inc., *1995 Annual Report*, «Carta del presidente» («Nos llevó un tiempo ponernos de acuerdo sobre el precio»).

rar comparable de Berkshire.[240] Sobre esa base, Barnett Jr. lanzó lo que sabía que era un precio elevado: 334 millones de dólares, pagados en acciones de Berkshire.[241] Como regla general, los minoristas del sector de la joyería valen aproximadamente la mitad de sus ventas brutas anuales más el inventario, lo que situaba el valor justo de mercado de Helzberg en torno a 141 millones de dólares, más el inventario. Buffett respondió que pagaría menos de la mitad del precio que pedía Barnett Jr. Al final, ambos llegaron finalmente a un acuerdo por 167 millones de dólares.

Barnett Jr. recibió ofertas mucho más altas por la empresa.[242] Sin embargo, el acuerdo con Berkshire valía más que su valor nominal, porque también aseguraba que el negocio se mantendría intacto, que la sede seguiría en Kansas City y que se retendría al personal contratado. Todo ello era muy importante para la familia Helzberg.[243]

Si puedes imaginar el alivio que sintió Barnett Helzberg Jr. tras conseguir que Berkshire diera un hogar permanente a su cadena de joyería de tercera generación, piensa en la mentalidad de los miembros de la cuarta generación de la familia que se enfrentan al legado de su negocio, como fue el caso de Ben Bridge Jeweler, Inc. Samuel Silverman inició dicho negocio en 1912, en el centro de Seattle. Diez años después, en 1922, invitó a su yerno, Ben Bridge, a unirse al negocio como socio. En 1927, cuando Silverman se jubiló, vendió su participación en el negocio a Bridge, que lo rebautizó.

240. Helzberg, *What I learned...*, *op. cit.*, p. xviii; Dodson, «Jewelry firm...», *op. cit.*, en referencia a los comentarios de Helzberg en una conferencia impartida en el College of Business de la Universidad de Illinois.

241. Las cifras exactas no han sido reveladas públicamente, pero Barnett Jr. ha escrito que su petición original era el doble de lo que Berkshire pagó finalmente, que según los archivos habrían sido 7.510 acciones de Berkshire, a 22.200 dólares cada acción, mediante una operación ejecutada el 10 de marzo de 1995, fecha en que se anunció el acuerdo Berkshire-Helzberg.

242. Helzberg, *What I learned...*, *op. cit.*, p. xvii; Smith, «Multifaceted advice...», *op. cit.* (en referencia a la autobiografía de Helzberg).

243. Fuller, «Warren Buffett to buy...», art. cit.

Bridge adoptó dos rasgos definitorios que se han transmitido a través de la empresa familiar. El primero es una política de promocionar y dar ascensos únicamente a quienes están dentro de la empresa. Esta política ha sido seguida estrictamente y aplicada tanto a los miembros de la familia como a los que no lo son.[244] Esta práctica tan estimada proporcionó un beneficio perceptible a la empresa, en forma de una baja tasa de rotación en su plantilla de empleados.

El segundo rasgo que adoptó fue la puesta en marcha de una política de expansión conservadora, comprometido con no sobrepasar nunca los recursos financieros de la compañía. La empresa siempre mantuvo un ritmo lento de crecimiento en cuanto a su número de tiendas. El señor Bridge inculcó la austeridad como resultado de las lecciones que extrajo de la Gran Depresión. Entonces estuvo a punto de declararse en bancarrota y sufrió una vergonzosa agonía. Tras superar todo aquello, juró que su empresa no volvería a enfrentarse a una situación así. Como comentó su nieto Ed Bridge años después, «él no quería volver a deberle nada a nadie».[245]

Los hijos de Ben, Herb y Robert (*Bob*), continuaron con esta tradición de integridad y de rigor presupuestario. Poco a poco llevaron el negocio más allá de sus orígenes en Seattle. Bob dirigía la segunda tienda, en Bremerton (Washington). Sin embargo, durante la década de 1950 enfrentó una serie de dificultades y nunca llegó a alcanzar el dinamismo de la tienda principal de Seattle, que dirigían su hermano y su padre. Herb, por su parte, discutía con su padre sobre cómo dirigir la tienda original, lo que le llevó a amenazar con aceptar un trabajo en Denver que, de hecho, le ofrecía Zales, una empresa competidora. Ben Bridge convocó una reunión familiar.[246]

244. Encontrarás datos históricos sobre Ben Bridge en: *International directory of company histories*, vol. 60, St. James, Estados Unidos, 2004 (en adelante citado como: *IDCH*, Bridge).

245. Victoria Gomelsky, «Ed Bridge: Best in the West», *National Jeweler*, 1 de agosto de 2003, p. 58. Entrevista con Ed Bridge, nieto de Ben Bridge.

246. *IDCH*, Bridge.

«Chicos —dijo el anciano a sus hijos, mientras dejaba las llaves de la tienda sobre la mesa—, me voy.»[247] Ben Bridge explicó a Herb y Bob que para mantener unido el negocio familiar, lo dejaba. «Quería que el negocio familiar fuera un proyecto de unidad», reflexionó mucho tiempo después su nieto Ed.[248] Tales aspiraciones son comunes en los negocios familiares, pero no es fácil que el patriarca ceda las riendas, lo que convierte aquel gesto en un claro homenaje a Ben Bridge.

Los hermanos Bridge captaron el mensaje y se unieron para dirigir la empresa familiar. Fieles a las enseñanzas de su padre, emprendieron la expansión con cautela. Una de las primeras oportunidades que aprovecharon fue la de dirigir los departamentos de joyería de todas las tiendas J. C. Penney de la zona de Seattle. Después de desarrollar habilidades en la gestión de cadenas de tiendas en el contexto de un centro comercial, ambos hermanos ganaron confianza y se sintieron más capacitados para expandir Ben Bridge. En 1978, la empresa se había convertido en una cadena de seis tiendas.

Fue entonces cuando sus hijos, los primos Ed y Jon, asumieron posiciones de liderazgo. Habían pasado su juventud trabajando en las tiendas familiares, barriendo el suelo y lustrando las joyas. En 1978, después de la universidad, Ed entró en el departamento de ventas. Sin embargo, unos pocos meses después, quien había sido director financiero de la empresa durante mucho tiempo anunció su jubilación. Ed fue contratado para sustituirle con sólo 22 años. Tres años más tarde, Ed fue ascendido de nuevo a jefe de marketing, mientras que su primo Jon, recién salido de la mili, pasó por la sala de ventas y se convirtió después en director financiero de la compañía.

Así comenzó la carrera de Ed y Jon, que siguieron guiando cuidadosamente el lento crecimiento de la empresa familiar. En 1980 y 1982, respectivamente, abrieron nuevos establecimientos

247. *IDCH*, Bridge; David Volk, «Building a 'Bridge' that lasts», *Puget Sound Business Journal*, 17 de julio de 1992, p. 18. Entrevista con Ed Bridge, nieto de Ben Bridge.

248. Ibídem.

en Portland, Oregón, y en San Mateo, California. Ya en 1990, Ben Bridge Jeweler tenía un total de 39 tiendas, 20 de ellas en California, y había alcanzado un ritmo de crecimiento mucho más rápido que en las anteriores generaciones, si bien el avance resultaba todavía lento en comparación con los estándares del sector.

En 1990, Ed y Jon asumieron formalmente la dirección de la cuarta generación de la empresa familiar y continuaron siguiendo con fidelidad las tradiciones de la compañía, lo que apuntaló la prosperidad del proyecto. El volumen de ventas de tiendas creció, los beneficios aumentaron y la expansión siguió acelerándose con más facilidad de lo que los patriarcas de la empresa podían haber imaginado. A finales de los años noventa, Ben Bridge Jeweler tenía 62 tiendas en 11 estados.[249]

En aquella época, los primos Bridge se enfrentaron a una preocupación persistente en muchas empresas familiares: el futuro a largo plazo de la compañía. Esta preocupación conllevaba numerosas cuestiones secundarias, como la de articular la sucesión para garantizar la continuidad en la gestión y garantizar que la familia y la compañía contaban con suficientes recursos para pagar los impuestos aplicables en el momento de la sucesión. Al igual que sus predecesores (Silverman, Ben, Herb y Bob), los primos Ed y Jon trataron de garantizar la continuidad de la empresa familiar a las generaciones futuras. Consideraron las opciones habituales, incluida la salida a Bolsa, pero les pareció que corrían el riesgo de poner en peligro las virtudes y la cultura de la empresa.

En diciembre de 1999, Ed llamó a Buffett. Barnett Helzberg Jr. le había dicho a los Bridge que en Berkshire podrían encajar muy bien y sería un hogar maravilloso.[250] Helzberg les aseguró que la familia podría dirigir la empresa como ya lo había hecho en el pasado. En Berkshire, Ben Bridge se unió a un grupo de empresas que compartían la aspiración a la continuidad fami-

249. Ibídem.

250. Berkshire Hathaway, Inc., *2000 Annual Report*, «Carta del presidente».

liar, junto con otros rasgos culturales, como la austeridad o la reputación de integridad.

Ed explicó el negocio a Buffett y le facilitó las cifras financieras más recientes. Buffett apreció el crecimiento anual de las ventas de la compañía en sus tiendas: en los siete años anteriores, el aumento de la facturación fue del 9, 11, 13, 10, 12, 21 y 7 por ciento, respectivamente. El de Omaha apreciaba asimismo la prudencia de la empresa a la hora de expandirse. Además, a Buffett le gustaba que la empresa estuviera dirigida por la cuarta generación de la familia y sabía por Barnett Jr. que la compañía y la familia gozaban de una reputación extraordinaria.

Ed dijo que, para la familia Bridge, era vital que se le permitiera a la empresa seguir funcionando como siempre lo había hecho. La familia no quería seguir las directrices de un accionista mayoritario que ignorase un siglo de exitoso bagaje como el que atesoraban los Bridge. Buffett prometió a Ed que él y Jon seguirían al mando. Ambos sabían que podían confiar en esta garantía.

Buffett fijó un precio de oferta, pagando la mitad en efectivo y la otra mitad en acciones, y la familia Bridge aceptó. La empresa prospera hoy en día, abre nuevas tiendas con cautela y mantiene unos impresionantes niveles de crecimiento de su facturación en dichos establecimientos. Ben Bridge Jeweler tiene más de un siglo de antigüedad y se encuentra ya en su quinta generación de gestión familiar.[251]

251. A las filiales de Berkshire se las invita a realizar adquisiciones que ayuden al crecimiento de sus negocios, de igual modo que a los directores ejecutivos de las filiales se los invita a informar a Berkshire de cualquier otra oportunidad de adquisición. La aplicación de esta política, que sin duda es un rasgo muy arraigado del conglomerado, es especialmente frecuente en las empresas familiares que han pasado a formar parte del grupo. Por ejemplo, Rose Blumkin, de Nebraska Furniture Mart, tenía una hermana, Rebecca Friedman, que escapó de Rusia junto con su marido, Louis, justo después de que lo hiciera la Señora. B. Los Blumkin llevaron a Rebecca Friedman hacia Berkshire. Después, los Blumkin presentaron a Buffett a la familia de Rebecca, propietaria de Borsheim, una joyería de Omaha. Berkshire no tardó en adquirir el negocio, siguiendo las mismas razones y las mismas pautas que las demás operaciones de compra de empresas familiares.

Muchas familias que optaron por vender a Berkshire, como los hermanos Tatelman, de Jordan's Furniture, o la familia Bridge, compartían los beneficios de las ventas con sus empleados. Cuando Wolff y Toomin hicieron lo mismo con los empleados de Star, Buffett escribió lo siguiente: «Nos encanta cuando nos asociamos con gente que se comporta así».[252] Después de que Barnett Helzberg Jr. hiciera lo mismo, Buffett señaló lo siguiente: «Cuando alguien se comporta con tanta generosidad, sabes que te van a tratar bien como comprador».[253]

Intangibles como éstos (colaboración, generosidad, equidad) mantienen unidas a las empresas familiares. Junto con la valoración de factores blandos, como la identidad familiar y el legado, estos rasgos ayudan a las empresas familiares a prosperar indefinidamente. A medida que los fundadores se van, los hermanos de la segunda generación se unen y los primos de la tercera generación se convierten en cogestores. Berkshire busca empresas familiares cuyos miembros valoren estas cualidades y, de hecho, su propuesta de valor les ofrece autonomía y permanencia. La recompensa mutua es una empresa familiar duradera y multigeneracional.

Tras haber alcanzado la quinta generación, Ben Bridge ostenta el récord de resistencia entre las filiales de Berkshire, rivalizando con dinastías de cuarta generación como Benjamin Moore y Fechheimer Brothers, y muchas empresas de tercera generación. La supervivencia de una empresa no suele ser fácil, pero cuanto más abrazan sus miembros estos valores intangibles, mayores son los beneficios económicos que logran. La cultura de Berkshire atrae y sostiene a este tipo de empresas.

252. Berkshire Hathaway, Inc., *1997 Annual Report*, «Carta del presidente».

253. Berkshire Hathaway, Inc., *1995 Annual Report*, «Carta del presidente».

7

Emprendedores

Entre los empresarios de las compañías de Berkshire hay varios galardonados con el Premio Horatio Alger, que concede anualmente la sociedad del mismo nombre a empresarios que personifican el sueño de pasar de la pobreza a la prosperidad en una sola generación.[254] Además de Jim Clayton, entre los ganadores del galardón se encuentra también Albert Lee Ueltschi, el empresario nacido en Kentucky que fundó FlightSafety International, Inc. Mientras que muchos asocian el espíritu empresarial con el hábito de incubar empresas y pasar de una a la siguiente, los empresarios de Berkshire tienden a centrarse en la innovación dentro de su empresa y a trabajar asiduamente en ese único ámbito.

En el caso de Ueltschi, ese ámbito se dedicó al campo de la aviación. A los 16 años, el nativo de Kentucky abrió un puesto de hamburguesas llamado Little Hawk y utilizó los beneficios que obtuvo con dicho proyecto para recibir clases de vuelo y aprender a pilotar un avión. Su pasión le llevó después a ense-

254. Varios directivos de filiales de Berkshire han recibido el Premio Horatio Alger, entre ellos Jim Clayton, Doris Christopher (The Pampered Chef) y Al Ueltschi (FlightSafety). Walter Scott, miembro del consejo de administración de Berkshire y copropietario de Berkshire Hathaway Energy, fue presidente de la Sociedad Horatio Alger.

ñar a otros aviadores utilizando un avión que adquirió con un préstamo garantizado por Little Hawk.[255] En 1939, Ueltschi estaba entrenando a un inspector federal de aviación para realizar toneles rápidos (*snap rolls*) a bordo de un avión de cabina abierta. En plena maniobra, el asiento de Ueltschi se desenganchó y su paracaídas falló. Ueltschi sobrevivió al accidente, pero aquello le convenció de que tenía que haber una forma más segura de enseñar a volar. Fue así como Ueltschi acabó creando la escuela de formación de pilotos más segura del mundo, en la que se emplean simuladores de vuelo para enseñar maniobras rutinarias, hacer simulacros de situaciones de emergencia, etcétera.

En 1942, Ueltschi empezó a trabajar con Pan American World Airways (Pan Am), la aerolínea de referencia en aquella época en Estados Unidos. Los pilotos de la firma eran conocidos como los «maestros de los barcos voladores oceánicos».[256] En 1946, se convirtió en el piloto personal del fundador de Pan Am, el legendario hombre de negocios, Juan Trippe, un trabajo que Ueltschi desempeñó hasta que dejó de pilotar aviones a los 51 años, en 1968. Desde entonces, Ueltschi percibió otra necesidad: brindar una formación más formal y estructurada al creciente cuerpo de pilotos civiles.

Tras la Segunda Guerra Mundial, el segmento dominante del tráfico aéreo eran las flotas corporativas privadas, que transportaban a los directivos de las empresas de un lado a otro. Las empresas compraban aviones militares retirados y los reacondicionaban para uso de sus ejecutivos. Sin embargo, lo cierto es que muchos pilotos carecían de formación suficiente para pilotar estos aviones. Para resolver este problema, Ueltschi fundó FlightSafety en 1951. Operaba desde el Marine Air Terminal del Aeropuerto de LaGuardia, en Nueva York, donde hoy sigue estando la sede de la empresa.

255. A. L. Ueltschi, *The history and future of FlightSafety International*, FlightSafety International, Estados Unidos, 1999, pp. 26-29. Para más información sobre FlightSafety, ver: *International directory of company histories*, vol. 29, St. James, Estados Unidos, 1999.

256. Ueltschi, *The history...*, *op. cit.*, p. 34.

Al principio, Ueltschi contrató a pilotos comerciales experimentados de las principales aerolíneas para impartir la formación. En sus prácticas se utilizaban los aviones de sus clientes, pero también los instrumentos de entrenamiento que Ueltschi alquilaba a las aerolíneas comerciales. Entre sus primeros clientes estaban compañías como Burlington Industries, Eastman Kodak y National Distillers. Con el éxito de su empresa y la proliferación de la aviación privada de negocios, Ueltschi hizo una gran apuesta por el futuro de la formación de vuelo e hipotecó su casa para recaudar fondos para ampliar la operativa de FlightSafety.[257] También reinvirtió todos los beneficios de FlightSafety en el negocio, de modo que pasó a depender de su salario de Pan Am para cubrir sus gastos personales y familiares. Desplegando otra innovadora fórmula de financiación, consiguió que varios clientes corporativos, entre ellos Alcoa, Coca-Cola o Eastman Kodak, pagaran por adelantado a cambio de recibir sus servicios durante cinco años.[258]

Estos fondos acercaron más aún a Ueltschi a hacer realidad su visión. En 1961 contaba ya con varios equipos de entrenamiento de vuelo propios. Los empleaba para enseñar a los pilotos a «volar a ciegas», es decir, a confiar en los paneles de instrumentos en lugar de en la vista. Después de que Pan Am creara una división de reactores comerciales para vender los Falcon Jets a un fabricante francés, Ueltschi convenció a Trippe para que incluyera la formación de pilotos y técnicos como parte del precio de compra.[259]

En 1961, Ueltschi reclutó a Bruce N. Whitman, un joven empresario igualmente apasionado por el vuelo que entonces trabajaba para la National Business Aviation Association. Whitman se convirtió en el número 2 de FlightSafety, un papel que desempeñó hasta que finalmente sucedió a Ueltschi cuando éste se retiró en 2003 a la edad de 86 años.[260] Ueltschi y Whitman hicie-

257. Ibídem, p. 44.

258. Bruce N. Whitman, en entrevista telefónica con el autor el 10 de febrero de 2014.

259. Ueltschi, *The history...*, *op. cit.*, p. 56.

260. Bruce N. Whitman, entrevistado por el autor en las oficinas de FlightSafety en Nueva York, el 14 de enero de 2014.

ron crecer FlightSafety de manera constante hasta finales de los años sesenta y sacaron la empresa a Bolsa en 1968. Ueltschi retuvo una participación del 34 por ciento.

A principios de la década de 1970, la principal competencia de FlightSafety en el mercado de la aviación de negocios eran los fabricantes de aeronaves, que ofrecían formación de pilotos como parte del precio de compra de las nuevas aeronaves. Ueltschi y Whitman se dieron cuenta de que el éxito de FlightSafety dependía de persuadir a los fabricantes para que externalizaran esta función. Explicaron a los fabricantes que invertir en la formación que ofrecía FlightSafety mejoraría el historial de seguridad de sus aviones, una reputación muy valiosa por la que los clientes estaban dispuestos a pagar.[261]

Durante los años setenta, la mayoría de los fabricantes firmaron contratos con FlightSafety. Se dieron cuenta de que les iría mejor centrándose en el diseño y la producción, y dejando la formación en manos de especialistas. Learjet, por ejemplo, optó por delegar la formación de pilotos de sus aviones a FlightSafety, que construyó un centro de formación en una de las plantas de producción de la compañía. FlightSafety no tardó en cerrar acuerdos similares con otros fabricantes, consolidando su posición comercial en la década de 1980. En poco tiempo, FlightSafety había empezado a brindar servicios de formación a los aviones construidos por la mayoría de los fabricantes de aviones comerciales, incluidos Beechcraft, Bombardier, Cessna, Dassault Falcon, Embraer y Gulfstream.

A lo largo de la década de 1980, FlightSafety siguió creciendo a base de expandir su actividad para cubrir también la formación de pilotos militares. En 1984 obtuvo un contrato de las Fuerzas Aéreas estadounidenses para su operativa en Fort Rucker, Alabama. En un claro ejemplo de austeridad, la suya fue la licitación más baja, puesto que pasaba por adquirir unas instalaciones cerca de la base e instalar allí un simulador.

Además, esta cultura empresarial impulsó la creación de una

261. Ueltschi, *The history...*, *op. cit.*, p. 68; Whitman, entrevista con el autor el 14 de enero de 2014.

nueva fuente de ingresos: la fabricación y venta de simuladores, una línea de trabajo que sigue prosperando hoy en día. Su cultura corporativa impulsó también el desarrollo de programas de formación para capitanes de buques petroleros corporativos como Texaco, así como para comandantes de buques militares de la Marina estadounidense, operadores de centrales nucleares, etcétera. Con todo, tales proyectos acabaron cerrando la persiana, ya que FlightSafety optó por seguir con lo que mejor sabía hacer, tal y como explicó Whitman en una entrevista para este libro.

En los años ochenta, FlightSafety cortejó a las aerolíneas comerciales regionales. En una repetición de sus esfuerzos de los años setenta, persuadió a estos clientes potenciales para que subcontrataran la formación de pilotos. Estas aerolíneas estaban de acuerdo en que dejar que los especialistas les proporcionaran esta experiencia les permitiría concentrarse en la programación, las rutas, el marketing y el servicio al cliente. Aunque las principales compañías aéreas comerciales de Estados Unidos no solían subcontratar su formación, FlightSafety consiguió ocasionalmente este negocio, empezando con su acuerdo con TWA en los años ochenta.

El éxito de FlightSafety se vio reforzado cuando las empresas de seguros empezaron a acreditar a los clientes cuyos pilotos habían seguido los cursos de actualización y revisión que FlightSafety ofrecía. De hecho, una aseguradora, USAIG, desarrolló un programa llamado «Safety Bucks», que ofrecía un descuento en sus primas a los clientes que utilizaban el diferencial para pagar los servicios de formación de FlightSafety.[262] Los siguientes en unirse fueron los sindicatos, que inicialmente se opusieron a la subcontratación, pero que finalmente comprendieron su valor. Siguieron después los acuerdos en el extranjero, ya que la empresa consiguió contratos para formar a los jóvenes pilotos de compañías internacionales como Air France, All Nippon Airways, Japan Airlines, Korea Air, Lufthansa o Swissair. FlightSafety abrió centros de formación por todo el mundo, radicados siempre cerca de las plantas de fabricación de aviones, las sedes de las aerolíneas comerciales o los aeropuertos.

262. Whitman, entrevista con el autor el 14 de enero de 2014.

A mediados de los años noventa, Ueltschi se centró en dirimir su sucesión. Siempre había prometido a Whitman que le cedería el cargo de director ejecutivo, pero el fundador estaba preocupado por el riesgo de adquisición que se derivaría de la venta de su paquete de acciones.[263] Entonces, por casualidad, a finales de 1996, un accionista tanto de FlightSafety como de Berkshire que conocía el dilema que preocupaba a Ueltschi escribió a Robert Denham, el abogado de Berkshire y confidente de Buffett que había ayudado a orquestar la adquisición de Star Furniture por parte de Berkshire.[264] Buffett llamó a Ueltschi para discutir el futuro de FlightSafety. Cuando se encontraron para almorzar una hamburguesa en Nueva York, conectaron instantáneamente y firmaron el trato en cuestión de apenas un mes. Berkshire ofreció a los accionistas de FlightSafety la posibilidad de elegir un pago en efectivo o en acciones.

En el momento de la adquisición por Berkshire, FlightSafety operaba en todo el mundo con 175 simuladores aplicables a una amplia gama de aviones. Los simuladores son un negocio intensivo en capital: cuestan hasta 19 millones de dólares cada uno. En los ocho años siguientes a la adquisición por parte de Berkshire, FlightSafety añadió más de cien, con lo que el coste total de los simuladores ascendió a 3.000 millones de dólares.[265] Dado que los pilotos reciben formación de uno en uno, Buffett calculó que, para generar 1 dólar de ingresos, la empresa necesitaba movilizar 3,50 dólares en inversiones de capital. Así, pues, asegurar unos márgenes de explotación elevados resulta vital para obtener una rentabilidad razonable. Whitman, uno de los pocos directores ejecutivos de Berkshire que lleva más de 50 años en la empresa, ha sido clave para llevar a FlightSafety a alcanzar esos niveles de beneficio.

Hoy en día, FlightSafety opera 320 simuladores y ha fabricado más de 800.[266] Cada año, FlightSafety imparte hasta 1,2 mi-

263. Ueltschi, *The history...*, *op. cit.*, p. 70.

264. Berkshire Hathaway, Inc., *1996 Annual Report*, «Carta del presidente».

265. Whitman, entrevista con el autor el 14 de enero de 2014.

266. Ibídem.

llones de horas de instrucción, formando a 100.000 pilotos, técnicos y otros profesionales de la aviación y las aerolíneas comerciales, amén de más de 3.800 departamentos de vuelo corporativos.[267] Whitman ha diversificado FlightSafety hacia la formación de helicópteros en modelos que incluyen firmas como AgustaWestland, Airbus, Bell y Sikorsky, y ha aumentado su componente de formación militar estadounidense. Los «compañeros» de FlightSafety, como Whitman llama a la plantilla de la empresa, se alimentan de la pasión empresarial, añadiendo nuevos mercados a base de demostrar el valor de subcontratar la formación a un socio experto y de confianza.

El mayor cliente de FlightSafety es NetJets, otra filial de Berkshire, una empresa creada por Richard T. Santulli que figura con Ueltschi y Whitman en el panteón de los grandes empresarios de Berkshire. Los orígenes de la compañía se remontan a 1964, cuando varios generales retirados de las Fuerzas Aéreas crearon Executive Jet Aviation, Inc.[268] La empresa alquilaba aviones de negocios para uso privado y se ganó una reputación de excelencia por su servicio al cliente y su buen bagaje en clave de seguridad, aunque el hecho de que su propiedad estuviese en manos de Penn Central Railroad desde finales de la década de 1960 hasta la bancarrota de la empresa ferroviaria le dio mala fama durante unos años, puesto que la operativa de su matriz se vino abajo en medio de numerosos escándalos.

En 1984, Santulli, un genio de las matemáticas nacido en Brooklyn y licenciado en la Universidad Politécnica de Nueva York, compró la empresa. En los años setenta se había dedicado a escribir programas informáticos para Goldman Sachs, donde llegó a dirigir la unidad de *leasing*. En 1980 decidió trabajar por su cuenta. Al frente de Executive Jet, los conocimientos mate-

267. Ibídem.

268. Encontrarás datos históricos sobre NetJets en: *International directory of company histories*, vol. 36, St. James, Estados Unidos, 2001 (en adelante citado como: *IDCH*, NetJets).

máticos de Santulli resultaron muy valiosos.[269] Durante las dos décadas anteriores, sus predecesores llevaron registros detallados de los aviones chárter de la empresa sobre destinos, escalas, estacionalidad, duración de los vuelos y mantenimiento de los equipos. Su mente de matemático percibió algunas relaciones intrigantes y su instinto empresarial detectó patrones que abrían oportunidades de negocio muy lucrativas.

A partir de los datos, Santulli fue imaginando un nuevo enfoque para su negocio. En lugar de fletar aviones de uno en uno, vendería participaciones fraccionadas en determinados aviones a varios propietarios. La empresa se encargaría de la explotación de la flota a cambio de una comisión de servicio al cliente. Si el concepto de tiempo compartido había funcionado en el ámbito inmobiliario, ¿por qué no iba a hacerlo en la aviación?

El problema matemático/empresarial que resolvió Santulli fue el siguiente: si vendía un determinado número de participaciones, debía determinar cuántos aviones adicionales serían necesarios para poder garantizar a los clientes el uso de su avión, pero la respuesta variaba según la escala. Así, por ejemplo, con todas las acciones de 100 aviones totalmente vendidas, la empresa necesitaría poseer otros 26 títulos (que serían su «flota principal») para garantizar la disponibilidad del servicio a todos los clientes. En cambio, con 800 aviones vendidos, bastaría con una flota principal de 80, de modo que, si bien la empresa seguiría siendo intensiva en capital, tendría mayores beneficios.[270]

Con habilidad y audacia, a lo largo de la década siguiente, Santulli convirtió esta visión en un negocio multimillonario. En 1986, Santulli compró ocho Cessna Citation S/II y contrató a una tripulación de alto nivel para pilotar la flota.[271] Ya entonces existía una clientela numerosa que odiaba las molestias de los

269. Anthony Bianco, «What's better than a private plane? A semiprivate plane», *Bloomberg BusinessWeek*, 21 de julio de 1997, p. 52.

270. Richard T. Santulli, entrevista telefónica con el autor, mantenida el 24 de enero de 2014. Ver también: Warren Berger, «Hey, you're worth it (even now)», *Wired*, junio de 2001.

271. *IDCH*, NetJets.

vuelos comerciales regulares, pero sólo unos pocos podían permitirse un *jet* privado, y la opción del chárter conllevaba sus propios quebraderos de cabeza. El modelo de propiedad fraccionaria de Santulli ofrecía algo nuevo e intermedio: la facilidad y la libertad de la aviación privada, pero a una fracción del coste.

Con todo, los clientes a los que se dirigía eran adinerados y los servicios tenían un precio elevado. La propiedad fraccionada consiste en pagar una parte del coste del avión a cambio de una parte de su uso. Según el tamaño y el modelo del avión, el precio de compra oscila entre un dieciseisavo y la mitad del total, a cambio de entre 50 y 400 horas de vuelo anuales. A esto se le añade una cuota mensual de mantenimiento y una tarifa horaria por el tiempo de vuelo utilizado.

Al igual que ocurre con los aviones privados tradicionales, entre las ventajas de la aviación fraccionada figura la flexibilidad. En lugar de encontrar los vuelos que ofrecen las aerolíneas comerciales, los clientes eligen las horas y lugares de salida y llegada, a menudo utilizando aeropuertos más pequeños y cómodos, rutas de vuelo más cortas y tiempos de viaje más rápidos. Otra ventaja clave es la de evitar los engorrosos controles de seguridad de los aeropuertos comerciales.

Al igual que el negocio inmobiliario de multipropiedad al que imitaba, la empresa, NetJets, como luego pasó a llamarse, suscitó polémica desde sus primeros días. El personal de los departamentos de vuelo de las grandes empresas tachó de depredadora a la compañía, las empresas de vuelos chárter describieron sus características económicas como las de una suerte de estafa piramidal legalizada y los fabricantes de aviones privados no vieron con buenos ojos el posible efecto adverso sobre la valoración de los *jets*.[272]

A pesar de la controversia, la empresa atrajo rápidamente a varios cientos de clientes y generó unos ingresos considerables. Con todo, los costes (especialmente, los de propiedad de la flota principal de la empresa) eran elevados, lo que mantenía los már-

272. William Garvey, «Viewpoint: A head for business», *Business & Commercial Aviation*, 1 de febrero de 2011.

genes en niveles aún reducidos. La empresa se salvó por los pelos de la quiebra a principios de la década de 1990, cuando Santulli avaló una serie de préstamos bancarios por valor de 125 millones de dólares.[273] También añadió presión la irrupción de nuevos competidores, lo que dificultó la subida de precios, complicando a NetJets las ventajas de liderazgo derivadas de haber sido la primera empresa dedicada a este tipo de servicio.[274]

Mantener el primer puesto exigía adquirir más aviones en inventario para venderlos, lo que también significaba ampliar la flota principal. Para obtener capital, Santulli recurrió a sus viejos amigos de Goldman Sachs, que adquirieron una participación del 25 por ciento de la empresa.[275] Santulli, junto con su hermano Vincent, también empresario, consiguió que la base de clientes ascendiera a casi 700, atrayendo a numerosas grandes empresas como General Electric.[276] Otros clientes eran personas adineradas que utilizaban el servicio de NetJets para uso personal, como Arnold Schwarzenegger, David Letterman, Pete Sampras, Tiger Woods... y Warren Buffett.

A finales de la década de 1990, Santulli había consolidado el liderazgo de la empresa, generando más de 1.000 millones de dólares en ingresos.[277] Entonces, Goldman Sachs comunicó que quería retirarse de la empresa y extraer una mayor ganancia a partir de una operación de salida a Bolsa. Santulli se opuso. Tenía previsto lanzar NetJets en Europa, ampliando su franquicia.[278] Los costes de la puesta en marcha de una flota básica de cuatro aviones ascendieron a 100 millones de dólares. Las perspectivas a corto plazo de la salida a Bolsa se le antojaban arriesgadas para una empresa de este tipo, que necesita paciencia a la

273. *IDCH*, NetJets.

274. Entre los nuevos operadores figura JetCo, un servicio de Air London International, y el programa Business Jet Solutions, ofrecido conjuntamente por Bombardier Aerospace Group y AMR Combs, Inc., la filial de vuelos chárter de American Airlines. Ver: *IDCH*, NetJets.

275. *IDCH*, NetJets.

276. Bianco, «What's better...», art. cit., p. 52.

277. *IDCH*, NetJets.

278. Santulli, entrevista con el autor.

hora de desplegar efectivamente grandes inversiones de capital. Así que, en mayo de 1998, Santulli llamó a Buffett, que como cliente había elogiado a NetJets por su amabilidad, eficacia y seguridad.

Buffett vio un enorme potencial en NetJets, tanto en Norteamérica como en Europa. En aquel momento, NetJets daba servicio a más de 1.000 clientes, empleaba a 650 pilotos y gestionaba 163 aviones, incluidos 23 de su flota principal.[279] El historial de seguridad era impecable y todos los pilotos de NetJets recibían formación en FlightSafety. Con el capital y el crédito de Berkshire como aval para garantizar la deuda de la compañía, Buffett y Santulli sabían que podían compartir una visión de gran crecimiento. Rápidamente, ambos llegaron a un acuerdo.

Goldman Sachs se sintió decepcionado por el precio recibido en la venta a Berkshire de su participación del 25 por ciento.[280] Preferían la salida a Bolsa, cuyo saldo habría sido más lucrativo para la compañía. Sin embargo, en una entrevista para este libro, Santulli me explicó que estaba a favor de la venta a Berkshire porque, además del dinero, valoraba la cultura de autonomía y permanencia de la corporación.[281] Buffett le dijo a Santulli que NetJets era su lienzo, y que Berkshire se limitaba a facilitarle la pintura y los pinceles, quedándose al margen de todo lo demás.[282]

Durante la primera década bajo la propiedad de Berkshire, NetJets creció rápidamente. Financió la expansión de su flota principal y el inventario para la venta, aumentando tanto los activos como los pasivos. Arrojó beneficios la mayoría de los años, alcanzando los 206 millones de dólares de ganancias en 2007 o los 220 millones de beneficio cosechados en 2008. Buffett se felicitaba periódicamente por el dominio de NetJets en el sector, ya que había logrado un mayor valor de flota que cualquier otro

279. Berkshire Hathaway, Inc., *1998 Annual Report*, «Carta del presidente».

280. Santulli, entrevista con el autor.

281. Ibídem.

282. Ibídem.

rival con una marcada diferencia.[283] Por su parte, de Santulli se hablaba como uno de los pocos jefes de filiales de Berkshire que algún día podría suceder a Buffett al frente de Berkshire.

Sin embargo, a partir de 2009, la recesión económica redujo el valor de todas las clases de activos.[284] Para la vasta flota de aviones de NetJets, eso se tradujo en una depreciación de 700 millones de dólares, lo que borró de un plumazo varios años de beneficios y llevó a un ejercicio con abultadas pérdidas netas.[285] La deuda, por supuesto, se mantuvo en pie, alcanzando por aquel entonces los 1.900 millones de dólares. Con unos gastos también elevados, Buffett empezó a ver problemas en NetJets. Le preocupaban las consecuencias derivadas de su considerable deuda y de sus notables necesidades de capital, amén de la reducida valoración de sus activos y el coste de su incipiente división europea. Al hacerlo, Buffett dijo que les había «fallado» a los accionistas de Berkshire en su gestión de la inversión realizada en NetJets.[286] Sin dejar de aplaudir el historial de Santulli en cuanto a seguridad y satisfacción del cliente, Buffett nombró a un nuevo director ejecutivo a finales de 2009 y le encomendó la tarea de recortar costes y reducir la deuda.

El nuevo responsable de la compañía, David Sokol, había intervenido en la gestión de Johns Manville en 2007 y también figuraba en la pequeña quiniela de directivos capacitados para suceder un día al propio Buffett. Sokol recortó costes de forma agresiva, como hizo cuando construyó MidAmerican Energy, pero hacer lo propio en NetJets exigía moverse en la cuerda floja, dado que la compañía ofrecía una marca *premium*, no un producto básico y de bajo coste. El proceso de ajuste acometido por

283. Ver, por ejemplo: Berkshire Hathaway, Inc., *2004 Annual Report*, «Carta del presidente»; Berkshire Hathaway, Inc., *2007 Annual Report*, «Carta del presidente».

284. Santulli, entrevista con el autor.

285. Santulli, entrevista con el autor; Ravi Nagarajan, «Berkshire Hathaway: In search of the "Buffett Premium"», *The Rational Walk*, 2011, p. 70 y pp. 116-117.

286. Ver, por ejemplo: Berkshire Hathaway, Inc., *2009 Annual Report*, «Carta del presidente».

Sokol fue doloroso. En resumen, despidió a empleados, vendió activos y provocó resentimiento dentro de la empresa por no respetar la cultura corporativa de NetJets, sus raíces empresariales y su compromiso con un servicio de gama alta.[287] También fue controvertido que, a finales de 2010, NetJets adquiriese Marquis Jet Partners, una empresa que vende porciones más pequeñas de las ofertas de NetJets, diluidas hasta 1/32 de la participación.

Sin embargo, a principios de 2011, Sokol dimitió de sus responsabilidades en Berkshire bajo una nube de sospecha por su decisión de comprar acciones de Lubrizol Corporation una semana antes de que la empresa fuese anunciada como la nueva adquisición de Berkshire, una historia que se describe en el próximo capítulo. Su sucesor al frente de NetJets, Jordan Hansell, era un abogado de Iowa al que el propio Sokol había nombrado consejero jefe de la firma, que hoy sigue al frente buscando un equilibrio entre una marca de primera calidad y la cultura corporativa de austeridad que caracteriza a Berkshire. Santulli, por su parte, lanzó un nuevo negocio de alquiler de helicópteros, Milestone Aviation, cuyos pilotos, naturalmente, se entrenan con los programas de FlightSafety. Su empresa sigue prosperando en la actualidad, y Buffett y Santulli siguen siendo buenos amigos.

Los «fosos defensivos» pueden construirse convirtiéndose en el productor de bajo coste en un segmento de productos básicos, caso de las tiendas de muebles de Berkshire, o siendo el único o el principal proveedor de un servicio más exclusivo, caso de FlightSafety o NetJets. Clayton Homes desarrolló un foso a través de un compromiso inigualable con la asequibilidad del producto que ofrecía al cliente, mientras que Benjamin Moore se hizo un hueco en la gama alta del negocio de la pintura. Otros modelos de negocio de Berkshire incluyen el perfeccionamiento de un canal de distribución único (por ejemplo, el marketing de venta

287. Nagarajan, «Berkshire Hathaway...», art. cit., p. 117, notas 19-20 (contienen referencias adicionales).

directa de las aspiradoras Kirby de Scott Fetzer) o el suministro de artículos comerciales que ahorran dinero a los clientes corporativos (como vimos en el caso de ISCAR/IMC).

La marca del producto es una de las fuentes más conspicuas y citadas de los fosos empresariales. Mucha gente parece creer que los principios de inversión de Buffett le limitan a empresas con reconocimiento de marca, como American Express o Coca-Cola. Esa marca es valiosa para ayudar a una empresa a generar y mantener el liderazgo del mercado y la rentabilidad, pero esta visión de Buffett pasa por alto más de la mitad del panorama que han establecido sus decisiones y las de Berkshire. De las vías empresariales para crear un foso, la marca es indudablemente una de las más difíciles. Requiere una combinación de atractivo, habilidad y suerte. Exige reunir un producto deseable con una presentación creativa y, además, pasa porque tal propuesta encaje en los clientes potenciales, lo que a menudo sucede por razones inescrutables.

Dicha combinación funcionó para Garanimals, una línea de productos infantiles lanzada en 1972 por Garan, Inc., una compañía cuyo espíritu emprendedor no sólo ayudó a impulsar esa marca, sino a superar la adversidad a la que se enfrentaban los fabricantes textiles estadounidenses. La empresa se fundó en el distrito textil de Nueva York en 1957, cuando siete competidores se fusionaron y eligieron el nombre de Garan como abreviatura de *guarantee* [garantía], que de hecho es como se pronuncia en inglés el nombre de la empresa.[288] Las camisetas deportivas eran su producto más vendido, confeccionadas en fábricas de Kentucky y Misisipi, y vendidas principalmente con marcas privadas en grandes almacenes de gama media, como R. H. Macy's, Sears o F. W. Woolworth's.

En 1961, Garan empezó a cotizar en Bolsa, lo que le permitió captar fondos para financiar sus propias cuentas por cobrar sin tener que depender de «factores», es decir, de terceros que gestionan y cobran dichas cuentas de los comerciantes por un por-

288. Los hechos relativos a Garan, Inc. pueden consultarse en: *International directory of company histories*, vol. 64, St. James, Estados Unidos, 2004.

centaje del saldo, una práctica estándar, pero muy costosa, en dicha industria. La mayoría de las acciones fueron adquiridas por altos directivos, entre ellos el presidente, Samuel Dorsky, y su número 2 y sucesor, Seymour Lichtenstein, otro directivo de Berkshire que lleva 50 años de carrera en la compañía de Buffett.

Las ventas y los beneficios aumentaron a medida que Garan fue diversificando sus líneas de productos y empezó a alquilar o construir nuevas instalaciones de fabricación en numerosos lugares del sur. Tras una mala racha a finales de los años sesenta y principios de los setenta, principalmente ligada al problema generalizado de la competencia con empresas que utilizaban mano de obra extranjera barata, Garan recuperó su posición imponiendo férreos controles de costes, descentralizando su operativa y aumentando la productividad.

En 1972 introdujo la marca Garanimals, una línea de ropa infantil que pronto se convirtió en un éxito de ventas para la empresa (de hecho, sigue siéndolo hoy en día). La línea Garanimals ofrece una forma única de mezclar y combinar conjuntos mediante un código de colores y estilos que los niños pueden dominar fácilmente. El concepto refleja la relación entre la forma de vestir de los niños y su autoestima. La confianza en uno mismo surge de la creatividad y la independencia. Garan contrató como asesora a una prestigiosa psicóloga, la doctora Joyce Brothers, quien afirmó que la marca Garanimals «ayuda al niño en edad preescolar a manejar su propio vestuario. Esa sensación de "yo puedo" fomenta el creciente sentido de independencia del niño».[289] Los padres valoraron ese concepto, que impulsó la cuota de mercado de Garan y expandió el valor empresarial resultante.

Durante la década de 1980, Garan siguió los pasos de otros fabricantes textiles y optó por el traslado de su producción al extranjero como fórmula para sostener el crecimiento de la compañía y facilitar su expansión, si bien retuvo parte de las plantas de fabricación en territorio nacional. Cuando Walmart emergió

289. Ver la web corporativa de Garan: <https://www.garanimals.com/our-story>; Nina S. Hyde, «Fashion notes», *The Washington Post*, 4 de noviembre de 1979.

como una fuerza en el comercio minorista, se convirtió en uno de los mayores clientes de Garan. La empresa también cerró acuerdos que le brindaron los permisos para decorar sus prendas con logotipos de universidades o personajes de Disney. El arranque de la década de 1990 fue prometedor, pero el aumento de los costes, la intensa competencia y el elevado coste de mantenimiento de su operativa nacional de fabricación mermaron los resultados en la segunda mitad de la década. La creciente dependencia de Walmart resultó ser una bendición mixta. Era una cuenta valiosa, pero avivó las preocupaciones de la comunidad financiera por la dependencia que esto generaba para el buen desempeño de la compañía.

Lichtenstein y sus colegas se las arreglaron. Trazaron presupuestos muy estrictos, ampliaron la línea de Garanimals y aumentaron el peso de la fabricación en el extranjero. Garan se endeudaba poco y pagó dividendos todos los años desde 1962. Aunque la firma estaba cotizada, el 40 por ciento de sus acciones estaba muy concentrado. Así, el 12 por ciento pertenecía a Lichtenstein, otro 12 por ciento a los herederos de Dorsky y un 16 por ciento a otros directivos. En 2002, reconociendo la necesidad de contar con capital adicional para mantener su posición en el mercado, pero lidiando también con la voluntad de no comprometer su continuidad en el proyecto, la dirección de la compañía se puso en contacto con Buffett. Pronto llegaron a un acuerdo y así fue como esta firma emprendedora y sus directivos se unieron a la familia de Berkshire.

Las botas vaqueras Justin son tan conocidas como otras marcas vinculadas con el Lejano Oeste, por ejemplo, las pistolas Colt 45, los vaqueros Levi's y los sombreros Stetson.[290] Los orígenes de la compañía se remontan a 1879, cuando H. J. Justin puso en marcha un servicio de reparación de botas. Tras su muerte, en 1908, los tres hijos de H. J. tomaron su relevo y empezaron a fabricar

290. Ramon F. Adams, *Western words: A dictionary of the range, cow camp and trail*, University of Oklahoma Press, Estados Unidos, 1944.

botas vaqueras. En las décadas de 1930 y 1940, cuando el estilo de vida vaquero se desvaneció conforme decayó la popularidad de las historias del Salvaje Oeste, los hermanos se preocuparon por el futuro del negocio de las botas vaqueras, así que se reorientaron hacia una clientela más general y empezaron a diseñar otro tipo de botas y también a fabricar zapatos.

El nieto del fundador, John Justin Jr., nacido en 1917, fue un hombre muy emprendedor desde joven. Justin Jr. luchó por hacerse con el control de la empresa familiar y, en efecto, lo consiguió. No le gustaba que sus mayores dirigieran el negocio a través de un comité: quería ser el único líder. Una vez que alcanzó el poder, exigió más dedicación a sus empleados. Por ejemplo, pedía informes nocturnos a su equipo de ventas para asegurarse de que trabajaban tan duro como podían y atendían todas las cuentas posibles cada día.[291]

Justin Jr. sentía pasión por su producto, su herencia tejana y el nombre de su familia. Sentía un gran respeto por los *cowboys*, a los que su familia había vestido durante tanto tiempo. Paradójicamente, a pesar de ese respeto, y a pesar de que intentaba ampliar el mercado objetivo de la compañía más allá de aquel nicho, él mismo no era usuario de estas botas. A los 36 años, después de que su mujer le reprendiera por ello, empezó a usar sus productos. Gracias a ella, se convirtió en un anuncio andante de su propia marca.[292]

Otra rareza: Justin Jr. nunca había montado a caballo hasta 1954, a los 37 años. Ese año recibió un curso intensivo en Cheyenne, Wyoming, en el marco de una visita a un rodeo anual. Justin explicó la razón por la que empezó a montar: «Sabía que sería bueno para el negocio».[293] Empezó a amar la equitación y acabó participando en rodeos durante los 35 años siguientes. El

291. Irvin Farman, *Standard of the West: The Justin story*, Texas Christian University Press, Estados Unidos, 1996, p. 127. Se puede consultar más información sobre Justin Industries en: *International directory of company histories*, vol. 19, St. James, Estados Unidos, 1998 (en adelantado citado como: *IDCH*, Justin).

292. Farman, *Standard of the West...*, *op. cit.*, p. 133.

293. Ibídem, p. 138.

viaje a Wyoming inspiró otra tradición que duraría décadas: los Justin empezaron a organizar una cena anual en honor al espectáculo de rodeo de Fort Worth.[294] Ese interés y apego por la tradición que sustentaba el diseño de sus productos fomentó profundas relaciones con estrellas del mundo del rodeo y, obviamente, con sus seguidores, granjeándose así una valiosa base de clientes potenciales.

En 1954, del mismo modo que Jim Clayton construía casas prefabricadas asequibles y Richard Santulli ofrecía participaciones fraccionarias en los aviones en NetJets, Justin Jr. detectó una necesidad en el mercado que resultaría lucrativa: el rodeo.[295] Los jinetes de rodeo buscaban una bota más adecuada para echar el lazo a las reses, una técnica que requiere de un tacón más plano que las típicas botas de vaquero. Justin experimentó con distintas posibilidades, pero siguió encontrando dificultades para combinar la parte superior tradicional de una bota vaquera con un tacón similar al de un zapato. Los diseños no quedaban bien. La inspiración le llegó cuando recordó una bota militar utilizada por el Cuerpo de Entrenamiento de Oficiales de la Reserva (ROTC) de la Universidad A&M de Texas. Entonces, adaptó el diseño militar al rodeo y llamó Roper a aquel nuevo modelo. Tras muchas pruebas y errores, el equipo de Justin finalmente lo consiguió. Las botas Roper se convirtieron en un producto de gran éxito entre los aficionados al rodeo... y más allá. Pasó a ser uno de los productos más vendidos de la empresa.

Justin Jr. también era un fanático del fútbol americano y asistía siempre a los partidos del equipo de la Universidad Cristiana de Texas.[296] A mediados de la década de 1950, confeccionó un par de botas especiales para llevar a los partidos. En la parte delantera llevaba incrustado un lagarto cornudo de Texas, que es la mascota que da nombre al equipo local. Una vez más, Justin Jr. había inventado un producto a la medida de su clientela. Muchos aficionados clamaban por hacerse con un ejemplar, de modo que Jus-

294. Ibídem, pp. 136-137.
295. Ibídem, pp. 153-154.
296. Ibídem, p. 155.

tin empezó fabricar esas botas en grandes cantidades. La cobertura que le brindó la prensa despertó el interés de los seguidores de otros equipos, así que la empresa convirtió aquella caprichosa innovación en una línea de producto, fabricando botas para todos los equipos rivales de la Universidad Cristiana de Texas. Mucho antes de que proliferara este tipo de marcas de ropa universitaria, Justin forjó un fructífero programa de marketing para vender su producto entre las principales universidades de la zona, como la Universidad de Baylor, la Universidad Tecnológica de Texas, la Universidad de Kansas y la Universidad de Texas.

A finales de la década de 1950, Justin se dirigió a un mercado más amplio con un estilo basado en el viejo espíritu del Salvaje Oeste que, de nuevo, recorría el país con una popularidad renovada. Su campaña publicitaria mostraba a vaqueros con atuendos tradicionales del Oeste y en contextos o zonas ganaderas. Para complementar el alcance y llevar el producto al público más general, Justin Jr. hizo hincapié en el servicio a los distribuidores minoristas, aduciendo que «ellos son los verdaderos reyes».[297] El esfuerzo conjunto tuvo éxito. La empresa abrió nuevos mercados y acuñó la marca Justin en la mente de los consumidores estadounidenses. Durante el mandato de Justin Jr., las ventas anuales aumentaron de 1 a 450 millones de dólares.[298]

En 1968, Justin Jr. tuvo un susto médico debido a una apendicitis.[299] Se preocupó por el futuro de su familia y de la empresa cuando él ya no estuviese. Todo lo que tenía estaba invertido en la compañía y le preocupaban cuestiones como la liquidez, las valoraciones y los impuestos. A sugerencia de su abogado, aceptó fusionar la empresa con Forth Worth Corporation, una empresa mayor que incluía a Acme Brick Company, que entonces se preparaba para cotizar en la Bolsa de Nueva York. Al vender Justin a Fort Worth, obtendría activos líquidos, cotizaría en Bolsa para obtener una valoración y podría abordar el pago de los impuestos sucesorios.

297. Farman, *Standard of the West...*, *op. cit.*, pp. 157-158.
298. *IDCH*, Justin.
299. Farman, *Standard of the West...*, *op. cit.*, pp. 172-173.

La operación se cerró, pero Justin Jr. no tardó en desilusionarse.[300] Los gestores de Fort Worth parecían más interesados en ganar dinero rápidamente que en obtener valor a largo plazo. Estaban incluso dispuestos a maquillar las cuentas en lugar de ser conservadores. No se mostraban muy abiertos con su nuevo socio. Así, tras plantear sus objeciones y amenazar con emprender acciones legales para rescindir la fusión, el equipo de Fort Worth ofreció a Justin Jr. la dirección de la empresa. Éste aceptó y asumió el control de todas las operaciones, desde la fabricación de ladrillos a la de las botas (aunque, entonces, no sabía nada del negocio de la fabricación de ladrillos...).

A Justin Jr. le gustaba la industria y descubrió que podía añadir valor a la operativa de Acme, que a finales de los años sesenta arrastraba algunas dificultades. En 1970, su negocio se paralizó al disminuir los pedidos a raíz de una recesión inmobiliaria. Sin embargo, en lugar de reducir la producción, Justin Jr. acumuló existencias. Pensó que cerrar la planta costaría más que hacerla funcionar a baja capacidad. Además, los registros de la empresa de 1917 indicaban que el negocio del ladrillo era cíclico. La economía no tardó en recuperarse, lo que trajo consigo un aumento de la demanda del ladrillo. Justin pudo satisfacer esa demanda ya recuperada con facilidad y rentabilidad, al contrario que otros competidores.

En la década de 1980, la marca Acme Brick dominaba el mercado, una hazaña para lo que muchos dirían que es un producto básico. La empresa contrató a Troy Aikman, estrella del fútbol americano de los Dallas Cowboys, como imagen de la compañía. Acme estampa su logotipo en los ladrillos que usa para construir casas y ofrece una garantía de 100 años. Las encuestas muestran que los consumidores reconocen y prefieren la marca Acme por encima de cualquier otra. El crecimiento de la empresa continuó a través de una expansión orgánica del negocio de los ladrillos y a través de adquisiciones diversificadas de otras empresas de materiales de construcción, como, por ejemplo, American Tile Supply, una empresa de azulejos que adquirió en 1994, o Innovative

300. Ibídem, pp. 177-183.

Building Products, que pasó a formar parte de su cartera en 1997. Justin Jr. había creado un producto de calidad, como demuestra la prima del 10 por ciento que cobra Acme en sus precios.[301]

En 1985, la empresa fue objeto de una adquisición hostil. El grupo se denominaba ahora Justin Industries tras haber sido rebautizado. En un momento en que el precio de sus acciones estaba muy por debajo de su valor intrínseco, un grupo propuso «desbloquear» ese valor, tal vez disolviendo la empresa y desmembrándola por partes. El consejo de Justin se opuso a la maniobra. La empresa incluso dio el paso de adquirir a un competidor, Tony Lama Company, una operación que llevaba tiempo buscando, pero que nunca había encontrado el momento adecuado para llevar a cabo. Justin había sido tradicionalmente muy reacio al endeudamiento, pero asumió todo el pasivo de Lama, y eso hizo que la empresa resultase menos atractiva para los promotores de la OPA hostil. Además, distintos operadores leales a Justin compraron grandes paquetes de acciones para fortalecer su posición. Sintiéndose seguro, Justin Jr. se quitó de encima aquella intentona y pasó el resto del siglo XX centrado en su negocio. Con todo, aun habiendo dejado en el pasado la amenaza de absorción, no todo fue coser y cantar.

En 1998, la empresa planificó una revisión del sistema informático para integrar todas las divisiones y funciones. Vinculándolo todo, desde el aprovisionamiento hasta las ventas y desde la contabilidad hasta el personal, aumentaría la eficiencia y bajarían los costes. El nuevo sistema echó a andar justo antes de la temporada de compras navideñas, pero en lugar de aumentar la eficiencia, todo el sistema informático falló. Justin Jr. recurrió a su sucesor, Randy Watson, que se sumergió en el proyecto, tranquilizó a sus colegas y dirigió la difícil tarea de reconducir aquel problema. Sin embargo, el fallo tardó 18 meses en rectificarse y la empresa no volvió a funcionar a pleno rendimiento hasta el otoño del año 2000. Durante este período, sus competidores ganaron cuota de mercado y Justin estuvo a punto de quebrar. Para sobrevivir,

301. Ver: Peppercorn Learning, «Selling a commodity? Baloney!», Pepper Group.

Watson cerró dos fábricas de botas y despidió a 500 empleados, una medida que probablemente salvó el negocio, pero que ha perseguido a Watson desde entonces.[302]

A finales del año 2000, Justin Jr. empezó a enfrentar graves problemas de salud, de modo que buscó una solución rápida para asegurar el legado de su empresa. Un grupo de inversores preguntó a Buffett si Berkshire podría unirse a ellos en la adquisición de la empresa.[303] Buffett explicó que Berkshire rara vez desempeña tales acciones de coinversión, pero dijo que estaría encantado de reunirse con Justin Jr. y voló a Forth Worth para verse directamente con él. Poco después de llegar a un acuerdo, en febrero de 2001, Justin Jr. falleció. Tras la adquisición, Berkshire dividió Acme y Justin en operaciones separadas, cada una de ellas independiente de la otra. El legado de Justin Jr. incluye una cultura empresarial muy marcada en ambas empresas, que en cualquier caso se manifiesta de forma diferente en cada una de ellas.

Watson dirige la empresa de botas, llamada Justin Brands, y los observadores dicen que el parecido empresarial y directivo de Watson con John Justin Jr. es incluso inquietante. Tal vez lo encuentran tan similar porque, de forma cotidiana, Watson suele conducir la empresa lanzando el mismo tipo de preguntas que Justin Jr. le hacía (por ejemplo: «¿Están todos los vendedores trabajando todo lo que pueden?»[304]). Cuando se enfrenta a decisiones difíciles, Watson sigue preguntándose «¿qué haría Justin Jr. en una situación así?».[305] Vendedor diligente y hombre de negocios con una gran personalidad, Watson mantiene los estrechos lazos con el mundo del rodeo que había establecido su mentor. En 2013, Ernst & Young nombró a Watson uno de los mejores empresarios regionales del año.[306] Los resultados de su

302. Ver: Chan, *Behind the Berkshire...*, *op. cit.*, pp. 27-28 (en referencia a una entrevista con Watson).

303. Berkshire Hathaway, Inc., *2000 Annual Report*, «Carta del presidente».

304. Chan, *Behind the Berkshire...*, *op. cit.*, p. 30.

305. Ibídem.

306. Ver: Martha Deller, «Top CEO, strategic management, Randy Watson of Justin Boots», *Fort Worth Business Press*, 23 de agosto de 2013.

gestión son sólidos: el crecimiento de las ventas superó el 10 por ciento todos los años del período que va de 2008 a 2012.[307]

Acme Brick está dirigida por Dennis Knautz, un contable de formación (y temperamento) que se incorporó a la empresa en 1982.[308] Dado el peso físico del ladrillo, Acme es una empresa descentralizada, de modo que su operativa es regional tanto en la fabricación como en la distribución. En consecuencia, Knautz trata cada punto de venta como una operativa comercial independiente. Sus trabajadores se convierten en una suerte de emprendedores dentro del paraguas de la compañía, lo que produce una cultura muy dinámica y engendra miles de emprendedores empeñados en promover el éxito de su operativa.

Esta historia culmina las que se han descrito en este capítulo dedicado al acervo emprendedor que se aprecia en Berkshire y su familia de empresas.

Las raíces de International Dairy Queen, Inc. se remontan a la fundación en 1927 de Homemade Ice Cream Company, constituida en Davenport, Iowa, por parte de John F. (*Grandpa* [Abuelo]) McCullough y su hijo Alex. Ambos eran innovadores fabricantes de helados que experimentaban en el sótano del Abuelo con la temperatura y la textura, y pronto trasladaron sus operaciones al otro lado de la frontera estatal, a Green River, Illinois.[309] Los McCullough fueron pioneros en la fabricación de helados semicongelados y suaves que Dairy Queen convertiría después en una marca icónica.

307. Ibídem.

308. Edwin E. Lehr, *Colossus in clay: Acme Brick Company*, Walsworth, Estados Unidos, 1998, p. 237.

309. Para más información sobre Dairy Queen: *International directory of company histories*, vol. 39, St. James, Estados Unidos, 2001; Caroline Hall Otis, *The cone with the curl on top: The Dairy Queen story, 1940-1980*, International Dairy Queen, Estados Unidos, 1990; Bob Miglani, *Treat your customers: Thirty lessons on service and sales that I learned at my family's Dairy Queen store*, Hyperion, Estados Unidos, 2006.

En 1938, el Abuelo McCullough convenció a uno de sus clientes, Sherb Noble, para que organizara una venta de helados suaves para probar el interés de los consumidores. La venta fue un éxito y su repetición en otras tiendas confirmó la corazonada del Abuelo, que pensaba que a la gente le encantaría el producto. Había descubierto un secreto del oficio: el helado se congelaba para mayor comodidad de los fabricantes y vendedores, pero no para que los consumidores lo disfrutasen como debe ser.[310]

Al principio, los McCullough no consiguieron que ningún fabricante diseñara o construyera los congeladores y dispensadores necesarios para servir su helado suave. Sin embargo, por suerte, el Abuelo vio por casualidad un anuncio publicado en el periódico *Chicago Tribune* en el que se hablaba de un congelador continuo recién patentado que podía dispensar su producto. Así que se puso en contacto con el inventor que anunciaba el congelador, Harry M. Oltz, y ambos llegaron a un acuerdo en el verano de 1939. Pactaron compartir los derechos sobre el equipo y los *royalties* derivados de las ventas de helado.

En 1940, los McCullough invirtieron con Noble para abrir la primera tienda Dairy Queen. Aquel negocio prosperó e inspiró la apertura de siete establecimientos regionales más, todos construidos en unos pocos años. Después de la Segunda Guerra Mundial, la cadena alcanzó su punto álgido. La alta afluencia a una tienda de Moline, Illinois, llamó la atención de Harry Axene. Se trataba de un emprendedor especializado en la venta de maquinaria agrícola que enseguida se entusiasmó por la posibilidad de invertir en aquel negocio. De hecho, Axene se puso en contacto con los McCullough y adquirió los derechos para vender su helado suave en determinados territorios estadounidenses. Allí, Axene revendía las tiendas de helados a cambio de una cuota fija inicial y de *royalties* sobre las ventas de helados. Así fue como abrió muchas tiendas en el Medio Oeste. En 1947 había abierto 100 establecimientos Dairy Queen por todo el país.

Aunque las tiendas tuvieron éxito, los acuerdos comerciales se asemejaban más a una venta única de derechos de propiedad in-

310. Otis, *The cone...*, *op. cit.*, p. 11.

telectual que a las relaciones continuas propias de una franquicia. Ni Axene ni los McCullough brindaban una coordinación centralizada al proceso. Los operadores de las tiendas eran empresarios que invertían los ahorros de toda su vida en aquellos negocios y los gestionaban después a su antojo. Las tiendas se extendieron rápidamente por Estados Unidos y Canadá. Había 1.400 a principios de la década de 1950 y unas 3.000 en 1960. Como bromeaba un veterano de la empresa, «Dairy Queen empezó con brazos y piernas por todas partes, pero era un cuerpo sin cabeza».[311]

Las carencias organizativas se hicieron patentes en 1954, cuando expiró la patente de Oltz sobre el congelador continuo, lo que llevó a algunos establecimientos a dejar de pagar los cánones.[312] Los McCullough presentaron una demanda, alegando que dicha tasa no se limitaba a la patente y también abarcaba los pagos por el nombre comercial de Dairy Queen. La situación fue a peor, puesto que algunos operadores alegaron que no habían adquirido sus derechos de los McCullough, sino de Axene. El litigio se hizo largo, costoso y complejo. En 1962, el nerviosismo se apoderó de todas las partes y los McCullough prefirieron llegar a un acuerdo.

A través de éste, los McCullough renunciaron a todas sus reclamaciones y vendieron sus participaciones a un grupo de inversores formado por varios operadores de un gran número de tiendas ubicadas en grandes territorios: Gilbert Stein, que sumaba 173 comercios en Illinois y Misuri; James C. Cruikshank, que poseía 64 tiendas en Georgia, y Burt y Miller Myers, un padre y un hijo que contaban con cientos de establecimientos en Minnesota, Wisconsin y el este de Canadá. El grupo pagó a los McCullough un total de 1,5 millones de dólares y luego pidió un préstamo para adquirir el resto de los territorios. Había comenzado una segunda etapa empresarial.

Ante la necesidad de una mayor coordinación central, el grupo creó una nueva empresa llamada International Dairy Queen para organizar el sistema. Con sede en Minnesota, adoptaron formalmente el modelo de negocio de franquicia que estaba ga-

311. Ibídem, p. 34 (cita a Sam Temperato).
312. Ibídem, pp. 56-57.

nando popularidad. Dicho modelo, incubado ya en 1924 por Allen and White's A&W Root Beer o en 1939 por los hoteles Howard Johnson, proliferó tras la Segunda Guerra Mundial.[313] Después de la guerra, el formato era más amplio e incluía un plan de negocio, una estrategia de marketing, un manual de funcionamiento y distintas normas comunes para el control de calidad.[314]

313. Ver: William L. Killion, «The modern myth of the vulnerable franchisee: The case for a more balanced view of the franchisor-franchise relationship», *Franchise Law Journal*, 23 (2008), p. 28.

314. Las franquicias empresariales ofrecían un modelo que apelaba simultáneamente a dos creencias paradójicas de muchos estadounidenses: por un lado, la veneración por la pequeña empresa; por otro lado, la sensación de que las grandes empresas son necesarias para el éxito. Las franquicias ofrecían tanto los beneficios personales de la propiedad como la competencia propia de los mercados de la América corporativa. Thomas S. Dicke, *Franchising in America: The development of a business method, 1840-1980*, University of North Carolina Press, Estados Unidos, 1992. Las franquicias también tienen el sello del *sueño americano*. A cambio de una inversión inicial relativamente baja, un empresario de medios modestos puede poseer y explotar su propia empresa. Hoy en día se trata de un modelo de negocio estándar, que atrae a millones de personas por la emoción de crear un proyecto empresarial que está respaldado por una organización coordinadora. Alrededor de 1970, Dairy Queen y muchos otros franquiciadores de todo el país enfrentaron dificultades. En la década de 1960 se había producido un *boom* de franquicias: se crearon 670.000 franquicias bajo 1.000 marcas. Ver: Harry Kursh, *The franchise boom*, Prentice Hall, Estados Unidos, 1968. Sin embargo, el *boom* acabó en fracaso. Un coro de voces críticas aireó historias de franquiciadores sin escrúpulos que se aprovechaban de aspirantes ingenuos. Se trataba de franquiciados que soñaban con dirigir su negocio en familia, pero carecían de experiencia o sofisticación. Sin embargo, la realidad no era tan mala como sugerían aquellas historias negativas que fueron destacadas durante la crisis. De hecho, la Comisión Federal de Comercio de Estados Unidos detectó simplemente algunos problemas ocasionales y en ningún caso males generalizados. Ver: Killion, «The modern...», art. cit., pp. 26-27 y pp. 56-57 (cita al consejero general de la FTC). Investigadores de la Universidad de Wisconsin llegaron a la conclusión de que los efectos económicos netos de las franquicias fueron positivos, sobre todo porque brindaron la oportunidad de tener un negocio propio a muchos emprendedores que, de esta forma, pudieron vivir el llamado «sueño americano». Ver: Urban B. Ozanne y Shelby D. Hunt, *The economic effects of franchising*, Government Printing Office, Estados Unidos, 1971.

El nacimiento de la franquicia Dairy Queen fue único, en el sentido de que los franquiciados (Stein, Cruikshank y los Myers) crearon el ente franquiciador. Normalmente, una empresa organiza su negocio y luego recluta y forma a los franquiciados para que lo repliquen, como es el caso de Midas Muffler, Radio Shack o Ramada Inns.[315] En Dairy Queen, los franquiciados organizaron el cuerpo franquiciador, que de hecho constituyeron. Además de adquirir territorios, integraron las compras, la publicidad, el desarrollo de nuevas tiendas, la formación de empleados, la investigación de productos y las oportunidades en el extranjero. Se actualizaron los acuerdos de franquicia, exigiendo a los franquiciados que no pagaran únicamente cánones por los productos de marca, como hacían los McCullough y Axene, sino un porcentaje de todas las ventas.

Aunque estos esfuerzos supusieron pasos significativos hacia la unificación del sistema, también hubo deficiencias en el proceso. Uno de los factores fue conciliar las diferentes visiones estratégicas de los franquiciados, cada uno de los cuales gestionaba su cadena como mejor le parecía. Y una vez que se pusieron de acuerdo sobre la estrategia, persistieron los problemas heredados del enfoque laxo que se había adoptado desde el principio, en los años de la familia McCullough y Axene. A finales de la década de 1960, el nuevo franquiciador había perdido su enfoque en los franquiciados, y los ejecutivos de Dairy Queen propusieron una salida a Bolsa. Para preparar el proceso, los asesores instaron a añadir más tiendas al programa, para así establecer un mayor potencial de crecimiento.[316] Dairy Queen siguió el consejo, pero en su afán por cumplir los objetivos de cantidad, comprometió la calidad. Muchas de las nuevas tiendas estaban mal ubicadas, mal gestionadas y mal financiadas.[317]

Para agravar la pérdida de foco de la sede central respecto a los franquiciados, el franquiciador siguió la moda de los conglo-

315. Killion, «The modern...», *op. cit.*, p. 25.

316. John W. Mooty, entrevista telefónica con el autor, conversación mantenida el 3 de octubre de 2013.

317. Otis, *The cone...*, *op. cit.*, pp. 81-82.

merados de la época adquiriendo negocios en campos no relacionados, incluida una empresa de alquiler de esquís y una cadena de *campings*.[318] En 1970, Dairy Queen propuso adquirir National Car Rental System, una franquicia que acababa de recuperar un grupo de empresarios de Minnesota encabezado por Kenneth C. Glaser, William B. McKinstry, Rudy Luther y John W. Mooty.[319] Aunque esta propuesta no fructificó y National Car fue vendida a Household Finance International, Inc., Dairy Queen volvió a ponerse en contacto con los empresarios de Minnesota, esta vez para preguntarles si estaban interesados en adquirir Dairy Queen.

McKinstry y Mooty llevaron a cabo una exhaustiva investigación. Pese a que el órgano franquiciador tenía graves problemas financieros, lo cierto era que, por lo general las franquicias estaban en buena forma. Parecía posible corregir los problemas del franquiciador y convertir Dairy Queen en el negocio de referencia. Esto significaba establecer firmemente una organización integral, algo que nunca se había desarrollado durante el período de McCullough-Axene y que los franquiciados habían intentado consolidar sin mucho éxito. Las tiendas Dairy Queen funcionaban prósperamente en todo el país, pero debido a los azarosos orígenes de la empresa, muchas de sus tiendas, incluidas las de Texas, tenían poca o ninguna afiliación con el franquiciador.

El grupo de Minnesota adquirió Dairy Queen e inmediatamente volvió a lo básico, centrándose en organizar a los franquiciados. Los inversores pagaron 3 millones de dólares en efectivo y comprometieron 2 millones en capital circulante a cambio de una gran mayoría de las acciones de Dairy Queen. Inmediatamente inyectaron otros 5 millones de dólares, redujeron los gastos generales y adoptaron una política basada en los intereses de los franquiciados.

Los nuevos propietarios-gestores operaron bajo la presidencia de McKinstry durante un breve período, y a continuación pasaron a trabajar bajo la dirección de Mooty. La siguiente década

318. Ibídem, p. 82.

319. Ibídem, p. 94. Ver también: Mooty, entrevista con el autor.

se dedicó a integrar debidamente aquel complejo sistema. Dedicaron millones de dólares más a adquirir los distintos negocios que tenían en marcha en Norteamérica, empezando por California y Pensilvania, y acabando por incluir el oeste de Canadá y Texas. Solamente las operaciones ligadas a este último territorio supusieron una inversión de 14 millones de dólares. Los nuevos gestores cerraron las tiendas que no funcionaban, promovieron normas uniformes, establecieron un sistema de distribución eficiente y pusieron en marcha un exitoso programa de publicidad. Dairy Queen amplió sus menús para ir más allá de los helados y ofrecer una gama completa de productos, incluyendo hamburguesas, perritos calientes y otros alimentos básicos de los establecimientos de comida rápida estadounidense.

En 1980, los ingresos superaron los 1.000 millones de dólares, lo que convirtió a Dairy Queen en el quinto mayor grupo de comida rápida de Estados Unidos, solamente por detrás de Burger King, Kentucky Fried Chicken (KFC), McDonald's y Wendy's. Dairy Queen tenía más establecimientos (4.800 en total) que el resto de las cadenas de comida rápida, salvo KFC y McDonald's. En 1985, Dairy Queen lanzó con gran éxito el Blizzard, un helado suave que se podía mezclar con caramelo, galletas o fruta. Durante los dos años siguientes, acentuando sus raíces en el lado de las operaciones, adquirió algunas cadenas rivales de restaurantes de franquicias, como Karmelkorn, nacida en Wyoming y adquirida por Dairy Queen en 1986, u Orange Julius, con sede en California y comprada por la compañía en 1987.

El grupo transmitió su compromiso con la continuidad en la gestión y la propiedad y la permanencia, valores vitales para los franquiciados.[320] Las tiendas de Dairy Queen son una operativa local. Prácticamente todas son franquicias y no propiedad de la empresa matriz. Están dirigidas por empresarios, a menudo como negocios familiares. Muchos adquieren tiendas adicionales a medida que su negocio prospera o su familia crece. El grupo inversor fomentó la expansión, prefiriendo la seguridad de trabajar con franquiciados comprometidos con proyectos de larga duración.

320. Otis, *The cone...*, *op. cit.*, p. 121.

Dairy Queen es una organización muy descentralizada en la que los franquiciados gozan de amplia autonomía. Algunos poseen territorios que subdividen, y algunas de esas subdivisiones se dividen a su vez entre varios franquiciados. Muchos subgrupos de franquiciados crean asociaciones entre ellos, a menudo de ámbito regional, para coordinarse y satisfacer las necesidades locales. La más importante es el Texas Dairy Queen Operators' Council, que coordina el marketing y las operaciones de las tiendas de Texas, un guiño a la historia de las tiendas del estado que estaban fuera de la organización original de Dairy Queen.

Los franquiciados de Dairy Queen suelen participar activamente en las comunidades locales: patrocinan equipos de béisbol de ligas menores, dirigen actividades eclesiásticas o forman parte de consejos escolares. Las tiendas organizan reuniones comunitarias y sociales, y son lugares de encuentro para las familias. Dairy Queen ha asumido un lugar distintivo en la cultura estadounidense, reflejado en libros populares como *Walter Benjamin at the Dairy Queen: Reflections at sixty and beyond*, de Larry McMurtry, *Chevrolet summers, Dairy Queen nights*, de Bob Greene, o *Dairy Queen days*, de Robert Inman.

En 1996, Rudy Luther, que poseía el 15 por ciento de las acciones de Dairy Queen como miembro del grupo inversor de Minnesota, falleció. Su familia preguntó a Buffett si estaría interesado en comprar su participación. Buffett no lo estaba, aunque anteriormente había manifestado su interés por que Berkshire comprara toda la empresa y así lo reiteró. La familia y la dirección, encabezada por Mooty, decidieron que había llegado el momento de vender, y se llegó a un acuerdo para que Berkshire comprara Dairy Queen.[321] En el momento de la adquisición por parte de la corporación, Dairy Queen contaba con 5.792 establecimientos en 23 países, así como 409 establecimientos de la cadena Orange Julius y 43 tiendas de Karmelkorn. Para que la operación no exigiese un pago de impuestos a los accionistas de

321. Susan Feyder, «Auto dealer's death influenced IDQ's decision to sell», *Star Tribune*, 22 de noviembre de 1997.

Dairy Queen, el grupo insistió en que Berkshire ofreciera pagar la compra en efectivo o en acciones.

De no haber sido por Berkshire, Mooty está convencido de que él y su grupo inversor seguirían siendo propietarios de Dairy Queen. En una entrevista realizada para este libro, Mooty me explicó que la operación se cerró posiblemente a un precio inferior al valor financiero porque Berkshire ofrecía algo muy valorado por cada una de las tres patas de Dairy Queen: accionistas, empleados y franquiciados.[322]

En cuanto a los accionistas, todos los miembros del grupo inversor optaron por adquirir acciones de Berkshire, que representaban un gran porcentaje del patrimonio neto de cada uno de ellos. Creían que Berkshire era una empresa excepcionalmente bien gestionada, con acciones valiosas para poseer de forma permanente. La dirección y otros empleados apreciaban el compromiso de la corporación con la autonomía. El conglomerado tenía un historial probado de mantenimiento de la gestión existente en el lugar, una promesa cuya credibilidad se ve reforzada por la ausencia de divisiones o niveles de gestión en la matriz corporativa de Berkshire. Por último, su compromiso con la permanencia tranquilizó a los franquiciados en el sentido de que, conociendo a Buffett, estarían sin duda en buenas manos durante las décadas siguientes.

El hijo de John Mooty, Charles W. Mooty, fue consejero delegado de Dairy Queen entre 2001 y 2007. Le sucedió John Gainor, a quien los Mooty y otros directivos nombraron con la aprobación de Buffett.[323] En la actualidad, hay 6.300 restaurantes Dairy Queen.[324] Entre las franquicias más grandes se encuentran las propiedades de Frauenshuh Hospitality Group, una empresa familiar dirigida por Matthew Frauenshuh. Propietario desde hace tiempo de 61 establecimientos por todo el Medio Oeste, en 2011 adquirió otros 58 locales en Kentucky e Indiana, financiados en

322. Mooty, entrevista con el autor.

323. Ibídem.

324. Stephanie Steinberg, «Around the water cooler with Dairy Queen's CEO», *U.S. News & World Report*, 23 de julio de 2013.

parte con 26,5 millones de dólares que inyectó GE Capital.[325] Los franquiciados de Dairy Queen siguen reuniéndose periódicamente en encuentros anuales o bianuales para intercambiar ideas comerciales y socializar.

Un conocedor de Dairy Queen explicaba así su historia:

> Siempre he pensado en Dairy Queen como una empresa que triunfó a pesar de sí misma. Aunque la mayoría de nuestros problemas son el resultado de los errores cometidos en la creación del sistema de franquicias, ese mismo sistema nos ha llevado al éxito. Fíjese en los directores de tienda típicos: son una madre y un padre que invierten los ahorros de su vida y trabajan día y noche para triunfar. Pues bien, luego multipliquen esa experiencia por miles de veces. Ese espíritu emprendedor siempre ha sido, y sigue siendo, el alma del sistema de Dairy Queen.[326]

Este capítulo refleja el espíritu emprendedor que ha impregnado la cultura corporativa de Berkshire. Los directivos de los negocios de la corporación tienden a ser emprendedores por naturaleza, propagando culturas de experimentación, innovación y tenacidad. Al igual que los protagonistas de las novelas de Horatio Alger, cuentan muchas historias de transformación de la pobreza en riqueza, de empresas familiares en negocios multimillonarios. Buffett dio ejemplo, como empresario por excelencia en el campo de las adquisiciones, donde su persistente agilidad oportunista transformó un negocio textil moribundo en un conglomerado galáctico. El espíritu emprendedor se nutre de otro rasgo de Berkshire inherente a modelos empresariales como los centros de distribución de Acme Brick y las franquicias de Dairy Queen: una filosofía de gestión no intervencionista, que da autonomía a las personas. A ello alude el próximo capítulo.

325. Michael Webster, «GE Capital provides $26.5 million to Dairy Queen franchisee», *Franchise-Info*, 27 de abril de 2011.

326. Otis, *The cone...*, *op. cit.*, p. 67 (cita a Sam Temperato).

8

Gestión no intervencionista

En la sede central de Omaha, Berkshire emplea a dos docenas de personas. En todo el mundo, las filiales de la corporación emplean a más de 300.000 personas. La cúpula apuesta por una gestión no intervencionista, haciendo hincapié en la descentralización y la autonomía individual de sus negocios. Son valores que definen la cultura de Berkshire. Por el contrario, la mayoría de las organizaciones empresariales suelen operar a través de jerarquías compuestas por una cadena de mando burocrática. Actúan a través de comités y reuniones, con múltiples niveles de información y numerosos procesos e instancias de revisión.

La apuesta por una gestión no intervencionista de Berkshire se adoptó por elección, pero se hizo necesaria por defecto. Con un número tan grande de filiales dedicadas a una gama tan amplia de negocios, ejercer un control estricto no sería factible. La elección de operar de forma descentralizada desde un primer momento fue, pues, reflejo de la creencia en el valor de la autonomía y la convicción de que las personas a las que se confía la autoridad de forma adecuada suelen ejercerla fielmente.[327] El va-

327. Ver, por ejemplo, el clásico trabajo de Douglas McGregor, *The human side of enterprise*, McGraw Hill, Estados Unidos, original de 1960, edición revisada de 2005.

lor empresarial es el resultado de dejar que las personas responsables tomen decisiones, ya sea sobre fabricación, distribución, servicio al cliente, adquisiciones o cualquier otro aspecto del manejo de una compañía.

Al igual que Berkshire Hathaway adopta un enfoque descentralizado, también lo hacen muchas de sus filiales. En todo el universo que conforma la corporación, hay decenas de empresas en las que los individuos cuentan con el apoyo de una estructura corporativa más amplia, pero tienen la facultad de impulsar su propio éxito.

El caso de The Pampered Chef, fundada por Doris Christopher, nos ofrece una vívida ilustración de algunas de las ventajas —y dificultades— de las organizaciones que desarrollan una amplia autonomía en su seno. El modelo de negocio de Christopher se basa principalmente en delegar el poder en los demás.

A finales de la década de 1960, Doris Christopher impartía un curso de economía del hogar en un programa especial de la Universidad de Illinois.[328] En 1980, a la edad de 35 años y con sus hijos en la escuela, se enfrentó al reto de encontrar un equilibrio entre la vida laboral y familiar que le permitiera disfrutar de una carrera gratificante y de una maternidad feliz.[329] Al resolver satisfactoriamente este reto, Christopher ganó un Premio Horatio Alger y fue nombrada Empresaria del Año por Ernst & Young.

Por sugerencia de su marido, Christopher recurrió a una versión moderna del anticuado modelo de negocio de Tupperware, la comercialización directa de sofisticados utensilios de cocina que se vendían a través de reuniones en los hogares. En 1980, pidió prestados 3.000 dólares de una póliza de seguro de vida,

328. Doris Christopher, *The Pampered Chef: The story of one of America's most beloved companies*, Currency Doubleday, Estados Unidos, 2005. Otros recursos sobre The Pampered Chef: Karen Linder, *The women of Berkshire Hathaway: Lessons from Warren Buffett's female CEOs and directors*, Wiley, Estados Unidos, 2012, cap. 3; Doris Christopher, *Come to the table*, Hachette, Estados Unidos, 2008; *International directory of company histories*, vol. 18, St. James, Estados Unidos, 1997.

329. Michele L. Fitzpatrick, «Recipe for success», *Chicago Tribune*, 14 de abril de 1996.

que fue la única deuda que contrajo para lanzar la empresa. Christopher compró un inventario de utensilios al por mayor y comenzó su negocio. Organizaba «exposiciones de cocina» (no *fiestas Tupperware*) y llamaba a su equipo de ventas «asesoras de cocina» (no *señoras Avon*). En estos encuentros, las asesoras cocinaban sus mejores platos y los invitados disfrutaban de un verdadero festín.

El negocio, que inicialmente funcionaba en el sótano de la casa familiar de Christopher, creció lentamente al principio. Las ventas del primer año (1981) ascendieron a 67.000 dólares, con 12 asesores de cocina. En 1984, las ventas alcanzaron los 400.000 dólares. El sótano se quedó pequeño. En 1989, contaba con 200 asesores de cocina que generaron unos ingresos de 3,5 millones de dólares.

A medida que aumentaba el número de asesores de cocina, los ingresos crecían a la par. En 1991, 10 millones de dólares; en 1993, 65,3 millones; en 1995, 200 millones; en 1997, 420 millones...[330] Para entonces, The Pampered Chef ya contaba con 25.000 asesores de cocina, una cifra que se duplicaría e incluso triplicaría poco tiempo después.

Christopher elegía los productos cuidadosamente, con la vista puesta en hacer que la experiencia culinaria fuera agradable tanto para los profesionales como para los principiantes.[331] Experimentó con todas las herramientas antes de comercializarlas e incluso elaboró recetas y menús ella misma, para demostrar su uso de forma práctica.

Sin embargo, la clave del éxito de la empresa fue su equipo de asesores de cocina. Ejemplo exquisito de descentralización y autonomía, estos consultores hacían un modesto pago inicial para hacerse con un kit de demostración que luego utilizaban en sus encuentros con los clientes. La empresa añadía nuevos artículos varias veces al año, que los consultores estaban obligados a comprar y comercializar. Por otro lado, The Pampered Chef propor-

330. Linder, *The women...*, *op. cit.*, pp. 76-77.

331. Robert A. Mamis, «Master of bootstrapping administration», *Inc.*, 1 de agosto de 1995.

ciona a los consultores orientación para sus demostraciones, incluyendo recetas o instrucciones de manejo.

La incorporación de cada vez más asesores aumentó los ingresos y los beneficios sin incrementar los gastos. Todos ellos ganan una comisión inicial del 20 por ciento sobre las ventas brutas, más un 2 por ciento adicional por las ventas brutas que se sitúen por encima de un nivel objetivo. Los asesores de cocina trabajan tanto como desean, mucho o poco, con la única condición de que sus ventas alcancen un umbral mínimo mensual relativamente bajo. Otros incentivos ofrecidos a quienes se incorporan al equipo de The Pampered Chef incluyen primas en forma de vacaciones familiares con todos los gastos pagados.

Christopher elogia a los consultores como la «joya de la corona» de la empresa, afirmando que son «con diferencia, nuestro activo más valioso» y describiéndolos como el «corazón y el alma de nuestro negocio».[332] Subraya que son independientes, no empleados de The Pampered Chef, de modo que constituyen «un ejército de empresarios autónomos».[333] No tienen horarios fijos ni territorios específicos de venta. La mayoría de las organizaciones de venta directa celebran reuniones de ventas semanales, pero en The Pampered Chef basta con una convocatoria mensual, que de hecho se realiza de forma discreta y tranquila, lejos del clima de exigencia que se aprecia de forma recurrente en las reuniones de profesionales dedicados a ventas corporativas, citas que a menudo parecen casi una olla a presión. En el caso de The Pampered Chef, son encuentros tanto sociales como profesionales, lo que ayuda a levantar la moral y ofrece la oportunidad de intercambiar ideas útiles para la actividad desarrollada.[334]

The Pampered Chef también utiliza un modelo de marketing multinivel. Los asesores pueden reclutar a otros asesores y ganar comisiones por sus ventas (llamadas *overrides*). La oportunidad de generar estos ingresos adicionales anima a la gente a formar su propio equipo de ventas. The Pampered Chef se asegura de

332. Christopher, *The Pampered...*, *op. cit.*, p. 111 y p. 198.
333. Ibídem, p. 148.
334. Ibídem, p. 124 y p. 126.

que estos acuerdos impulsen, en última instancia, las ventas formalizadas entre los consumidores, para evitar los escenarios que se han visto en otros esquemas de venta multinivel, donde los grandes distribuidores se dedican a extraer ventas a los operadores más pequeños, lo que no es más que un esquema piramidal. En los programas de marketing multinivel, la disyuntiva entre autonomía y autoridad es evidente. Si se da poder comercial a los distribuidores, la mayoría lo adoptará de forma responsable y rentable; si se restringe la fuerza de ventas mediante un fuerte control interno, muchos no rendirán tan bien.

Christopher es una gestora práctica por naturaleza y construyó The Pampered Chef trabajando sin descanso y sumergiéndose en los detalles operativos. El modelo de negocio, sin embargo, exigía dar autonomía a los asesores y la tarea de escalar el proyecto acabó exigiendo una enorme delegación en sus colegas a nivel corporativo. Christopher cree en el principio de «responsabilidad con autoridad».[335] «A la gente no le gusta que le den órdenes [...]. Démosles la libertad de correr con la pelota.»[336]

El mayor problema de The Pampered Chef fue el de gestionar el crecimiento de sus ingresos.[337] A finales de la década de 1980, por ejemplo, el ritmo de aumento se multiplicó tan rápidamente que el volumen de ventas superó la capacidad de gestión de inventario, cumplimiento de pedidos, cobros y procesamiento de pagos. La compañía se enfrentó a un dilema familiar con el que lidian muchos empresarios de éxito a la hora de decidir si van a mantener el crecimiento asumiendo algún coste en términos de calidad de servicio o si optarán por ralentizar el crecimiento y mantener los estándares. En la venta directa, la congelación de la contratación puede ser una señal de muerte, en la medida en que envía una mala señal a los consumidores y supone un bajón en la moral de las tropas. Pero, en 1990, The Pampered Chef optó por la calidad frente a la cantidad y anunció la congelación temporal de nuevas contrataciones. Este controver-

335. Ibídem, p. 173.
336. Ibídem.
337. Ibídem, pp. 162-167.

tido y valiente paso ayudó a anteponer los valores fundamentales de la empresa ante la mejora de los beneficios a corto plazo, pero se tradujo finalmente en beneficios económicos más notables a largo plazo. Christopher reflexionó sobre lo ocurrido algunos años después:

> En retrospectiva, la congelación de las contrataciones mejoró nuestra reputación ante el personal de ventas, los clientes y los proveedores. La gente nos veía como una empresa honesta que intentaba hacer lo correcto y no quería sobrepasar su propia capacidad. Somos muy conservadores en nuestras prácticas empresariales. Somos así por naturaleza, y nuestra gente lo sabía. Cuando les decíamos algo, sabían que era la verdad.[338]

En 2002, las ventas anuales superaban los 700 millones de dólares, gracias a 67.000 asesores de cocina.[339] Christopher cimentó sus planes para el futuro de la empresa poniéndose en contacto con Berkshire y concertando una reunión con Buffett que acabaron celebrando en Omaha. Mirándola fijamente, Buffett le explicó que la venta a Berkshire no aumentaría su patrimonio neto. De hecho, podría reducirlo.[340] La operación consistía en cambiar un activo que poseía directamente (la empresa) por efectivo que Christopher invertiría después en diversos activos. En el futuro, Buffett le advirtió de que su empresa valdría probablemente más que tal cartera de activos. Y acto seguido, le preguntó por qué quería cerrar la venta.

338. Ibídem, pp. 166-167. Otras filiales de Berkshire han resuelto el dilema del mismo modo. Bill Child, de RC Willey, dijo que «si creces demasiado rápido, la infraestructura y los sistemas de la empresa no son capaces de soportarlo. Deben crecer al mismo ritmo que crecen las ventas. De lo contrario, la empresa se vuelve ineficaz en la entrega de su producto. El resultado son unos costes más elevados y una menor satisfacción del cliente». Citado en: Benedict, *How to build...*, *op. cit.*, pp. 108-109. Antes de convertirse en filiales de Berkshire, algunas empresas no respetaban estos principios. Ver el cap. 11 para el ejemplo de Brooks Sports, Inc.

339. Berkshire Hathaway, Inc., *2002 Annual Report*, «Carta del presidente».

340. Christopher, *The Pampered...*, *op. cit.*, pp. 243-244.

La fundadora de The Pampered Chef explicó su decisión en términos de valores: quería vender a Berkshire para proteger a sus vendedores y empleados y mantener la cultura que habían construido juntos. Christopher se había planteado una oferta pública de venta, que puede reportar grandes beneficios a los empresarios de éxito. (Recordamos que Jim Clayton señaló que los millones que ganó al cotizar en Bolsa explican por qué tantos empresarios se plantean una OPV.) Sin embargo, valoraba la opción de vender la compañía a Berkshire porque Buffett y su equipo no se iban a entrometer en las operaciones y, además, ofrecían una promesa de permanencia.[341] A Buffett, que tiene una extraña habilidad para demostrar su carácter en reuniones breves, le gustó Christopher al instante. Los dos llegaron a un acuerdo en apenas tres semanas. Como en muchos otros casos con Berkshire, los empleados recibieron una prima de agradecimiento equivalente a 1.000 dólares por cada año que habían trabajado en la empresa.

Un ejemplo del apoyo y la consideración hacia los asesores de cocina fue la forma en que Berkshire abordó una controversia política que, en 2003, llevó a la terminación del programa de contribuciones benéficas de los accionistas de la empresa de Buffett. En la mayoría de las compañías, los consejos eligen qué organizaciones benéficas reciben los fondos que la firma dedica a estas cuestiones, pero eso va en contra de la cultura de Berkshire. Concebido por Munger en 1981, el programa de la corporación permitía a los accionistas nombrar las organizaciones a las que querían hacer aportaciones, mientras que la cantidad total que se desembolsaba era fijada por el consejo.[342] El programa era muy popular entre los accionistas de Berkshire, no sólo porque permitía ejercer una labor de filantropía sin esfuerzo, sino también porque este tipo de donación era algo más eficiente fiscalmente que las contribuciones filantrópicas directas. Los accionistas designaron una amplia gama de beneficiarios, desde los Servicios Sociales Católicos hasta Planned Parenthood.

341. Ibídem, p. 196 y p. 242.
342. Berkshire Hathaway, Inc., *1981 Annual Report*, «Carta del presidente».

La envergadura y el alcance del programa atrajeron la atención de activistas sociales dedicados a temas candentes como el aborto. A principios de primera la década este siglo, estos grupos orquestaron boicots contra filiales de Berkshire y sus productos. Entre sus objetivos se encontraba The Pampered Chef. Los asesores informaron a Christopher de que estaban recibiendo amenazas de activistas que decían que iban a boicotear su negocio si Berkshire seguía financiando organizaciones benéficas con posturas a las que se oponían. Estos boicots mermaron los posibles ingresos de los asesores de The Pampered Chef, un efecto secundario no deseado. La campaña llegó a ser tan intrusiva, que Christopher puso el asunto en manos de Buffett.

A raíz de esta controversia, la corporación suspendió su programa de contribuciones benéficas para accionistas. Esta decisión refleja un elemento propio de la unión de la gestión no intervencionista con la autonomía individual, que no deja a las personas solas, sino que les proporciona apoyo. Para que la autonomía funcione en una organización intensamente descentralizada, este compromiso debe extenderse a todos los que ejercen la autonomía en nombre de la organización. En el caso de The Pampered Chef, esto incluye a sus asesores de cocina. El coste que suponía para Berkshire cancelar el plan de contribuciones benéficas de los accionistas era asumible porque, en nombre de los valores más fundamentales de la corporación, salvaguardaba la autonomía y la integridad.

Buffett lo expresó así:

> [Los boicots] significaron que personas que confiaban en nosotros, pero que no eran empleados nuestros ni tenían voz en la toma de decisiones de Berkshire, sufrieron graves pérdidas en sus ingresos. Para nuestros accionistas, el hecho de que Berkshire hiciera las donaciones, en lugar de que ellos las hicieran directamente, suponía una modesta ventaja fiscal. Pero estas ventajas palidecían cuando se comparaban con el daño causado a los leales asociados [de The Pampered Chef] que con gran esfuerzo personal habían creado sus propios negocios. De hecho, Charlie y yo no vemos nada caritativo en perjudicar a personas decentes y trabajadoras sólo

para que nosotros y otros accionistas podamos obtener una pequeña eficiencia fiscal.

El verdadero valor de The Pampered Chef está en su gran «flota» de asesores de cocina, como entendió rápidamente Marla Gottschalk, que se convirtió en directora ejecutiva de la empresa en 2006. Gottschalk llegó a The Pampered Chef tras 14 años de carrera como alta ejecutiva de Kraft Food Groups, Inc. Enseguida notó diferencias culturales evidentes. Mientras que Kraft favorece una filosofía de gestión controladora, Berkshire no interviene en el día a día de sus filiales. De igual modo, mientras que Kraft tiene un alto nivel de supervisión sobre sus directivos, The Pampered Chef tiene una capa de gestión muy reducida.[343] Gottschalk se centró principalmente en mantener el atractivo propio de ser asesor de cocina de The Pampered Chef y ayudar a que dichos asesores tengan éxito. Cada mañana estudiaba dos cifras diarias: el volumen de ventas y el número de asesores.[344] De entre ambos indicadores, el número de asesores le resultaba, con diferencia, el factor más importante, al entender que éstos son el activo más valioso de la empresa.

En diciembre de 2013, Gottschalk dejó el cargo de directora ejecutiva de The Pampered Chef. Lo hizo tras haber capitaneado un mandato exitoso, pero también en un momento en que estaba enfrentándose a un crecimiento mediocre. Christopher, que volvía al timón tras su jubilación, encontró intacta la cultura de la autonomía y el espíritu emprendedor de la empresa, pero el modelo de negocio se enfrentaba a los retos de la venta por internet y otros cambios culturales. En una entrevista para este libro, Christopher declaró que está contenta de desempeñar su nuevo papel como directora ejecutiva mientras busca al visionario adecuado capaz de dar forma a la próxima generación de The Pampered Chef.[345]

343. Ver: Chan, *Behind the Berkshire...*, *op. cit.*, p. 116.

344. Ibídem, p. 118.

345. Doris Christopher, entrevista con el autor celebrada en la reunión anual de Berkshire de 2014, el 3 de mayo de dicho año.

El método de venta directa de The Pampered Chef tiene homólogos en las divisiones de Scott Fetzer, más conocida por ser pionera en la venta puerta a puerta de aspiradoras Kirby y enciclopedias World Book o en el marketing televisivo de respuesta directa de los cuchillos Ginsu. La aspiradora Kirby, por ejemplo, siempre se ha comercializado con el sistema de marketing Kirby.[346]

Los distribuidores pagan a Kirby un precio al por mayor y luego revenden el producto a través de los vendedores, que realizan sus ventas puerta a puerta en los hogares de los consumidores. Kirby exige a todos sus vendedores que utilicen el mismo material impreso, incluidos los manuales y las garantías. Al margen de esto, distribuidores y concesionarios dirigen sus negocios como mejor les parece. Los emprendedores prosperan con este tipo de incentivos. Al dar más poder a la fuerza de ventas, la empresa aumenta las ventas sin añadir gastos, lo que incrementa los beneficios y eleva los márgenes.[347]

Una de las principales preocupaciones de cualquier modelo de negocio descentralizado es el control del personal, por ejemplo, cuando los distribuidores maltratan a los vendedores[348] o cuando éstos utilizan tácticas ilegales de venta bajo presión. En Scott Fetzer, los distribuidores de aspiradoras Kirby son empresas autónomas, pero también representan a la marca y a la empresa. Ocasionalmente infringen la política de la empresa sobre prácticas adecuadas de comercialización y empleo, e incluso las leyes de protección del consumidor o las condiciones de trabajo justo.[349] El resultado de ello pueden ser demandas por parte de

346. Ver: Jordan v. Scott Fetzer Co., No. 4:07-CV-80, 2009 WL 1885063 (M.D. Ga.), 30 de junio de 2009.

347. Ver: Joseph Cahill, «Here's the pitch: How Kirby persuades customers to shell out $1,500 for vacuum», *The Wall Street Journal*, 4 de octubre de 1999; Greg Dawson, «Kirby always cleaning up after others», *Orlando Sentinel*, 27 de agosto de 2004.

348. Ver: Lee Howard, «Ex-Kirby employees can join suit», *The Day* (New London, Connecticut), 28 de marzo de 2012.

349. Ver: Cahill, «Here's the pitch...», art. cit.; Dawson, «Kirby always...», art. cit.

particulares y acciones contra la empresa por parte de los poderes públicos.[350]

Para evitar los costes de los enredos legales y minimizar el daño derivado de este tipo de responsabilidades, sería necesario retirar la autonomía a los distribuidores y revisar el modelo empresarial, sometiendo a todos los empleados a procesos de formación, supervisión y corrección muy exhaustivos. Este enfoque impone costes administrativos directos, así como costes no observables que inciden negativamente en la iniciativa empresarial y el espíritu de propiedad que la autonomía genera en los emprendedores. Los directivos de Scott Fetzer han llegado a la conclusión, basada en décadas de experiencia, de que el valor de la autonomía del sistema de distribución compensa estos costes.

La política corporativa de Berkshire establece un equilibrio entre autonomía y autoridad. Buffett publica cada dos años instrucciones escritas que reflejan este equilibrio. La misiva establece los mandatos que la corporación impone a los directores ejecutivos de las filiales: 1) proteger la reputación de Berkshire; 2) informar con celeridad de las malas noticias que puedan surgir en la gestión del negocio; 3) consultar sobre cambios en las prestaciones posteriores a la jubilación o sobre grandes gastos de capital en los que se pueda incurrir (incluidas las adquisiciones, que por lo general se fomentan); 4) adoptar un horizonte temporal de 50 años; 5) remitir a Omaha cualquier oportunidad de adquisición por parte de Berkshire; y 6) presentar recomendaciones por escrito sobre la sucesión al frente de la compañía.[351] Por lo demás, Berkshire hace hincapié en que los directivos son elegidos por su excelencia y se les insta a actuar en consecuencia.

Berkshire delega, en la medida de lo posible, en los directores ejecutivos de las filiales, para que las cuestiones operativas se re-

350. Ver: Jordan v. Scott Fetzer Co., n. 4:07-CV-80, 2009 WL 1885063 (M.D. Ga.), 30 de junio de 2009; Howard, «Ex-Kirby...», art. cit.

351. Ver: Miles, *The Warren Buffett...*, *op. cit.*, pp. 357-358. Cita órdenes que Buffett comunicó por escrito.

suelvan sin apenas supervisión central. Todas las decisiones coyunturales podrían calificarse de tales. El presupuesto de publicidad de GEICO o sus normas de suscripción, las condiciones con las que se conceden los préstamos de Clayton Homes, la calidad medioambiental de las pinturas de Benjamin Moore, la mezcla de productos y de precios de Johns Manville, los negocios de muebles o las joyerías... Ocurre lo mismo con las decisiones sobre contratación, comercialización, inventario o gestión de facturas por cobrar, ya sea en Acme Brick, Garan o The Pampered Chef. La deferencia de Berkshire se extiende a las decisiones de las filiales sobre la sucesión de los altos cargos, incluido el de consejero delegado, como se ha visto en casos como Dairy Queen y Justin Brands.

Munger ha dicho que la supervisión de Berkshire consiste casi en una abdicación. Lou Vincenti, director ejecutivo de la filial financiera de Berkshire, Wesco, desde su adquisición en 1973, dirigió la compañía durante varios años mientras padecía la enfermedad de Alzheimer, sin que Buffett ni Munger estuvieran al tanto de su estado. «Le queríamos tanto —dice Munger—, que incluso después de saberlo le mantuvimos en su puesto hasta la semana en que ingresó en la residencia para enfermos de alzhéimer. Le gustaba venir a la oficina y no nos estaba haciendo ningún daño.»[352] Los dos aligeraron una situación sombría, diciendo en voz baja que ojalá tuvieran más filiales así, tan serias y reputadas que podían ser gestionadas incluso por personas con enfermedades tan debilitantes como ésa.

Hay excepciones obvias al principio de autonomía de Berkshire. Los grandes gastos de capital, o la posibilidad de que se produzcan, llevan a los ejecutivos de reaseguros a consultar puntualmente con la sede central. Berkshire interviene en circunstancias extraordinarias, por ejemplo, el costoso deterioro de las normas de suscripción de Gen Re o la amenaza de repudio de un compromiso de Berkshire con los distribuidores en Benjamin Moore. Berkshire participó en la expansión de RC Willey fuera de Utah y ha hecho valer su criterio cuando han surgido discre-

352. Schroeder, *The snowball...*, *op. cit.*, p. 482.

pancias acerca de costosas decisiones de asignación de capital, como las relativas a la compra de simuladores de aviación de FlightSafety o el aumento del tamaño de la flota principal por parte de NetJets.

Irónicamente, los beneficios de la gestión no intervencionista de Berkshire quedaron patentes en una ocasión en la que Buffett hizo una excepción. El de Omaha convenció a los directivos de GEICO para que lanzaran un negocio de tarjetas de crédito para sus asegurados.[353] Buffett concibió la idea después de preguntarse durante años qué producto podría ofrecer a millones de clientes fieles que confiaban sus seguros de coche a la compañía. La dirección de GEICO advirtió a Buffett que no lo hiciera, puesto que le preocupaba que el resultado fuera un gran volumen de negocio entre sus clientes menos solventes y cifras más modestas entre los más fiables. En 2009, GEICO había perdido más de 6 millones de dólares con el negocio de las tarjetas de crédito y sufrió otro golpe de 44 millones más cuando vendió su cartera de deudas pendientes de cobro aceptando un fuerte descuento sobre su valor nominal. Esta costosa aventura no se habría llevado a cabo si Berkshire se hubiera atenido a su principio de autonomía.

La cuestión más importante —y más difícil— de todas es el precio de la autonomía. Buffett ha explicado la preferencia de Berkshire por la autonomía y la evaluación de los costes relacionados:

> Tendemos a dejar que nuestras numerosas filiales operen por su cuenta, sin que las supervisemos ni controlemos en absoluto. Esto significa que a veces tardamos en detectar problemas de gestión. También implica que, en ocasiones, se toman decisiones [discrepantes] sobre el funcionamiento y el capital [...]. Sin embargo, la mayoría de nuestros directivos utilizan magníficamente la independencia que les concedemos, recompensando nuestra confianza a base de mantener una actitud orientada al propietario que tiene

353. Berkshire Hathaway, Inc., *2009 Annual Report*, «Carta del presidente».

> un valor incalculable y que rara vez se encuentra en las grandes organizaciones. Preferimos sufrir los costes visibles de unas pocas decisiones equivocadas que incurrir en los muchos costes invisibles que se derivan de decisiones tomadas con demasiada lentitud —o que no se toman en absoluto— debido a una burocracia asfixiante.[354]

El enfoque de Berkshire es tan inusual que las crisis ocasionales que se derivan de él provocan un debate público sobre qué es mejor en una cultura empresarial, el modelo de autonomía y confianza que despliega la corporación o el enfoque más común y recurrente, basado en el control y mando. Pocos episodios han sido más desgarradores e instructivos para la cultura de Berkshire que el que protagonizó David L. Sokol, un estimado ejecutivo de alto nivel que había estado involucrado en muchas filiales de Berkshire y que fue considerado sospechoso de uso de información privilegiada en las acciones de una empresa cuya adquisición estaba siendo valorada.

En 2010, Buffett pidió a Sokol, que dirigía MidAmerican Energy y había tomado las riendas de NetJets tras la marcha de Richard T. Santulli,[355] que buscara nuevas oportunidades de adquisición. A todos los jefes de las filiales de la corporación se los anima a hacerlo, pero este encargo más bien parecía una especie de prueba específica para Sokol, que por entonces era considerado el principal candidato para suceder a Buffett.

Sin embargo, Sokol actuó de una forma muy alejada de lo habitual en Berkshire, contratando a banqueros para que le ayudaran en la búsqueda de posibles oportunidades de compra. Sokol ordenó al equipo de Citi que se centrara en la industria química, donde se identificaron 18 objetivos potenciales. Sokol se sintió atraído por una de estas compañías, The Lubrizol Corporation, un fabricante de productos químicos especializados,

354. Ibídem.

355. A finales de 2010, Sokol ocupaba los cargos de director, consejero delegado y presidente de NetJets, así como de director de MidAmerican Energy y Johns Manville.

incluidos aditivos para las industrias del automóvil y el petróleo. El 13 de diciembre de 2010 dijo a los banqueros que preguntaran al director ejecutivo de Lubrizol, James L. Hambrick, si la empresa podría estar interesada en hablar con Buffett sobre su adquisición por parte de Berkshire. Hambrick dijo que plantearía la propuesta al consejo de administración de Lubrizol, y el 17 de diciembre, Citi informó de ello a Sokol. Éste consideraba que Lubrizol era una empresa excepcional y una inversión excelente. Como resultado, durante la primera semana de enero de 2011, Sokol, que tenía unos ingresos anuales de 24 millones de dólares,[356] compró acciones de Lubrizol por valor de 10 millones de dólares. (También había comprado, y luego vendido rápidamente, una cantidad menor de acciones en una operación cerrada a mediados de diciembre.) A la semana siguiente, el 14 de enero, Hambrick llamó a Sokol para expresarle su interés y concertar una reunión con Buffett. Sokol informó entonces a Buffett de la oportunidad de adquisición.

Buffett respondió: «No sé nada de Lubrizol». A lo que Sokol replicó: «Bueno, échale un vistazo. Podría encajar en Berkshire». Buffett preguntó: «¿Por qué?». «Es una buena empresa. Es una empresa tipo Berkshire», respondió Sokol.[357]

Buffett estudió los informes anuales de Lubrizol. No comprendía toda la ciencia química, excepto que los aditivos del petróleo son indispensables para el funcionamiento de los motores. Sin embargo, según Buffett, comprender los detalles arcanos de un negocio es mucho menos importante que entender las características económicas de su sector y la posición de la empresa.[358] Tras hablar con Sokol y almorzar con Hambrick el 8 de febrero, Buffett se hizo una idea de la cultura de Lubrizol y encontró favorables las perspectivas de la empresa.

El 14 de marzo, Berkshire acordó adquirir Lubrizol con una prima del 30 por ciento sobre la cotización bursátil de Lubri-

356. Transcripción de las declaraciones de Buffett en la apertura de la reunión anual de 2011 de Berkshire Hathaway, Inc.

357. Ibídem.

358. Ibídem, Buffett, en respuesta a preguntas de los accionistas.

zol.[359] Tras el anuncio, John Freund, banquero del Citi y corredor de Bolsa de Buffett,[360] le llamó para felicitarle, expresando su orgullo por el papel desempeñado por la entidad para facilitar el acuerdo. Sorprendido, Buffett pidió al director financiero de Berkshire, Marc Hamburg, que llamara a Sokol para pedirle información sobre la participación de Citi en la operación y la titularidad de Sokol de las acciones de Lubrizol. Durante la semana siguiente, Sokol compartió los detalles, ya que los abogados de Berkshire de Munger, Tolles & Olson le interrogaron mientras ayudaban a los abogados de Lubrizol a redactar documentos de divulgación previos a la formalización de la transacción. Buffett estaba en Asia esa semana y, cuando regresó, Sokol presentó su dimisión. El directivo había intentado retirarse de Berkshire en dos ocasiones anteriores, pero Buffett y los demás administradores de la corporación le habían persuadido para que se quedara. Esta vez su renuncia salió adelante.

El 29 de marzo, Buffett redactó un comunicado de prensa informando de la renuncia de Sokol. Antes le envió el borrador para que lo revisara, donde atribuía su dimisión a que los últimos acontecimientos habían echado por tierra las esperanzas de Sokol de suceder a Buffett en Berkshire. Él se opuso a esa explicación. De hecho, no sólo rechazó las pretensiones de suceder a Buffett, sino que afirmó que dimitía por motivos personales y que no creía haber hecho nada malo.[361]

Así que, antes de publicar el comunicado de prensa al día siguiente, Buffett sustituyó la redacción original por un extracto de la carta de dimisión que redactó el propio Sokol. El comunicado atribuía la dimisión a su deseo de gestionar los recursos de su familia. A continuación, Buffett alabó las «extraordinarias

359. Ver: Steve Schaefer, «Buffett breaks out elephant gun for $9B Lubrizol buy», *Forbes*, 14 de marzo de 2011.

360. Ver: Katya Wachtell, «Meet John Freund: Warren Buffett's broker of 30 years and the Citi banker who alerted him to Sokol's deception», *Business Insider*, 2 de mayo de 2011.

361. Ver también: «David Sokol defends his controversial Lubrizol stock purchases», transcripción de CNBC, 1 de abril de 2011. Disponible en: <http://www.cnbc.com/id/42365586>.

contribuciones» de Sokol a Berkshire, haciendo referencia a su papel en MidAmerican Energy, NetJets y Johns Manville. El comunicado resumió las compras de acciones de Lubrizol por parte de Sokol, concluyendo que eran legales y reiterando su afirmación de que no tenían nada que ver con su dimisión.

El comunicado de prensa, emitido el 30 de marzo, suscitó críticas. La gente no podía reconciliar la rectitud habitual que esperaba por parte de Berkshire y Buffett con un comentario tan suave sobre lo que muchos observadores podían entender como un caso de uso de información privilegiada. El comunicado «sugería cierto grado de cercanía [de Buffett] a Sokol y, quizá, cierto grado de reciprocidad y voluntad de dejar pasar lo ocurrido porque el directivo había hecho cosas buenas por Berkshire en el pasado».[362] Los accionistas exigieron saber por qué Buffett no estaba furioso con lo ocurrido.

Él aceptó las críticas, señalando que, si los abogados de Berkshire hubieran redactado el comunicado, lo habrían hecho con más cuidado.[363] Munger reconoció que el comunicado de prensa era defectuoso, aunque advirtió que no había que dejarse llevar por la ira en este tipo de circunstancias.[364] Los abogados de empresa han perfeccionado el sobrio arte de redactar comunicados de prensa, y los directores ejecutivos suelen confiarles la tarea. Al igual que ocurrió con la idea de Buffett de introducir a GEICO en el negocio de las tarjetas de crédito, el error en el que incurrió al redactar él mismo aquel comunicado de prensa puso de relieve el valor de la delegación. En el caso de la salida de Sokol, esto resultó bastante irónico, habida cuenta de cómo los críticos atacaron rápidamente la cultura de Berkshire y la culparon de ser demasiado permisiva.

El comité de auditoría de Berkshire encargó a los abogados de Munger, Tolles & Olson la evaluación del caso. El 26 de abril,

362. Ruling of the Court on Defendants' Motion to Dismiss, In re Berkshire Hathaway Inc. Deriv. Litig., n. 6392-VCL, 2012 WL 978867 (Del. Ch), 19 de marzo de 2012.

363. Transcripción de la reunión anual de Berkshire Hathaway, Inc. de 2011. Buffett hizo estas declaraciones respondiendo a preguntas de los accionistas.

364. Ibídem, Munger, en respuesta a preguntas de los accionistas.

el comité concluyó que la compra de acciones de Lubrizol por parte de Sokol infringía las políticas de Berkshire. Estas políticas restringen a los directivos la compra de acciones de empresas que la corporación está considerando adquirir y prohíben el uso de información corporativa confidencial para cualquier actividad personal y particular. Por encima de todo, Sokol violó la regla primera de la carta bianual de Buffett a los consejeros delegados de Berkshire, que aboga por salvaguardar la reputación de la corporación. La severa reprimenda del comité de auditoría desautorizó el tirón de orejas que supuso el comunicado de prensa de Buffett del 30 de marzo.

La reprimenda se produjo poco después del comunicado de prensa. Los críticos se quejaron por la ausencia de una investigación imparcial. El comité de auditoría es una rama del consejo, de modo que el episodio de Lubrizol planteó la cuestión de la supervisión del consejo. Por otra parte, el comité podría haber contratado a muchas empresas externas para llevar a cabo una auditoría, pero recurrió a Munger, Tolles & Olson, que tiene profundos vínculos con Berkshire.

Sin embargo, el rechazo del comité de auditoría al juicio inicial de Buffett le hizo cambiar de opinión. El 30 de abril, en la reunión anual de Berkshire, Buffett dedicó el segmento de apertura de la sesión al tema. Mostró un fragmento de una entrevista de prensa que realizó 20 años antes con Salomon Brothers. En ella, pedía a los empleados que evitaran comportamientos que no desearían ver en la portada de un periódico. A continuación, Buffett denunció la conducta de Sokol como «inexcusable e inexplicable», una frase que Buffett también había utilizado al dirigirse a los autores del escándalo de Salomon.[365]

Los más críticos sostenían que el mero hecho de que Sokol (o cualquier ejecutivo) violara la política de la compañía suscitaba dudas sobre la eficacia de los sistemas de control interno de la empresa.[366] Los sistemas modernos de control corporativo se ba-

365. El incidente de Salomon fue mencionado en el cap. 1.

366. Ben Berkowitz, «Sokol affair tarnishes Buffett style», *Globe & Mail*, 31 de marzo de 2011. Cita a Charles Elson, de la Universidad de Delaware: «El

san, en gran medida, en órdenes formales, que consisten en procedimientos obligatorios, informes, aprobaciones y supervisión redundante. Berkshire, por el contrario, confía más en las personas que en los procesos.[367] Había quienes opinaban que la cultura de autonomía y confianza de Berkshire era uno de los culpables del asunto Sokol.[368]

Sería exagerado sugerir que cualquier infracción debe servir de antesala para una acusación general contra los controles o la cultura de una empresa. Ningún sistema es capaz de evitar todas las infracciones, ni siquiera uno de mando y control muy eficaz. El episodio de Sokol representa más bien el tipo de cosas que toda empresa espera que disuada esa mezcla de una cultura y unos controles adecuados.[369] Lo ocurrido puso de manifiesto que, en efecto, el modelo de autonomía y confianza de Berkshire tiene limitaciones.[370]

---

hecho de que esto pudiera ocurrir plantea dudas sobre la eficacia de los controles de la empresa para evitar algo así».

367. Berkshire Hathaway, Inc., *2010 Annual Report*, «Carta del presidente».

368. Jenny Strasburg, «Buffett is seen as too trusting», *The Wall Street Journal*, 31 de marzo de 2011.

369. Berkowitz, «Sokol affair...», art. cit. Cita a John C. Coffee, de la Escuela de Derecho de Columbia: «Es el tipo de comportamiento que, por una cuestión de gobernanza corporativa, las empresas de alto nivel intentan evitar».

370. Hay pocas razones para creer que un sistema de control más elaborado hubiera hecho que Sokol se comportara de manera diferente. Supongamos que Berkshire tuviera un gran departamento de cumplimiento, con órdenes y controles muy detallados, incluido un procedimiento específico para autorizar las inversiones personales a través de comités especializados en materia de cumplimiento. Si las políticas generales de largo recorrido que Berkshire consideró que Sokol había incumplido no lo disuadieron de comprar las acciones, no es obvio que añadir una capa adicional de burocracia hubiera tenido un efecto distinto. Al contrario, es posible que el modelo de control y mando acabe desplazando el valor de la cultura de autonomía y confianza, y acabe estimulando más comportamientos que juegan con llevar las cosas al límite. A modo de ejemplo, muchas empresas, incluida Berkshire, tienen una norma específica que prohíbe a sus empleados negociar con una lista de valores restringidos. La lista restringida de Berkshire consiste en valores de empresas en las que la compañía tiene posiciones. Sin embargo, las políticas de Berkshire son más amplias e incluyen también una norma general que prohíbe las operaciones con valores

Munger habló del tema en la reunión anual de Berkshire de 2011, celebrada el 30 de abril:

> Las mejores instituciones [...] seleccionan a personas muy dignas de confianza, y de hecho confían mucho en ellas [...]. Uno gana respeto por sí mismo cuando siente que los demás confían en uno y que es digno de esa confianza. Las mejores culturas en materia de cumplimiento son las que tienen esos pilares basados en la confianza. [Algunas culturas empresariales] tienen grandes departamentos dedicados simplemente a cuestiones de cumplimiento, como vemos en Wall Street, pero con frecuencia son estas instituciones las que más escándalos protagonizan. Así que no es tan sencillo como decir que uno puede mejorar automáticamente el comportamiento a base de hacer más grande el departamento dedicado a cuestiones de cumplimiento. La cultura general de confianza es lo que funciona. Berkshire no ha tenido tantos escándalos de importancia, y no creo que hablemos de cifras muy abultadas en lo referido a sus daños.[371]

En cualquier cultura empresarial, es importante ponderar cómo responden los funcionarios a las transgresiones. En una comparecencia ante el Congreso relacionada con el escándalo del comercio de bonos de Salomon Brothers, Buffett formalizó su admonición al personal de la empresa en palabras que resonaron en el escenario de la junta de accionistas de Berkshire de 2011: «Perded dinero de la compañía, y seré comprensivo; perded sólo una pizca de la reputación de la compañía, y seré despiadado».[372]

---

que Berkshire pueda adquirir. Es fácil elaborar una lista completa de los valores que posee una empresa, pero es imposible garantizar la exhaustividad de una lista de los valores que puede adquirir. Una cultura de control y mando sujeta a normas puede restringir lo primero, pero no lo segundo, puesto que para ello se necesita cierto grado de autonomía y de confianza.

371. Transcripción de la reunión anual de Berkshire Hathaway, Inc. de 2011. Munger hizo estas declaraciones respondiendo a preguntas de los accionistas.

372. Ver el testimonio de Buffett ante el Subcomité de Telecomunicaciones y Finanzas del Comité de Energía y Comercio de la Cámara de Representantes

En medio del asunto Sokol, otras filiales de Berkshire vieron la oportunidad de dar una lección. Todd Raba, director ejecutivo de Johns Manville, donde Sokol había intervenido como presidente, entregó a Buffett una copia de una nota dirigida a los empleados de su compañía que fue enviada a los trabajadores de la firma el mismo día en que se publicó el informe del comité de auditoría. Decía lo siguiente:

> El comité de auditoría concluyó claramente que el señor Sokol puso en peligro los valores relacionados con la integridad que tanto Berkshire como Johns Manville se han esforzado por inculcar en el tejido de ambas empresas. Esto debería servir de trágica lección para todos los empleados de Johns Manville. No hay zonas grises cuando se trata de cuestiones de integridad.[373]

---

de Estados Unidos en 1991, citado en «Buffett's 1991 Salomon testimony», *The Wall Street Journal*, 1 de mayo de 2010. La admonición de Buffett arrancó con las siguientes palabras: «El espíritu en materia de cumplimiento [*compliance*] es tan importante o más que las palabras que podamos formular sobre esta cuestión. Me interesan las palabras adecuadas y estoy interesado en toda la gama de controles internos, pero además he pedido a cada empleado de Salomon que sea responsable de sí mismo en materia de cumplimiento. En primer lugar, se trata de obedecer todas las normas. Además, quiero que los empleados se pregunten si están dispuestos a que cualquiera de sus actos aparezca al día siguiente en la primera página de su periódico local, de modo que sus cónyuges, hijos y amigos puedan leer un reportaje escrito por un periodista bien informado y crítico. Si tomáis en cuenta esta prueba, no debéis temer el otro mensaje que os dirijo: "Perded dinero de la compañía, y seré comprensivo; perded sólo una pizca de la reputación de la compañía, y seré despiadado"».

373. Transcripción de la junta anual de Berkshire Hathaway de 2011. Buffett, en respuesta a las preguntas de los accionistas. Al criticar a Sokol, el comité de auditoría envió una advertencia expresa a todo el personal de Berkshire. Al autorizar a Buffett a hacer público el informe, subrayó: «Ello demostrará públicamente a todos los que trabajan para Berkshire, y a los otros grupos a los que atiende y sirve la corporación, que esta compañía se toma sus políticas muy en serio, y que la instrucción que damos a todos sus representantes para que "jueguen en medio de la cancha" y no en los márgenes es una verdadera política de empresa, no un eslogan de relaciones públicas. Esperamos que este informe envíe un claro mensaje de que esas políticas están diseñadas para ser leídas y aplicadas ampliamente, así como para disuadir a cualquiera que pue-

En el caso de Sokol, Berkshire entregó toda la información a la Comisión del Mercado de Valores (SEC). La SEC investigó el asunto, pero finalmente abandonó el caso en enero de 2013. La SEC no ofreció ninguna explicación, pero la circunstancia era aún incierta. Es cierto que Sokol no tenía autoridad sobre si Berkshire adquiriría o no Lubrizol. Eso significaba que la «información» que tenía cuando compró acciones no era propia de una fase madura del proceso de adquisición, ni tampoco era fiable en lo referido a la hipotética compra. Por tanto, la SEC podría haber tenido dificultades para probar el requisito legal de «materialidad» que se exige en estos casos. Además, como Sokol no era empleado de Lubrizol, no cometió el clásico abuso de información privilegiada a la hora de comprar sus acciones, por lo que la SEC tendría que demostrar que se «apropió indebidamente» de fondos de Berkshire, lo cual no era obvio, puesto que hizo la operación a título personal y particular.[374]

La decisión de la SEC de no emprender acciones legales con-

---

da estar contemplando una violación del espíritu o la letra de tales políticas en el futuro».

374. El lío con Sokol llevó a algunos accionistas de Berkshire a demandar al consejo en Delaware, el estado en el que está registrada la constitución de la compañía. Argumentaban que el consejo no había adoptado un sistema de control interno adecuado. La demanda se hacía eco de las críticas emitidas en la esfera pública a la cultura de autonomía y confianza de Berkshire, y apuntaba que el consejo había fracasado en su función de supervisión al renunciar a implementar una estructura efectiva de control y mando. El tribunal desestimó la demanda por considerarla «profundamente débil». Ver: Ruling of the Court on Defendants' Motion to Dismiss, In re Berkshire Hathaway Inc. Deriv. Litig., n. 6392-VCL, 2012 WL 978867 (Del. Ch.), 19 de marzo de 2012. Estos accionistas también intentaron demandar a Sokol para obtener 3 millones de dólares en beneficios que entendían que pertenecían a Berkshire, acción que el consejo se había negado a acometer. Las juntas tienen la facultad de decidir si una corporación debe demandar a alguien, a menos que los accionistas puedan demostrar que la junta es incapaz de actuar con imparcialidad. Los accionistas no pudieron demostrar que la independencia del consejo de Berkshire se vio comprometida en lo que respecta a demandar a Sokol. El tribunal de Delaware reconoció que el comunicado de prensa de Buffett fue problemático, al sugerir una cordialidad entre Sokol y Buffett que podría haber predispuesto al consejo, pero apuntó que eso era «humo», según el fallo emitido por el tribunal, que

tra Sokol contrasta con la sentencia del comité de auditoría, que sí condenó al ejecutivo y lo encontró culpable de violar la política de Berkshire. Las diferencias entre los juicios empresariales y las conclusiones legales son habituales en la práctica empresarial, porque los códigos éticos suelen ser más estrictos que los mandatos legales. La ley establece unos requisitos mínimos, dejando libertad a las empresas para perfeccionar las normas y aplicarlas al alza, si se considera oportuno. Muchas estructuras de mando y control se esfuerzan por ayudar a que la firma pueda cumplir la ley al pie de la letra, pero la cultura de confianza y autonomía de Berkshire aspira a un listón más alto.[375]

De acuerdo con la conclusión de la SEC, el error de Sokol no fue tanto comprar acciones de Lubrizol como no informar a Buffett de tal operación. La reacción del comité de auditoría subrayó la sensibilidad de Berkshire ante las percepciones públicas y su reputación, mientras que Sokol vio la decisión de la SEC como una suerte de reivindicación personal. Su abogado argumentó incluso que lo que había hecho estaba expresamente permitido por su contrato laboral con Berkshire.[376] La infracción de Sokol fue pequeña en relación con el precio que pagó, lo

---

consideró que dicho comunicado no fue suficiente para «contaminar» el juicio de la junta. Ver: Ibídem.

375. Lo ocurrido con Sokol también refleja la sensibilidad de Berkshire ante las percepciones públicas, que subyace a la advertencia de Buffett de medir el comportamiento de los empleados en función de cómo se vería si apareciera en la portada de un periódico. Supongamos que cuando llamó por primera vez a Buffett, Sokol le hubiera dicho: «Warren, creo que Lubrizol es una empresa atractiva, tanto que acabo de comprar 10 millones de dólares de acciones para mi cartera. Creo que deberías considerarla para Berkshire». Esa simple revelación habría negado la relevancia de toda la historia. Además, Sokol podría haber dado un paso más para eliminar cualquier duda sobre la propiedad de esos títulos diciendo, por ejemplo, que «si Berkshire quiere comprar mis acciones al precio de coste, estaré encantado de venderlas». La respuesta más probable de Buffett habría sido algo así como: «No, está bien. Si acabamos comprándolas, estás en tu derecho de venderlas al precio de adquisición que se acabe fijando».

376. Dickstein Shapiro, «Statement of Dickstein Shapiro partner Barry Wm. Levine, attorney for David Sokol», comunicado de prensa, 27 de abril de 2011.

que ilustra a qué se refería Buffett cuando habló de ser «despiadado» ante conductas que afecten a la reputación corporativa.

Bill Child, el empresario que convirtió la empresa familiar RC Willey en una potencia regional del mueble y los electrodomésticos, cuenta la historia de un rival que le enseñó lecciones valiosas sobre la importancia de la autonomía.[377] Su competidor había empezado su negocio en un edificio al lado de su casa, sin gastos generales, con precios bajos y un servicio personalizado. Era, pues, un arranque similar al suyo. Pues bien, aquel negocio creció, lo que le permitió abrir una tienda en una zona comercial. Para ello, contrató empleados que ayudaron a que el negocio creciese aún más. Pero el propietario nunca delegó parte de su poder a ninguno de sus asalariados. En lugar de ello, intentaba llevar a cabo todos los aspectos del negocio él mismo, como siempre había hecho. El resultado: el servicio al cliente y la moral de los trabajadores se resintieron. Finalmente, aquel hombre no pudo reunir suficientes ventas para cubrir el creciente coste de unos gastos generales que iban al alza. Al final, perdió su negocio. Child extrajo dos lecciones de esta historia:

> En primer lugar, saber delegar es vital para que una empresa pequeña crezca. En segundo lugar, solamente se puede delegar de forma verdadera cuando el líder confía en su gente lo suficiente como para permitirles desempeñar sus responsabilidades sin interferencias constantes.[378]

377. Benedict, *How to build...*, *op. cit.*, pp. 55-56.

378. Ibídem, p. 56. En algunas empresas, la autonomía puede ofrecer integridad a la marca. Por ejemplo, entre las decenas de periódicos de Berkshire, encabezados por *The Buffalo News*, la dirección de Berkshire evita intervenir en las decisiones relativas al contenido o la opinión. La supervisión de los directivos corre a cargo de los altos cargos de uno de los periódicos más grandes del grupo, el *Omaha World-Herald*. Los empleados de estas cabeceras valoran la autonomía y aprecian la confianza, y responden respetando la ética periodística y la política editorial del periódico.

En la correspondencia y las entrevistas realizadas para este libro, los consejeros delegados de las filiales de Berkshire subrayan el valor que asignan todos ellos a la autonomía que les brinda la empresa matriz, un aspecto que resulta muy útil tanto para las grandes como para las pequeñas compañías dependientes de la firma de Buffett. Es, por ejemplo, el caso de Clayton Homes, la gran empresa de viviendas prefabricadas integrada verticalmente. Kevin Clayton explicó al respecto que la empresa trata sus distintas ramas empresariales de forma autónoma. Cada una de ellas (fabricación, venta al por menor, finanzas, seguros, parque de remolques...) funciona por su cuenta. Según explica, esto es lo que crea valor económico a largo plazo.[379] La compañía también sigue la regla 90/10: los directivos júnior deben tomar el 90 por ciento de las decisiones, mientras que los sénior colaboran en el 10 por ciento restante, lo que induce un nivel de riesgo inusual, al requerir habilidades especiales que van más allá de la experiencia y capacidad de un profesional más joven.[380]

En otra entrevista para este libro, Jim Weber, consejero delegado de Brooks, la filial de zapatillas deportivas de Berkshire, dijo que nunca había tenido tanta autonomía en su carrera empresarial y que nunca se había sentido tan responsable. La lección que podemos extraer de ello es que depositar una mayor confianza en los directivos puede ser la forma más eficaz de alcanzar los resultados deseados.

James Hambrick, de Lubrizol, está de acuerdo con el valor de la autonomía que brinda Berkshire a sus compañías y, de hecho, ofrece ideas para que siga funcionando. Hambrick envía regularmente un informe trimestral a Buffett.[381] A menos que haya algo notable en el documento, Hambrick no suele recibir respuesta alguna por parte del de Omaha. El documento abarca las operaciones de Lubrizol y las actividades del propio Hambrick, que via-

379. Kevin T. Clayton, en un sondeo realizado por el autor entre directivos de Berkshire (respuesta recibida el 3 de octubre de 2013).

380. Clayton y Retherford, *First a dream*, *op. cit.*, p. 99.

381. James L. Hambrick, en entrevista telefónica con el autor el 20 de diciembre de 2013.

ja constantemente para relacionarse con los 7.500 empleados de la compañía y con innumerables partes interesadas que operan en torno a la firma. Este informe trimestral ayuda a que cuando Hambrick ve una oportunidad de negocio que necesita aprobación, puede resumirla y obtener la aprobación de Buffett en cuestión de minutos, sin necesidad de revisar los antecedentes. Este enfoque es especialmente valioso para aquellas filiales de Berkshire que, como Lubrizol, buscan activamente nuevas oportunidades de adquisición, como se verá en el próximo capítulo.

9

Pericia inversora

McLane Co., Inc., mayorista y distribuidor de comestibles, genera más ingresos que el producto interior bruto de la mayoría de los países: 46.000 millones de dólares en 2013.[382] El descomunal tamaño de la empresa es el resultado de una constante expansión acumulativa que arrancó a finales del siglo XX y se extendió por Estados Unidos región por región. Sin embargo, desde su humilde fundación en el siglo XIX, la compañía ha hecho lo mismo que hace Berkshire: reinvertir los beneficios para buscar oportunidades más rentables.

Robert McLane comenzó esta práctica en 1894, cuando dirigía una tienda de comestibles en Cameron, una pequeña ciudad agrícola del centro de Texas. Se pasó las dos décadas siguientes desarrollando el negocio hasta convertirlo en una empresa regional.[383] Llegó un hito notable cuando McLane pasó de utilizar carruajes tirados por caballos a camiones motorizados.

Robert y su hijo Drayton, que se incorporó a la empresa fami-

382. Berkshire Hathaway, Inc., *2013 Annual Report*, p. 64; W. Grady Rosier, CEO de McLane Company, en una misiva remitida al autor con fecha 23 de septiembre de 2013.

383. Los datos históricos relativos a McLane pueden consultarse en: Martha Kahler y Jeff Hampton, *McLane Company, Inc.: The first one hundred*

liar en 1921, dirigieron la compañía en períodos difíciles. Sobrevivieron a las inclemencias meteorológicas de los años veinte, que afectaron gravemente a los agricultores de Texas, sus proveedores, y a la Gran Depresión de los años treinta, que golpeó notablemente a los comerciantes de Texas, sus clientes. Su persistencia dio sus frutos después de la Segunda Guerra Mundial, cuando, en 1946, las ventas de McLane superaron el umbral del millón de dólares. El posterior desarrollo de las autopistas nacionales redujo los costes de transporte y estimuló el crecimiento de la firma, tanto dentro como fuera de Texas.

El hijo de Drayton, Drayton McLane Jr., entró en la empresa familiar en 1959 y pasó los siguientes 40 años ampliando el negocio mediante una enérgica combinación de estrategias de integración vertical y continua expansión hacia nuevos territorios. Transformó la empresa, que pasó de ser un simple mayorista de comestibles a un líder de la logística para los clientes de las tiendas minoristas, encargándose del control de inventarios, los pedidos, el procesamiento y el almacenamiento de alimentos, los envíos o la gestión de datos.

Drayton inició esta transformación desde el mismo momento en que entró en el negocio. Creó un innovador programa de marketing que ofrecía a los minoristas independientes una forma de competir más eficazmente con las cadenas de supermercados a base de aunar recursos para comprar mayores cantidades de las marcas blancas (genéricas) que McLane vendía. También ayudaba con las labores de publicidad, comercialización y funcionamiento de las tiendas. Decenas de clientes se inscribieron en el programa, generando considerables beneficios para todas las partes. Su esfuerzo impulsó los ingresos de McLane, que en 1964 alcanzaron los 4 millones de dólares.[384]

McLane también se convirtió en mayorista de las tiendas 7-Eleven ubicadas en la zona centro del estado de Texas. Drayton

---

years, McLane Company, Estados Unidos, 1994. Ver también: *International directory of company histories*, vol. 13, St. James, Estados Unidos, 1996.

384. En realidad, para ser precisos, fueron 3,8 millones de dólares. Kahler y Hampton, *McLane Company...*, *op. cit.*, p. 63.

cultivó la relación de su empresa con 7-Eleven a medida que la cadena de tiendas crecía a finales de los años sesenta y principios de los setenta. Esta experiencia posicionó a McLane y ayudó a que la firma empezase a proporcionar servicios de distribución cada vez más fiables al emergente sector de las tiendas de productos básicos. Esto se convirtió en uno de los motores del éxito, tanto de 7-Eleven como del sector más amplio de las tiendas de productos básicos, fomentando el auge de actores regionales como Pay Less, Wawa y Zippo's. Las tiendas de productos básicos se convirtieron, de hecho, en el motor del crecimiento de McLane. En 1975, los ingresos por ventas alcanzaron los 66 millones de dólares.[385]

La primera expansión a gran escala de McLane fuera de Texas se produjo en 1976, cuando un socio con el que estaban vinculados a través de una *joint venture* animó a la firma a construir un centro de distribución en Colorado. Así estableció una base de clientes en una región contigua (al noroeste, hacia Oregón y Washington) que atendió enviando camiones a mayores distancias aprovechando el nuevo centro de distribución. El crecimiento de McLane más allá de Texas fue incremental, constante y siguió siempre la misma estrategia. Cuando el volumen de negocio apreciado en una zona en expansión alcanzaba un punto crítico, McLane construía un nuevo centro de distribución en el corazón de la región. Además de atender a la clientela existente, volvió a utilizar el centro de distribución como base para ampliar las rutas de transporte a nuevos territorios, por ejemplo, desde Oregón hasta California, y desde allí, hasta Arizona. McLane repitió esta práctica una docena de veces hasta llegar a cubrir el país con un total de 12 centros de distribución de alcance regional.

Cada centro de distribución se gestiona de forma autónoma, como si fuera una empresa independiente.[386] La sede central nombra a los presidentes de cada división, que toman todas las decisiones operativas. Esto es importante, porque la base de clientes de cada región difiere bastante, desde la mezcla de tipos de tiendas hasta la variedad de productos alimentarios. Los di-

385. Ibídem.
386. Ibídem, pp. 58-59 y p. 62.

rectivos de McLane de las divisiones existentes participaron en el lanzamiento de cada nueva división. El modelo tuvo éxito, como demostraron los ingresos de 1984, que ascendieron a 1.000 millones de dólares.[387]

McLane complementó esta estrategia de expansión con una serie de importantes adquisiciones a finales de los años ochenta y principios de los noventa, entre ellas una empresa mayorista de suministros alimentarios o los centros de distribución de su valioso cliente, Southland Corporation, propietaria de la cadena 7-Eleven. Estas nuevas compañías reforzaron la actividad principal de McLane. Otras adquisiciones acometidas por la empresa expandieron su grado de integración vertical como gestor logístico, como, por ejemplo, la compra de dos empresas de procesamiento de alimentos (una de ellas, de Southland), así como una compañía tecnológica que ofrecía servicios financieros y de automatización al sector de las tiendas de productos básicos.

En 1990, con unas ventas cercanas a los 3.000 millones de dólares, el liderazgo nacional de McLane en el negocio de la distribución mayorista quedó cimentado cuando Drayton McLane recibió una llamada del jefe de uno de sus clientes, Samuel Moore Walton, de Walmart, el mayor minorista del país. Walton le dijo a Drayton que Walmart estaba interesado en comprar su empresa. Drayton había tenido muchas oportunidades de vender la empresa a lo largo de los años y las había rechazado todas. Valoraba demasiado su autonomía y la herencia de su trayectoria familiar. Sin embargo, el padre y las hermanas de Drayton le recordaron que la familia estaba lidiando con asuntos de planificación patrimonial, que afectaban a la distribución de su riqueza entre sus miembros y el pago de los inminentes impuestos de sucesión, de modo que Drayton y Walton no tardaron en llegar a un acuerdo. Había, eso sí, un inconveniente: Walmart poseía entonces varias tiendas de alimentos básicos y McLane siempre había asegurado a sus clientes que nunca competiría con ellos en el negocio minorista. Walmart accedió a vender estas tiendas para cerrar el acuerdo.

387. Ibídem, p. 63.

Bajo la propiedad de Walmart, el impresionante récord histórico de crecimiento de ingresos de McLane se disparó. En 1993, las ventas superaron los 6.000 millones de dólares, lo que supone una tasa media de crecimiento anual de las ventas del 30 por ciento desde 1964.[388] En 2003, cuando los ingresos de McLane superaron los 20.000 millones de dólares, Walmart decidió que McLane desbordaba sus competencias básicas y se puso en contacto con Berkshire para ofrecerla en venta. McLane encajaba perfectamente dentro de Berkshire, dados los valores que compartían, y traía consigo una valiosa propuesta de inversión. La propiedad de McLane por parte de Walmart perjudicaba a la compañía, porque los rivales de Walmart no compraban a McLane por razones de competencia. Esto suponía que el crecimiento de McLane podía ser mayor bajo propiedad de Berkshire, que accedió a cerrar la operación de adquisición.

Después de que Drayton se retirara de McLane en 1992 para comprar el equipo de béisbol de los Astros de Houston, fue sucedido primero por Joe Hardin, que presidió la compañía durante una década, y después por W. Grady Rosier, que ha gestionado McLane desde entonces. Ambas sucesiones fueron procesos eficaces, ya que la compañía mantuvo en pie su inigualable trayectoria de crecimiento, que continuó acentuándose mediante nuevas adquisiciones.

Basándose en el negocio tradicional de distribución de alimentos de McLane, Rosier supervisó la adquisición de Meadowbrook Meat Company, Inc. (MBM), una empresa de Carolina del Norte que distribuía alimentos a numerosas cadenas nacionales de restaurantes, entre ellas Arby's, Burger King, Chick-fil-A o el grupo Darden Restaurants, dueño de Capital Grille y Olive Garden. Fundada en 1947 por J. R. Wordsworth, esta empresa familiar de segunda generación genera unos ingresos anuales de 6.000 millones de dólares a través de una red de 35 centros de distribución repartidos por todo Estados Unidos. Tras la adquisición de McLane, nada cambió en MBM, salvo quizá una mayor capacidad en términos de escala merced a su nuevo encaje en el grupo McLane.

388. Ibídem, p. 63.

Rosier también ha liderado la expansión de McLane hacia nuevos productos, principalmente mediante adquisiciones. En 2010, por ejemplo, adquirió Empire Distributors, un distribuidor de vinos y licores que operaba en Georgia y Carolina del Norte. A su vez, Empire adquirió Horizon Wine & Spirits, un distribuidor de vinos y licores en el vecino estado de Tennessee. En 2013, McLane realizó una inversión conjunta en la Missouri Beverage Company, añadiendo otro territorio contiguo a este mercado en expansión.[389] En las décadas siguientes, cabe esperar que McLane distribuya vino y licores por todo Estados Unidos.[390]

La habilidad de los directivos a la hora de asignar capital, ya sea para el crecimiento interno o para adquisiciones externas, es importante porque los errores son costosos para los accionistas. Los errores son especialmente costosos cuando los directivos pagan de más a la hora de adquirir una nueva empresa. El riesgo de pagar de más en las adquisiciones surge de una combinación de arrogancia directiva y de un recurso fácil al efectivo sobrante, las acciones de nueva emisión o los préstamos. Cuando los directivos sobrestiman lo que una nueva adquisición puede aportar a su empresa, se produce una destrucción de valor.

Frenar la arrogancia de los directivos y controlar el origen de los fondos son algunas de las formas de minimizar el riesgo de incurrir en un pago excesivo en el momento de una adquisición. La cultura de Berkshire ofrece ventajas en ambos sentidos. Por ejemplo, los mercados de adquisiciones tienden a funcionar por ciclos, con estallidos de actividad seguidos de períodos de mayor calma.

389. Ver: «Berkshire Unit Invests in Missouri beverage», *St. Louis Post-Dispatch*, 26 de abril de 2013.

390. La estrategia de crecimiento por zonas geográficas es evidente en algunas filiales de Berkshire, como BH Media, que adquiere periódicos locales centrados en regiones específicas, o HomeServices of America, que adquiere negocios inmobiliarios locales que operan en determinadas localidades. En el ámbito internacional, ISCAR/IMC ha crecido mediante la adquisición continua de un sinfín de negocios radicados en distintos países europeos. En los tres casos, las oportunidades de crecimiento son enormes.

Es un error común subirse a la ola y hacer lo posible por comprar cuando el ciclo pasa por estar escorado hacia estas operaciones. Los expertos se refieren a este problema como la falacia de la «prueba social», la creencia de que, si todo el mundo está haciendo algo, entonces ese algo debe de ser deseable.[391] El largo horizonte temporal de Berkshire disminuye la tentación de seguir a la multitud.

En cuanto a la financiación (vía deuda, acciones o efectivo sobrante), la cultura y la estructura de Berkshire limitan el recurso a estas palancas, lo que supone un freno a la imprevisión en el momento de acometer adquisiciones. Otras firmas rivales financian adquisiciones con dinero prestado de forma recurrente, a menudo incurriendo en costes superiores a las ganancias que se derivan de estas operaciones. La cultura de Berkshire en materia de austeridad hace que sus filiales sean reacias a elevar su endeudamiento para cualquier fin, incluidas las adquisiciones de empresas. Otros rivales pagan en acciones, pero a los directivos las acciones les parecen a menudo dinero ficticio, lo que los lleva a gastar más libremente. La psicología que entra en juego es similar a la de la moneda extranjera cuando viajamos al extranjero o las fichas de juego en un casino. En Berkshire, el problema del «dinero ficticio» se evita porque las adquisiciones de filiales nunca se pagan con acciones. (De hecho, Berkshire sólo ha utilizado sus acciones en siete adquisiciones a nivel de matriz, solamente en aquellos casos en que los vendedores valoraron mucho esa forma de pago, como sucedió con Dairy Queen y Helzberg Diamonds).[392]

No todas las filiales pueden reinvertir recursos con altas tasas de rentabilidad. Dentro de la estructura de Berkshire, estas firmas distribuyen el exceso de efectivo a la corporación, que lo redistribuye a su vez entre filiales hermanas que pueden reinvertirlo a altas tasas de rentabilidad. Por ejemplo, tanto Scott Fetzer

391. Ver: Lawrence A. Cunningham, *Outsmarting the smart money*, McGraw Hill, Estados Unidos, 2002.

392. Los otros casos serían Ben Bridge Jewelers, BNSF, Dexter Shoe, FlightSafety y Gen Re.

como See's Candies generaron cientos de millones de dólares de exceso de efectivo durante su vida en Berkshire, pero See's sólo necesitó una fracción de esa cantidad para mantenerse.[393] Por su parte, Scott Fetzer rara vez encuentra alternativas de mejora de valor disponibles para las filiales hermanas.[394] Por tanto, Berkshire asigna el exceso de efectivo de unas filiales a otras. El valor económico para la compañía de estas *vacas lecheras* generadoras de efectivo es mayor que el valor de ese efectivo por sí solo, ya que produce ventajas porque son controladas por grandes fondos de capital, que incluyen la capacidad de actuar de forma oportunista y la posibilidad de adquirir grandes posiciones con rapidez.

En determinadas filiales, otra estrategia para mitigar el riesgo de pago excesivo en las adquisiciones consiste en aplicar a las filiales el mismo enfoque basado en el valor que Berkshire utiliza en sus adquisiciones. MiTek, Inc., una empresa con sede en San Luis que Berkshire compró en 2001, hizo esto mismo al adquirir algunas de las empresas que han propiciado un cambio revolucionario en la construcción de edificios a lo largo de las últimas décadas.

393. Por ejemplo, durante sus dos primeras décadas como filial de Berkshire, See's generó unos beneficios de casi 400 millones de dólares, mientras que apenas necesitó 18 millones para reinvertir en su negocio, de modo que Berkshire asignó el resto a otros negocios. Ver: Berkshire Hathaway, Inc., *1991 Annual Report*, «Carta del presidente». See's aumentó sus ventas de 29 millones de dólares en 1972 a 196 millones en 1991. Los beneficios pasaron de 4,2 millones antes de impuestos en 1972 a 42,4 millones en 1991. See's obtuvo sus resultados de 1991 con apenas 25 millones de dólares de patrimonio neto (los 7 millones de los que presumía en 1971 más un gran total de 18 millones que Berkshire dejó que See's retuviera en su operativa). El resto de los beneficios generados durante todo ese período (un acumulado de 410 millones de dólares) lo usó Berkshire para otros fines. En 2013, See's generaba 80 millones de dólares de beneficios anuales. David Kass, «Remarks of Warren Buffett at University of Maryland on November 15, 2013», *Robert H. Smith School of Business Blog*, 8 de diciembre de 2013.

394. Ver: Prem C. Jain, *Buffett beyond value*, Wiley, Estados Unidos, 2010, p. 139: «De 1986 a 1994, las ganancias totales de Scott Fetzer fueron de 555,4 millones de dólares, pero la mayoría de estos beneficios no se reinvirtieron en la compañía».

Si se comparan las casas construidas hasta los años sesenta con las de los años noventa, es fácil observar grandes diferencias en las líneas de los tejados. A mediados de siglo, los tejados eran sencillos, cortos y uniformes dentro de cada barrio, puesto que los ensamblajes eran engorrosos y era costoso cambiar su formato de una casa a otra. Las vigas del tejado (el armazón estructural del espacio entre las habitaciones y el tejado de un edificio) solían prefabricarse para ahorrar costes. Pero, gracias a MiTek, la maquinaria ha avanzado tanto que es más barato y fácil adaptar la forma y el estilo de los tejados. Las cerchas tienen ahora cortes, picos, valles y limatesas y limahoyas más elaborados, amén de arcadas más grandes y pendientes más pronunciadas. Las casas de hoy en día no sólo son más variadas en la línea del tejado, sino también más robustas y más altas.

MiTek y sus filiales fabrican la maquinaria y los componentes —sierras, prensas y conectores estructurales— que los constructores necesitan para hacer realidad sus visiones arquitectónicas y de ingeniería. La compañía, una amalgama de empresas punteras dedicadas al polifacético sector de los componentes de la construcción, ofrece maquinaria y equipos automatizados que reducen el riesgo de error y la necesidad de mano de obra: una sierra de seis hojas con lectura digital de los ángulos de dichas hojas, un software que realiza análisis de ingeniería y proporciona especificaciones de producción, o láseres que proyectan la armadura del tejado sobre la mesa de montaje.

MiTek fue creada mediante una fusión que impulsó Paul Cornelsen, un agricultor de Kansas cuya carrera empresarial comenzó tras completar su servicio militar en la Segunda Guerra Mundial. Tras su periplo en el ejército, Cornelsen se dedicaba a tareas de limpieza en una fábrica de piensos de Wichita.[395] Después pasó 35 años en Ralston Purina, donde fue ascendiendo hasta acabar dirigiendo su división internacional y ocupando el cargo de director de operaciones. En 1981, cuando un rival se

395. Michael D. Sorkin, «Paul Cornelsen dies, former Ralston exec won battlefield command from Gen. George Patton», *St. Louis Post Dispatch*, 1 de enero de 2012.

hizo con el puesto más alto de la empresa de alimentos para mascotas, Cornelsen dejó Ralston y se hizo cargo de Moehlenpah Industries (a la que rebautizó como MiTek).

La empresa, fundada por Walter Moehlenpah, se dedicaba a fabricar equipos hidráulicos y productos de montaje de tejados para el mercado internacional y gozaba de buena reputación en un sector competitivo por sus capacidades de ingeniería, diseño y producción, especialmente en su unidad Hydro-Air Engineering. Sin embargo, el negocio atravesaba dificultades y Cornelsen se propuso enderezarlo. Además de deshacerse del avión y el barco corporativos, dos lujos que no resultaban procedentes en aquellas circunstancias, se volcó en atraer a nuevos inversores externos, así como en descentralizar la toma de decisiones y adoptar un programa de incentivos en acciones, a través del cual Cornelsen llegó a compartir la propiedad con siete colegas.[396]

Tras el crecimiento constante que exhibió MiTek hasta 1987, Cornelsen ideó una fusión creativa. MiTek adquirió Gang-Nail Systems, Inc., un archirrival de mayor tamaño, y vendió simultáneamente la mitad de la empresa resultante a un conglomerado británico llamado Bowater, que más tarde pasó a llamarse Rexam PLC. Cornelsen empezó a apoyarse en un equipo de ejecutivos para impulsar las adquisiciones y la prosperidad de MiTek. Destacaban especialmente Eugene (*Gene*) Toombs, contratado como su número 2 en 1989 procedente de una empresa de embalaje de Idaho, así como Thomas (*Tom*) J. Manenti, que dirigía Gang-Nails, y Michael D. Conforti, que administraba Hydro-Air Engineering.

Cuando Cornelsen se jubiló en 1993, Rexam ejerció su derecho a adquirir el cien por cien de MiTek. Sin embargo, unos años más tarde, el conglomerado volvió a centrarse en su actividad principal, la fabricación de latas de aluminio.[397] Esta decisión dejó a MiTek en el limbo: estaba en venta, pero era tan rentable que Rexam exigía un precio muy elevado. Sin embargo, Rexam

396. Ver: Hunter v. MiTek Industries, 721 F.Supp. 1102 (E.D. Mo. 1989).

397. Thomas J. Manenti, en entrevista telefónica con el autor, el 2 de octubre de 2013.

no reinvertía en las adquisiciones que buscaban Toombs y su equipo.[398]

Así que, en 2001, Toombs, con la aprobación de Rexam, propuso una venta a Berkshire.[399] Preparó un paquete de documentación de un día para otro y se dispuso a convencer a Buffett. En dicho paquete, metió uno de los productos de la empresa junto con una carta explicativa del negocio. Tras recibirlo, Buffett no sabía muy bien lo que tenía delante.[400] Al parecer, era una placa de conexión de 7 × 12 centímetros, el producto estrella de MiTek, que se utiliza para fabricar cerchas de tejado. Una vez que Buffett entendió la importancia y la necesidad de piezas como ésa para dicho sector, Berkshire compró el 90 por ciento de MiTek por 379 millones de dólares. En un renacimiento de la estructura de propietario-administrador que Cornelsen había ideado, el otro 10 por ciento fue adquirido por un grupo de 55 directivos de MiTek, entre ellos Toombs y Manenti (Conforti había fallecido en el año 2000).[401]

Desde que entró en Berkshire, MiTek ha seguido desarrollando su apetito por las adquisiciones, que ha desarrollado de forma creciente, cerrando más de 40 compras de empresas.[402] Conocidas como adquisiciones complementarias (*bolt-on acquisitions*), un buen ejemplo de esta práctica fue la compra de United Steel Products (USP). Esta compañía, fundada en 1954, fabrica marcos estructurales y conectores. MiTek mantenía desde hacía tiempo un acuerdo de distribución exclusiva con USP, mediante el cual ambas empresas colaboraban con éxito

398. Jim Healey, *MiTek: A global success story: 1981—2011*, MiTek, Estados Unidos, 2012, p. 66.

399. Manenti, entrevista con el autor, el 2 de octubre de 2013.

400. Berkshire Hathaway, Inc., *2001 Annual Report*, «Carta del presidente».

401. Rexam demostró ser un duro negociador, respondiendo a la oferta inicial de Berkshire con una contraoferta en la que incluía una reciente adquisición de MiTek que creía que la oferta inicial no había recogido en sus cálculos. Berkshire aceptó dicha contraoferta. Ver: Healey, *MiTek...*, *op. cit.*, pp. 72-73.

402. Thomas J. Manenti, en entrevista telefónica con el autor, el 12 de febrero de 2014.

en numerosos proyectos. En 1998, cuando USP fue adquirida por Gibraltar Steel Corporation, la relación de USP con MiTek fue una de las principales motivaciones de la operación de compra.[403] Esa relación también llevó a MiTek a adquirir USP en 2011. La combinación permitió poner todos los aspectos del acuerdo bajo el tejado de MiTek.

En contraste con las adquisiciones complementarias (las *bolt-on*), están las denominadas adquisiciones *tuck-in*, compras integradoras que aportan un negocio relacionado pero nuevo, sin estar realmente ligado y sin ser un caso de diversificación. Por ejemplo, Benson Industries fue comprada por MiTek en 2013. Se trata de una empresa líder en la fabricación de sistemas de muros de cortina para edificios de alta gama. Las cortinas, una alternativa cara al hormigón armado convencional, se utilizan en edificios pensados para durar siglos. Algunos ejemplos de proyectos de Benson nos los encontramos en el *skyline* de Nueva York, como la Torre Freedom (One World Trade Center) o el edificio de la sede de las Naciones Unidas. También es digno de mención el hotel Marina Bay Sands de Singapur.

Berkshire anima a sus filiales a realizar nuevas adquisiciones complementarias (*bolt-on*) y la mayoría de ellas lo hacen. MiTek es, en cualquier caso, la firma que sigue con mayor presteza este camino. En 2008, por ejemplo, adquirió Hohmann & Barnard (H&B), una empresa familiar con sede en Nueva York y fundada en 1933, que produce los sistemas de anclaje que soportan las fachadas de mármol y granito en edificios de distintos tamaños. Tras integrarse en el negocio de los materiales de construcción de MiTek, H&B asumió sus propias ampliaciones. Adquirió Blok-Lok, fabricante de bridas de refuerzo de alambre para mampostería, o Sandell, fabricante de una línea complementaria de productos utilizados en la impermeabilización de un edificio en construcción. También se hizo con Dur-O-Wal, un competidor directo, pionero en refuerzos innovadores de mampostería, y con RKL Building Specialties Co., otro competidor local.

403. Gibraltar Steel Corporation, comunicado de prensa.

Las filiales de Berkshire adoptan sus propias filosofías de adquisición, que pueden seguir o no las de la compañía matriz. Por ejemplo, al realizar adquisiciones complementarias, muchas filiales de Berkshire prometen continuidad y autonomía a las compañías y a los directivos de las firmas recién adquiridas. En cambio, cuando se trata de adquisiciones de competidores directos, puede que no haya forma de cumplir ninguna de estas dos promesas. El valor de la transacción reside a menudo en la eliminación de redundancias. Por ejemplo, cuando H&B adquirió a su archirrival Dur-O-Wal, ambas empresas siguieron vendiendo sus respectivas innovaciones patentadas, pero eliminaron las operaciones que resultaban redundantes.[404]

Lo que une a las filiales de Berkshire en el campo de las adquisiciones es que comparten la pericia inversora de la matriz, incluyendo la replicación del enfoque de Berkshire a la hora de compensar a los vendedores no sólo con valor económico, sino también con formas intangibles de intercambio. Las filiales también buscan culturas que encajen con las suyas. La mayoría de las empresas de Berkshire que han hecho más operaciones de adquisición bajo el paraguas de la empresa de Buffett ya habían sido muy activas en este frente antes de ser compradas por la corporación. Por eso, tanto antes como después de ser propiedad de Berkshire, este elemento de sus culturas corporativas resultó ser una parte valiosa del acuerdo.

Antes del acuerdo, esto significa examinar los objetivos potenciales para garantizar la compatibilidad cultural, algo que es esencial a la hora de unir dos empresas, ya que una mayor similitud en este campo fomenta una unión más productiva. Igualmente importante es que las culturas afines permitan al comprador ofrecer valores intangibles en el intercambio. Siguiendo esta práctica en muchas de las adquisiciones directas de Berkshire, las filiales pueden adquirir sus empresas objetivo a precios inferiores a los que el vendedor exigiría si se tratase de un comprador

404. Otro ejemplo: en 2000, Nebraska Furniture Mart adquirió Homemakers Plaza, Inc., y en 2005 vendió su división de fabricación no minorista. Kilpatrick, *Of permanent...*, *op. cit.*, p. 533.

carente del atractivo cultural que sí pueden poner encima de la mesa las compañías ligadas a Berkshire.

En 2009, por ejemplo, MiTek adquirió Heat Pipe Technology, pionera en el suministro de sofisticadas tuberías de control de energía y humedad para sistemas de calefacción, ventilación y aire acondicionado. La empresa es propiedad de su fundador, Khanh Dinh, que escapó de Vietnam antes de la guerra de los años sesenta y se estableció en Florida. Dinh es un inventor e ingeniero visionario que levantó su empresa desde cero. A la hora de evaluar una venta, consideraba vital que el comprador entendiera su negocio, apreciara su producto y colaborase en su desarrollo. MiTek cumplía estos requisitos, de modo que la factura que abonó en la adquisición fue más baja.

Las adquisiciones de MiTek forman parte intrínseca de su modelo de negocio. Conceder autonomía operativa a sus empresas es una característica clave de su estrategia. Lo vimos con USP, Benson, H&B o Heat Pipe, que funcionan de forma autónoma. En su sede central, MiTek cuenta con una división central de fusiones y adquisiciones (M&A, por sus siglas en inglés de *mergers and acquisitions*), donde un ejecutivo es el responsable de encontrar y examinar las oportunidades de compra al alcance de la compañía. MiTek también tiene un enlace en la sede central dedicado a coordinar las necesidades administrativas de las filiales en lo referente al departamento jurídico, el de contabilidad o el de recursos humanos. La organización está descentralizada, con una serie de presidentes que dependen del director general de MiTek y supervisan sus filiales autónomas, que operan dentro del conglomerado.

El alto nivel de comodidad de MiTek con este tipo de descentralización se ve reforzado por la autonomía que Berkshire concede a la compañía. Los altos cargos de MiTek no tienen por qué recibir una autorización previa para las adquisiciones. En la práctica, el director general de MiTek mantiene informado al director general de Berkshire, enviándole notas escritas mensualmente y llamándole cuando las oportunidades pendientes son relevantes o van más allá de las operaciones de adquisiciones más típicas. Además, los directores ejecutivos de las filiales de Berkshire son responsables de aconsejar a la empresa matriz acerca de su sucesión. Cuando Toombs estaba a punto de jubilarse, llamó a Manenti, que se había jubilado unos años antes, y le pidió que volviera. Éste había declinado numerosas oportunidades de negocio durante su retiro, pero aceptó ésta porque sabía que tendría autonomía para dirigir la empresa como considerase oportuno. Manenti lo explicó así en una entrevista para este libro: «Berkshire y Buffett me dan total autonomía. Que me traten así me ayuda mucho a la hora de actuar de la misma manera con nuestros directivos».[405]

La historia de Lubrizol Corporation narra el despertar de una empresa noble pero aletargada, que se convirtió en un enorme ente generador de beneficios para Berkshire. James L. Hambrick, director ejecutivo de Lubrizol, comenzó con una adquisición importante y transformadora, seguida después por una serie de ampliaciones. Hambrick también estimuló a los trabajadores de Lubrizol para que aprovecharan sus conocimientos de tecnología de superficies y los desplegasen en múltiples plataformas.

Lubrizol fue creada en 1928 por un grupo de antiguos empleados de Dow Chemical Co. Entre ellos había tres hijos de Albert W. Smith, el profesor de química que había cofundado Dow en 1897.[406] Así fue como crearon la Graphite Oil Products Company, una compañía química que ofrecía soluciones a las industrias emergentes del automóvil y el petróleo. Crearon, por ejemplo, un producto que consistía en suspender grafito en aceite para evitar chirridos y crujidos en los muelles de suspensión de los automóviles. En la década de 1930 solucionaron un problema que a menudo disuadía a la gente de comprar un automóvil, como era el sobrecalentamiento de los motores. Su aditivo para lubricantes, Lubri-zol, se convirtió con el tiempo en el nombre de la empresa. En 1935, General Motors y otros fabricantes de automóviles apro-

405. Manenti, entrevista con el autor, el 2 de octubre de 2013.

406. Los datos históricos relativos a Lubrizol pueden consultarse en: *International directory of company histories*, vol. 30, St. James, Estados Unidos, 2000.

baron su uso para sus motores. Desde 1943, el nombre del producto perdió el guion y pasó a ser simplemente Lubrizol.

Con el paso del tiempo, los fundadores perfeccionaron el modelo de negocio de la empresa. El equipo de marketing trabaja en estrecha colaboración con clientes, fabricantes y organismos reguladores para identificar problemas. El equipo se encarga de trasladar los problemas que transmiten estas partes a los científicos de Lubrizol, que se dedican a buscar soluciones. En los aditivos, por ejemplo, Lubrizol trabaja con los fabricantes —de vehículos, motores diésel marinos, generadores de centrales eléctricas, etcétera— que desean lubricantes como el aceite de motor o el líquido de transmisión para mejorar el funcionamiento y la longevidad de sus equipos. Lubrizol compra aceite base y otros productos petroquímicos y desarrolla aditivos para crear productos que consigan estos resultados. Cuando lo logra, vende sus productos a los propios fabricantes de lubricantes. Estos clientes, a su vez, quieren que sus productos estén aprobados para su uso en los equipos de los fabricantes, de modo que Lubrizol proporciona las certificaciones de rendimiento comprobado. Como eslabón intelectual y de investigación en la cadena de valor, la empresa cobra una prima por su experiencia y validación, lo que le permite situarse por encima de lo que, de otro modo, serían productos básicos.

A finales de los años ochenta, Lubrizol era líder mundial en la producción de aditivos para el petróleo. Sin embargo, la industria había madurado y las perspectivas de crecimiento eran limitadas. Por ejemplo, en 1987 los ingresos anuales de Lubrizol superaron la barrera de los 1.000 millones de dólares, con unos beneficios de 81 millones, pero en 2003, 16 años después, la ganancia neta ascendía a 91 millones, es decir, no era mucho mayor que a finales de los años ochenta.[407] Sin embargo, en ese momento, un viejo y experimentado ingeniero químico que se había incorporado a Lubrizol en los años setenta, cuando tenía apenas 18 años, ascendió hasta convertirse en presidente, en 2002, y consejero delegado, en 2004.[408]

407. Lubrizol-Noveon, comunicado de prensa remitido en abril de 2004.

408. James L. Hambrick, entrevista telefónica con el autor, el 20 de diciembre de 2013.

Durante mucho tiempo, este empleado, James Hambrick, había sido un gran observador de las actividades de desarrollo corporativo de Lubrizol. Hambrick subrayó que el crecimiento nominal de los ingresos y el ínfimo incremento de los beneficios significaba que como empresa Lubrizol se estaba empequeñeciendo. Había sobrevivido gracias a su negocio de aditivos, pero no estaba prosperando ni creciendo. Hambrick quería enviar un mensaje a empleados y clientes de que las únicas empresas que justifican la reinversión son las que obtienen altas tasas de rendimiento sobre su capital y experiencia.

Hambrick pensó que no sería sincero pedir a los científicos investigadores de Lubrizol que disparasen de repente las ganancias de la compañía.[409] En cambio, les propuso traducir las competencias básicas de la empresa en nuevas líneas de producto. Éstas consistían en aplicar productos químicos especializados a las superficies más difíciles, como los motores de combustión interna, que funcionan a muy altas velocidades durante largos períodos. Su visión estratégica era expandirse hacia el exterior, aplicando productos químicos especializados a todas las superficies imaginables, hasta abarcar cuestiones tan diversas como el pelo, la pintura o el dinero.

En abril de 2003, Hambrick pidió al consejo de administración de Lubrizol que autorizara a la dirección la posibilidad de buscar una gran adquisición para expandirse más allá de su negocio tradicional. Tardó un año, pero a principios de 2004, Lubrizol adquirió Noveon International, Inc., una empresa química especializada que formaba parte de The B. F. Goodrich Company, propiedad desde 2001 de una serie de vehículos de capital privado. Los negocios eran complementarios: Lubrizol era líder en tecnologías de fluidos para la industria del transporte, mientras que Noveon creaba productos de consumo personal y revestimientos especiales, polivinilo, poliuretano y polímeros líquidos. En términos técnicos, Noveon destacaba en la química de polímeros, de modo que era un buen complemento a la operativa química tradicional de monómeros subyacente a los negocios de aditivos de Lubrizol.

409. Ibídem.

La operación suponía 1.840 millones de dólares, 920 millones en efectivo y otros 920 millones de deuda que pasaba a estar en los libros de Lubrizol. En aquel momento, Noveon tenía unas ventas de 1.200 millones por ejercicio y Lubrizol facturaba unos 2.000 millones anuales. La compra de una empresa científica a propietarios de capital riesgo fue una decisión inteligente. Por ejemplo, este tipo de propiedad a veces escatima en lo referido a las inversiones en investigación y desarrollo, que no obstante son aspectos vitales para la prosperidad futura de empresas como Lubrizol y Noveon. Un ingeniero químico como Hambrick veía en ello propuestas de valor que quizá no resultaban tan claras para los vehículos de capital riesgo que controlaban la compañía.[410]

La adquisición de Noveon por parte de Lubrizol resultó ser, de hecho, un paso fundamental. Por ejemplo, se abrió al sector de la cosmética, la higiene y el cuidado personal: se dedicó a fabricar productos dedicados a la piel o el cabello, pasando a ser proveedor de firmas como Avon, Estee Lauder o Procter & Gamble, plantando cara a competidores como Rohm & Haas, de Dow Chemical. Sus tecnologías de superficie también abarcan una gama de revestimientos industriales, cuyos clientes incluyen a firmas como Benjamin Moore, Sherwin-Williams o Valspar, y entre cuyos competidores se encuentra BASF.[411] Lubrizol también está preparada para explotar nichos específicos, como, por ejemplo, los revestimientos para billetes, un ámbito donde se esperan crecientes oportunidades a futuro, a medida que las autoridades monetarias cambien el papel por diversos plásticos.[412]

Al recordar el acuerdo con Noveon, Hambrick explicó:

> Noveon me permitió demostrar que iba en serio cuando dije que si no podíamos descubrir cómo desarrollar aditivos, no merecía la

410. *Jefferies Research Analyst Report*, diciembre de 2006. El informe apunta que los operadores de capital privado involucrados en el manejo de la compañía hicieron importantes recortes en su presupuesto de I+D.

411. Ibídem.

412. Ver: Ian Austen y Nathaniel Popper, «Paper or plastic: Britain joining currency trend», *The New York Times*, 20, de diciembre de 2013.

pena seguir invirtiendo en nosotros. Aquello fue una señal que envié al resto del mundo, incluidos nuestros clientes, y mucho más aún a mi organización. Si había alguna forma de acabar con la inercia en la que estaba sumida nuestra empresa, sin duda era ésa. Mi equipo probablemente preferiría no habérmelo reconocido, pero estoy convencido de que cuando nos lanzamos a la compra de Noveon, fue uno de esos momentos en los que mucha gente de dentro de la compañía dijo «¡Oh, Dios mío!».[413]

En la década siguiente a la incorporación de Noveon, Lubrizol realizó muchas adquisiciones menores, cuyo precio oscilaba entre 100 y 500 millones de dólares. Todas se centraban en productos químicos relacionados con las superficies, y todas aportaban una nómina de científicos, empresarios y directivos con talento que encajaban bien dentro de la cultura ética y orientada a la investigación de Lubrizol.[414] Las adquisiciones de Lubrizol aumentaron la capacidad de investigación y desarrollo para explotar los deseos más profundos de la empresa: «utilizar la ciencia donde había prevalecido el arte».[415]

Estas nuevas tecnologías ampliaron el foso defensivo de Lubrizol mediante patentes y secretos comerciales. Algunos ejemplos recientes, que suman más de 500 millones de dólares de inversión, incluyen adquisiciones en el campo de los poliuretanos termoplásticos especiales (TPU), así como la adquisición de Active Organics, Inc., un fabricante con sede en Texas de extractos botánicos útiles en productos para el cuidado del cabello. En cualquier caso, Lubrizol tiene cuidado de evitar pagar de más, como atestiguan dos ejemplos. En el verano de 2010, Cognis, fabricante de productos químicos especializados para los sectores

413. Robert Westervelt, «Lubrizol: Maintaining margins and adding growth to the mix», *Chemical Week*, 20 de septiembre de 2010.

414. Peter Rea es un exprofesor de la Universidad Baldwin Wallace y experto en ética y cultura empresarial que ha investigado la trayectoria de Lubrizol. Me transmitió estas cuestiones mediante correspondencia digital, con un e-mail remitido el 8 de enero de 2014. Ver también: Alan Kolp y Peter Rea, *Integrity is a growth market*, Atomic Dog, Estados Unidos, 2005.

415. *Jefferies Research Analyst Report*, diciembre de 2006.

de la nutrición, la minería y el cuidado personal, fue puesta a la venta por sus propietarios, dos vehículos de capital riesgo, uno de ellos ligado al banco de inversión Goldman Sachs y otro denominado Permira, que habían adquirido la firma de Henkel AG & Co. en 2001. BASF Corporation, Dow Chemical y Lubrizol estaban interesadas, y los vendedores se mostraron dispuestos a escuchar ofertas. La de Lubrizol era la más alta, de casi 4.000 millones de dólares, superando a la de BASF, pero Goldman y Permira se inclinaban por BASF.[416] Esto significaba que, para poder adquirir Cognis, Lubrizol tendría que presentar una oferta significativamente más alta. Hambrick calculó que si invertía otros 250 millones de dólares en la operación, Lubrizol podría arrebatar Cognis a BASF, pero declinó la oportunidad. Al respecto, Hambrick aconseja que en las adquisiciones «hay que ser disciplinado, puesto que hay una línea muy fina más allá de la cual uno acaba siendo insensato».[417]

En relación con un posible acuerdo posterior, el viernes por la tarde del fin de semana del Día del Trabajador de 2012, Hambrick escribió un correo electrónico a Buffett.[418] En él le decía que había llegado a la conclusión de que no sería prudente continuar con la puja. Pensaba que el precio era demasiado alto. Así que pulsó «enviar» y confió en que Buffett estaría de acuerdo. Al no recibir respuesta esa misma noche, Hambrick llamó a Buffett a la mañana siguiente. «Aquí Warren Buffett», oyó al primer timbrazo. Antes de que Hambrick pudiera decir su apellido, Buffett dijo: «Sí, James, recibí tu correo electrónico. Buena decisión, no hay problema».

416. Algunos informes indican que los vendedores no podían aceptar la oferta más alta de Lubrizol porque habían adquirido un compromiso de exclusividad con BASF, mientras que otros atribuyen la decisión a la creencia de que la oferta de BASF tenía más probabilidades de cerrarse y su financiación era más segura. Ver: «BASF will purchase Cognis for $3.9 billion», *Star-Ledger* (Newark, NJ), 23 de junio de 2010. Comparar con: «BASF close to Cognis deal as owners reject Lubrizol's offer», *Chemical Week Business Daily*, 21 de junio de 2010.

417. Westervelt, «Lubrizol: Maintaining margins...», art. cit.

418. Hambrick, entrevista, 20 de diciembre de 2013.

Lubrizol es una historia de crecimiento a partir de adquisiciones que amplificaron la capacidad interna de la firma. En 2011, los ingresos netos alcanzaron los 1.000 millones de dólares.[419] Lubrizol se unió a lo que Buffett describió como los «cinco fabulosos» de Berkshire, en referencia a las cinco mayores empresas que no se dedicaban al sector de los seguros. La escala y el alcance mundial de Lubrizol le permiten hacer adquisiciones más pequeñas que añaden científicos, tecnología e inventos excepcionales. Su valor resulta tener un poder multiplicador, en una práctica que se puede describir como «comprar poco y construir mucho».[420]

Y lo cierto es que hay más operaciones de este tipo en camino. En 2014, Berkshire reinvirtió 1.400 millones de dólares en Lubrizol para facilitar la adquisición de Phillips Specialty Products, Inc., una unidad de Phillips 66 dedicada al desarrollo de mejoradores dc flujo para tuberías industriales. Berkshire pagó la adquisición canjeando una gran parte de las acciones ordinarias de Phillips que poseía.

En los próximos años, una gran salida para el capital de Berkshire será el sector energético, principalmente a través de adquisiciones masivas por parte de Berkshire Hathaway Energy (el nombre asignado a MidAmerican Energy Holdings Co. a partir de 2014). Las raíces de la empresa energética se remontan a la década de 1970, cuando la escasez mundial de petróleo presagiaba una crisis energética. Esto inspiró a Charles Condy, de San Francisco, a fundar California Energy Co. (Cal Energy o CE) y a empeñarse en hacer realidad la energía geotérmica. En 1978, la crisis energética dio como resultado que el Congreso aprobase leyes que promovían las energías renovables, lo que favoreció a CE, que empezó a cotizar en Bolsa en 1987. Condy, que más tarde se hizo famoso por fundar Aqua, uno de los mejores restaurantes de San

419. Berkshire Hathaway, Inc., *2011 Annual Report*, «Carta del presidente».

420. *Jefferies Research Analyst Report*, octubre de 2010.

Francisco, se ganó la reputación de ser un gestor derrochador, de modo que CE empezó a pasar apuros.[421]

La energía también estaba muy presente en la mente de Walter Scott Jr., el segundo empresario más prometedor de Omaha, cuya oficina estaba ubicada un piso por debajo de la de Buffett. Scott pasó a ser directivo de Berkshire en 1988. Dirigía Peter Kiewit Sons, Inc., una próspera empresa de construcción de puentes, presas, autopistas y centrales eléctricas. A medida que Kiewit fue diversificándose a lo largo de la década de 1980, se interesó por el emergente campo de la revalorización energética de residuos.[422] Kiewit trabajó en una docena de proyectos con una división de Ogden Corporation, dirigida por un tal David L. Sokol, a quien Scott llegó a conocer bien. En octubre de 1990, después de que Sokol dejara Ogden, Scott le animó a buscar proyectos energéticos que pudieran llevar a cabo juntos.[423]

Sokol identificó a CE como un posible objetivo de adquisición. En 1991, Kiewit invirtió 80 millones de dólares para adquirir el 34 por ciento de las acciones de CE.[424] El consejo de CE nombró a Sokol director ejecutivo. Condy se marchó y Sokol recortó costes, ajustando en sus primeros tres meses un total de 12 millones de dólares asignados en el presupuesto anual de gastos generales.[425] Después trasladó la sede de CE de San Francisco a Omaha, para estar más cerca de Kiewit, y despidió a más de la mitad de la plantilla.[426]

CE creció espectacularmente, sobre todo a través de operaciones de adquisición que Sokol dirigió junto con su número 2 y su sucesor, Gregory E. Abel. Kiewit financió las adquisiciones y con frecuencia adquirió participaciones minoritarias en las plan-

421. Ver: Chan, *Behind the Berkshire...*, *op. cit.*, p. 134. Se refiere a la situación de la compañía en 1991 como una empresa en una «situación estresada».

422. Ver: Jeffrey L. Rodengen, *Kiewit: An uncommon company*, Write Stuff Enterprises, Estados Unidos, 2009, p. 155.

423. Ibídem, p. 80, p. 95 y p. 98.

424. Ibídem, p. 98.

425. Jeff Pelline, «California Energy relocating to Omaha», *San Francisco Chronicle*, 20 de junio de 1991.

426. Ibídem.

tas de CE.[427] En 1992, CE operaba cinco plantas geotérmicas en California. En pocos años, manejaba otras cinco en Indonesia y cinco más en Filipinas.

A finales de 1994 y comienzos de 1995, CE lanzó con éxito una oferta hostil para hacerse con el control de Magma Power Co., un competidor con sede en San Diego. En su época anterior a Berkshire, Sokol no era reacio a las adquisiciones hostiles.[428] En 1996, después de que el Reino Unido desregulara su sector de servicios públicos, Sokol se fijó en Northern Electric, una gran empresa eléctrica del norte de Inglaterra, hoy llamada Northern Powergrid Holdings Co. Con un desembolso de 1.700 millones de dólares, CE adquirió una participación del 70 por ciento, junto con el 30 por ciento de Kiewit. Esto convirtió a CE en un operador global en el negocio de la energía que ofrecía nuevas oportunidades de inversión a medida que los reguladores de todo el mundo fueron eliminando las restricciones históricas que limitaban la propiedad de los servicios públicos a empresas locales.[429]

En 1997, CE intentó hacerse con la New York State Electric & Gas Corporation. Sin embargo, el consejo se resistió a la oferta de 1.900 millones de dólares y CE desistió rápidamente y no siguió en el intento.[430] Para entonces, el crecimiento de CE significaba que ya no necesitaba el respaldo financiero de Kiewit, que de hecho estaba ansioso por abandonar el sector energético. CE gastó 1.160 millones de dólares en recomprar todas las acciones e intereses de Kiewit en otras propiedades.[431] Scott y otro ejecutivo de Kiewit permanecieron en el consejo, mientras que un tercer candidato lo abandonó tras presentar su dimisión.

427. Judy Schriener, «No grand plan but plenty of cash», *Engineering News*, 22 de marzo de 1993.

428. California Energy Co., Inc., comunicado de prensa, 10 de enero de 1995.

429. Ver: Edward B. Flowers, *U.S. utility mergers and the restructuring of the new global power industry*, Quorum, Estados Unidos, 1998.

430. James Miller, «Cal Energy ends $1.92 billion bid», *The Wall Street Journal*, 18 de agosto de 1997.

431. «Cal Energy board okays $1.16 billion buyout of Kiewit's 30% stock holding», *Global Power Report*, 19 de septiembre de 1997.

En 1998, CE adquirió MidAmerican Energy en una operación de 4.000 millones de dólares. MidAmerican Energy era una criatura de la nueva era de desregulación energética, producto de las fusiones de 1990 y 1995 entre empresas regionales de servicios públicos que abastecían a clientes de Illinois, Iowa, Nebraska y Dakota del Sur. Tras esta adquisición, CE se reorganizó, cambió su nombre por el de MidAmerican Energy Holdings Co. y trasladó su sede a Des Moines, Iowa.

En 1999, tras ocho años como consejero delegado, Sokol se cansó de dirigir una empresa cotizada de energía.[432] No le gustaba la presión de los analistas, que querían resultados a corto plazo. Él prefería centrarse en el largo plazo. Le pedían más velocidad en las operaciones, pero él favorecía la ejecución de adquisiciones más selectivas. En paralelo, diversas cotizadas del sector, como Dynegy, Inc. y Enron Corporation, se habían convertido en los favoritos del mercado, con cotizaciones elevadas.

A finales de 1999, Sokol planteó al consejo de MidAmerican la posibilidad de dejar de ser una empresa cotizada. Tomaron en cuenta una compra apalancada (*leverage buyout*), pero no les gustó la idea, porque entendieron que conllevaría rupturas y despidos. Un viernes, después del mediodía, Sokol llamó a Scott para discutir otras alternativas. Scott estaba con Buffett en California aquel fin de semana y preguntó al de Omaha si estaría interesado en invertir en MidAmerican Energy. Tras estudiar la empresa y reunirse con Scott y Sokol a lo largo de la siguiente semana, Buffett aceptó. Por un total de 2.000 millones de dólares, Berkshire compró el 76 por ciento, mientras que Scott se quedó con el resto (con pequeñas participaciones ligadas a Abel y Sokol). La operación implicaba asimismo la asunción de la deuda de MidAmerican, que entonces llegaba a 7.000 millones de dólares.

Sokol apuntó entonces que el mercado aún no había apreciado el aumento de valor que se avecinaba como resultado de la desregulación que estaba en curso en el sector energético.[433] Por

432. Chan, *Behind the Berkshire...*, *op. cit.*, p. 136.
433. Ron Insana, Street Signs interview, CNBC, 25 de octubre de 1999.

aquel entonces había 150 empresas estadounidenses que suministraban energía a los mismos clientes a los que una docena de compañías prestaban servicios de telecomunicaciones. Sokol predijo que la consolidación de la industria reduciría el número de proveedores de energía hasta situarlo por debajo de 20. Subrayó que Berkshire tenía la intención de «invertir mucho capital en este sector».[434] Cuando se le preguntó cuántas de las 150 empresas del sector esperaba comprar, Sokol no lo dudó: «Todas las que podamos».[435]

Las adquisiciones posteriores de Berkshire y MidAmerican estuvieron a la altura de las expectativas esbozadas por Sokol. Sin duda, han invertido mucho capital en el sector. Por ejemplo, en el año 2002, MidAmerican Energy pagó casi 3.000 millones de dólares para adquirir dos gasoductos interestatales de gas natural estratégicamente situados: el de la Kern River Gas Transmission Company, que va de Wyoming al sur dc California, y cl de la Northern Natural Gas Company, que va de Texas al norte del Medio Oeste.[436]

434. Ibídem.

435. Ibídem.

436. Northern Natural era originalmente una empresa con sede en Omaha, que empezó su andadura en la década de 1930. Berkshire Hathaway, Inc., *2002 Annual Report*, «Carta del presidente». En 1985, Northern Natural, entonces llamada Inter North (tras un cambio de nombre en 1980), se fusionó con Houston Natural Gas. El acuerdo preveía el mantenimiento de la sede en Omaha, la permanencia en el cargo del director general de Inter North y la conservación de la denominación de Inter North. Sin embargo, en el plazo de un año, Houston Natural Gas incumplió las tres promesas. La sede se trasladó a Houston, Kenneth R. Lay se convirtió en consejero delegado y el nombre de la compañía cambió a Enron. Durante los 15 años siguientes, Enron desarrolló apasionantes proyectos financieros basados en el ámbito de la energía que, sin embargo, se entremezclaban con elaborados trucos contables. Ver: Bethany McLean y Peter Elkind, *The smartest guys in the room: The amazing rise and scandalous fall of Enron*, Portfolio, Estados Unidos, 2003. A finales de 2001, justo antes de que se descubriera el fraude de Enron, ésta obtuvo financiación de Dynegy, un rival de altos vuelos. Como garantía de ese préstamo, Enron empeñó el antiguo oleoducto de Northern Natural. Cuando Enron dejó de pagar, Dynegy se apoderó de él. Poco después, Dynegy se enfrentó a sus propios

En 2005, MidAmerican Energy y Berkshire invirtieron conjuntamente 5.100 millones de dólares para adquirir PacificCorp, un generador de energía con operaciones en seis grandes estados de la franja occidental del país: California, Idaho, Oregón, Utah, Washington y Wyoming. En esta operativa conjunta, MidAmerican Energy cubrió 1.700 millones de dólares y Berkshire aportó la mayor parte, inyectando 3.400 millones. La inversión directa acometida por Berkshire refleja que las adquisiciones de MidAmerican Energy (que son, con mucho, las más importantes que realizan las filiales de Berkshire) son un canal fundamental de inversión que permite dar un buen uso al efectivo sobrante de las demás compañías de Berkshire. Por otro lado, las aportaciones de MidAmerican a las operaciones suelen financiarse con dinero prestado, algo inusual en las filiales de Berkshire. Dado que las operaciones de la empresa en el campo de los servicios públicos siguen estando reguladas, los costes de endeudamiento son bajos y se cubren fácilmente con el flujo de caja de la compañía.

El nuevo entorno energético competitivo ha dado lugar a beneficios sorprendentes. A finales de 2008, por ejemplo, MidAmerican Energy hizo una oferta de 4.700 millones de dólares para adquirir Constellation Energy, una eléctrica con sede en Baltimore que en aquel momento estaba al borde de la quiebra. El precio fue superado rápidamente por un competidor francés, de modo que MidAmerican Energy se quedó a medio camino. Pero la comisión de disolución del acuerdo de fusión entró en vigor y, combinando dichos ingresos con la rentabilidad derivada de las acciones que ya había adquirido, Berkshire obtuvo más de 1.000 millones de dólares como ganancia neta.[437] Esta operación es sólo un ejemplo de por qué Berkshire evita participar en procesos de subasta en los que varios compradores pujan por la

problemas financieros. En busca de liquidez, un viernes de finales de julio de 2001, los directivos de Dynegy llamaron a MidAmerican Energy para ofrecerles la venta de North Natural. El lunes siguiente firmaron un contrato. Berkshire Hathaway, Inc., *2002 Annual Report*, «Carta del presidente».

437. Berkshire Hathaway, Inc., *2008 Annual Report*, p. 71; Nagarajan, «Berkshire Hathaway...», art. cit., p. 115.

misma empresa. Una subasta a menudo induce a pujar basándose en el deseo emocional de ganar, en lugar de basar el proceso en un frío análisis empresarial. De ahí que su resultado sea con frecuencia el tipo de escenario que los economistas conductuales describen como la «maldición del ganador».[438]

De 2008 a 2013, MidAmerican Energy y Berkshire apostaron miles de millones más a la adquisición de un popurrí de activos concentrados en fuentes de energía alternativas, especialmente eólica y solar. Se hicieron con empresas como Alta Wind, Bishop Hill Wind, Juniper Wind y Topaz Solar Farms. Cuando se completen los proyectos actuales, las inversiones de MidAmerican en energías renovables sumarán 15.000 millones de dólares.[439]

Desde el punto de vista de la inversión, los servicios públicos regulados pueden no prometer grandes beneficios, pero son inversiones seguras con rendimientos razonables. Además, otras inversiones en energía de MidAmerican prometen ganancias considerables, sobre todo a medida que se acelera la consolidación del sector.[440]

438. Ver: Richard H. Thaler, *The winner's curse: Paradoxes and anomalies of economic life*, Princeton University Press, Estados Unidos, 1994.

439. Berkshire Hathaway, Inc., *2013 Annual Report*, «Carta del presidente».

440. Otro ejemplo de esta visión más orientada al capital que se aprecia en las operaciones de adquisición de la compañía es la compra del Richline Group, dedicado al sector de la joyería. Sus orígenes fueron más el sueño de un empresario capitalista que el de un típico gestor de empresas. En mayo de 2006, Buffett dio una charla-almuerzo en Ben Bridge, la cadena de joyerías de Berkshire con sede en Seattle. Entre los asistentes había algunos proveedores, entre ellos Dennis Ulrich, propietario de un pequeño negocio dedicado a la producción de joyas de oro. En enero de 2007, Ulrich hizo una propuesta a Buffett. Con el capital de Berkshire a su disposición, podría erigir una nueva compañía capaz de convertirse en una fuerza determinante en el negocio del suministro de joyas. Pretendía lograrlo mediante adquisiciones y Buffett aceptó la propuesta. El primer día de funcionamiento de Richline, Berkshire adquirió Aurafin y Bel-Oro International, Inc., dos pequeños negocios dedicados a la producción de joyas, uno de ellos propiedad del propio Ulrich y el otro controlado por un competidor, Dave Meleski. Poco después, Bel-Oro realizó tres adquisiciones más, haciéndose con Michael Anthony Jewelers, Inverness Corporation y

En 2013, Berkshire y MidAmerican volvieron a dar un golpe en la mesa con una repetición del acuerdo de PacificCorp de 2005. Esta vez, invirtieron conjuntamente 5.600 millones de dólares para adquirir NV Energy, cuyas principales empresas son Nevada Power Company y Sierra Pacific Power Company. MidAmerican Energy, ahora dirigida por Abel, sigue buscando oportunidades para invertir su capital y el de Berkshire. Conforme sigue su expansión, el canal de inversión de Berkshire se seguirá ampliando para canalizar enormes cantidades de capital hacia proyectos tan lejanos como la energía hidroeléctrica, erigiendo un profundo y amplio foso defensivo en torno a MidAmerican. Por otro lado, en 2014 ambos invirtieron 2.900 millones de dólares en la adquisición de AltaLink, una empresa canadiense de transmisión de energía. Esa misma semana anunciaron el nuevo nombre de la antigua MidAmerican, conocida a partir de entonces como Berkshire Hathaway Energy.

Para Berkshire, el valor económico de las adquisiciones de filiales ha aumentado a medida que ha crecido su número y tamaño. Son vehículos para asignar grandes cantidades de capital. En 2012 y 2013, por ejemplo, las filiales de Berkshire realizaron más de dos docenas de adquisiciones. Los valores de estas transacciones oscilaron entre menos de 2 millones de dólares y más de 1.000 millones. El valor total de las operaciones fue de 2.300 millones en 2012 y de 3.100 millones en 2013.[441] La oportunidad de desplegar grandes cantidades de capital a través de una única filial en

---

Leach Garner. A su vez, Leach Garner realizó en poco tiempo otras tres compras más: Excell Manufacturing, Findings, Inc. y Stern Metals. De repente, al menos ocho pequeños fabricantes de joyería se combinaron para forjar un todo mucho más poderoso. No hay duda de que pronto vendrán más operaciones así. En 2013, Richline adquirió HONORA, Inc., especialista en perlas. El crecimiento de la compañía ha sido tanto geográfico como de producto, pero la motivación ulterior ha sido agrupar el capital de pequeños operadores para asegurarse el poder de la escala.

441. Berkshire Hathaway, Inc., *2012 Annual Report*, «Carta del presidente»; Berkshire Hathaway, Inc., *2013 Annual Report*, «Carta del presidente».

operaciones individuales resultaba especialmente vívida en el caso de MidAmerican, ahora Berkshire Hathaway Energy. El valor intangible de tales oportunidades adquirió aún mayor importancia en la adquisición de Burlington Northern Santa Fe Railway, que constituye la historia principal del próximo capítulo.

Tabla 9.1. Puntos destacados de las adquisiciones más recientes de Berkshire

Filial de Berkshire	**Compañía adquirida**	**Año**	**Millones de dólares (M $)***
Acme Brick	Jenkins Brick	2010	50
BH Media	En proceso de construcción, a partir de la adquisición de medios locales		
Clayton Homes	Cavalier Homes	2009	22
	Southern Energy Homes	2006	95
	Fleetwood	2005	64
	Karsten	2005	
	Oakwood Homes	2004	328
CTB	Meyn Food Processing	2012	
	Ironwood Plastics	2010	
	Shore Sales of Illinois	2010	
	Uniqfill International B. V.	2008	
	B. Mannebeck Landtechnik GmbH	2008	
	Laake GmbH	2007	
	Porcon Beheer B. V.	2007	
Forest River	Dynamax	2011	
	Shasta	2010	
	Coachmen	2008	
	Rance Aluminum	2007	
Fruit of the Loom	Vanity Fair Brands	2007	350
	Russell Corporation	2006	1.120
HomeServices	En proceso de construcción, a partir de la adquisición de empresas inmobiliarias locales		
ISCAR/IMC	Sangdong Mining (participación minoritaria)	2012	35
	Tungaloy	2008	
Justin Brands	Highland Shoe Co.	2013	

.../...

.../...

Filial de Berkshire	Compañía adquirida	Año	Millones de dólares (M $)*
Lubrizol	Phillips Specialty Products, Inc.	2014	1.400
	Chemtool	2013	70
	Lipotec	2012	
	Active Organics	2011	
	Negocio de cuidados personales de Nalco	2011	
	Merquinsa	2011	
	Negocio de unidad de procesamiento tensorial de Dow	2008	60
Marmon Group	División de dispensación de bebidas de IMI (incluidos 3Wire Group, Display Technologies e IMI Cornelius)	2013	1.100
	Tarco Steel, Inc. (de Bushwick Metals)	2012	
McLane	Missouri Beverage Co. (joint venture)	2013	
	Meadowbrook Meat Co.	2012	
	Empire Distributors	2010	
	Horizon Wine & Spirits (de Empire)	2010	
Berkshire	AltaLink	2014	2.900
Hathaway	Nevada Power & Light	2013	5.600
Energy	Bishop Hill Wind	2012	
	Alta Wind	2012	
	Topaz Solar Farms	2011	
	American Electric Power	2009	
	Juniper Wind	2008	
	PacifiCorp	2005	5.100
	Kern River Gas Transmission	2002	950
	Northern Natural Gas	2000	1.900
MiTek	Truss Industry Production Systems (Wizard)	2014	
	Benson Industries	2013	
	Cubic Designs	2013	
	Kova Solutions	2013	
	RKL Building Specialties (de Hohmann & Barnard)	2013	
	Sandell (de Hohmann & Barnard)	2011	
	United Steel Products	2011	
	Dur-O-Wal (de Hohmann & Barnard)	2010	
	Gang-Nail, Ltd. (readquisición)	2010	
	Heat Pipe Technology	2009	
	SidePlate Systems, Inc.	2009	
	Hohmann & Barnard	2008	
	Robbins Engineering	2006	
NetJets	Marquis Jet Partners	2010	

.../...

.../...

Filial de Berkshire	Compañía adquirida	Año	Millones de dólares (M $)*
NICO	Hartford Life International (de Columbia Insurance)	2013	285
Oriental Trading	MindWare Holdings, Inc.	2013	
Richline	HONORA, Inc.	2013	
Scott Fetzer	Rozinn Electronics (división de Scott Care)	2007	
Shaw	Stuart Flooring	2010	
TTI	Ray-Q Interconnect, Ltd. Sager Electronics	2013 2012	

* Se aporta el coste de la operación (en dólares) cuando está disponible.

Nota: El autor recopiló la información incluida en esta tabla a partir de fuentes públicas. Por otro lado, las cifras relativas a las adquisiciones de Clayton Homes fueron proporcionadas por la propia empresa.

10

Sencillez

La página web de National Indemnity afirma, con una cierta torpeza, que «puede que la nuestra sea una de las mayores aseguradoras de la que nunca haya oído hablar». Muchas compañías de Berkshire podrían hacer una proclamación muy similar. A menos que seas un devoto de la firma de Buffett o tengas alguna relación con determinadas empresas, puede que, antes de leer este libro, no estuvieses muy familiarizado con filiales de Berkshire como FlightSafety, ISCAR/IMC, Lubrizol o MiTek. Con todo, también es cierto que muchas empresas integradas en el conglomerado de Buffett tienen un reconocimiento de marca casi instantáneo, caso de Dairy Queen, Fruit of the Loom, GEICO y Justin. Lo que une a todas estas filiales de Berkshire es un sentido de modestia y sencillez.

Las empresas de Berkshire se dedican a negocios varios (energía, vivienda, transporte, productos químicos...) y a otras actividades que se ciñen a principios y aptitudes básicas (seguros, ropa, muebles, joyería, aspiradoras, herramientas o metalurgia). La formación de pilotos o la propiedad fraccionaria de aviones son lo más glamuroso que Berkshire puede ofrecer. Por lo general, las empresas de Berkshire prefieren la sencillez a la ostentación.

¿Cuál es el atractivo de este tipo de negocios? ¿Qué tienen ese tipo de empresas elementales que hace que ese rasgo forme parte de la cultura de Berkshire? La respuesta más recurrente que se suele dar a esta pregunta es que Buffett es tecnófobo. Bromea en público y con frecuencia sobre su llegada tardía al teléfono móvil, el ordenador portátil o las redes sociales. Cualquiera que lea este libro o escudriñe una lista de los negocios de las filiales de Berkshire (de hecho, el apéndice de este libro presenta tal enumeración) podría intuir fácilmente la existencia de tal aversión.

Los criterios de adquisición de Berkshire establecen una preferencia por negocios que resultan más fáciles de entender, recalcando asimismo que aquellos que presentan un alto grado de tecnología son más difíciles de comprender. Pero este rasgo de la cultura de Berkshire es mucho más que una mera idiosincrasia personal. La permanencia institucional vuelve a desempeñar un papel también aquí. Las industrias básicas son, por definición, aquellas que han existido durante cientos de años y que es muy probable que sigan existiendo otros tantos. Hablamos de agricultura, energía, pesca, silvicultura o minería, así como de sectores como la química, la industria metalúrgica o el transporte.

En esta concepción, la vieja economía es considerada como más sólida, mientras que la nueva se antoja más arriesgada. En los últimos períodos hemos vivido procesos de tan rápido avance, que mucha gente se ha obsesionado con el cambio tecnológico. Esta obsesión aumenta las posibilidades de acabar incurriendo en un despilfarro de recursos al intentar seguir un ritmo tan acelerado. En este sentido, centrarse en lo simple y en lo elemental reduce las posibilidades de despilfarro. Las empresas con este tipo de configuración también están más aisladas de los *shocks* tecnológicos que las impulsadas por la tecnología, más vulnerables a tales disrupciones.

En las empresas dedicadas a negocios más simples es más fácil adoptar el adagio «si no está roto, no lo arregles» (*if it's not broke, don't fix it*). En las empresas que quieren ser siempre las más punteras, la asignación de recursos orientada a mantener el liderazgo puede ser muy difícil. Los beneficios pueden ser grandes, y el atractivo es fuerte, lo que explica por qué hay tantas compañías que toman ese camino. Pero en el caso de Berkshire, la empresa considera más importante evitar perder dinero que ganarlo. En esta cuestión, los criterios de adquisición de la corporación tienen menos que ver con la tecnología *per se*, ya que muchas empresas simples y elementales invierten mucho en tecnología, y están más ligados a la importancia de entender un negocio dado.

Burlington Northern Santa Fe (BNSF) es una amalgama de casi 400 ferrocarriles diferentes que data de 1849 y se encuentra entre las cuatro empresas dominantes en la actualidad. Transporta mercancías de larga distancia a través de las líneas ferroviarias de Norteamérica. Su negocio ha sido necesario y lucrativo durante un siglo y medio, y probablemente será al menos igual de importante y puede que también más rentable en el próximo siglo y medio. En palabras del analista ferroviario independiente Anthony B. Hatch, el sector del transporte y la movilidad está experimentando un «renacimiento del ferrocarril».[442]

La cultura de BNSF, construida en dos etapas, está hecha casi a la medida de Berkshire, ya que fomenta el espíritu emprendedor y mira al futuro con un horizonte de 50 años vista. La primera etapa de la compañía, forjada en la década de 1980 tras la desregulación de los ferrocarriles, representó una ruptura con las antiguas tradiciones de la industria; la segunda etapa, que data de la fusión de dos titanes en 1995, marcó la adopción de las prácticas corporativas modernas en Estados Unidos.

Desde la década de 1850 hasta finales del siglo XIX, los ferrocarriles aumentaron enormemente su capacidad. Cada grupo del sector dominaba una serie de territorios específicos. El poder y la importancia de dichas compañías impulsaron el desarrollo de una regulación federal específicamente dirigida a estas cuestiones. En 1906, la Ley Hepburn otorgó a la Comisión Interestatal de Comercio el poder para fijar los precios que los ferrocarriles

442. Anthony B. Hatch, «Railway industry update», presentación en Railway Interchange 2011, Mineápolis, Minnesota, 18-21 de septiembre de 2011. Ver: <http://www.arema.org/files/library/2011ConferenceProceedings/Hatch-RailRenaissanceFinal-2011.pdf>.

podían cobrar a sus clientes, una normativa que se mantuvo en vigor hasta 1980. El efecto de este control de precios, del que escaparon las barcazas y el transporte por carretera, hizo que el sector se centrara en reducir costes. En última instancia, la norma redujo los incentivos del ferrocarril para fomentar el servicio al cliente.[443]

A partir de la década de 1930, el sector se paralizó a medida que otras alternativas en vías de expansión (aviación, barcazas, transporte por camión, oleoductos...) contribuyeron a acentuar la caída de la demanda del transporte ferroviario. A partir de la década de 1950, con la proliferación de los automóviles y el crecimiento de los suburbios, la demanda de trenes de pasajeros disminuyó notablemente en muchas partes del país. La industria tenía más activos de los que su negocio podía soportar. En respuesta a este exceso, las empresas ferroviarias se fusionaron entre sí, reduciendo el número de operadores de varios cientos a algunas decenas.[444]

Las iniciales del nombre (BNSF) dan una idea de ese proceso. Burlington data de 1849, con la fundación en Illinois del Aurora Branch Railroad, que se convirtió en la Chicago, Burlington and Quincy Railroad Company. Los componentes septentrionales incluyen fuerzas industriales del siglo XIX, como la Great Northern Railway y la Northern Pacific Railway. Ambas se fusionaron en 1970 para configurar el Burlington Northern, también llamado BN.[445] El Santa Fe data de la formación en 1859 del At-

443. Kaufman, *Leaders count...*, *op. cit.*, pp. 198-99. El libro de Kaufman ofrece un tratamiento excelente y exhaustivo, en el que se basa en gran medida esta sección del libro, que se complementa con notas de entrevistas a analistas del sector ferroviario e inversores elaboradas por Steven Keating, de la Oficina de Inversiones de la Universidad George Washington (en adelante citadas como: Keating, Interview Notes).

444. Ver: Frank N. Wilner, *Railroad mergers: History, analysis, insight*, Simmons-Boardman, Estados Unidos, 1997.

445. En 1980, Burlington Northern adquirió la St. Louis-San Francisco Railway (Frisco), creada también en 1849, cuyas líneas ferroviarias principales unían Chicago y Seattle con ramales que llegaban a Alabama, Texas y Wyoming. En 1994, Burlington Northern era el mayor de la docena de ferrocarriles estadounidenses de su clase.

chison, Topeka, and Santa Fe Railway, uno de los primeros grupos que pudo completar un ferrocarril transcontinental.

En la década de 1970, la industria ferroviaria estaba en crisis. El ferrocarril seguía perdiendo terreno frente a otros modos de transporte, el negocio de los trenes de pasajeros prácticamente había desaparecido y los beneficios se habían reducido. Y a esto hay que añadir que los costes de mantenimiento del ferrocarril seguían siendo elevados. Otros hitos de la época incluyeron la creación por parte del gobierno federal de la National Railroad Passenger Corporation («Amtrak») para prestar servicios de pasajeros o la quiebra de la Penn Central. Se llegó al consenso de que la regulación era parte del problema, lo que llevó a la desregulación del sector mediante la Ley de Revitalización y Reforma de la Regulación Ferroviaria, de 1976, y la Ley Staggers, de 1980.

La desregulación creó un entorno empresarial radicalmente distinto. El nuevo mundo era competitivo y exigía cambios en la operativa de las empresas. BN actuó con más agresividad que sus rivales por una razón: su consejo de administración nombró a ejecutivos ajenos al sector, de modo que pasó a estar encabezada por un grupo de directivos sin lealtades a la cultura existente en el ámbito ferroviario.[446]

En la década de 1980, la política de BN cambió para hacer hincapié en la rentabilidad de las inversiones, en lugar de en la escala de sus operaciones. Asimismo, adoptó una perspectiva más a largo plazo que la que habían introducido sus predecesores.[447] Históricamente, la industria ferroviaria no se había caracterizado por ser especialmente emprendedora. Sus empleados consideraban, además, que su trabajo consistía esencialmente en hacer funcionar los trenes en lugar de servir a los clientes.[448] La desregulación cambió todo eso. La misión de los directivos cambió: pasaron de ser operadores ferroviarios a gestores de activos.[449] BN, por ejemplo, comenzó a investigar y desarrollar combustibles más ba-

446. Kaufman, *Leaders count...*, *op. cit.*, p. 266.
447. Ibídem, p. 266 y p. 268.
448. Íbidem, p. 230.
449. Íbidem, p. 227.

ratos, limpios y de fabricación local con los que abastecer el funcionamiento de sus locomotoras.[450] A principios de la década de los 2000, sus más altos ejecutivos hablaban solamente en términos de rentabilidad del capital invertido, en vez de hablar de la cuota de mercado, que era la métrica tradicional de la industria.[451]

Históricamente, la autonomía tampoco era un rasgo distintivo del sector. Aunque las culturas empresariales variaban, todas tenían rígidos sistemas de gestión de *control y mando*. Algunas (como Santa Fe) utilizaban un estilo militarista, de arriba abajo, mientras que otras giraban en torno a la mera arrogancia directiva. Unas pocas, como Great Northern, se preocupaban más por los empleados, aunque seguían siendo jerárquicas.[452] En BN, tras la desregulación, la práctica histórica de mando y control también cambió. La dirección descubrió que el cumplimiento rígido de las normas y el respeto ciego a las jerarquías resultaban ineficaces en los negocios.[453]

La cuestión de la seguridad laboral de los empleados del sector ilustra un claro ejemplo de los cambios culturales que se produjeron. Durante más de un siglo, y hasta la década de 1970, los ferrocarriles tenían un pobre historial en materia de seguridad. La anticuada cultura ferroviaria influía en ello. Sus empleados eran hombres muy «machos», que llevaban anillos de anclaje que se enganchaban fácilmente a la maquinaria, lucían barbas que interferían con las máscaras antipolvo y se movían por dentro y por fuera de equipos que estaban en movimiento. Las culturas de mando y control reforzaron un alto grado de ignorancia sobre el peligro que realmente enfrentaban. Había, además, complacencia ante tal escenario, marcado claramente por un grado muy bajo de protección. Tanto la dirección como los trabajadores, que estaban dirigidos por sindicatos hostiles, responsabilizaban a la otra parte de las lesiones, pero unos y otros acababan manteniendo en pie y aceptando el *statu quo*.

450. Íbidem. p., 225.
451. Keating, Interview Notes.
452. Kaufman, *Leaders count...*, *op. cit.*, p. 171.
453. Íbidem, pp. 268-269.

En BN, el alcance de estas actitudes condujo al peor historial de seguridad de la industria.[454] Pero a principios de los años noventa, un grupo de directivos de la compañía puso en marcha lo que acabó siendo una revolución en materia de seguridad ferroviaria. Tras implementarlo en la compañía, vendieron el programa a sus competidores, haciendo hincapié en los elevados costes de las condiciones inseguras, que derivaban en denuncias y reclamaciones por responsabilidad civil y liquidaciones, amén de otros problemas como la interrupción de las operaciones. Prohibieron a los trabajadores subirse a los equipos en movimiento, así como llevar anillos o dejarse barba. La compañía inició programas de formación para cambiar la tradicional cultura de la bravuconería ferroviaria por la prudencia de las actitudes más contemporáneas.

El historial de seguridad de BN mejoró enormemente. Con estas mejoras se ahorraron miles de millones de dólares, además de salvar incontables ojos, dedos, extremidades o pulmones.[455] La compañía reforzó sus éxitos con un sistema de méritos denominado Club 2,5, en referencia a la tasa de lesiones más baja del sector (2,5 lesiones por cada 200.000 horas de trabajo). Cada empleado del grupo recibió cinco acciones de BN en el marco de este programa. El cambio fue radical, puesto que este tipo de incentivos eran inauditos en el marco de las tradiciones punitivas de *control y mando* que habían caracterizado históricamente al sector ferroviario. Los directivos defensores de este tipo de esquemas no sólo presionaron a sus colegas, sino que también trabajaron codo con codo con los representantes sindicales para aumentar el apoyo de los trabajadores y granjearse el respaldo de las bases. La cultura cambió en todo el sector. Santa Fe, por ejemplo, desarrolló medidas de seguridad mejoradas, como regalar cada año a sus empleados un par de botas con puntera de acero.

Cuando BN y Santa Fe se fusionaron en 1995, se produjo una segunda oleada de cambios culturales. La motivación inicial se

454. Íbidem, p. 274.
455. Ibídem, pp. 282-283.

debió a las diferencias culturales entre las dos empresas fusionadas. El primer director general de BNSF, Robert D. Krebs, apuntó lo siguiente: «No me interesaban mucho las culturas corporativas hasta que llegué aquí y me di cuenta de lo diferentes que eran las de BN y Santa Fe. No creo que se puedan sobreestimar las diferencias existentes».[456] Ambas culturas empresariales parecían ser incompatibles:

> Santa Fe tenía fama de ser una unidad cohesionada de ejecutivos duros y con una sola mentalidad. La BN, en cambio, se consideraba más *blanda*, no tan apegada a la disciplina. Pero aunque la gente de la BN celebraba reuniones en las que aparentemente se llegaba a acuerdos, lo cierto es que empezaban a cuestionarlo todo en cuanto terminaba la reunión.[457]

Krebs y su equipo ejecutivo, incluido Carl R. Ice, director de operaciones, ayudaron a fusionar ambas culturas, lo que no fue fácil. Las formas tan diferentes de entender la operativa de la compañía y sus correspondientes enfoques de gestión se basaban en supuestos de fondo que resultaban, en última instancia, opuestos:

> Los de Santa Fe creían que las personas eran intrínsecamente malas y se comportaban en función de un sistema de recompensas y castigos. [En cambio, los de BN] creían que la gente es intrínsecamente buena y sólo hace cosas malas cuando se siente amenazada.[458]

Krebs y Ice contrataron consultores para ayudar a los directivos de BNSF a desarrollar una nueva cultura corporativa. El resultado fue un compromiso práctico entre ambas posiciones, que se situaban en esquinas opuestas. El pragmatismo guiaría la mayoría de las cuestiones, y la resolución diferiría según las cir-

456. Ibídem, p. 320.
457. Ibídem.
458. Ibídem, p. 323.

cunstancias. Por ejemplo, a la pregunta de si la organización debía estar centralizada o descentralizada, la respuesta fue optar por ambas fórmulas, eligiendo una u otra según el contexto. La descentralización puede ser mejor para los programas de formación de tripulaciones, por ejemplo, mientras que la centralización puede ser más adecuada para las decisiones de asignación de capital, por poner otro ejemplo.

En el año 2000, Matthew K. Rose, de 40 años, que tenía experiencia en el sector del transporte por carretera, sucedió a Krebs. La decisión fue similar a la del consejo de administración de BN, que nombró a personas ajenas a la industria ferroviaria para dirigir la empresa tras la desregulación. El nombramiento de Rose se produjo tras un período crucial para el sector. La nueva cultura se había forjado a través del cambio más radical y rápido de la historia del ferrocarril. El *control y mando* ya no estaba en la ecuación. Como escribió el historiador del ferrocarril, Lawrence Kaufman, en su investigación sobre la historia de BNSF:

> Los ferroviarios de hoy no están tan dispuestos como la generación anterior a aceptar sin más la disciplina dura, como tampoco dan por sentada la exigente naturaleza de su trabajo. El cambio en la industria ferroviaria es lento, pero los líderes más progresistas, como Rose, intentan fomentar una cultura más cooperativa e incluso colegiada.[459]

BNSF promovió otro cambio cultural en la industria ferroviaria, apostando por la mejora del servicio al cliente, especialmente en el sector intermodal. Esto se refiere al transporte de alta velocidad de remolques y contenedores que pueden moverse fácilmente entre trenes, camiones y barcos. Estos envíos comienzan su recorrido en camiones que, *a priori*, podrían llegar a cubrir toda la ruta, de modo que los clientes de este servicio ferroviario necesitan razones para canalizar parte del proceso por esa vía. Los ferrocarriles ganan negocio en este ámbito a base de ofrecer entregas más baratas, más seguras y más fiables. BNSF,

459. Ibídem, p. 328.

que lidera el sector del transporte intermodal, empezó a ofrecer garantías de servicio a sus clientes. Éstos pagan una prima, lo que aumenta los ingresos de la compañía, mejora el servicio al cliente y atrae más negocio, lo que se conoce como un círculo virtuoso.

Los servicios *premium* prestados por BNSF incluyen el transporte transfronterizo de contenedores con despacho de aduanas, con mejoras en las vías para conducir más eficientemente los vagones y portar mercancías más pesadas. También se han incluido mejores rutas, para agilizar los viajes, amén de otros cambios, como los controles de temperatura, las garantías de puntualidad... Un eslogan de marketing de BNSF respalda esta promesa: *It's on time or it's on us* [O llegamos a tiempo, o pagamos nosotros]. BNSF lideró el sector ofreciendo esa garantía de devolución total del dinero en caso de retraso. También fue la primera compañía que ofreció un programa de garantía de equipos que permite a los clientes asegurar tipos específicos de vagones, ya sean de plataforma, de caja, góndolas, mamparas, frigoríficos... Estos servicios ayudan a su equipo de marketing y ventas a la hora de diferenciarse de sus competidores, entre los que también figura el sector del transporte por carretera.

Krebs había puesto a BNSF a la vanguardia de este cambio hacia una orientación de servicio al cliente. Después, la combinación de la experiencia de Rose en el sector del transporte por camiones y el compromiso operativo de Ice a la hora de promover una cultura coherente lograron apuntalar esta fortaleza inherente a BNSF. La innovación en materia de servicio ha suplantado a la reducción de costes como motor estratégico de la empresa y del sector. A través de esta evolución, BNSF ha pasado de ser *el transportista de bajo coste* a ser *un proveedor de servicios que cumple sus promesas*.

La BNSF actual, mucho más centrada en el cliente, mueve enormes volúmenes de carbón, grano, petróleo, mercancías y contenedores por todo el continente, especialmente en los dos tercios occidentales de Estados Unidos. Una línea especialmente valiosa, creada en los años setenta por BN, se encarga de transportar carbón desde la cuenca del río Powder, en Wyoming.

BNSF transporta el carbón hacia el norte y el sur. Después, transporta esta mercancía en muchas direcciones a través de otras líneas de su propiedad, llevando el carbón a centrales eléctricas de todo el país. Otra de sus líneas presta servicio a miles de productores de grano repartidos por el Medio Oeste de Estados Unidos, transportando el producto hacia el noroeste del Pacífico, tanto para uso y consumo en dicha zona como para su exportación a Asia. BNSF también hace envíos de grano al sur, especialmente a Texas, para su uso y consumo local o su exportación internacional desde el golfo de México. Por otro lado, BNSF realiza transporte intermodal rápido entre Chicago y Los Ángeles, llevando por sus vías remolques de camiones, así como contenedores marítimos.

Con 43.500 empleados, BNSF posee activos por valor de unos 60.000 millones de dólares, produce una facturación anual que supera los 22.000 millones de dólares y aporta 5.000 millones de dólares a la cuenta anual de resultados de Berkshire.[460] Sus activos incluyen tres rutas transcontinentales que utilizan enlaces de alta velocidad. La compañía gestiona trenes de cercanías en varios lugares, como el sur de California, Nuevo México o Puget Sound, amén de numerosos servicios en trenes de pasajeros propiedad de Amtrak que circulan por Norteamérica. La compañía posee instalaciones de transbordo por todo el Oeste de Estados Unidos, desde donde coordinan el movimiento del tráfico de mercancías. Entre ellas, destaca una amplia instalación ubicada cerca del puerto de Los Ángeles que enlaza directamente el ferrocarril con el transporte terrestre y marítimo. Para satisfacer las necesidades de los clientes, BNSF posee miles de locomotoras y decenas de miles de vagones de carga de todas las formas y tamaños.

La compañía y su sector de actividad compiten con el transporte por camión, una carrera en la que han empezado a disfrutar de cierta ventaja en los últimos años. A principios de la década de los 2000, cuando los ejecutivos ferroviarios empezaron a hablar más de la rentabilidad de su capital invertido, comenzaron a ex-

460. Berkshire Hathaway, Inc., *2013 Annual Report*, pp. 64-65.

pirar muchos acuerdos de suministro firmados años antes, con grandes descuentos de precio que se situaban hasta un 40 por ciento por debajo de los precios habituales del mercado. Los operadores ferroviarios renovaron estos acuerdos a precios de mercado para así aumentar la rentabilidad del capital invertido.[461]

A medida que subían los costes del combustible, BNSF empezó a hacer de ésta una partida repercutible en sus contratos de transporte. El aumento de dichos costes supuso un doble beneficio para el ferrocarril: las empresas ya no tenían que absorber esos desembolsos y, al mismo tiempo, cada vez más clientes potenciales consideraban que el ferrocarril consumía menos combustible que el transporte por camión, lo que hacía que el tren fuese una opción más barata.[462] El aumento del comercio de Estados Unidos con Asia y México también impulsó el crecimiento del sector, especialmente en el caso de BNSF y Union Pacific, los ferrocarriles más fuertes en las franjas occidentales del país norteamericano. El desempeño de los ferrocarriles es un reflejo de Estados Unidos en muchos aspectos. Por ejemplo, la reducción general de la demanda de carbón ha sido un lastre para los beneficios del tren, mientras que el repunte general del *fracking*, la reactivación de la actividad industrial y la producción de automóviles han impulsado sus ventas.

Berkshire adquirió BNSF gradualmente, comenzando con una serie de compras de sus acciones ordinarias en el mercado abierto, pagando hasta 75 dólares por acción. En 2010, cuando poseía el 22,5 por ciento de la firma, acometió una compra negociada para hacerse con el resto. Pagó 100 dólares por acción, a través de una mezcla de efectivo y acciones de Berkshire. Fue el único precio ofrecido por Berkshire, sin negociación alguna. El consejo de administración de BNSF presionó dos veces al equipo negociador para que pidiera más de 100 dólares a la compañía de Buffett, pero en ambas ocasiones la respuesta obtenida fue un «no».

Buffett explicó al equipo que su análisis de BNSF indicaba que su valor era de unos 95 dólares por acción. Estaba dispuesto

461. Keating, Interview Notes.
462. Ibídem.

a ofrecer 100 dólares para garantizar un trato justo a los accionistas de BNSF. Y además, también podría ofrecer acciones de Berkshire como parte de la operación, en un giro sin precedentes en las adquisiciones de Berkshire que, de hecho, ofreció a regañadientes. Por otro lado, se abrió a dar garantías de que el valor económico del número de acciones entregadas alcanzaría una cantidad mínima en dólares. Sin embargo, no estaba dispuesto a ceder en el precio. BNSF no buscó ninguna oferta competidora, ya que los asesores de la firma dudaban de que hubiera alguna propuesta superior.[463]

Algunos se preguntan si abonar 100 dólares por acción por BNSF significaba que Berkshire estaba pagando de más. El precio era más de 20 veces superior a los beneficios de BNSF, una cifra muy elevada en opinión de muchos observadores. La ratio era aún mayor si se tiene en cuenta que los desembolsos de capital de BNSF superan su dotación para depreciación, lo que reduciría los beneficios. Los críticos también se preguntan sobre el valor de algunos activos de BNSF, especialmente los derechos de paso, que no son útiles en otras aplicaciones y no pueden venderse fácilmente.

Supongamos que Buffett tenía razón y las acciones de BNSF valían más o menos 95 dólares. ¿Por qué pagar 100 dólares? Lo cierto es que BNSF cuenta con muchos más valores intangibles, entre ellos su lógico encaje cultural en el seno de Berkshire y su gran tamaño. Además, tiene un claro potencial de crecimiento. Los expertos y los conocedores del sector, como Matthew K. Rose, auguran una última ronda de consolidación en el sector ferroviario. Prevén la operativa de dos sistemas gigantescos en Norteamérica que puedan competir en todas las regiones.[464] BNSF será uno de ellos.

Además de ser un ejemplo de compromiso con un negocio simple y elemental (transportar energía, alimentos y mercancías en tren a lo largo y ancho de todo el continente), BNSF es una

463. Berkshire-BNSF Joint Prospectus and Proxy Statement, 23 de diciembre de 2009, pp. 35-39.

464. Kaufman, *Leaders count...*, *op. cit.*, p. 344 y p. 371 (Rose).

empresa austera y seria, que ha invertido mucho en su reputación y fomenta el espíritu empresarial en una organización mucho más *plana* en comparación con la verticalidad que solía apreciarse en la cultura ferroviaria tradicional. Se centra de forma clara en el más largo plazo, adquiriendo o construyendo de forma rutinaria activos que espera que duren hasta 50 años. Con un rendimiento del capital superior al 20 por ciento anual a lo largo de los últimos años, BNSF vale cada céntimo de lo que costó su adquisición.[465]

No es sólo el hecho de dedicarse modestamente a negocios simples y rudimentarios lo que distingue a las filiales de Berkshire. Muchas de ellas también han pasado por acontecimientos clave de su historia corporativa en los que aprendieron por las malas el valor de ceñirse a lo básico. En algunos casos, el intento de dar algún tipo de giro estratégico terminó revelándose como un error, de modo que las compañías y sus directivos debieron volver a lo fundamental. Pensemos en la efímera entrada de FlightSafety en la formación de capitanes de barco u operadores de reactores nucleares, o en el coqueteo de Dairy Queen con el estatus de conglomerado tras adquirir una empresa de alquiler de esquís y una cadena de *campings*.

La aventura que sigue a la corrección de un rumbo equivocado supone un capítulo muy dramático en la historia corporativa de otro de los pilares del edificio de Berkshire, como es Shaw Industries Group, Inc. En el momento de su adquisición en el año 2000, se trataba del mayor negocio de Berkshire si no tenemos en cuenta sus empresas de seguros. De hecho, todavía figura entre las 12 compañías más grandes del grupo. Se trata del fabrican-

465. A finales de 2013, BNSF anunció una transición directiva, en la que Rose, que había sido consejera delegada y presidenta, renunció a esas funciones y se convirtió en presidenta ejecutiva, mientras que Ice, que había sido presidente, conservó ese papel y sumó a dicho rol el de consejero delegado. BNSF, «BNSF Railway announces CEO, executive Chairman transition», comunicado de prensa, 11 de diciembre de 2013.

te de alfombras más grande del mundo. Sin embargo, sus incursiones en ámbitos como la creación de marcas o la venta al por menor acabaron obligando a la compañía a centrarse nuevamente, y ahora sí permanentemente, en su elemental, básica y modesta tarea de ser, sencillamente, el productor mundial de bajo coste más solicitado en el sector de la fabricación de alfombras.

Shaw Industries fue fundada en 1971 por dos hermanos, Robert E. (*Bob*) Shaw y J. C. (*Bud*) Shaw.[466] Su padre, Julius (*Clarence*) Shaw, había dirigido un pequeño negocio de teñido de telas en su ciudad natal de Dalton, Georgia, meca de la fabricación de alfombras. Otros miembros de la familia desempeñarían diversas funciones en la empresa, como el primo Elbert (dedicado a la formación de empleados), el cuñado Julian McCamy (que fue director) y el hijo de Bud, Julius (que ascendió de aprendiz a alto cargo).

La empresa que construyeron los hermanos difería totalmente de la que había dirigido su padre. La firma que operaba este último era pequeña y se centraba en un pequeño segmento del negocio de las alfombras. En cambio, lo que crearon los hijos fue un vasto fabricante de alfombras integrado verticalmente. A diferencia de su padre, autócrata y con un sentido empresarial provinciano, los hermanos Shaw encabezaban una operación empresarial cuya estructura organizativa era mucho más plana. El cambio sísmico en su aventura empresarial se produjo a finales de la década de 1960, cuando Bud propuso que él y Bob adquirieran la Philadelphia Carpet Company, una compañía fundada en el siglo XIX.

Los hermanos hicieron tal adquisición utilizando fondos prestados que estaban garantizados en parte por los activos de la empresa y en parte dependían de garantías personales. (La operación fue, de hecho, un prototipo del tipo de compra apalancada que pronto se puso de moda; por otro lado, las garantías personales de los hermanos se inscribían en la tradición empresarial

466. Para conocer la rica y fascinante historia de Shaw Industries, en la que se basa esta sección, ver: Randall L. Patton, *Shaw Industries: A history*, University of Georgia Press, Estados Unidos, 2002.

seguida por constructores de Berkshire, como Ueltschi, de FlightSafety, y Santulli, de NetJets). Poco después de adquirir la empresa, Shaw Industries salió a Bolsa. La empresa empleó una parte importante de las ganancias que generó su cotización en el parqué para retirar deuda, un signo de la austeridad que seguía caracterizando al grupo.

Los hermanos Shaw querían convertir su empresa en algo duradero. Esta actitud de permanencia contrastaba con los sentimientos de otras empresas del sector de las alfombras. Muchas de ellas fueron vendidas a cambio de dinero rápido a distintos conglomerados que se expandieron a finales de los años sesenta y principios de los setenta. Como explicó un ejecutivo de Shaw Industries: «Nuestra filosofía, desde el principio, fue construir una institución que nos sobreviviera a todos [...]. Desde sus inicios, quisimos construir algo duradero».[467]

Las empresas que ofrecen productos básicos en mercados altamente competitivos, como Shaw Industries, requieren el tipo de enfoque empresarial que los conglomerados típicos no pueden ofrecer. La agilidad de Shaw le permitió capitalizar los cambios del mercado. Por ejemplo, en 1972, el crecimiento demográfico de California y los elevados costes del transporte llevaron a Shaw Industries a construir allí una nueva planta de acabados. Estableció un sistema de distribución a escala nacional. A lo largo de la década de 1970, Shaw Industries siguió ampliando su papel como proveedor de servicios para toda la industria. Por ejemplo, empezó a procesar el hilo que se utilizaba cada vez más en la fabricación de las alfombras *shaggy*, tan populares en aquella época. En 1973, entró en el campo del teñido continuo, tras hacerse con una empresa especializada en ese proceso.

A medida que Shaw Industries siguió creciendo, sus divisiones iban acostumbrándose a operar de forma autónoma, utilizando una estructura de gestión descentralizada. Sin embargo, Bob Shaw llegó a ver en ello un coste neto. Por ejemplo, a finales de los años setenta, Shaw Industries tenía dos grandes líneas de negocio, una supervisada por Bob y otra por Bud. En la línea de acabado de

467. Ibídem, p. 85.

alfombras de Bob, la empresa ayudaba a los fabricantes de alfombras; en la de fabricación de alfombras de Bud, competían con esos mismos clientes. Para resolver estos problemas, Bob lo reorganizó todo. Asumió plena responsabilidad de la gestión en todos los segmentos y racionalizó verticalmente las cadenas de información, mientras que Bud se convirtió en presidente. Aunque se sacrificó la autonomía de los jefes de división, la integración vertical de las unidades redujo los costes globales de toda la operación.

La reducción de costes se convirtió en el mantra de la empresa, reflejo de la realidad del sector de las moquetas. No había franquicia de consumo ni fidelidad a la marca, pero se podía establecer una ventaja competitiva, ligada al foso defensivo que se derivaría de convertirse en el productor de referencia en lo tocante a las alfombras de bajo coste. En 1982, Shaw Industries creó una filial de transporte. Hasta entonces, todos los fabricantes de alfombras utilizaban los mismos transportistas para la distribución. Las entregas de todas las empresas eran iguales. Ninguna compañía podía competir en el servicio de entrega, porque nadie lo controlaba. Shaw Industries desarrolló una ventaja estratégica sobre sus competidores al contar con su propio sistema de transporte.

El servicio de entrega de Shaw mejoró y el de sus competidores empeoró. ¿Por qué? Porque el tamaño relativamente grande de Shaw significaba que era el «proveedor» del sector entre los transportistas comunes. Cuando los pedidos de Shaw se separaban de los de los demás operadores de su región, los camiones tenían que hacer más paradas para llenar cada carga, lo que consumía más tiempo y dinero. La ventaja se amplió, puesto que la filial de camiones era tan eficiente que los centros de distribución de Shaw podían mantener niveles de inventario más bajos sin que ello comprometiese las entregas de producto, lo que ahorraba costes de manera considerable. Cuando Shaw Industries convenció a sus clientes minoristas de que podrían reducir los inventarios sin dejar de ofrecer un servicio completo, también generaron nuevas fuentes de ahorro.

Shaw Industries complementó su crecimiento interno, impulsado por su enfoque en los costes desde principios de los años ochenta, con una expansión progresiva del negocio mediante adquisiciones. Aprovechó una gran oportunidad en 1988, cuando un conocido operador de compras apalancadas de la época, William F. Farley, se fijó en West Point-Pepperell, rival de Shaw Industries. Sus negocios diversificados incluían una filial dedicada a la fabricación de alfombras. Como respuesta defensiva ante la OPA hostil, West Point-Pepperell vendió el negocio de alfombras a Shaw Industries por 140 millones de dólares. La operación elevó los ingresos anuales de Shaw por encima de los 1.000 millones. Al año siguiente, adquirió el negocio de alfombras de Armstrong World. Después de integrar ambas empresas, Shaw Industries renovó sus estructuras para alinearlas con su mantra de productor de bajo coste.

A pesar de hacer hincapié en la ventaja competitiva que le otorgaba su austeridad, Shaw Industries cometió dos errores a mediados de los años noventa. Por un lado, intentó comercializar sus moquetas y entrar en el sector minorista. Aunque ambos esfuerzos fracasaron, ninguno parecía ilógico cuando Shaw Industries se propuso intentarlo. El esfuerzo de marca se hizo con el espíritu ingenuo pero bienintencionado de educar a los consumidores sobre el atractivo de un producto del que la empresa se sentía orgullosa. La estrategia de venta al por menor perseguía la integración vertical, para evitar tener que depender de terceros para prosperar.

Sin embargo, la estrategia de marca interpretó mal el apetito informativo de los consumidores. El programa de marca de Shaw, llamado Trustmark, «se hundió en un mar de detalles técnicos», proporcionando el peso de los hilos en el anverso, los niveles de torsión...[468] Esta campaña confundió a los clientes y elevó los costes internos, debido al etiquetado, el muestreo y el envío. Julius Shaw calificó el coqueteo con la marca de «fiasco».[469]

La táctica de la venta al por menor causó daños más graves. La estrategia, que golpeó al sector como un mazo, era casi imposible. No era factible mantener la destreza de Shaw en la distri-

468. Ibídem, p. 152.
469. Ibídem.

bución y competir, al mismo tiempo, con sus clientes. Para poner en marcha esta estrategia, Shaw Industries adquirió 400 tiendas, tanto de pequeños minoristas como de dos grandes cadenas. Los costes de adquisición y la factura de las operaciones de desinversión anularon cualquier beneficio que hubieran podido arrojar las tiendas que siguieron en cartera.

Las publicaciones especializadas expresaron su consternación y los clientes se mostraron furiosos. Por regla general, los mayoristas no compiten con sus clientes minoristas. (Por eso McLane, el mayorista y distribuidor de comestibles, prometió a sus clientes de tiendas de productos básicos que no competiría con ellos. Y por eso, cuando Walmart adquirió McLane, se desprendió de un grupo de tiendas de productos básicos que tenía en cartera.) Los clientes minoristas de Shaw, el sustento de la empresa, se sintieron amenazados. Muchos, entre ellos grandes cuentas como Home Depot, simplemente dejaron de comprar los productos que fabricaba Shaw. La empresa perdió una importante cuota de mercado. No pocos inversores se deshicieron de sus acciones, lo que hizo caer el precio de cotización de la compañía en Bolsa.

Además de este ataque externo, Shaw Industries no supo gestionar bien sus tiendas. Cuando las gestionaban pequeños minoristas independientes, los propietarios-gestores eran auténticos caballos de batalla empresariales. Pero, después de vender los establecimientos a Shaw Industries a cambio de una pequeña fortuna, aquellas personas (a las que la empresa pidió que siguieran como gerentes) preferían tener más tiempo libre. Shaw Industries tenía dificultades para controlar y motivar a esta pieza tan importante de su puzle. En resumen, a la empresa se le daba bien producir alfombras a bajo coste, pero no sabía cómo gestionar la parte minorista del negocio y tenía pocas posibilidades de crear una marca de éxito para un producto tan básico.

Ya en 1998, Shaw Industries abandonó la estrategia de marca y se retiró de la venta al por menor. Se reconcilió con tantos clientes minoristas como pudo. Bob Shaw anunció que volvería a lo básico: hacer lo que había hecho grande a Shaw Industries, que era ser el mayorista de bajo coste más solicitado en el campo de la producción de alfombras de calidad. Ahondando en esa línea, Shaw Industries realizó una importante adquisición: incorporó a Queen Carpet, un antiguo competidor con el que mantenía una amistosa rivalidad entre compañías de ciudades cercanas que era controlado por aquel entonces por la familia Saul, en Dalton. Queen cultivaba una cultura corporativa similar. Era una empresa familiar, que funcionaba con austeridad, y exhibía un claro sentido de la permanencia. Además, Queen había captado gran parte del negocio que Shaw Industries había perdido con el éxodo de sus clientes.

Es poco probable que Shaw Industries repita el tipo de errores que cometió al intentar comercializar alfombras y pasar a la venta al por menor, pero estos errores no mermaron su espíritu empresarial de agilidad, tan importante para la prosperidad de la empresa. Al contrario, a medida que, en los últimos años, el gusto de los estadounidenses se ha ido desplazando de las alfombras a otros revestimientos de suelos, Shaw Industries ha ampliado sus líneas de producto para incluir también la producción de suelos de madera. La compañía sigue utilizando sus propias instalaciones, así como su propia red de transporte y distribución, que sin duda se erigen en ventajas competitivas que contribuyen a la prosperidad de la firma.

En junio de 2000, Shaw Industries detectó otra oportunidad de adquisición. Sin embargo, la compañía en cuestión enfrentaba posibles responsabilidades derivadas del uso de amianto en tiempos pasados. Shaw Industries quería lidiar con ese riesgo asociando la operación a una póliza de seguros que pudiese mitigar los posibles daños.[470] Bob Shaw y Julian Saul concertaron una cita para hablar de ello con Buffett. Aunque Berkshire aceptó suscribir una póliza por la cuantía necesaria, Buffett dijo que no lo haría si no se limitaba la exposición a tales riesgos. Al final, Shaw Industries optó por evitar la fusión.

Con todo, la reunión con Buffett sembró la semilla del interés mutuo y empezó a cultivar la eventual adquisición de Shaw In-

470. Berkshire Hathaway, Inc., *2000 Annual Report*, «Carta del presidente», p. 30.

dustries por parte de Berkshire. Ese mismo verano, ambos grupos llegaron a un acuerdo. Berkshire adquirió el 80 por ciento de la empresa, mientras que las familias Shaw y Saul conservaron el 20 por ciento restante durante varios años, si bien Berkshire acabó adquiriendo también ese paquete. En el momento de la adquisición por Berkshire, Shaw Industries tenía unas ventas anuales de 4.000 millones de dólares y era una de las mayores empresas no aseguradoras de Berkshire.[471] Sigue siendo, de hecho, una firma incondicionalmente fiel a sus funciones más básicas, centrada en seguir haciendo eso que siempre ha hecho mejor.[472]

Si el desvío de Shaw hacia las marcas y la venta al por menor trajo consigo valiosas lecciones sobre lo importante que es ceñirse a lo que uno hace, hay una última lección que se refiere a la importancia de ser modesto a la hora de conformar la estructura del capital de una compañía. Esta lección, centrada en el manejo de las finanzas corporativas, es la que podemos extraer de lo ocurrido con Fruit of the Loom, Inc.

La compañía surge de dos antiguas empresas textiles: Knight Brothers y Union Underwear Company.[473] Knight Brothers era una empresa familiar de Nueva Inglaterra de mediados del siglo XIX. En aquella época, la ropa se cosía a mano en casa, con telas compradas a fabricantes textiles. En 1851, los hermanos Knight bautizaron su tejido con el nombre de Fruit of the Loom, una innovación de marca que se produjo décadas antes de que este tipo de estrategias de marketing se convirtieran en algo ha-

471. Ibídem.

472. Berkshire Hathaway, Inc., *2004 Annual Report*, «Carta del presidente». Buffett apunta que los costes de Shaw «siguen enfrentando distintas presiones en el presente», pese a lo cual la compañía obtuvo «un retorno del 25,6 por ciento en 2004», es decir, una verdadera «fuerza motriz». El declive del sector inmobiliario que comenzó en 2008 planteó retos importantes a la empresa, por supuesto.

473. Los datos históricos de Fruit of the Loom pueden consultarse en: *International directory of company histories*, vol. 25, St. James, Estados Unidos, 1999 (en adelante citado como: *IDCH*, Fruit of the Loom).

bitual. (Algunos especulan que Fruit of the Loom era un juego de palabras con la frase bíblica «fruto del vientre», que significa 'niños'.)[474] En 1871, cuando se abrió la Oficina de Patentes y Marcas de Estados Unidos, los hermanos Knight figuran entre los primeros que registraron una marca, inscribiendo en dicha instancia el logotipo de Fruit of the Loom, una manzana colocada en el centro de un racimo de frutas.

A principios del siglo XX, sus competidores empezaron a fabricar prendas confeccionadas para amas de casa deseosas de equipar a sus familias «a la carta», en lugar de seguir confeccionando ropa casera. Knight Brothers desplazó el mercado de Fruit of the Loom de las amas de casa a los fabricantes de ropa al por mayor. En 1928, en otra apuesta por la innovación, la compañía puso la licencia de uso de la marca Fruit of the Loom al servicio de diversos fabricantes de ropa. Entre ellos se encontraba el joven Jacob (*Jack*) Goldfarb, que se centró en el estilo más popular de ropa interior masculina de bajo precio de la época, entonces llamado *unionsuit*.[475] Goldfarb compró a Knight Brothers una licencia de 25 años para utilizar la marca Fruit of the Loom.

Aunque sólo era un licenciatario más de la marca, Goldfarb dio el inusual paso de invertir sus propios fondos para publicitar su colección de ropa de Fruit of the Loom.[476] A mediados de la década de 1950, Union Underwear era, con diferencia, el operador más relevante en su sistema de licencias. Gracias a los esfuerzos de Goldfarb, los consumidores asociaron Fruit of the Loom casi por completo, y de forma instantánea, con la ropa interior, y no con los tejidos, aunque Fruit of the Loom seguía siendo uno de los principales vendedores de tejidos. Se dio la

474. Salmos, 127:3.

475. Los historiadores debaten sobre el significado del término *unionsuit*. Algunos creen que describía el atuendo compuesto por una combinación de calzoncillos y camiseta interior, unidos por la cintura. Otros apuntan a que el nombre hacía referencia a quienes los llevaban, es decir, aludiendo a las tropas del ejército unionista durante la guerra de Secesión. En cualquier caso, Goldfarb adaptó la etiqueta como nombre de su incipiente empresa, Union Underwear Company (*IDCH*, Fruit of the Loom).

476. Ibídem.

circunstancia, por otro lado, de que el negocio del licenciatario se había hecho más grande que el de la empresa licenciante.

En 1955, Philadelphia & Reading Coal and Iron Co., que dirigía un negocio en crisis y buscaba diversificarse, adquirió Union Underwear. En 1961, Philadelphia & Reading también adquirió Fruit of the Loom Licensing Company, reuniendo a licenciante y licenciatario bajo un mismo paraguas corporativo. Goldfarb se retiró en 1968, cuando Northwest Industries, un conglomerado con sede en Chicago, adquirió Philadelphia & Reading. A pesar de estos cambios en la propiedad, tanto Philadelphia & Reading como Northwest permitieron que la empresa mantuviera el espíritu emprendedor que Goldfarb le había infundido.

Union Underwear continuó la práctica de Goldfarb de crear marca mediante publicidades innovadoras. Para impulsar la marca Fruit of the Loom, contrató a famosos como el comentarista deportivo Howard Cosell para que aparecieran en anuncios de televisión. Una campaña publicitaria lanzada en 1975 se convirtió en una auténtica sensación de la cultura pop. Presentaba a tres hombres vestidos como elementos de la marca: una manzana, una hoja y un racimo de uvas. La compañía compró después la marca BVD, una línea de moda de lujo, y amplió su oferta de producto para incluir camisetas en blanco que los clientes podían personalizar con serigrafías, algo que estaba muy de moda en aquella época.

En la década de 1980, Northwest Industries se había convertido en un conglomerado diversificado que no sólo operaba en el sector de la ropa interior, sino también en muchos otros, como baterías para automóviles, productos químicos, licores, ferrocarriles, turbinas de acero o vinos. El grupo atrajo la atención de los operadores de compras apalancadas que buscaban oportunidades en aquella época, al igual que Scott Fetzer había atraído el interés en 1986 de gente como Ivan Boesky, antes de que Berkshire lo rescatara de sus garras.

En la década de 1980, las compras apalancadas se extendieron por todas las corporaciones del país. Para adquirir empresas, los operadores tomaban prestados fondos garantizados por los activos de la firma objetivo e iban reduciendo la deuda mediante la venta continuada de muchos de esos activos. En 1985, Northwest Industries fue objeto de una de esas compras apalancadas, organizada por uno de los operadores más famosos de la historia, William F. Farley, cuyo intento de hacerse con West Point-Pepperell dio como resultado la venta del negocio de alfombras de la compañía a Shaw Industries.

La compra apalancada de Northwest Industries siguió el manual: grandes préstamos reembolsados mediante la venta de los activos de la empresa objetivo. No obstante, los nuevos propietarios no se deshicieron de Union Underwear. De hecho, Farley la rebautizó como Fruit of the Loom, en reconocimiento del valor de la marca. Farley hizo una fortuna en el proceso y, en 1987, sacó Fruit of the Loom a Bolsa. Ese movimiento agrandó la jugosa retribución percibida por Farley, pero Fruit of the Loom quedó lastrada por la considerable deuda heredada de la compra apalancada.

Bajo su propiedad, Farley ejerció de presidente, pero fue el antiguo ejecutivo de Fruit of the Loom, John Holland, quien siguió influyendo en las operaciones de la compañía. Gracias a Holland, la empresa extendió la marca Fruit of the Loom a un mercado de ropa más amplio. Añadió ropa de mujer en 1984 y ropa deportiva en 1987. En ejercicios posteriores, continuó impulsando especialmente las ventas del segmento de ropa deportiva.

A pesar de los éxitos empresariales de Holland, la apalancada estructura de capital de Fruit of the Loom llevó a la empresa a incurrir en varios años de pérdidas a finales de la década de 1980.[477] Al mismo tiempo, la competencia se intensificó como resultado de unas importaciones más baratas y una batalla con su compañía archirrival, Hanes, en el ámbito de la ropa interior.[478] Ya en la década de 1990, una recesión exacerbó estas tendencias negativas. Sucumbiendo ante una creciente presión activista, la empresa cerró la mayoría de sus plantas de fabricación, despidiendo a 10.800 empleados y trasladando su operativa a

477. David Greising, «Bill Farley in on pins and needles», *Bloomberg BusinessWeek*, 18 de septiembre de 1989, p. 58; Jonathan R. Laing, «Love that leverage!», *Barron's*, 1 de mayo de 1989, p. 6.

478. Michael Oneal, «Fruit of the Loom escalates the underwars», *Bloomberg BusinessWeek*, 22 de febrero de 1988, p. 114.

México, Marruecos y otros países. Asimismo, la empresa se registró en las islas Caimán para reducir su factura impositiva.[479] En 1996, Holland se jubiló, dejando a Farley al mando.

Las medidas de ajuste resultaron inadecuadas. El apalancamiento y las tensiones externas eran demasiado grandes y la empresa acumulaba pérdidas. También fue un claro error pedir préstamos adicionales para financiar adquisiciones que resultaron decepcionantes. A mediados de 1999, Farley dimitió ante el rechazo de los accionistas y, a finales de año, la empresa se declaró en quiebra. Los administradores no tardaron en contratar a Holland para que intentase darle la vuelta a la situación y lograse revivir la empresa.

Poco después de declararse en quiebra, Berkshire mostró interés por comprar el negocio de ropa de Fruit of the Loom. Para Buffett era difícil resistirse ante una gran historia que encontraba representativa y característica del espíritu empresarial estadounidense. Se trata de una firma cuyos inicios se remontan a 1851 y cuyo funcionamiento se vio interrumpido por un breve período marcado por el apalancamiento excesivo y la mala gestión. Además, tenía una conexión personal con la empresa.

Cuando Philadelphia & Reading (P&R) compró Union Underwear en 1955, la empresa estaba controlada por Graham-Newman, que era la compañía en la que trabajaba el propio Buffett, que de hecho era también accionista de Philadelphia & Reading. En aquel momento, Buffett estaba encantado con la adquisición de Union Underwear que Philadelphia & Reading planteó a Jack Goldfarb, entendiendo que estaba estructurada en términos mutuamente ventajosos.[480] Cuarenta y cinco años más tarde, los ad-

479. «Profit surges 38 percent on moves to reduce labor expenses», *The Wall Street Journal*, 16 de abril de 1998.

480. Buffett resumió el acuerdo así: *Comprador* — Philadelphia & Reading Coal & Iron (P&R), productor de antracita con un negocio en declive, pero mucho efectivo y créditos fiscales; *Vendedor* — Union Underwear tenía 5 millones de dólares en efectivo con unos beneficios anuales antes de impuestos de 3 millones de dólares; *Condiciones* — precio de compra de 15 millones de dólares, abonados de la siguiente manera: 9 millones de dólares en pagarés sin intereses procedentes del 50 por ciento de los beneficios de Union superiores a

ministradores de la quiebra de Fruit of the Loom nombraron a Berkshire adjudicataria, de modo que se repitió la historia y una empresa en la que trabajaba Buffett (su empresa, esta vez) volvió a comprar Fruit of the Loom.[481]

Buffett pidió a Holland, que había ayudado a Fruit of the Loom a superar la adversidad de la compra apalancada, que se quedara al frente de la empresa. Holland devolvió la estructura de capital de la empresa a lo básico. Quería operar con poca deuda y gastos modestos para financiar mejor las operaciones. En pocos años, Fruit of the Loom revivió y hoy se encuentra entre las mayores filiales de Berkshire en cuanto a su número de empleados. Como muestra de su prosperidad, Fruit of the Loom pagó 1.120 millones de dólares en 2006 para adquirir Russell Corporation, propietaria de potentes marcas, entre ellas las zapatillas deportivas Brooks.

En Berkshire, el valor económico surge de combinar la modestia con la capacidad de entender cualquier negocio, por un lado, y la preferencia por negocios que resulten relativamente fáciles de entender. Centrarse en sectores sencillos y elementales, y apostar por empresas con operaciones básicas que se centran en seguir haciendo lo que mejor saben hacer y en operar estructuras de capital sencillas entraña mucho menos riesgo que adentrarse en sectores exóticos, proyectos aventureros y grandes iniciativas con deudas de por medio.

---

1 millón de dólares; 2,5 millones de dólares de los saldos de caja existentes de Union; y el resto (3,5 millones de dólares) pagado por P&R en efectivo.

Buffett escribió sobre el acuerdo en su carta de 2001 a los accionistas de Berkshire: «Qué tiempos aquellos; se me pone la piel de gallina sólo de pensar en este tipo de operaciones». Berkshire Hathaway, Inc., *2001 Annual Report*, «Carta del presidente».

481. Hubo otros licitadores finales en un proceso activo durante el cual los administradores identificaron hasta 29 posibles compradores. Fruit of the Loom Bankruptcy Disclosure Statement, 28 de diciembre de 2001 (presentación del Form 8-K ante la Securities and Exchange Commission).

11

Permanencia eterna

En 2011, durante el período comprendido entre Navidad y Nochevieja, Jim Weber revisó con regularidad su correo electrónico, pero no su buzón de voz. De vuelta a su oficina el 2 de enero, escuchó todos los mensajes telefónicos que había recibido durante el período festivo. Uno de ellos había sido registrado cinco días antes: «Jim, soy Warren Buffett. Tengo una idea que quiero comentarte. Por favor, llámame». Weber estaba mortificado por no haber devuelto el mensaje a Buffett y haberlo dejado esperando durante casi una semana.[482]

Cuando Weber devolvió la llamada, Buffett le dijo: «Háblame de Fruit of the Loom y Brooks. ¿Hasta qué punto están integradas? ¿Comparten servicios o sistemas?». Buffett se refería a Brooks Sports, Inc., una empresa que Fruit of the Loom había adquirido algunos años atrás como parte del proceso de compra de Russell Corporation. Weber había dirigido Brooks durante una década y Buffett quería evaluar si la firma debía escindirse y convertirse en una filial independiente, en lugar de permanecer dentro de la estructura dos niveles corporativos por debajo.

Fundada en Filadelfia durante el año 1914 por Morris Goldenberg, Brooks fue, hasta los años sesenta, un modesto negocio

482. Jim Weber, en entrevista telefónica con el autor el 11 de octubre de 2013.

de fabricación de calzado deportivo, botas de fútbol y patines de hielo.[483] En la década de 1970 se subió a la ola nacional del *jogging*, produciendo zapatillas para correr que figuraban entre las más sofisticadas de aquella época. Sin embargo, Brooks creció demasiado rápido y pronto empezó a lidiar con distintos problemas de liquidez y calidad del producto que mermaron su independencia y su capacidad de seguir avanzando. La empresa pasó por una serie de propietarios (5 a lo largo de dos décadas) que, en última instancia, la dejaron huérfana de un verdadero liderazgo.

En 1982, Wolverine World Wide, Inc., fabricante de Hush Puppies, adquirió Brooks. A lo largo de la década de 1980, Wolverine se sumergió en todo el espectro del calzado deportivo: baloncesto, tenis, entrenamiento en gimnasio, zapatillas para caminar... Competía frente a gigantes de la industria como Adidas o Nike. Wolverine transformó Brooks e hizo que pasase de ser una empresa especializada a una compañía más generalista, pasando «de la clase a la masa», con la esperanza de prosperar. La estrategia no funcionó.

Así que, en 1993, Wolverine vendió Brooks por 21 millones de dólares. La firma pasó entonces a manos del Rokke Group, una empresa noruega de capital riesgo. Las pérdidas continuaron durante un año y el Rokke Group renovó todas las filas de la alta dirección.[484] Como consejera delegada, reclutó a Helen Rockey, una dura ejecutiva que trató de reenfocar la marca Brooks como una opción excepcional para los aficionados al *running*, regresando de nuevo «de la masa a la clase».[485] La empresa también se expandió hacia el segmento de la ropa dirigida a esos mismos clientes.

Sin embargo, los cambios de propiedad continuaron sucediéndose. En 1998, el Rokke Group (entonces, Aker RGI) vendió

483. Los datos históricos sobre Brooks se pueden consultar en: *International directory of company histories*, vol. 32, St. James, Estados Unidos, 2000. Ver también: Liz Murtaugh Gillespie, *Running through the first 100 years*, Brooks Sports, Inc., Estados Unidos, 2014.

484. Jeanne Sather, «Shoemaker Brooks takes its first steps on comeback trail», *Puget Sound Business Journal*, 1 de julio de 1994, p. 6.

485. Helen Jung, «Brooks shoe chief wants to run up profits, reputation», *Knight-Ridder/Tribune Business News*, 31 de enero de 1994.

una participación mayoritaria de Brooks valorada en 40 millones de dólares. La compradora era J. H. Whitney & Co., una empresa de capital riesgo de Connecticut.[486] Weber se unió a Brooks como director ejecutivo en 2001, la cuarta persona que ostentaba dicho cargo en tan sólo dos años. Aunque la rentabilidad de Brooks mejoró bajo la dirección de Rockey, y las ventas anuales llegaron a los 65 millones de dólares, la compañía acabó involucionando y registrando pérdidas debido a una abultada carga de deuda.[487] Whitney mantuvo Brooks en su cartera hasta 2004, cuando Russell adquirió la empresa de zapatillas de correr por 115 millones de dólares. Finalmente, en 2006, Fruit of the Loom adquirió Russell, entre cuyas marcas también figuran Russell Athletic, Jerzees o Spalding. Dicha operación se cerró por 1.120 millones de dólares.

Weber, a través de ese zigzagueo en la propiedad, creyó siempre que Brooks tendría más éxito si se comprometía con una estrategia de nicho, fabricando y comercializando zapatillas de correr como una pieza de equipamiento pensada para el corredor serio. Se centró en hacer productos de gama alta, con zapatillas que costaban entre 80 y 160 dólares. Además, dejó de fabricar las líneas más baratas. Ese giro redujo inicialmente las ventas a apenas 20 millones de dólares, pero tal enfoque permitió iniciar una necesaria tarea de reconstrucción. En pocos años, los ingresos alcanzaron los 69 millones de dólares. El ritmo y la capacidad de adaptación de la firma mejoraron bajo la propiedad de Berkshire, ya que las ventas crecieron constantemente, junto con la cuota de mercado alcanzada por Weber entre su público objetivo.

Así que, coincidiendo con las fechas navideñas de finales de 2011, Buffett se preguntó si Brooks se beneficiaría más si pasase a ser una filial independiente dentro de Berkshire, para que Weber dirigiera con autonomía sus próximos pasos.[488] Éste se mos-

486. Leigh Gallagher, «Runner's world», *Forbes*, 22 de febrero de 1999, p. 96.

487. Entrevista con Weber (ver nota al pie 481, cap. 11). Ver también: Catherine New, «Brooks' CEO Jim Weber explains how he turned around a near-bankrupt business», *Huffington Post*, 24 de abril de 2013.

488. La anécdota me fue relatada por Weber en nuestra entrevista (ver nota al pie 481, cap. 11).

tró de acuerdo en que Brooks se diferenciaba del resto de Fruit of the Loom, puesto que había vuelto a comprometerse (ahora sí con éxito) con el enfoque de «clase» y no con el de «masa». Aprovechó la oportunidad que le ofreció Buffett y continuó con ese impulso. En la maratón de Boston de 2013, por ejemplo, había más corredores que llevaban zapatillas Brooks que de cualquier otra marca, salvo Asics.[489] Brooks siguió cosechando unos resultados excepcionales, con ventas de 409 millones de dólares en 2012, casi 500 millones en 2013 y el objetivo de alcanzar los 1.000 millones en torno al año 2020. Como regla general, las empresas de calzado valen el doble que sus ventas, lo que hace que Brooks tenga hoy el mismo valor que lo que Berkshire pagó por toda la compra de Russell hace menos de una década.

En una entrevista para este libro, Weber atribuyó la aceleración del crecimiento de Brooks y el próspero giro de la empresa a la permanencia eterna que ofrece Berkshire, en contraste con el desamparo corporativo que la firma soportó durante las dos décadas anteriores.[490] Bajo un paraguas así, la dirección puede concentrarse sin interferencias e invertir en la marca, asumiendo un horizonte temporal de hasta 50 años, en lugar de centrarse en satisfacer necesidades a corto plazo de unos «padres adoptivos» cambiantes y volubles. Otra razón del éxito de la empresa es el propio Weber, un empresario forjado en el molde de Berkshire que también ha sido ganador del Premio Emprendedor del Año de Ernst & Young.

No se suele pensar en Berkshire como un «orfanato» para empresas desamparadas, pero lo cierto es que la compañía de Buffett sí le ha dado un hogar permanente a muchas compañías que lo necesitaban. Al menos siete filiales encontraron refugio en la corporación después de sufrir los problemas de encadenar cambios de propiedad continuos a través de sucesivas transferencias de propiedad entre distintas empresas matrices, operaciones de compras apalancadas, ventas a empresas de capital riesgo, procesos concursales... El denominador común de todos

489. Entrevista con Weber (ver nota al pie 481, cap. 11).
490. Ibídem.

estos esquemas es que obligan a trabajar con plazos y horizontes mucho más cortos.

El fabricante de caravanas y otros vehículos recreativos, Forest River, Inc., es una de las empresas que más propietarios llegó a acumular antes de su entrada en el conglomerado de Buffett.[491] Sus orígenes se remontan a Rockwood, una marca famosa en el campo de los vehículos recreativos, fundada en 1972 por Arthur E. Chapman. Pocos años después de fundar Rockwood, Chapman la vendió a Bangor Punta Corp., un grupo que fabricaba aviones, veleros y armas. En 1984, Lear Siegler, una organización aún mayor, adquirió Bangor Punta, de modo que Rockwood pasó a manos de una nueva matriz. La propiedad cambió de nuevo en 1986, cuando Forstmann Little & Co., especializado en operaciones de compras apalancadas, adquirió Lear Siegler.

Siguiendo el «manual» de las compras apalancadas, Forstmann pidió un gran préstamo para adquirir Lear y vendió activos de la firma para devolver la deuda. Rockwood fue transferida a Van American, Inc., una empresa de la que Peter J. Liegl era copropietario.[492] En 1993, con el fin de obtener capital para financiar su expansión, fue transferida a otro operador de compras apalancadas. Posteriormente, la compañía salió a Bolsa con el nombre de Cobra Industries. Llegó a situarse entre las cinco primeras firmas del sector, vendiendo remolques de viaje y autocaravanas bajo sus marcas de referencia, Cobra y Rockwood.

Sin embargo, la deuda derivada de la compra apalancada le complicó la vida, financieramente hablando, a Cobra. Los operadores que articularon dicha operación intentaron dictar la estrategia empresarial que debían seguir Liegl y sus colegas. Los desa-

491. Joel Silvey, en correspondencia por e-mail con el autor (correo enviado el 3 de octubre de 2014). Algunos aspectos históricos referidos a Forest River se pueden consultar en la web de Joel Silvey *Pop-up camper history*. Disponible en: <http://www.popupcamperhistory.com/rockwood.php>.

492. Sherman Goldenberg, «RVB announces '05 newsmaker of the year», *RV Business*, 17 de noviembre de 2005.

cuerdos terminaron en el despido de Liegl, lo que dejó un vacío de liderazgo. Para llenarlo, se contrató a un equipo de consultores que evaluaron Cobra de arriba abajo. Con todo, la empresa carecía de gestores competentes, de modo que se vio abocada a la insolvencia y terminó declarándose en quiebra en 1995.

Un año después, en 1996, el procedimiento concursal vendió muchos de los activos de la compañía para pagar la deuda. Liegl y su nueva empresa, Forest River, se hicieron con muchos de estos activos, incluida la marca Rockwood. Ahora ya no tendría que lidiar con las abultadas deudas que se habían acumulado.

Así, con los activos de Cobra Industries, Forest River empezó a fabricar autocaravanas y remolques de viaje. Durante sus tres primeros años, desarrolló tres nuevas divisiones: vehículos de carga, oficinas móviles y soluciones náuticas. En los años que siguieron, Forest River adquirió tres empresas y creó internamente una nueva división: Rockport Commercial Vehicles. Llegado el año 2005, la empresa generaba 1.600 millones de dólares en ventas.[493]

La ambición de Liegl pasaba por ampliar el ámbito de fabricación de la compañía e incluir todas las clases y tipos de vehículos recreativos. Para ello necesitaba capital, pero sus angustiosas experiencias le habían enseñado a desconfiar de conglomerados que no se comprometían de forma duradera, operadores de compras apalancadas que añadían más deuda y no contribuían a resolver los retos de fondo, u operaciones de salida a Bolsa que tampoco respondían a lo que buscaba.

Así que, en 2005, Liegl envió un fax de dos páginas a Buffett explicando, punto por punto, por qué Forest River cumplía los criterios de adquisición de Berkshire.[494] El de Omaha no había oído hablar de la empresa ni de aquel hombre, pero su historia le atraía y las cifras que le presentó parecían tener mucho sentido. Así que le hizo una oferta al día siguiente y ambos cerraron la operación en cuestión de una semana.[495]

493. Berkshire Hathaway, Inc., *2005 Annual Report*, «Carta del presidente».

494. Íbidem.

495. Íbidem. Aquí está la sucinta versión de Buffett incluida en su carta del presidente de 2005: «Pete es un empresario extraordinario. Hace algunos años

Con un hogar permanente y la autonomía que le aseguraba Buffett, Liegl dio rienda suelta a sus energías para llevar a la práctica la audaz visión de crecimiento que tenía para Forest River. Adquirió Rance Aluminum Fabrication (2007), Coachmen (2008), Shasta (2010) y Dynamax (2011). Mediante una combinación de estas compras, y apoyándose en un crecimiento interno continuado, Forest River empezó a fabricar todo tipo de vehículos recreativos y otros tipos de equipamiento relacionado, como remolques de viaje, puntos de remolque, autocaravanas emergentes, casas móviles, caravanas, remolques sanitarios, oficinas móviles, pontones...

Forest River no ha dejado de ganar cuota de mercado.[496] Ha pasado de tener 60 fábricas en 2005[497] a 82 en 2010.[498] Además, el personal de su plantilla ha aumentado de 5.400 empleados en 2005[499] a 7.653 en 2012,[500] y 8.770 en 2013.[501] Escalar la empresa de esta manera resultó muy rentable en formas que los fabricantes tradicionales de vehículos recreativos no habían explotado. La enorme capacidad de producción de Forest River le permite satisfacer rápidamente los pedidos de sus clientes, manteniendo al mismo tiempo unos rigurosos estándares de construcción e inspección.

Los resultados han sido impresionantes. Las ventas de 2010

---

vendió su empresa, en aquella época mucho más pequeña que ahora, a un operador de compras apalancadas que enseguida empezó a decirle cómo debía dirigirla. Al poco tiempo, Pete se marchó y la empresa se hundió en la bancarrota. Pete la recompró entonces. Podéis estar seguros de que yo no le diré cómo gestionar su negocio».

496. Berkshire Hathaway, Inc., *2005 Annual Report*, «Carta del presidente».

497. Ibídem.

498. Berkshire Hathaway, Inc., *2010 Annual Report*, «Carta del presidente».

499. Berkshire Hathaway, Inc., *2005 Annual Report*, «Carta del presidente».

500. Berkshire Hathaway, Inc., *2012 Annual Report*, «Contraportada interior».

501. Berkshire Hathaway, Inc., *2013 Annual Report*, «Contraportada interior».

se acercaron a los 2.000 millones de dólares, con unos beneficios récord, y la facturación de 2013 se disparó hasta los 3.300 millones, un 24 por ciento más que el año anterior.[502]

Al anunciar la adquisición por parte de Berkshire, Liegl fue citado en una revista del sector:

> [Estamos] garantizando, en la medida de lo humanamente posible, la continuidad de Forest River. Berkshire Hathaway compra empresas y las mantiene. Tiene los medios para hacerlo. Esta maniobra no es un acto de alta tensión, como podría haber sido la venta a un grupo de inversión convencional. Forest River no tenía deuda antes de la operación, y tampoco la tiene después.[503]

Enfrentarse a la aplastante carga de la deuda de los operadores de compras apalancadas fue el camino que siguió Oriental Trading Company cuando inició un periplo que culminó en su entrada en Berkshire. Fundada en 1932 por Harry Watanabe, un inmigrante japonés residente en Omaha, Oriental Trading era una tienda minorista que vendía productos novedosos, como las muñecas Kewpie, que importaba desde su país de origen. La tienda prosperó y Watanabe abrió una docena de tiendas similares en distintas localidades del Medio Oeste de Estados Unidos. Sin embargo, las restricciones a las importaciones japonesas impuestas por la Segunda Guerra Mundial supusieron el cierre de todas sus tiendas, salvo las ubicadas en Omaha. A partir de entonces, Watanabe añadió la cerámica a su línea de producto y buscó como clientes a los feriantes, un nicho que resultó ser próspero hasta comienzos de la década de 1970.

En 1977, el hijo de Harry, Terrance (*Terry*) Watanabe, amplió el modelo de negocio de su padre. Añadió juguetes y artículos para fiestas a la línea de productos e inició una campaña de venta directa dirigida a organizaciones que programaban even-

502. Berkshire Hathaway, Inc., *2013 Annual Report*, «Carta del presidente».
503. Sherman Goldenberg, «Berkshire Hathaway to purchase Forest River», *RV Business*, 20 de julio de 2005.

tos de recaudación de fondos, por ejemplo, las iglesias, los clubes sociales o las escuelas. Terry expandió el negocio de venta directa mediante un catálogo de productos de amplia distribución y una extensa red de ventas a domicilio. En la década de 1980 añadió la venta mediante una línea telefónica gratuita. Y en los años noventa apostó por internet.

En el año 2000, Oriental Trading ofrecía 40.000 productos a una lista de clientes que se contaban por decenas de millones. La firma daba empleo a cerca de 2.000 trabajadores. En aquel momento, Terry recurrió a la empresa de capital riesgo Brentwood Associates. El plan consistía en que Brentwood aportara fondos, y Terry y su equipo seguirían dirigiendo la compañía. Sin embargo, el acuerdo cambió y Terry acabó dimitiendo de sus cargos y vendiendo toda su participación a Brentwood.

En 2006, Brentwood buscó una estrategia de salida.[504] Lo consiguió parcialmente cuando logró que el Carlyle Group adquiriera una participación mayoritaria (68 por ciento) en Oriental Trading, a través de una compra apalancada. A pesar de una enorme lista de envíos y de unas ventas anuales de 485 millones de dólares sostenida con unos activos valorados en 463 millones, el elevado coste de la deuda llevó a la empresa a declararse en quiebra en 2010, cuando su pasivo alcanzó los 757 millones de dólares.[505] Durante el proceso concursal, otra empresa de compras apalancadas, Kohlberg Kravis Roberts, compró una gran parte de la deuda de Oriental Trading, que pretendía vender con beneficios o convertir en capital accionarial de la firma.

Tras salir de semejante tumulto, Oriental Trading se dirigió a Berkshire en 2012 para ver si estaba interesada en explorar una posible compra de la empresa. El objetivo era dar a la vieja empresa familiar un hogar permanente, y no necesariamente maximizar el precio obtenido a través de la transacción de la titularidad de la firma.

504. Michael J. de la Merced, «Berkshire to buy Oriental Trading Co.», *The New York Times*, 2 de noviembre de 2012.

505. Dawn McCarty, «Oriental Trading Co. files for bankruptcy in Delaware», *Bloomberg*, 25 de agosto de 2010.

A Buffett le gustó lo que vio y entendió que la sucesión de cambios de propiedad había dañado a la empresa y que ésta, de la mano de Berkshire, podía llegar a conseguir sus objetivos.[506] Oriental Trading sobrevivió a este difícil período porque hacía tiempo que se había consolidado como líder en su sector, ofreciendo un excelente servicio a sus clientes. Además, su trayectoria reciente era sólida, ya que Oriental Trading aumentó sus ventas en 2010, 2011 y 2012, hasta volver a obtener beneficios. Ahora, con un hogar sólido, volvían los buenos tiempos. Acertadamente, la empresa encontró un propietario que le brinda una permanencia eterna y puede centrarse en su negocio, que abarca novelas, juguetes y artículos para fiestas, de modo que Oriental Trading se ocupa, ante todo, de ayudar a la gente a divertirse.

Por su propia naturaleza, las compras apalancadas y las operaciones de capital privado son acuerdos que suelen plantear horizontes de trabajo a corto plazo. Incluso las más «exitosas» de estas operaciones pueden dejar a los directivos de las empresas en cuestión ávidos de encontrar un hogar más permanente. Tomemos como ejemplo el caso de CTB International Corp., una compañía que originalmente se llamaba Chore-Time. Fue fundada en 1952 por Howard Brembeck, un empresario del Medio Oeste de Estados Unidos que empezó operando su negocio desde el sótano de su casa. La empresa diseñaba y construía equipos para avicultores y ganaderos, y con el tiempo amplió su producción a contenedores para almacenar piensos y grano.[507]

Brembeck y sus socios revolucionaron el mercado con innovaciones como la mecanización de la alimentación o el suministro de agua a las aves de corral.[508] En 1996, su familia creía que la

506. Berkshire Hathaway-Oriental Trading, «Berkshire Hathaway to acquire Oriental Trading», comunicado de prensa enviado el 2 de noviembre de 2012.

507. «CTB, Inc. Founder Howard S. Brembeck dies at 100», *Grain News*, 7 de diciembre de 2010.

508. Ver: <https://www.legacy.com/us/obituaries/legacyremembers/forrest-ramser-obituary?id=19670016#fbLoggedOut>.

CTB, con sede en Indiana, estaba en condiciones de crecer más y dejar de ser una empresa familiar. Querían preservar el legado de Brembeck, pero carecían de capital y buscaron socios externos. Dirigida posteriormente por el nieto de Brembeck, Joseph Christopher (*Chris*) Chocola, que fue congresista republicano por Indiana, la familia contrató a American Securities Capital Partners, una empresa neoyorquina de capital riesgo, que asesoró a CTB en diez procesos de adquisición y una oferta pública inicial de salida a Bolsa en 1997.

Sin embargo, cinco años después, American Securities prefirió retirarse. Seguían existiendo oportunidades de crecimiento, pero la compañía era un valor de pequeña capitalización, poco cotizado y poco conocido fuera de su sector. La familia Brembeck recurrió a Berkshire para que le proporcionara el capital necesario, así como un «hogar permanente».

Buffett describió a CTB como una «empresa fuerte, con grandes valores estadounidenses. Tiene una franquicia excelente, una cuota de mercado muy amplia y un equipo gestor de altos vuelos».[509] CTB había demostrado ser el tipo de empresa que se puede sentir como en casa en Berkshire: austera y seria, reputada, de propiedad familiar, emprendedora... Era, además, una compañía simple, dedicada a equipos agrícolas básicos, algo indudablemente poco glamuroso. Desde entonces, CTB ha prosperado notablemente, generando un exceso de capital que ha reinvertido para financiar distintas adquisiciones.

El último ejemplo que recoge este capítulo es el de CORT Business Services Corporation, una compañía de alquiler de muebles dirigida desde hace mucho tiempo por Paul Arnold, que ha sido empleado de la empresa desde su creación en 1972. En 1988, esta firma era una filial de Mohasco Corporation, un fabricante de alfombras que se había diversificado para abarcar también la fabricación de muebles y que también había empezado a cubrir servicios de fi-

509. CTB, «CTB International Corp. announces agreement to be acquired by Berkshire Hathaway», comunicado de prensa enviado el 19 de agosto de 2002.

nanciación ligados a este tipo de productos (por ejemplo, *leasing* de muebles y alfombras).[510] Mohasco logró repeler una OPA hostil (por parte de Nortek, Inc.) y articuló como alternativa una compra apalancada impulsada por Citicorp Venture Capital (CVC).

El fuerte endeudamiento llevó a la empresa, al cabo de un año, a vender CORT, que pasó a nuevos grupos de gestión mediante la intermediación de CVC. Curiosamente, CVC se situó a ambos lados de la transacción, respaldando tanto al vendedor como al comprador de la compañía, lo que sin duda se tradujo en una negociación poco prometedora desde el punto de vista de la búsqueda de eficiencias. CORT tuvo que luchar contra un elevado apalancamiento para mantener a flote su capacidad de generar liquidez.

Sin embargo, Arnold perseveró en la lucha, haciendo frente a la carga de la deuda, así como a las nóminas de la mano de obra reclutada por la compañía. En 1993 convenció a CVC para que reestructurara su deuda en condiciones favorables y, además, atrajera nuevas inversiones de capital. Se centró en su negocio, generando un crecimiento estable, a través de adquisiciones que eligió cuidadosamente y de una expansión constante hacia nuevos mercados.

En 1999, mientras los financieros de CORT trabajaban en otra compra apalancada, Arnold y su empresa llegaron a un punto de inflexión. El 23 de noviembre de aquel año, Buffett recibió un fax de un conocido que le adjuntaba un artículo de *The Washington Post* sobre la última operación en la que estaba trabajando CORT. Las finanzas de la compañía impresionaron a Buffett, al igual que Arnold cuando se reunieron una semana más tarde, así que pronto llegaron a un acuerdo para que Berkshire adquiriera CORT.[511] Buffett se sintió atraído por la compañía por ser un

510. *International directory of company histories*, vol. 26, St. James, Estados Unidos, 1999.

511. Técnicamente, el comprador fue Wesco Financial Corporation, entonces una filial de Berkshire participada al 80 por ciento por la compañía y posteriormente fusionada por completo con Berkshire. Wesco, que había sido supervisada durante muchos años por el vicepresidente de Berkshire, Charlie Munger, era propietaria de algunas filiales.

«negocio bueno, aunque poco glamuroso», que Arnold sabía dirigir bien.[512]

Arnold disfrutó de la permanencia eterna y el hogar fijo que le ofrecía Berkshire, una garantía de estabilidad que disfrutó de forma directa hasta su jubilación en 2012, tras cuatro décadas al timón de la compañía. Su legado al frente de CORT fue notable, al haber propiciado la transformación de lo que era una pequeña empresa que acabó siendo líder de su mercado, en parte gracias a más de 50 operaciones de adquisición de otras firmas del ramo.[513] Arnold cedió el testigo a Jeff Pederson, directivo de CORT desde 2004, que sigue guiando la operativa de la compañía. En 2013, generó unos beneficios de 40 millones de dólares.[514]

Se dice que la gente inteligente aprende de sus errores y que la gente sabia aprende de los fallos que cometen los demás. De ser cierto, la sabiduría es indudablemente un rasgo muy característico de Paul E. Andrews Jr., fundador y consejero delegado de TTI, Inc., un distribuidor de electrónica con sede en Texas. La empresa se llamaba originalmente Tex-Tronics, Inc. Andrews decidió vender su compañía a Berkshire después de ver cómo otros lidiaban con dificultades similares a las que se describen en este capítulo.

Lo cierto es que Andrews fundó TTI en 1971. Empezó en una habitación de su pequeño apartamento, tras ser despedido como comprador de General Dynamics, donde había visto las dificultades a las que se enfrentaban los fabricantes a la hora de abastecerse de componentes electrónicos.[515] En su primer año, logró unas ventas por valor de 112.000 dólares. En el ejercicio 2006, dicha rúbrica alcanzaba los 1.300 millones.[516] Hablamos de un volumen

512. Berkshire Hathaway, Inc., *2000 Annual Report*, «Carta del presidente».

513. National Apartment Association, *Units Magazine*, 36, 8 (2012).

514. Berkshire Hathaway, Inc., *2013 Annual Report*, «Carta del presidente».

515. Kilpatrick, *Of permanent...*, *op. cit.*, p. 585.

516. Berkshire Hathaway, Inc., *2006 Annual Report*, «Carta del presidente».

muy alto para una empresa con muchos productos que se venden a menos de un dólar cada uno (por ejemplo, los condensadores, los conectores, las resistencias...).[517] En 2006, John Roach, presidente de Justin Industries cuando Berkshire adquirió la empresa en el año 2000, se puso en contacto con Buffett para hablarle de TTI y de Andrews.[518] Roach ya había ayudado a John Justin Jr. a encontrar un hogar para su querido negocio de botas y ladrillos. Esta vez llamó a Buffett para contarle que Andrews estaba buscando garantizar la permanencia de TTI. Andrews tenía 64 años por aquel entonces. Actuaba con una motivación inspiradora y conmovedora, según explicó Buffett:[519]

> No hace mucho fue testigo de lo perturbadora que puede ser la muerte de un fundador tanto para los empleados de una empresa como para la familia del propietario fallecido. Lo que empieza siendo doloroso se convierte a menudo en algo destructivo. Hace aproximadamente un año, Paul empezó a pensar en vender TTI. Su objetivo era poner la empresa en manos de un propietario que él mismo quería elegir cuidadosamente, en vez de permitir que un agente fiduciario o un abogado realizara una subasta de su firma tras su muerte.
>
> Paul rechazó la idea de un comprador «estratégico», a sabiendas de que, en la búsqueda de «sinergias», un dueño de este tipo sería más propenso a desmantelar parte importante del proyecto que él había construido con tanto esmero. Esto desarraigaría a cientos de sus asociados y, tal vez, acabaría terminando por completo con la viabilidad del negocio de TTI. Asimismo, descartó la posibilidad de vender la compañía a una empresa de capital riesgo. Consideraba que tal opción probablemente acabaría endeudando a la empresa y traduciéndose en la formalización de una venta apresurada. Esto dejaba a Berkshire como mejor opción.

517. Berkshire Hathaway, Inc., *2010 Annual Report*, «Carta del presidente».
518. Berkshire Hathaway, Inc., *2006 Annual Report*, «Carta del presidente».
519. Ibídem.

Andrews y Buffett tardaron poco tiempo en ponerse de acuerdo. Se reunieron una mañana y cerraron un acuerdo antes del almuerzo.[520] Para llegar a un consenso a la hora de acometer la valoración, la promesa de permanencia que brinda la cultura corporativa de Berkshire fue un aspecto que se tuvo muy en cuenta. TTI alcanzó su récord de ventas y beneficios en 2008 y volvió a batir dicho registro en 2010, a pesar de que opera en un sector muy competitivo que condujo a márgenes ajustados en los ejercicios 2012 y 2013.[521] El crecimiento interno se complementa, pues, con adquisiciones, como demostraron las compras de Sager Electronics en 2012 y de Ray-Q Interconnect Ltd. en 2013.

Berkshire no se desvive por buscar empresas que hayan demostrado que sus modelos de negocio son duraderos a través de dificultades o roces con una serie de propietarios poco comprometidos, audaces especialistas en compras apalancadas o agresivos administradores de procedimientos concursales. Sin embargo, las empresas que sobreviven a estas pruebas, como es el caso de Fruit of the Loom y Johns Manville, son un claro ejemplo de resistencia. Por eso, sus propietarios y gestores ponen en valor el compromiso del hogar permanente que Berkshire brinda a sus filiales y que éstas aprecian como corresponde.

El conglomerado de Buffet tampoco adquiere empresas que necesiten acometer un gran giro en su modelo empresarial. Se trata de una ardua tarea que a menudo se ve agravada por la necesidad de efectuar cambios en la cultura corporativa. Buffett habló de estas cuestiones en referencia a GEICO, que bordeó la insolvencia en 1976, pero no llegó a asumir un cambio de rumbo. Sus palabras fueron las siguientes: «Cuando un directivo que tiene detrás fama de excelencia intenta abordar una empresa cuya reputación es la de no haber administrado bien su economía, lo que suele suceder al final es que la reputación de la em-

520. Ibídem.

521. Berkshire Hathaway, Inc., *2010 Annual Report*, «Carta del presidente»; Berkshire Hathaway, Inc., *2013 Annual Report*, «Carta del presidente».

presa es lo que permanece intacto».[522] Con todo, esta valoración no quiere decir que siempre y en todo caso haya que renunciar a las reestructuraciones. Algunas han tenido un gran éxito. Buenos ejemplos de ello son los que ofrecen Jay y Robert Pritzker, de The Marmon Group, otra filial de Berkshire de la que se habla en el siguiente capítulo.

522. Berkshire Hathaway, Inc., *1985 Annual Report*, «Carta del presidente».

12

Unidad

Supongamos que eres un analista y te piden que evalúes un conglomerado empresarial muy diverso, compuesto por cientos de empresas diferentes, dedicadas a numerosos sectores, incluyendo servicios financieros, transporte, energía, construcción o fabricación. Las empresas que tiene en cartera el conglomerado son, además, de baja intensidad tecnológica y, por lo general, se dedican a actividades poco glamurosas. Se trata, eso sí, de compañías líderes en sus sectores, que en cualquier caso fueron adquiridas en diferentes momentos, sin seguir ningún plan maestro.

El presidente y el vicepresidente del grupo, cada vez más mayores, han dirigido la compañía durante sus primeras cuatro décadas, desde su creación hasta el presente. Ambos son multimillonarios y toman casi todas las decisiones corporativas importantes, con escasa supervisión del consejo de administración. Siguiendo una política de gestión no intervencionista que hace hincapié en la autonomía individual de sus distintas compañías, el resto de las decisiones las toman los directivos de las filiales. Pues bien, si tuvieras que predecir el destino de dicho conglomerado tras el fallecimiento de su presidente y vicepresidente, ¿qué dirías?

El escenario descrito recoge la tarea a la que se enfrentaron los analistas a mediados de la década de 1990 al evaluar lo que ocurriría con el Marmon Group tras el fallecimiento de Jay y Robert Pritzker y, por supuesto, también pone de manifiesto el reto que enfrentaría un analista hoy a la hora de considerar el futuro de Berkshire Hathaway. Muchos analistas pensaban que el Marmon Group sería de muy difícil gestión para cualquier persona que no fueran los Pritzker y, en consecuencia, predijeron que la empresa colapsaría poco después de su marcha.

Pero los analistas se equivocaron. En 2008, el Marmon Group se convirtió en una filial de Berkshire Hathaway y, a fecha de hoy, sigue funcionando de forma prácticamente idéntica a la que se vino observando durante décadas.[523] Este conglomerado, que bien podría describirse como un pequeño Berkshire, reúne los mismos rasgos culturales que la corporación y sus filiales hermanas. Estos rasgos comunes explican por qué Marmon, una de las mayores y más rentables filiales de Berkshire, encaja perfectamente en la compañía de Buffett.

Hay otras semejanzas entre Berkshire y el Marmon Group en lo referido a su nivel de matriz, puesto que en ambos casos hablamos de firmas con una marcada solidez en términos de capital, un crecimiento progresivo apoyado en adquisiciones, numerosos flujos de tesorería, etcétera. Estas características comunes permiten predecir que el destino de Berkshire, como el de Marmon, puede estar asegurado cuando el genio fundador deje de estar en escena. Si el Marmon Group sobrevivió a los Pritzker, en honor a ellos mismos, Berkshire puede sobrevivir a Buffett, en lo que también sería el mejor homenaje posible al de Omaha.

A finales del siglo XIX, Nicholas Pritzker y su familia emigraron a Estados Unidos desde Ucrania.[524] Se establecieron en Chicago, donde Pritzker fundó, en 1902, el bufete de abogados Pritzker &

523. Berkshire adquirió el 60 por ciento del Marmon Group en 2008, y tiene previsto aumentar su participación en los años siguientes hasta 2014, cuando alcanzaría el cien por cien.

524. Jeffrey L. Rodengen, *The Marmon Group: The first fifty years*, Write Stuff Syndicate, Estados Unidos, 2002. También se pueden encontrar datos históricos sobre el Marmon Group en: *International directory of company histories*, vol. 70, St. James, Estados Unidos, 2005 (en adelante citado como

Pritzker. Su despacho prosperó hasta finales de la década de 1920, ganándose una sólida reputación en el mercado local gracias a su actividad especializada en el campo del derecho inmobiliario. Gradualmente, la empresa empezó a invertir en dicho segmento del mercado bajo la dirección del hijo del fundador, Abram Nicholas (*A. N.*). Sus inversiones sentaron las bases del imperio de la familia Pritzker. En 1940, estas actividades eran ya tan sustanciales que Pritzker & Pritzker abandonó el campo de la abogacía para convertirse únicamente en una empresa familiar de inversiones.

El negocio familiar alcanzó un éxito explosivo bajo la dirección de los hijos de A. N., Jay y Robert (*Bob*) Pritzker, que aunaron sus talentos, sin duda complementarios, para amplificar los resultados empresariales. Jay se formó como abogado, licenciándose en Derecho por la Universidad del Noroeste, y adquirió experiencia en el mundo de los negocios después de haber trabajado en la agencia estadounidense que administraba las empresas de propiedad alemana después de la Segunda Guerra Mundial. Entre sus dotes hay una que Buffett comparte de forma muy clara: la capacidad de imaginar todos los detalles de una operación empresarial a partir de la simple lectura de sus estados financieros. Además, y al igual que el de Omaha, era un maestro de las negociaciones y los tratos.

Bob, el hermano de Jay, tenía buen ojo para las operaciones y la organización empresarial. Bob Pritzker estudió Ingeniería Industrial avanzada en el Instituto de Tecnología de Illinois. Adquirió experiencia en procesos industriales y fabricación. Estos conocimientos le permitieron diagnosticar las deficiencias operativas de empresas que atravesaban situaciones problemáticas y, a renglón seguido, prescribir los remedios precisos. La combinación de la perspicacia operativa de Bob con la perspicacia negociadora de Jay demostró ser de un valor incalculable. Fue así como ambos hermanos construyeron una de las empresas privadas más grandes del mundo. Uno de sus modelos de negocio fa-

---

IDCH, Marmon). Ver también: Cynthia Hutton, «The Pritzkers: Unveiling a private family», *Fortune*, 25 de abril de 1988.

voritos consistía en dejar a Jay la negociación de la compra de una empresa en dificultades, pagando un descuento sobre su valor contable, para que luego Bob trabajase con la dirección y se encargase de rediseñar la empresa y multiplicar su valor.[525]

Un primer ejemplo, de hecho un prototipo, fue la operación cerrada con Colson Company, un pequeño (y poco rentable) fabricante de bicicletas, ruedas giratorias, cohetes y sillas de ruedas con sede en Ohio. El análisis de Jay sugirió que la empresa valía más liquidada que en funcionamiento, de modo que la adquirió pagando un precio muy inferior al valor de liquidación. Al unirse al equipo directivo, Bob vendió inmediatamente los activos relacionados con las bicicletas, redujo drásticamente los costes de la operación de fabricación de cohetes (antes de cerrar definitivamente esta división) y dejó que los directivos de la empresa concentraran todo su capital y energía en la producción de ruedas giratorias y sillas de ruedas, que resultaba mucho más rentable.

Si Jay era el jabón y Bob era el enjuague, la fórmula Pritzker sin duda se convirtió en una excelente combinación de jabón y enjuague, un exitoso modelo de trabajo que se repetiría continuamente. Las técnicas de Bob incluían encontrar economías de escala entre los negocios adquiridos y los que ya formaban parte del grupo. Por su parte, Jay añadía valor tejiendo estructuras corporativas más ventajosas y eficientes que lograban mejores condiciones fiscales y costes de financiación más bajos. Dicho esto, Bob Pritzker no se refería a esas estrategias como «sinergias». De hecho, los Pritzker se mostraban escépticos a la hora de emplear el concepto de «sinergia» en relación con las adquisiciones de empresas, puesto que consideraban que este planteamiento puede crear proyecciones demasiado optimistas sobre los beneficios potenciales de la operación, lo que a su vez puede conducir al desmantelamiento de las empresas adquiridas cuando se defraudan esas perspectivas poco realistas derivadas de inflar las supuestas «sinergias» derivadas de la integración.

525. Otro hermano, Donald, el hijo menor de A. N., compartía el gen emprendedor de la familia y construyó la cadena de hoteles Hyatt antes de morir con apenas 39 años en 1972.

El Marmon Group se comprometió a mantener las empresas que adquiría en el seno de la compañía e invirtió un generoso capital financiero y humano en garantizar su éxito. Los hermanos Pritzker conservaban invariablemente a los directivos de las firmas que iban adquiriendo y siguieron una política de gestión no intervencionista que daba a los directivos autonomía suficiente para tomar decisiones operativas. Aunque los Pritzker preferían comprar y mantener las empresas que adquirían, dado su modelo de adquisición de empresas en dificultades, estaban dispuestos a interrumpir aquellas operaciones que no funcionaban y reinvertir en las divisiones que tenían un mayor potencial. En 1963, por ejemplo, Colson adquirió la Marmon-Herrington Company, sucesora de Marmon Motor Car Company. La dirección reforzó la empresa desinvirtiendo en sus actividades de fabricación de tractores pesados, vehículos de carga o chasis de autobuses, y reinvirtiendo los beneficios en el negocio principal.

Sin embargo, la disposición a desinvertir no debe confundirse con el deseo de hacerlo. Hay quienes se llevan una impresión equivocada de la estrategia Pritzker. Su enfoque de la reconversión es muy diferente al de los operadores que formalizan compras de empresas de forma compulsiva y, en la misma línea, se muestran dispuestos a revender las empresas como si fueran meras mercancías. Por el contrario, Bob y Jay eran inversores a largo plazo que abrazaban una visión de permanencia eterna para las empresas que sumaban a su propiedad. Si tenemos en cuenta que el Marmon Group realizó más de 100 adquisiciones, el número de desinversiones que finalmente acometieron fue sorprendentemente pequeño.[526]

En 1971, el grupo volvía a ser propiedad al cien por cien de la familia Pritzker, tras un breve período como empresa cotiza-

526. Berkshire tiene la misma política, pero, dado que en general no realiza cambios de rumbo, rara vez se ha aplicado. Si Berkshire emprendiera algo parecido a un cambio de rumbo, más bien implicaría un cambio financiero, más que operativo, es decir, la mejora de un balance débil más que la reestructuración de la fabricación, la distribución u otras infraestructuras empresariales.

da.[527] En tiempos recientes había adquirido una serie de pequeñas y medianas empresas dedicadas a una amplia gama de negocios rudimentarios del ámbito de la fabricación. Todas eran compañías básicas y modestas, como sus mismos nombres podrían sugerir: Amarillo Gear, Keystone Pipe, Penn Aluminum, Sterling Crane, Triangle Suspension Systems...

A mediados de los años setenta, el Marmon Group realizó una gran adquisición con la compra de Cerro Corporation, un conglomerado de empresas mineras, manufactureras, camioneras e inmobiliarias cuyos ingresos anuales superaban los 800 millones de dólares. El perfil de la corporación se ajustaba a los criterios de adquisición de los Pritzker, puesto que sus activos valían más en bloque que por su funcionamiento. Bob Pritzker completó la ardua tarea de remodelar la cultura de la empresa, que era demasiado estructurada y poco flexible, e inculcó en su lugar un espíritu más empresarial.[528]

En los años siguientes no tardaron en sucederse otras adquisiciones de ese estilo. En 1977, el Marmon Group compró la Hammond Corporation, un fabricante de órganos que también poseía un fabricante de guantes, Wells Lamont.[529] Y en 1978, también compró la American Safety Equipment Corporation, un fabricante de cinturones de seguridad.

A finales de los años setenta, el Marmon Group era un conglomerado próspero, valioso y muy diversificado. Las empresas que lo integraban se dedicaban a la fabricación de equipos agrícolas, accesorios de vestir, productos de automoción, cables y alambres, tuberías, instrumentos musicales o equipos de venta al por menor. También prestaba servicios relacionados con la minería o el comercio de metales.

527. Algunos aspectos de la controversia se recogen en uno de los pleitos resultantes: Schulwolf v. Cerro Corp., 380 N.Y.S.2d 957 (Corte Suprema de Nueva York, 1976). La documentación del litigio también hace referencia a la declaración de representación y a otros documentos relevantes en la transacción.

528. Frederick C. Klein, «Family business: The Pritzkers are an acquisitive bunch which pays off well», *The Wall Street Journal*, 27 de marzo de 1975.

529. Wells Lamont ha sido expositor en las reuniones anuales de Berkshire Hathaway.

En 1981, la compañía realizó su segunda gran adquisición cuando cerró la compra de Trans Union Corp. por 688 millones de dólares. Se trataba de un conglomerado que en su día formó parte del imperio de John D. Rockefeller padre.[530] Más allá del tamaño de la operativa, esta adquisición personificaba a la perfección el modelo Pritzker. Jay encontró valor en Trans Union Corp. al entender que las pérdidas acumuladas durante varios años habían dado pie a la aplicación de diversas deducciones fiscales a la inversión que podrían contribuir a reducir la factura tributaria total del Marmon Group. Bob discernió valiosas joyas operativas que estaban ocultas por todas partes.[531] (La operación también llamó la atención de los directivos que se sentaban en los consejos de administración estadounidenses después de que un influyente tribunal declarara personalmente responsables a los gestores de Trans Union por no haberse informado debidamente sobre el trasfondo de la transacción.)[532]

A lo largo de los años ochenta y noventa, la compañía continuó adquiriendo con regularidad distintos tipos de empresas aparentemente básicas. El ritmo de adquisiciones fue intenso, aunque muchas operaciones eran de tamaño modesto. Se cerraron 30 adquisiciones en 1998, 35 en 1999 y 20 en el año 2000.[533] La asimilación no fue un problema, ya que la empresa funcionaba de forma descentralizada. La mayoría de estas adquisiciones fueron exitosas y el Marmon Group sólo se vio obligado a cerrar un puñado de estas compañías. No se traspasó ninguna, aunque, en 2001, la corporación se desprendió de dos de sus empresas más antiguas: Jamesway, una empresa de equipos agrícolas, y Long-Airdox, un fabricante de equipos para la minería del carbón.[534] Desde principios de la década de 1990, las propias filiales de Marmon empezaron a realizar cada vez más adquisiciones complementarias para seguir creciendo.

530. Rodengen, *The Marmon Group...*, *op. cit.*, p. 11 y p. 58.
531. *IDCH*, Marmon.
532. Smith v. Von Gorkom, p. 488, A.2D 858 (Del. 1985).
533. Ibídem.
534. Rodengen, *The Marmon Group...*, *op. cit.*, p. 73.

Ya a finales de la década de 1980, los críticos se preguntaban si el enorme tamaño, el frenético crecimiento y la extrema diversificación del Marmon Group podrían mantenerse dentro de su estructura corporativa.[535] También se cuestionaba quién podría administrar semejante monstruo en expansión cuando no estuviesen Jay y Bob Pritzker. El primero de ellos murió en 2002, mientras que el segundo se jubiló poco después y falleció en 2011.

Cuando Bob se retiró del Marmon Group, separó las empresas que formaban Colson para dirigirlas él mismo, y movió la división de crédito al consumo de Trans Union a otra línea de negocio del imperio de la familia Pritzker. Ambas serían vendidas posteriormente.[536] Sin embargo, hubo pocos cambios más en el Marmon Group y, bajo la dirección de dos directores ejecutivos sucesivos (John D. Nichols, de 2002 a 2006, y Frank S. Ptak, desde 2006 en adelante), el Marmon Group siguió prosperando.

Tanto Nichols como Ptak pasaron la mayor parte de su carrera ocupando puestos de responsabilidad en Illinois Tool Works, Inc. (ITW). Se trataba de una empresa familiar de tercera generación con sede en Chicago. Fundada por Byron L. Smith en 1912, esta firma dedicada a la fabricación tiene mucho en común culturalmente con el Marmon Group. De hecho, ambas empresas crecieron a la par durante la última parte del siglo xx.[537] ITW, con todo, es una firma masiva, que en 2005 operaba 625 negocios en 44 países, merced a una combinación de crecimiento interno y adquisiciones oportunas.[538]

535. *IDCH*, Marmon: «A finales de los años ochenta, el Marmon Group había crecido hasta tal punto, que algunos observadores empezaron a cuestionar la capacidad de su estructura corporativa para gestionar sus participaciones, cada vez más diversas, tanto técnica como geográficamente».

536. Ver: Taina Rosa, «Sentinel Capital takes Colson Group», *Daily Deal*, 17 de abril de 2012; «Contify, Advent, Goldman Sachs to acquire Trans Union», 18 de febrero de 2012.

537. Para más detalles de la historia corporativa de ITW, ver: *ITW: Forging the tools of excellence*, ITW.

538. Ross Foti, «John Nichols takes charge», *Forward Online*, mayo-junio de 2005. Disponible en: <http://forward.msci.org/articles/?id=50>. En 2012, ITW contaba con 800 empresas, su máximo histórico. A partir de entonces,

Para gestionar un conglomerado tan grande, Nichols, Ptak y otros directivos de ITW aplicaban un principio de gestión denominado 80/20. El principio 80/20 alude a un proceso de pensamiento que se basa en una distribución estadística muy común, según la cual el 80 por ciento de los resultados dados son generados por el 20 por ciento de los participantes. En ITW, en los años ochenta, Nichols y Ptak descubrieron la utilidad del principio 80/20 cuando estudiaban por qué se erosionan los márgenes de beneficio.

Repetidamente, descubrieron que el 80 por ciento de las ventas procedían del 20 por ciento de los productos ofrecidos y que el 80 por ciento de los beneficios se debían al 20 por ciento de los clientes. Armados con la visión 80/20, se centraron en las partes específicas de la empresa que contribuían en mayor medida al rendimiento general y, con precisión quirúrgica, asignaron más tiempo y recursos a esas divisiones, productos y clientes, puesto que tales eran las fuentes que generaban los mayores beneficios del grupo. El efecto fue un aumento en el grado de descentralización de la compañía, un proceso que convirtió el enorme tamaño de ITW en una ventaja.

Nichols, consejero delegado de ITW de 1980 a 1996, se jubiló al final de su periplo en la compañía, pero salió de su retiro en 2002 para suceder a Bob Pritzker al frente del Marmon Group. Aplicando el pensamiento 80/20, introdujo un cambio organizativo muy significativo en el grupo tras la marcha de los Pritzker. Dividió la empresa en diez sectores de negocio, cada uno de ellos con un presidente a sus órdenes.[539] Esto le permitió supervisar la organización en expansión y, al mismo tiempo, facilitar el crecimiento y las adquisiciones a nivel de división y de producto.

Llegado el año 2006, Ptak asumió el cargo de consejero delegado del Marmon Group y Nichols pasó a la vicepresidencia del

dos directores ejecutivos sucesivos se embarcaron en un programa de desinversión para reducir el número en un 25 por ciento. Ver: Meribah Knight, «Retooling: ITW's new CEO plots change while preserving culture», *Crain's Chicago Business*, 25 de marzo de 2013.

539. Foti, «John Nichols...», art. cit.

conglomerado. Ptak era director del Marmon Group desde 2003 y había sido compañero de Nichols en ITW durante décadas. Ptak, censor jurado de cuentas, es también consejero de Morningstar, Inc., el proveedor independiente de estudios de inversión.

En 2008, Berkshire se hizo con el control del Marmon Group y compró la empresa a la familia Pritzker. El acuerdo contemplaba la adquisición progresiva de las acciones de la compañía mediante una serie de operaciones que culminaron en el año 2014. El acuerdo, de 8.000 millones de dólares, se cerró rápidamente, sin regateos ni procedimientos de diligencia debida.[540] Buffett, que conoció a Jay Pritzker en una transacción comercial en 1954 y siguió su carrera con el máximo interés, dijo que la simplicidad de la firma era tal y como Jay habría deseado.[541]

Ptak siguió dirigiendo el Marmon Group como hasta entonces, aplicando implacablemente el principio 80/20. En 2012, esto le llevó a la presidencia de la empresa. Ese mismo año acometió un nuevo ajuste. Las divisiones, que entonces eran 11, quedaron ahora organizadas en tres empresas autónomas, cada una de ellas dirigida por veteranos directivos del grupo. Siguiendo con fidelidad la historia de la compañía, el mandato de Ptak fue próspero, facilitando un notable aumento de los fondos propios de los accionistas, que pasaron de menos de 5.000 millones de dólares en 2006 a cerca de 7.000 millones en 2012. Se ha demostrado que los críticos que estaban convencidos de que el Marmon Group se hundiría sin los Pritzker estaban claramente equivocados.

¿Qué secretos explican el éxito del Marmon Group? Los rasgos de Berkshire: una operación familiar emprendedora de divisiones gestionadas de forma autónoma, dedicadas a negocios elementales, funcionando con horizontes temporales permanentes,

540. El precio de compra dependía en parte de variables de beneficios que no se conocerían hasta el final del período de compra, en 2014.

541. Berkshire Hathaway, Inc., *1988 Annual Report*, «Carta del presidente»; Berkshire Hathaway, Inc., *2008 Annual Report*, «Carta del presidente».

y conocida por su seriedad, austeridad e integridad. En los años anteriores y posteriores a la adquisición del Marmon Group por parte de Berkshire, Nichols y Ptak mantuvieron en pie estos valores, que podríamos sintetizar así:

- *Rigor presupuestario*. El Marmon Group es una compañía austera y consciente de su capacidad presupuestaria. Ni Jay ni Bob creían en realizar estudios exhaustivos, celebrar largas reuniones o entablar prolongadas deliberaciones sobre asuntos empresariales. Su sede corporativa empleaba a pocas personas. Ptak presumía de que los gastos generales del Marmon Group, que suponían el 22,5 por ciento de su facturación en 2012, figuraban entre los más bajos del sector manufacturero.[542]
- *Seriedad*. El Marmon Group cumple sus promesas.[543] Los directivos que se incorporaron a la compañía sabían que podían fiarse de lo que les dijeran los Pritzker en el momento de la adquisición. A su vez, eran el tipo de personas que se tomaban la palabra de sus interlocutores muy en serio, como algo sacrosanto. En los mercados en los que operaban eran reconocidos como personas merecedoras de la máxima confianza. El Marmon Group también se ganó esa reputación por su seriedad, cosa que Nichols y Ptak también habían logrado a lo largo de su periplo en ITW.
- *Reputación*. Los Pritzker irradiaban integridad. Creían que ganar dinero era mucho menos importante como medida del éxito que tener siempre un comportamiento impecable. Jay Pritzker era consciente de que a menudo existe una tensión entre lo que es mejor para una empresa a largo plazo y lo que puede parecer bueno para los accionistas a corto plazo.[544] Los Pritzker adquirían empresas para

542. The Marmon Group, LLC, *2012 Annual Brochure.*

543. James E. Schrager, «Pritzker deliberate and clear», *Chicago Tribune*, 6 de noviembre de 2011.

544. Ver: David Roeder, «In a town that beckons the dealmaker, Jay Pritzker was the biggest», *Chicago SunTimes*, 29 de enero de 1999.

mantenerlas y dirigirlas, no para desprenderse de activos o despedir trabajadores. La gente quería hacer negocios con Jay y Bob Pritzker, y el Marmon Group sigue atrayendo ese interés.

- *Pertenencia.* El Marmon Group es una empresa familiar, dirigida durante tantos años por los hermanos Jay y Bob Pritzker, que tenían una capacidad excepcional para trabajar bien juntos.[545] Esta habilidad la heredaron de su padre. Ambos emularon el modelo empresarial que él había establecido, incluido el enfoque de reestructuración. Por ejemplo, el mayor de los Pritzker compró Cory Corp., un fabricante de electrodomésticos, en el año 1941 a cambio de 50.000 dólares y vendió la compañía en 1967 a Hershey por 23 millones de dólares.[546] Los hermanos legaron este gen a sus hijos, algunos de los cuales se sumaron al negocio familiar.

  Al mismo tiempo, la historia de la familia Pritzker también exhibe algunos de los aspectos negativos propios de muchas empresas familiares. Tras la muerte de Jay y la jubilación de Bob, surgieron disputas entre hijos y nietos, centradas en determinar qué hacer con Marmon. Once de los herederos parecían dispuestos a dividirla y venderla. Entonces, y como ya es costumbre, Berkshire acudió al rescate.
- *Emprendedores.* El Marmon Group es el epítome de la cultura empresarial. Bob y Jay Pritzker eran emprendedores por excelencia. También lo eran otros miembros de la familia. Otro hermano construyó desde cero la cadena de hoteles Hyatt, que más tarde dirigió el hijo de Jay, Thomas J. Pritzker.[547] El modelo empresarial del Marmon Group sigue

545. Klein, «Family business...», art. cit. Como explicó el banquero de inversiones J. Ira Harris durante dicho período, esa colegialidad «otorga a su nivel de operaciones el tipo de flexibilidad que no existe en otros ámbitos. Han cerrado muchas operaciones importantes porque han sido capaces de moverse más rápido que la competencia».

546. Marylin Bender, «Another gamble for the Pritzkers», *The New York Times*, 26 de febrero de 1984.

547. Ibídem.

orientado en esa misma dirección, puesto que las reestructuraciones exigen innovación, asunción de riesgos, creatividad y tenacidad.

- *Gestión no intervencionista.* Cuando los Pritzker desaparecieron de escena, los directivos del Marmon Group, que se cuentan por centenares, siguieron dirigiendo sus empresas o divisiones de negocio sin problemas. El Marmon Group siguió siempre una política de gestión no intervencionista que brindaba a los directivos una amplia autonomía. Los Pritzker nunca dejaron que la sede central tomara las decisiones operativas. De hecho, en la sede central no había ningún personal de marketing, ventas, ingeniería u operaciones. Los directivos del Marmon Group se centran en sus negocios. No se los desplaza para prepararlos para una movilidad corporativa ascendente. Aquellos que desean más responsabilidad simplemente se dedican a hacer crecer sus negocios.

  En el Marmon Group, los Pritzker solían dividir las empresas en unidades más pequeñas cuando encontraban que esto podía resultar más eficiente. Utilizando el principio 80/20, Ptak sigue centrando la atención de todos los miembros de la organización en determinar qué *inputs* generan los resultados más deseados y, partiendo de ese diagnóstico, asignar tiempo y recursos en consecuencia. Esto fomenta un enfoque no intervencionista, ya que el Marmon Group está cada vez más descentralizado.
- *Pericia inversora.* Los Pritzker marcaron la pauta en cuanto a inteligencia inversora e incubaron una cultura empresarial acorde. De 1980 a 1989, los ingresos se duplicaron, pasando de 2.000 millones a 4.000 millones de dólares. Los beneficios se duplicaron ampliamente, subiendo de 84 millones de dólares a la cifra récord de 205 millones en 1989. La rentabilidad de los fondos propios pasó del 19,1 por ciento, 5 puntos por encima de la media de la lista Fortune 500, al 26,3 por ciento alcanzado al final de la década de 1980, 10 puntos por encima del nivel observado entre las compañías incluidas en esa misma lista. Sin em-

bargo, hubo algunos años difíciles. En 1990, los beneficios se redujeron un 40 por ciento, hasta 125 millones de dólares, a pesar de que la firma registró unos ingresos de casi 4.000 millones de dólares.[548]

En 2005, los ingresos fueron de 5.600 millones de dólares y los beneficios, de 556 millones. El margen de beneficios alcanzó el 9,9 por ciento. En 2008, año en que Berkshire adquirió una participación mayoritaria, sus ingresos fueron de 6.900 millones, con un margen de beneficios del 14,1 por ciento. En la recesión de 2009, los ingresos cayeron a 5.000 millones de dólares, aunque el margen subió al 14,8 por ciento. Desde entonces, la progresión ha sido de constante ascenso, con un patrimonio neto que ha ido en aumento (ver tabla 12.1).

El Marmon Group reinvierte para su crecimiento interno y para mantener la tradición de adquisiciones que establecieron los hermanos Pritzker. En 2013, por ejemplo, Ptak lideró la adquisición de IMI, un fabricante de máquinas dispensadoras de bebidas para el sector minorista, por 1.100 millones de dólares.

- *Elemental.* El conglomerado se concentra en empresas de fabricación elemental y en negocios poco glamurosos, que crean productos y prestan servicios básicos pero vitales. Sus empresas no tienen un reconocimiento de marca llamativo, ni siquiera especialmente popular. Además, a pesar de su escala y fortaleza de capital, Marmon siempre ha sido una firma modesta. Como empresa privada vinculada a una familia reacia a la exposición pública, la compañía ha mantenido siempre un perfil bajo y discreto.
- *Permanencia eterna.* El Marmon Group se distinguió de sus competidores en el campo de las adquisiciones por adoptar la filosofía de «comprar-fijar-mantener». Sus rivales eran artistas de las adquisiciones, como los operadores de compras apalancadas o las empresas de capital riesgo,

548. William Gruber, «The Marmon Group catalogs 39 percent drop in profits», *Chicago Tribune*, 13 de mayo de 1991.

que a menudo preferían adquirir y vender para así obtener beneficios. La inclinación del Marmon Group por lo permanente se reflejaba en su preferencia por retener a los directivos, darles autonomía y poner a su disposición un capital sustancial.[549]

Tabla 12.1. Marmon Group: información financiera seleccionada

	2005	2006	2007	2008	2009	2010	2011	2012	2013
Facturación	5.605	6.933	6.904	6.919	5.062	5.963	6.913	7.163	6.979
Beneficio	556	884	951	977	751	855	1.018	1.163	1.176
Margen	9,9 %	12,8 %	13,8 %	14,1 %	14,8 %	14,3 %	14,7 %	16,2 %	16,5 %
Capital	4.495	4.486	5.037	4.311	4.840	5.393	6.065	6.854	n/a
Rentabilidad sobre el capital invertido	n/a	19,7 %	21,2 %	19,4 %	17,4 %	17,7 %	18,9 %	19,2 %	17,2 %

Fuentes: The Marmon Group, *2012 Annual Brochure*; Berkshire Hathaway, *2013 Annual Report*.

Los rasgos coincidentes del Marmon Group y Berkshire son razones por las que la primera encaja perfectamente como filial de la segunda. Combinando otras similitudes a nivel de *holding*, ambas historias nos dicen mucho sobre la durabilidad de un proyecto corporativo. En la medida en que el Marmon Group sobrevivió a los Pritzker, podemos entender mejor las perspectivas de que Berkshire pueda sobrevivir a Buffett.

Tanto el Marmon Group como Berkshire se han construido mediante adquisiciones. Las compras de empresas se realizan de acuerdo con criterios establecidos que son aplicados con disciplina. Los criterios, de hecho, son similares entre una y otra compañía, sobre todo en lo que se refiere a insistir en encontrar buenas empresas, pagar un precio justo por ellas y evitar combinaciones que tengan un mal encaje en la compañía. Al mismo tiempo, ninguna de las dos empresas cree en planes estratégicos. Como dijo un alto ejecutivo del Marmon Group en una descripción que

549. Bender, «Another gamble...», art. cit.

se aplica tanto a su empresa como a Berkshire, «no somos planificadores, somos oportunistas».[550]

Ambas empresas han crecido hasta llegar a generar numerosos flujos de beneficio que se suman a vastos niveles de flujo de caja. Ambas superan regularmente, si no siempre, los resultados promedio del S&P 500. Las dos compañías disponen de enormes recursos de capital. Como resultado, sus respectivas filiales se benefician de la afiliación al grupo. Saben que sus matrices les permiten acometer inversiones que no podrían hacer si fuesen empresas independientes. Pero ese acceso a un capital casi ilimitado va acompañado de un exigente mandato en materia de gestión.

Históricamente, tanto el Marmon Group como Berkshire se han labrado una reputación de compradores preferentes. Ambos pudieron lograrlo en parte debido a sus estructuras de propiedad. Cuando el Marmon Group hacía una promesa, era también la promesa de Bob y Jay Pritzker, cuya familia era propietaria de la empresa. De igual modo, cuando Berkshire hacía una promesa, era también la promesa de Warren Buffett, el accionista mayoritario. Sin embargo, con el paso del tiempo y la incorporación de un gran número de filiales que exhalaban los mismos valores, el Marmon Group, Berkshire y sus respectivas filiales adquirieron una reputación más independiente de esas personas clave en sus respectivas trayectorias.

Por último, tanto el Marmon Group como Berkshire fueron fundados y desarrollados por poderosos líderes que dejaron una huella indeleble en sus empresas. Cabe destacar que todos ellos (Bob y Jay Pritzker, y Warren Buffett junto con Charlie Munger) poseían cualidades personales muy similares e indudablemente relevantes para ejercer dicho liderazgo:

- Ser consciente de lo que sabes, y admitirlo. Bob sabía de fabricación y no se aventuró a hacer proyectos lejos de su campo de competencia. Jay destacaba en la creación de negocios, en las finanzas, en el derecho y en la eficiencia fiscal, por eso dejó las operaciones a Bob. Buffett y Munger

550. Rodengen, *The Marmon Group...*, *op. cit.*, p. 69. Cita a Robert C. Gluth, vicepresidente ejecutivo y tesorero.

insisten en que las operaciones y la tecnología no están dentro de su círculo de competencia y evitan las empresas donde estas cuestiones son esenciales.

- Tener amplitud de miras. Bob veía los posibles acuerdos de compra desde múltiples ángulos simultáneos. Por su parte, Buffett y Munger los analizan en comparación con múltiples oportunidades alternativas.
- Tener paciencia. Apreciar los valores a largo plazo, pero actuando con rapidez y agilidad en la toma de decisiones, especialmente en lo tocante a las adquisiciones.
- Saber que los activos de capital requieren una inversión para su mantenimiento. Los gastos de depreciación son un coste de las operaciones, no una mera convención contable que puede ignorarse en favor del análisis del flujo de caja.
- Mantener una racionalidad fría. Usar el sentido común y pensar con lógica.

Cada uno de estos hombres desplegó estas habilidades en los primeros años con la misión de construir una gran empresa y, en sus últimos años, siguieron desplegando estas habilidades con vistas a sostener sus proyectos.

Como nota caprichosa, Berkshire y el Marmon Group comparten un pedigrí de nomenclatura. Las palabras Berkshire y Marmon son anacronismos históricos. Berkshire Hathaway es una empresa textil desaparecida hace mucho tiempo y Marmon era originalmente la denominación de un fabricante de automóviles desaparecido hace mucho tiempo. En 1964, cuando Colson adquirió Marmon-Herrington, adoptó Marmon Group como nueva denominación corporativa. Fue una elección inspirada en la cultura estadounidense, puesto que en la primera carrera de las 500 Millas de Indianápolis, celebrada en 1911, el coche ganador fue fabricado por la Marmon Motor Car Company, que era un fabricante de automóviles de gama alta.

Cada empresa es única, por supuesto. Hay diferencias importantes entre Berkshire y Marmon. En lo tocante a las adquisiciones, por ejemplo, los Pritzker utilizaron el Marmon Group para realizar algunas adquisiciones hostiles. En cambio, Berkshire las rechaza, como lo demuestran ejemplos varios en los que la corporación actuó como «caballero blanco», por ejemplo, para salvar a Scott Fetzer de la incursión iniciada por Ivan Boesky. Asimismo, durante el apogeo de las adquisiciones hostiles en la década de 1980, Buffett adquirió la posición de «escudero blanco» en varias empresas a las que ayudó a defenderse de tales adquisiciones.

El Marmon Group participó en subastas de empresas, otra práctica que Berkshire también suele evitar. Por ejemplo, en 1995, el Marmon Group superó una oferta competidora y se hizo con Atlas Steel, un fabricante asiático de aceros especiales. Con todo, Bob Pritzker subrayó entonces que Marmon, como Berkshire, «está en esto a largo plazo. No nos limitamos a comprar y vender empresas».[551] Del mismo modo, los Pritzker se interesaban por la posibilidad de aprovechar las situaciones de cambio de tendencia a su favor, algo que Berkshire no hace. Bob tenía conocimientos de ingeniería industrial que le ayudaban a que este planteamiento resultase sensato desde el punto de vista de las operaciones, mientras que Jay tenía la pericia financiera para garantizar la rentabilidad correspondiente de tales operaciones. Berkshire ha evitado entrar en situaciones de compra que exigen administrar después un cambio de rumbo en la empresa adquirida porque están fuera del círculo de competencia de Buffett, quien subraya que muy pocos gestores tienen la habilidad de acometer estos proyectos con éxito. Sin embargo, los Pritzker son precisamente un ejemplo de esos pocos gestores que sí logran sacar adelante ese tipo de retos.

En cuanto a los inversores, el Marmon Group era de propiedad privada, controlado enteramente por los Pritzker, mientras que Berkshire es una empresa cotizada. Si Berkshire también fuera una compañía privada, el precedente de que el Marmon Group sobreviviese a la muerte de sus máximos responsables sería, en principio, una base definitiva para predecir lo mismo para Berkshire después de Buffett. Si bien este precedente no consti-

551. Tony Kaye, «The Marmon Group keen to expand Atlas to Asia», *The Age* (Australia), 2 de septiembre de 1995.

tuye un caso tan definitivo, las características culturales del Marmon Group han contribuido claramente a su longevidad, incluso cuando su estructura de propiedad pasó de ser privada e independiente a ser una filial de una gran empresa cotizada.

Aun así, el Marmon Group de la época posterior a los Pritzker ofrece un modelo potencial para la Berkshire Hathaway que podríamos ver después de Buffett. Los cambios graduales que introdujeron Nichols y Ptak en los años posteriores a los Pritzker, con unas pocas empresas de automóviles que hoy albergan 11 divisiones, hicieron que el Marmon Group fuera más manejable para los recién llegados y ayudaron a centrar el tiro en las adquisiciones y en otras actividades propias de las estrategias de crecimiento de la firma. Aunque Berkshire no ha impuesto tal orden, tiene un modelo de estructura organizativa similar al que Buffett articula en todas sus filiales. Según el informe anual de Berkshire, el de Omaha estructura su conglomerado dividiéndolo en seguros, negocios regulados/intensivos en capital, finanzas y fabricación, venta al por menor y servicios. El Marmon Group también ofrece una empresa interna de servicios profesionales a los miembros del grupo que deseen delegar tareas administrativas. Se encarga de la contabilidad, los presupuestos, los recursos humanos, las finanzas y las tareas jurídicas. Berkshire delega estas funciones en cada filial, aunque existe un sistema centralizado de contabilidad y auditoría que podría reproducirse para ofrecer otras funciones.

Por último, las adquisiciones del Marmon Group se realizan con los beneficios no distribuidos de sus compañías industriales y se reinvierten en otras empresas de idéntica ocupación. En cambio, Berkshire genera grandes cantidades de capital a partir de sus operaciones de seguros e invierte los resultados en filiales de su propiedad, pero también en participaciones minoritarias de otras empresas cotizadas y, en ocasiones, de algunas empresas no cotizadas. Aunque no definen la cultura de Berkshire como lo hacen las filiales en propiedad absoluta, esas inversiones de cartera arrojan luz sobre el concepto de cultura corporativa y nos ayudan a entender mejor la cultura de Berkshire. El próximo capítulo analizará algunas de las inversiones de cartera más esclarecedoras de la cultura de Berkshire.

13

La cartera de Berkshire

Cuando Berkshire estaba negociando la adquisición de Burlington Northern Santa Fe Railway, Roger Nober, consejero general de la compañía de ferrocarriles, observó que las demás inversiones de Berkshire en el sector podrían plantear problemas regulatorios.[552] Buffett aceptó de inmediato y entendió que debía desprenderse de cualquier inversión en acciones que fuera necesaria, de modo que Berkshire vendió rápidamente una participación del 1 por ciento en Norfolk Southern Corporation y otra del 2 por ciento en Union Pacific Railroad Co.[553] No habría aceptado vender una filial para satisfacer las mismas preocupaciones regulatorias. De igual modo, si Berkshire tuviera que hacer frente a reclamaciones de seguros que superaran sus reservas de efectivo, primero se liquidarían las acciones que la empresa tiene en cartera, antes que deshacerse de cualquier empresa filial. Para la cultura de Berkshire, el compromiso de permanencia emerge como una de las muchas diferencias entre sus filiales, empresas

552. Berkshire-BNSF Joint Prospectus and Proxy Statement, 23 de diciembre de 2009, pp. 35-39; Scott A. Barshay (Cravath, Swaine & Moore, asesores de BNSF en el proceso) en correspondencia digital con el autor, e-mail enviado el 22 de febrero de 2014.

553. Ver: Jain, *Buffett beyond value*, *op. cit.*, p. 173.

controladas por la compañía, y las posiciones de inversión desarrolladas a través de participaciones minoritarias en compañías cuyas acciones mantiene en cartera.

Como accionista minoritario, Berkshire puede influir, pero no dictar, los asuntos de empresas como Norfolk Southern o Union Pacific. Hay otras firmas donde Berkshire posee entre el 9 y el 14 por ciento, caso de American Express, Coca-Cola o Wells Fargo. En estas compañías, su voz es más relevante, pero Berkshire no puede nombrar o controlar a todos los consejeros o directivos ni fijar el salario de nadie. Por el contrario, poseer todas las acciones de Benjamin Moore, Gen Re, NetJets y otras empresas filiales otorga a la corporación una autoridad total sobre dichas firmas, incluido el poder de contratar y despedir a discreción, la toma de decisiones sobre cómo repartir los beneficios o cómo determinar los salarios... Las filiales de Berkshire se identifican con ella de manera distinta a sus empresas participadas. Las primeras, por ejemplo, acompañan su denominación con la etiqueta «Una compañía de Berkshire Hathaway», cosa que no sucede con las firmas en las que Buffett y su grupo se limitan a invertir a base de comprar acciones.

Las empresas participadas (compañías en las que la corporación tiene una participación minoritaria) pueden fracasar, ser adquiridas, reorganizarse o convertirse en valores negociables que Berkshire puede vender en el mercado. Entre las antiguas participadas de la compañía que ya no existen debido a una fusión o alguna otra forma de mortalidad corporativa, se encuentran compañías como Beatrice Foods, Capital Cities/ABC, F. W. Woolworth, General Foods y Knight Ridder. Entre las que Berkshire ha vendido están Freddie Mac, Johnson & Johnson, Kraft Foods, McDonald's, Petro China, Travelers y Walt Disney Company. La corporación negoció acciones de Phillips 66 para pagar la adquisición de Phillips Specialty Products por parte de Lubrizol, como hizo también con Graham Holdings, sucesora del *The Washington Post*, para adquirir una cadena de televisión, o con White Mountain Insurance Group, una empresa fundada por Jack Byrne que rescató a GEICO del desastre en 1976, y en la que Buffett confió para tener acceso a ciertos activos del sector de los seguros.

La gran escala de las filiales de Berkshire empequeñece el tamaño de su cartera de acciones. Por ejemplo, a finales de 2013, el coste total de hacerse con las acciones incluidas en la cartera de empresas participadas por Berkshire era de 56.000 millones de dólares, un tercio del valor de las filiales de Berkshire. De hecho, esos 56.000 millones apenas rebasan lo invertido por Berkshire solamente en empresas como BNSF o Berkshire Hathaway Energy.[554] Estas inversiones tenían un valor de mercado de 115.000 millones de dólares, menos de una quinta parte de los activos totales de Berkshire.[555] En la actualidad, el 80 por ciento de Berkshire está formado por filiales y apenas el 20 por ciento se corresponde con empresas participadas, lo que supone un cambio notable con respecto a los datos de principios de la década de 1980, cuando Berkshire estaba formada en un 80 por ciento por empresas participadas y en un 20 por ciento por filiales.[556]

En algunas empresas, como BNSF Railway y GEICO, Berkshire empezó inicialmente con la adopción de una posición minoritaria, pero posteriormente adquirió el resto, convirtiéndolas en filiales cuya propiedad es ahora absoluta. Desde el punto de vista de la inversión, las evaluaciones de participaciones minoritarias y de empresas controladas por completo son similares, ya que ambas incluyen la evaluación de las características económicas de una empresa y la relación entre precio y valor. Para ser considerada una posible opción de inversión por parte de Berkshire, sea una participada o una filial, la compañía debe tener un foso defensivo, algo que proteja su rentabilidad de forma sostenida. En las adquisiciones de filiales de Berkshire, sin embargo, los valores no económicos desempeñan un papel que no aparece

554. Ver: Berkshire Hathaway, Inc., *2013 Annual Report*, nota 4 a los estados financieros consolidados. Se trata del precio de compra real y de la base imponible de Berkshire, no ajustados a la inflación.

555. Los activos totales de Berkshire ascendían entonces a 485.000 millones de dólares, una cifra infravalorada porque se contabilizaban en su mayor parte a coste histórico, menos la depreciación, en lugar de a valor de mercado.

556. Andrea Frazzini, David Kabiller, y Lasse H. Pedersen, «Buffett's alpha», National Bureau of Economic Research, *Working Paper* n.º 19681, 2013.

reflejado en las compras minoritarias de la compañía de Buffett en el mercado abierto.

Cuando Berkshire adquiere una posición minoritaria en el marco de una negociación privada, estos valores desempeñan un papel. Algunos ejemplos de ello serían la compra de valores convertibles, o *warrants*, desarrollada con Gillette o Salomon Brothers a finales de los años ochenta, y las adquisiciones de títulos de Goldman Sachs, USG Corporation y otras firmas en medio de la crisis financiera de 2008. Sucedió algo parecido a la hora de comprar acciones de empresas no cotizadas como Mars, Inc. o Wm. Wrigley Jr. Co., dos operaciones formalizadas en 2008.[557] En estos acuerdos, Berkshire puede ofrecer un pago económico convencional, pero también otras promesas intangibles en términos de valor, como la apuesta por la autonomía de la compañía en cuestión y la confianza en su permanencia en el seno de la «familia» corporativa de Buffett. Sin embargo, en la mayoría de las compras de acciones comunes, Berkshire compra de forma anónima en el mercado, sin que exista tal oportunidad de generar un acuerdo que tome en consideración tales factores.

Estas diferencias significan que las filiales de Berkshire ayudan a constituir la cultura de Berkshire en formas que las empresas participadas no pueden hacer. Filiales como Ben Bridge Jewelers, Clayton Homes, Dairy Queen, Lubrizol o See's Candies dan a la corporación su identidad, mientras que las participadas adquiridas en el pasado o las participaciones más relevantes de la cartera actual (por ejemplo, la compra por 11.700 millones de dólares del 6 por ciento de IBM en 2011 o la compra por 3.000 millones de dólares del 1,8 por ciento de Walmart, formalizadas en 2006 y 2009) contribuyen en mucho menor medida a forjar esta identidad. (Para entender mejor el contraste, se pueden comparar las filiales de Berkshire con la lista de las principales empresas cotizadas que la empresa tenía en cartera

557. En 2008, Berkshire invirtió 4.400 millones de dólares en pagarés del 11,45 por ciento de Wrigley cuando Mars, Inc. la adquirió. La deuda se extinguió en 2013. Berkshire Hathaway, Inc., *2013 Annual Report*, nota 3 a los estados financieros consolidados.

en el momento en que se escribió este libro y que se recogen en la tabla 13.1.)

Tabla 13.1. Principales inversiones de cartera de Berkshire Hathaway

Compañía participada	Valor de mercado (millones $)	Porcentaje de acciones en manos de Berkshire (%)
American Express	13.681.349	14,27
Bank of America	*	*
Bank of New York Mellon	828.828	2,15
Chicago Bridge & Iron	733.115	8,90
Coca-Cola	16.184.000	9,06
ConocoPhillips	957.466	1,10
Costco	528.930	0,99
Deere	339.468	1,04
DIRECTV	2.426.036	6,95
DaVita HealthCare	2.047.671	16,52
ExxonMobil	3.834.548	0,92
General Electric	304.122	0,11
General Motors	1.606.800	2,88
Goldman Sachs	2.184.196	2,88
IBM	12.522.183	6,54
Johnson & Johnson	30.891	0,01
Kraft Foods	10.317	0,03
Lee Enterprises	302	0,17
Liberty Media	837.897	4,97
Mastercard	307.180	0,34
Moody's	1.842.247	11,59
Mondelez	20.282	0,03
Media General	92.227	5,25
M&T Bank	615.167	4,13
Munich Re	4.415.000	11.20
National-Oilwell Varco	724.519	2,07
Precision Castparts	502.895	1,36
Procter & Gamble	4.462.070	1,94
Sanofi	1.747.000	1,70

.../...

.../...

Compañía participada	Valor de mercado (millones $)	Porcentaje de acciones en manos de Berkshire (%)
Starz	160.461	4,97
Suncor Energy	434.980	0,87
Tesco	1.666.000	3,70
Torchmark	325.226	4,68
U. S. Bancorp	3.137.800	4,33
USG	1.208.246	25,10
Visa	314.000	0,24
Viacom	625.311	1,69
Verisk Analytics	105.266	0,93
Verisign	626.998	8,00
WABCO	368.051	6,51
Walmart	4.470.000	1,52
Wells Fargo	21.370.054	8,81

Nota: Las participaciones reflejadas con sombreado indican una mayor concentración en cartera, subrayando así el caso de aquellas acciones que, conjuntamente, suponen el 70 por ciento de estas inversiones.

Los datos sobre acciones en cartera de Berkshire incluidos en la tabla 13.1 proceden principalmente de la CNBC, que los cotejó a partir de los formularios 13-F que Berkshire Hathaway presenta regularmente a la Securities and Exchange Commission (en concreto, los documentos consultados datan del 14 de febrero de 2014 y del 26 de febrero de 2014, así como de la información suministra a cierre de 2013, que de hecho supone el grueso de los datos reflejados en la tabla). Asimismo, se anotan los precios de mercado para finales del ejercicio de 2013. La información complementaria, como la relativa a acciones no cotizadas en Estados Unidos u otras inversiones incluidas en la cartera de la compañía, procede de los informes anuales de Berkshire Hathaway.

* Hasta 2021, Berkshire tiene la opción de adquirir por 5.000 millones de dólares otros 700 millones de acciones del Bank of America, cuyo valor de mercado actual es de 11.000 millones de dólares. El ejercicio de esta opción, que Berkshire probablemente ejecutará en vísperas de su vencimiento, convertiría al Bank of America en una de las mayores empresas de la cartera de inversiones de Berkshire.

La cartera de empresas participadas de Berkshire es más bien una unidad de negocio dentro de la corporación que podríamos considerar equivalente a una gran compañía filial. Aunque las empresas participadas no definen la cultura de Berkshire, la compraventa de estos títulos sí refleja los valores de la corporación. De hecho, muchas de estas compañías cuentan con culturas corporativas fuertes, grandes personalidades en roles de liderazgo e historias de crecimiento fascinantes. Resultan especialmente significativas las operaciones de dos de las empresas que más tiempo llevan en cartera (*The Washington Post* y Gillette, ahora integrada en Procter & Gamble), así como el caso de dos de las participadas de mayor tamaño (Coca-Cola y Walmart) y dos casos en los que la inversión fue más oportunista (Goldman Sachs y, sobre todo, USG, que ahora es una de las principales participadas que se pueden ver como candidatas a una eventual adquisición total). Por último, para echar un vistazo al futuro, nos fijaremos en otro candidato a la adquisición total (Heinz) y en la novedosa asociación que Berkshire hizo con una empresa de capital riesgo para adquirir la mitad de ella. Con el 50 por ciento de su accionariado en manos de Berkshire, Heinz no es ni una participada ni una filial, lo que quizá sugiere un nuevo modelo para la próxima generación de operaciones de la corporación.

La inversión de Berkshire en 1973 en la Washington Post Company se convirtió en legendaria debido al papel de Buffett en el consejo de administración de la empresa, donde ocupó un rol relevante de 1974 a 2011, y también a raíz de su estrecha relación con los sucesivos consejeros delegados de la compañía, Katherine (*Kay*) Graham y su hijo, Donald E. (*Don*) Graham. La familia Graham vendió el periódico, su buque insignia, en 2013, y rebautizó a la sociedad como Graham Holdings, un grupo que ahora posee una mezcla de otros activos relacionados con los medios de comunicación. Poco después, en 2014, Berkshire intercambió sus acciones en Graham Holdings por una de esas unidades de negocio: una cadena de televisión de Miami.[558]

Los orígenes del *The Washington Post* se remontan a 1877 y al editor Stilson Hutchins, que quería centrar la atención en los asuntos nacionales desde el punto de vista del Partido Demó-

558. Graham Holdings, «Graham Holdings and Berkshire Hathaway reach agreement in principle for Berkshire Hathaway to acquire WPLG-TV», comunicado de prensa enviado el 12 de marzo de 2014.

crata.[559] En 1905, el periódico fue adquirido por John R. McLean, un editor forjado con el mismo «molde» que el magnate de la prensa William Randolph Hearst. McLean amplió la cobertura de la cabecera, que pasó a incluir páginas de reportajes y de información deportiva. A su muerte en 1916, McLean fue sucedido por su hijo Edward, que en la década de 1920 se vio envuelto en el escándalo de moda que agitó a la capital de la nación en esa época: un asunto de corrupción política conocido como Teapot Dome, que supuso una fatídica distracción respecto a su modelo de negocio, precipitando la quiebra financiera de la compañía.

Tras salir de la quiebra en 1933, los activos del *Post* fueron adquiridos por Eugene Meyer, el padre de Kay Graham. Meyer era un banquero republicano de Nueva York que creía, como Buffett diría más tarde, que un periódico podía cultivar tanto la virtud cívica como los beneficios y el desarrollo de lo privado. El periódico tuvo éxito bajo la dirección de Meyer, que luego sería nombrado por el presidente Harry S. Truman para ser el primer presidente del Banco Mundial. Ante su salto a la política, transfirió el control del periódico a Kay y a su marido, Philip L. Graham. Tal como había previsto su padre, la Washington Post Company prosperó como empresa y también prestó un innegable servicio público bajo la dirección de Phillip, hasta 1963, y de Kay a partir de entonces.

Kay Graham publicó los *Papeles del Pentágono* en 1971, actuando incluso en contra de la opinión de los abogados, que le explicaron que la publicación de este tipo de información clasificada y secreta podría exponer a la empresa a responsabilidad penal. Para ella, la reputación de integridad del periódico valía más y, al fin y al cabo, la información que manejaba apuntaba a violaciones de los derechos humanos durante la guerra de Vietnam. El Tribunal Supremo confirmó que el *Post* podía publicar la información, reivindicando de esta forma la postura de Kay.[560] Graham presidió

559. Los hechos históricos relativos a la Washington Post Company pueden encontrarse en: *International directory of company histories*, vol. 20, St. James, Estados Unidos, 1998, fuente en la que se basan estos párrafos.

560. New York Times Co. v. United States, 403 U.S. 713 (1971).

también la publicación de la serie de informaciones suscritas por el joven y dinámico dúo de reporteros que conformaban Bob Woodward y Carl Bernstein. Ello sacó a la luz el caso Watergate, que derrocó al presidente Richard M. Nixon. Graham creía en la autonomía de estos periodistas y en la independencia del editor jefe del periódico, Ben Bradlee. Estos acontecimientos demostraron la seriedad de Graham y del *Post*, convirtiendo a sus líderes en figuras heroicas de la cultura estadounidense contemporánea.

En el aspecto financiero, Meyer financió el plan de reparto de beneficios de la empresa y compensó a los empleados con acciones, lo que hizo necesario que la empresa privada crease un mercado en el que negociar sus propias acciones. En 1971, para eliminar esta carga, Graham organizó una oferta pública de acciones de clase B. Ella retuvo la mayoría de las de clase A, mientras que sus hijos se quedaron con el resto de los títulos de dicha categoría, de modo que la familia se aseguró el control de la empresa.[561] En 1973, Berkshire adquirió más del 10 por ciento de las acciones, pero aseguró a Graham su respeto por la tradición familiar en materia de propiedad, control y gestión. Graham apreció las palabras de Buffett y, en 1974, propuso que pasase a formar parte del consejo de administración. Buffett era entonces el principal miembro externo del consejo, según ha explicado su hijo Don, que se unió al consejo más o menos al mismo tiempo.[562]

La relación Graham-Buffett sirvió de modelo de cómo los directivos y los accionistas pueden ayudarse mutuamente. Graham atribuyó a Buffett el mérito de haberle enseñado los fundamentos de los negocios y las finanzas.[563] Apreciaba su juicio, sus convicciones y su orientación hacia el propietario. Buffett asesoró a los Graham en asuntos corporativos, de estrategia de gestión y de adquisiciones. Este último punto incluía la compra de medios de radio y televisión repartidos por todo el país. Buffett sugirió

561. Katharine Graham, *Personal history*, Vintage, Estados Unidos, 1998, pp. 441-442.

562. Donald E. Graham, «Mr. Buffett joins a board», *Concurring Opinions* (blog), 20 de mayo de 2013.

563. Graham, *Personal history*, *op. cit.*, p. 534.

trasladar el fondo de pensiones de la compañía de un gran banco a pequeñas empresas financieras, un paso que permitió reducir los costes y aumentar las ganancias. Asimismo, aconsejó utilizar el exceso de efectivo para recomprar acciones (lo que llevó, en última instancia, a un aumento de la participación de Berkshire hasta llegar a controlar casi el 25 por ciento de la compañía).

Don Graham sucedió a su madre y mantuvo en pie el negocio principal del periódico durante muchos años, al tiempo que siguió la diversificación de las inversiones de la compañía a través de la compra de nuevos negocios, como la difusión por televisión en abierto o por cable, así como el servicio educativo Kaplan, la revista digital *Slate* o el servicio de noticias personalizadas *Trove*. En 2013, la familia Graham vendió el emblemático periódico por 250 millones de dólares a Jeff Bezos, el fundador del vendedor minorista en línea más importante del mundo, Amazon.com. La operación se cerró en medio de tiempos muy complejos para los medios impresos. Tras la venta, la participación de Berkshire en la empresa resultante, Graham Holdings, tenía un valor de mercado de unos 1.000 millones de dólares. En 2014, Berkshire cambió estas acciones por una cadena de televisión, poniendo fin formalmente a una relación de cuatro décadas que se cerró en los términos más amistosos. ¿El nombre del canal de televisión en cuestión? WPLG, donde PLG aluden a Philip L. Graham.

Berkshire compró acciones preferentes de Gillette en 1988, combinando efectivo con el valor de una firme reputación como empresario contrario a las adquisiciones hostiles. Cuando Procter & Gamble Company (P&G) adquirió Gillette en 2005, las acciones de Berkshire en la compañía se canjearon por acciones de P&G. Hoy en día esa participación sigue siendo una inversión importante en la cartera de Berkshire. Adquiridas a un coste de 336 millones de dólares, su valor actual es de 4.500 millones de dólares y su peso sobre la capitalización de P&G alcanza el 2 por ciento. Con todo, Berkshire ha vendido muchas acciones de P&G a lo largo de los años, de modo que su antigua participación en Gillette se ha reducido, en la práctica, a la mitad.

Gillette fue fundada en 1901 por King C. Gillette, un vendedor ambulante a quien la frustración por el peligro y el desgaste propio de las hojas de afeitado rectas sirvió como inspiración para crear una maquinilla que requería menos habilidad para un uso seguro. Haciendo equipo con el científico William Nickerson, reunió capital para lanzar una empresa y patentar un invento. Inicialmente fue denominada American Safety Razor Co., pero fue rebautizada Gillette Safety Razor Co. en 1903. Estos hombres y sus sucesores convirtieron la firma en una marca mundial. La empresa se diversificó desde los años sesenta hasta los ochenta, añadiendo los mecheros Cricket, los desodorantes Right Guard y Soft-and-Dri o los bolígrafos Paper Mate, así como Braun y Oral-B.

El exceso de efectivo de Gillette atrajo ofertas públicas de adquisición durante la década de 1980, incluida una de Ronald O. Perelman que fue rechazada por el consejo. La defensa frente a estas batallas llevó a la empresa a vender preferentes convertibles a Berkshire, levantando así un muro ante un conocido operador de ofertas de compra hostil. Buffett se incorporó al consejo de Gillette, que continuó concentrándose en las maquinillas de afeitar sin dejar de diversificar su cartera de productos, donde destaca, por ejemplo, la adquisición de Duracell International, Inc., el conocido fabricante de pilas. En 2004, un año antes de fusionarse con P&G, las ventas de Gillette superaban los 9.000 millones de dólares.

P&G, con unas ventas de 84.000 millones de dólares en 2013, es una de las empresas más antiguas de Estados Unidos, ya que sus orígenes se remontan a 1837, cuando William Procter y James Gamble se asociaron para fabricar velas y jabón.[564] Pioneros en la creación de marcas, su logotipo de la luna y las estrellas se

564. Los datos históricos sobre el desarrollo de las marcas y las adquisiciones de P&G en esta sección pueden consultarse en: *International directory of company histories*, vol. 67, St. James, Estados Unidos, 2005. Ver también: Davis Dyer, Frederick Dalzell, y Rowena Olegario, *Rising Tide: Lessons from 165 years of brand building at Procter & Gamble*, Harvard Business School Press, Estados Unidos, 2004.

lanzó en 1850, y la historia de sus productos es muy antigua. Por ejemplo, el jabón Ivory data de 1879. La empresa, que se convirtió en sociedad anónima en 1890, apostó fuerte por una cultura de marca, y en 1931 puso en marcha la creación de un sistema formal de gestión de sus marcas. Algunos expertos consideran, de hecho, que el mundo del marketing nació precisamente con P&G.[565] El crecimiento interno llevó al desarrollo del detergente Tide, en 1946, y de la pasta de dientes Crest, en 1955, mientras que las adquisiciones permitieron incorporar a las empresas responsables del papel higiénico Charmin, adquirida en 1957, y al productor de café Folgers, en 1963.

En épocas posteriores siguieron adquisiciones de mayor envergadura, como la de Richardson-Vicks Company, comprada en 1985. Se trataba de la firma propietaria de marcas como Vicks, NyQuil y Oil of Olay. P&G también se hizo con Noxell Corporation, dueña de los productos Noxema y de los cosméticos Cover Girl, en el año 1989, así como con las líneas de cosméticos y fragancias Max Factor de Revlon, que compró en 1991. La gran envergadura de las empresas llevó a reestructuraciones periódicas, incluida una transformación iniciada en 1998 que reorganizó la compañía por productos, en lugar de por zonas geográficas. El crecimiento continuó volcado en la gestión de marcas, el desarrollo de productos y las adquisiciones.

La cultura de P&G, basada en marcas de referencia y en el establecimiento y afianzamiento de otras nuevas, es tan fuerte que trasciende a cualquier director ejecutivo. Por ejemplo, aunque P&G se enorgullece de haber tenido 12 presidentes en las 12 décadas transcurridas desde su constitución, lo cierto es que uno de esos mandatos, el de Durk Jager, duró apenas 17 meses, entre 1999 y la mitad de 2000. Los beneficios de P&G cayeron a principios del año 2000 y el precio de sus acciones se desplomó. Tras subir en 1999 de 88 a 109 dólares, los títulos de P&G se hundieron en el 2000, pasando de 114 dólares en el mes de enero a los 53 dólares que reflejaba la cotización en marzo. La valoración se recuperó a

565. Ver, por ejemplo: Michael Barnett, «Ten brands that gain the most admiration from marketers», *Marketing Week*, 2 de agosto de 2012.

finales de año y subió constantemente a partir de entonces.[566] Los analistas atribuyeron el breve y problemático mandato de Jager a su error de no tomar en cuenta que «reinventar la cultura corporativa no es un proceso ordenado y lineal».[567]

P&G y Gillette ensalzaron su fusión como una gran combinación de dos buenas culturas corporativas. Sin embargo, esto sólo fue cierto en parte, ya que las prácticas operativas de una y otra firma chocaron rápidamente. Gillette era un grupo descentralizado y emprendedor en el que la gente prefería tomar decisiones rápidamente y coordinarse mediante el intercambio de memorandos.[568] En cambio, en P&G se tomaban decisiones tras largas deliberaciones que, a menudo, exigían muchas reuniones presenciales. Ambas empresas fusionaron sus operaciones adoptando las tradiciones de P&G y dejando a un lado la vieja cultura de Gillette.[569] Si antaño hubiera sido fácil imaginar un escenario en el que Berkshire acabase siendo la compañía propietaria de Gillette, dado que Buffett solía elogiar al antiguo fabricante de maquinillas de afeitar y baterías, parece poco probable que la corporación adquiera P&G en su totalidad.

Con unas ventas que en 2013 alcanzaron los 50.000 millones de dólares, The Coca-Cola Company es una marca y una empre-

566. Soy accionista de P&G desde 1997 (y de Gillette desde 1998 hasta su fusión con P&G) e informo de las cifras de cotización de las acciones a partir de mis extractos de cuenta de fin de año. Da la casualidad de que añadí un número significativo de acciones de P&G en marzo de 2000, a un precio de 61,625 dólares por acción.

567. «12 CEOs in 12 decades», P&G. Ver: Dyer, Dalzell, y Rowena, *Rising Tide..., op. cit.*, pp. 301-30. Los autores se refieren al período como una crisis y señalan los problemas derivados del esfuerzo de reorganización de Jager, incluidos el deterioro de la moral entre los trabajadores, la pérdida de poder de la compañía, la falta de colaboración entre departamentos, la insuficiente atención a los sistemas de gestión de apoyo y otros problemas de la cultura corporativa.

568. Ver: Ellen Byron, «P&G and Gillette find creating synergy can be harder than it looks», *The Wall Street Journal*, 24 de abril de 2007.

569. Ray Fisman, «Culture clash: Even a merger made in heaven can get off to a rocky start», *Slate*, 3 de diciembre de 2013.

sa muy poderosa, tanto en Estados Unidos, donde opera desde su sede en Atlanta, como en el resto del mundo. Su éxito se debe, en última instancia, a un único producto, que originalmente era una mezcla creada en 1886 por el farmacéutico John Styth Pemberton a base de azúcar, agua, cafeína y extractos de hoja de coca y nuez de cola. En 1891, el también farmacéutico Asa G. Candler se hizo con el control del producto e inició los pasos necesarios para lanzar el negocio. Entre los primeros pasos se encuentra la primera franquicia embotelladora en 1899, una inversión en asociaciones locales que se convirtió en el andamiaje sobre el que construir la marca. La empresa fabricaba el concentrado para su venta por parte de embotelladores que lo mezclan en forma líquida y lo envasan para su venta a minoristas. Otros hitos tempranos incluyeron la eliminación, en 1905, de la hoja de coca, que dejó de formar parte de la mezcla, o la creación, en 1916, de sus exclusivas botellas de contorno único.

En 1919, Candler vendió la empresa a Ernest Woodruff y a un grupo de inversores que no tardaron en sacar la compañía a Bolsa. En 1923, el hijo de Ernest, Robert Winship Woodruff, se convirtió en presidente, cargo que ocupó hasta 1954. Posteriormente, fue director hasta la década de 1980. En los años cuarenta, Coke se internacionalizó y estableció plantas embotelladoras cerca de los frentes de la Segunda Guerra Mundial. En 1960, bajo la dirección de William Robinson, la empresa adquirió la Minute Maid Corporation y, un año después, en 1961, lanzó Sprite, la primera de muchas expansiones de marca. La apuesta continuó, de hecho, hasta llegar a desarrollar una línea de productos en la que figuran hasta 500 bebidas diferentes.

Durante la década de 1970, bajo el mandato de Paul Austin, la empresa iba tropezando con un problema tras otro, a pesar de lograr unas ventas razonables. Los embotelladores se sentían incomprendidos, los trabajadores inmigrantes de los huertos de Minute Maid eran maltratados, los ecologistas se quejaban del impacto de los envases, las autoridades federales cuestionaban la legalidad de su sistema de embotellado en franquicia.[570] Austin lanzó Coca-Cola en China y fue responsable de otros logros significativos en los mercados internacionales.[571] Sin embargo, sus críticos consideran que descuidó la marca insignia al diversificarse a través de inversiones en agua, vino o gambas. Ante el castigo de los inversores, el consejo de administración destituyó a Austin en 1980 y lo sustituyó por Roberto C. Goizueta, el CEO más famoso de Coca-Cola, que ocupó el cargo entre 1981 y 1997.

Goizueta, un legendario hombre de negocios que, además, era muy querido en Wall Street, se dedicó a devolver Coca-Cola a lo básico, centrándose en la marca principal y rejuveneciendo la tradicional cultura corporativa con dosis renovadas de liderazgo de producto y gestión de costes. Durante su mandato, Goizueta llevó a la empresa a ampliar los márgenes de beneficios del 14 al 20 por ciento, y aumentó las ventas de 6.000 a 18.000 millones de dólares. Además, impulsó los beneficios de menos de 1.000 a casi 4.000 millones de dólares, y elevó la rentabilidad de los fondos propios del 20 al 30 por ciento.[572] Estas medidas vinieron impulsadas por la expansión de la red global de Coca-Cola y el exitoso lanzamiento, en 1982, de la Diet Coke, la Coca-Cola *light*.

Por supuesto, hubo algunos errores en el camino. Uno, el lamentable nacimiento (y muerte) en 1985 de la New Coke, que fracasó entre los consumidores. Lo ocurrido puso de manifiesto el poder de la marca principal. Otro error fue la adquisición de Columbia Pictures en 1982. La inversión se deshizo cinco años después, en 1987, después de que Coca-Cola se desilusionara con los inescrutables métodos de Hollywood. Con todo, esta desviación simplemente demostró la durabilidad de la cultura corporativa de Coca-Cola. Además, la operación fue lucrativa, ya que la

570. Robert J. Hagstrom, *The Warren Buffett way*, 3.ª ed., Wiley, Estados Unidos, 2013, p. 103.

571. Obituario de *The New York Times*, 27 de diciembre de 1985.

572. Glenn Collins, «Shift in focus es expected at Coca-Cola», *The New York Times*, 20 de octubre de 1997. Ver también: Hagstrom, *The Warren…*, *op. cit.*, p. 105.

empresa pagó 750 millones de dólares por Columbia y, sin embargo, la vendió por 3.400 millones.

En 1988 y 1989, Buffett celebró los logros de Goizueta cuando Berkshire compró el gran paquete de acciones de Coca-Cola que aún posee hoy en cartera. Entonces, Buffett se incorporó al consejo, en el que estuvo hasta 2006. Sin embargo, después de los 16 años de gestión de Goizueta, lo cierto es que los consejeros delegados de la empresa entraron y salieron de forma acelerada, con cuatro mandatos en 13 años. No obstante, a pesar de los errores, ninguno de estos directivos fracasó tan estrepitosamente como para arruinar la marca Coca-Cola o la cultura corporativa de la empresa. Douglas Ivester (1997-2000) cambió la botella de Coca-Cola de contorno característico por una variante más grande y desconocida, poniendo en peligro una valiosa marca. Douglas N. Daft (2000-2004) despidió a un gran número de personas, en una operación que fue interpretada como una bofetada a la cultura centrada en el empleado que había caracterizado siempre a una compañía que se enorgullecía de ofrecer perspectivas de empleo de por vida.[573]

Sin embargo, como demostró la etapa de Durk Jager en P&G, no es fácil cambiar las culturas corporativas fuertes, y en Coca-Cola los sucesores invirtieron rápidamente el rumbo. E. Neville Isdell, que salió de su jubilación para enderezar el barco, y Muhtar A. Kent, que tomó las riendas en 2009, recuperaron la estructura descentralizada y el estilo profesional que favoreció Goizueta durante su mandato. Asimismo, comprendieron la importancia de los mercados internacionales, especialmente el Sudeste Asiático, donde las perspectivas de crecimiento eran y siguen siendo sólidas. Kent abrazó la mayor tradición de Coca-Cola, personificada por su historia de utilizar cientos de socios embotelladores y erigiéndose como una firma global y, al mismo tiempo, una empresa local.[574]

573. Tammy Joyner, «Impact on morale, corporate culture at firm to suffer [as] Coke slims», *Atlanta Journal and Constitution*, 27 de enero de 2000; Amanda Andrews, «Fizz falls flat for drink that was the tops», *Express on Sunday* (Reino Unido), 20 de febrero de 2005.

574. Wang Zhuoqiong, «The endless quest to quench palates», *China Daily*, 14 de junio de 2013.

Coca-Cola ha sido una inversión rentable para Berkshire. La participación actual vale 12 veces más de lo que la corporación pagó por ella. Howard, el hijo de Buffett, forma parte de su consejo desde 2010. La compañía parece prosperar, y los Buffett se muestran optimistas al respecto. Además, Buffett y Munger siguen haciendo publicidad gratuita de la marca bebiéndola en el estrado de las reuniones anuales de Berkshire. Con todo, los más escépticos se preguntan sobre la durabilidad de sus características económicas en un mundo preocupado por la salud que se aleja cada vez más de las bebidas carbonatadas.[575]

En 2006 y de nuevo en 2009, Berkshire acumuló una participación sustancial en Walmart, el minorista masivo que vendió McLane a Berkshire en 2003. Walmart es una empresa joven para su tamaño. Fue creada en Arkansas, en 1962, por los hermanos Samuel Moore y J. L. (*Bud*) Walton.[576] En apenas una década, la compañía pasó de 1 a 18 establecimientos. Los hermanos sacaron la empresa a Bolsa en 1970 y sus títulos empezaron a cotizar en la Bolsa de Nueva York dos años después. En un *sprint* empresarial digno de estudio, los ingresos de Walmart subieron hasta alcanzar los 1.000 millones de dólares en 1979.

Ampliando los modelos establecidos por puntales de Berkshire como Nebraska Furniture Mart, Walmart perfeccionó el enfoque presupuestario de la comercialización, recortando costes para ofrecer a los compradores grandes descuentos en un amplio inventario. Los competidores que organizaban rebajas periódicas tenían que anunciarlas, mientras que la máxima de «precios bajos todos los días» enarbolada por Walmart no requería ese gasto promocional, lo que reducía el presupuesto publicitario de la cadena. Otra innovación empresarial que recuerda al crecimiento de McLane fue la apuesta de Walmart por construir sus

575. Ver: James B. Stewart, «For Coke, challenge is staying relevant», *The New York Times*, 28 de febrero de 2014.

576. Este perfil de Walmart se apoya como fuente en: *International directory of company histories*, vol. 63, St. James, Estados Unidos, 2004.

propios edificios para almacenar grandes volúmenes de producto. Esa apuesta por el tamaño permitía comprar a los proveedores a precios más competitivos, de modo que una vez que se construía un nuevo almacén, comenzaban las aperturas subsiguientes de nuevas tiendas en un radio de unos cientos de kilómetros. Otra tercera práctica innovadora de Walmart recuerda al caso de Jordan's Furniture, puesto que la compañía construyó grandes tiendas (llamadas *hipermercados* o *supercentros*) en los que añadió servicios como el entretenimiento y las actividades para niños. Una conexión interesante con Berkshire fue que, a partir de 1966, la división L. A. Darling del Marmon Group suministró los sistemas de exposición empleados en las tiendas de Walmart.[577]

La intensa expansión acometida en la década de 1980 convirtió a Walmart en el mayor vendedor minorista de Estados Unidos. Ya en 1990 empezó a propagar su modelo económico y empresarial por todo el mundo, por ejemplo, con la adquisición de las tiendas de F. W. Woolworth en Canadá, que compró en 1994. En 1997, Walmart entró a formar parte del índice Dow Jones, que reúne a las 30 empresas líderes del mercado, sustituyendo a Woolworth, casualmente una antigua participada de Berkshire. Lo que siguieron fueron unos resultados espectaculares, ya que los ingresos de Walmart en 1997 superaron los 100.000 millones de dólares. La empresa adquirió compañías similares por todo el mundo para consolidar su liderazgo global en el sector minorista, consolidando su apuesta con distintas operaciones en México (1997), Alemania (1997), Reino Unido (1999) y Japón (2002). En 2003, la facturación de Walmart ascendía ya a 244.000 millones de dólares.

Sam Walton murió en 1992, pero la familia Walton sigue poseyendo casi la mitad de las acciones de Walmart. El hijo de Walton se convirtió en presidente, y el puesto de consejero delegado recayó en David Glass hasta el año 2000, que decidió dejar el puesto cuando compró un equipo de béisbol (los Kansas City Royals) y cedió el liderazgo a H. Lee Scott Jr., que había sido un alto

577. Rodengen, *The Marmon Group...*, *op. cit.*, p. 47.

ejecutivo de Walmart durante dos décadas. Muchos observadores se preguntaban cómo sobreviviría Walmart sin Sam Walton, pero, a pesar de cierta atonía, tanto Glass como Scott demostraron que era posible.[578] Aunque el crecimiento frenético se suavizó, la compañía ha mantenido un ritmo de expansión constante bajo los sucesivos liderazgos de Mike Duke (2009-2014) y Doug McMillon (que asumió la batuta de Walmart en 2014). Los ingresos por ventas en 2013 llegaron a 473.000 millones de dólares.

Una empresa que adquiere tanta riqueza y poder de forma acelerada no tarda en atraer críticas. Los proveedores se quejaron de que Walmart abusaba de su poder y cuota de compra, insistiendo en fijar unos precios despiadados, dictando condiciones excesivas, saltándose a los representantes de ventas y evitando los tratos con fabricantes independientes. Los competidores se quejaban de que las enormes superficies creadas por la empresa a las afueras de las ciudades perturbaban a las poblaciones de menos tamaño al vaciar los distritos de compras del centro y perjudicar a los minoristas locales, amén de las tiendas familiares y otros comercios de menor tamaño que durante mucho tiempo fueron el corazón de la economía estadounidense, como muestra, por ejemplo, la historia de filiales de Berkshire como Benjamin Moore.

Los trabajadores lucharon contra los bajos salarios y la alta rotación en la plantilla de Walmart. Algunas voces críticas cuestionaron la cuota de Walmart en el PIB, cercana al 3 por ciento y comparable, pues, con la cuota que ostentaron auténticos gigantes corporativos como la U. S. Steel Corporation en 1917 o la General Motors en 1955. Pero la crítica más devastadora de todas fue la que sacudió a la empresa en 1993, cuando se descubrió que los productos de Walmart se fabricaban con mano de obra infantil en Bangladesh. Para colmo, esos artículos llevaban el sello «Made in USA» y se vendían como parte de una línea de Walmart que, en realidad, se producía en el extranjero.

578. Ver: Patricia Sellers y Suzanne Barlyn, «Can WalMart get back the magic?», *Fortune*, 29 de abril de 1996; Carol J. Loomis, «Sam would be proud», *Fortune*, 17 de abril de 2000.

La compañía respondió adoptando un mejor control de la cadena de suministro y mejorando la supervisión de las condiciones de los trabajadores. Asimismo, introdujo programas de donaciones filantrópicas para aportar más valor a las comunidades locales y puso en marcha otros esfuerzos que podrían describirse como conductas de buena *ciudadanía corporativa.* De esta forma, Walmart ha recuperado la confianza de los consumidores y se ha posicionado de forma inteligente para defender su territorio frente a las embestidas de recién llegados como Amazon, cuya destreza en la venta en línea amenaza con hacerle a Walmart lo que ésta le ha hecho a otros modelos de negocios. En definitiva, Walmart parece ser más propicia para ser una empresa participada por Berkshire que una filial del conglomerado de Buffett, aunque la presencia de un gran bloque de propiedad familiar haría tentadora una adquisición negociada apoyada en un intercambio de valores.

Los valores intangibles de Berkshire demuestran vivamente su valor económico cuando las inversiones en acciones ordinarias de la empresa arrancan de forma más oportunista, a través de opciones, garantías, preferentes convertibles u operaciones de endeudamiento ligadas a empresas en peligro. Algunos ejemplos históricos se remontan a finales de la década de 1980, cuando Berkshire invirtió en empresas como Gillette y Salomon Brothers. Las condiciones económicas (altos dividendos y atractivas tasas de conversión) eran favorables para la corporación, porque los gestores de las empresas participadas valoraban compromisos intangibles como la autonomía y la permanencia, mediante los cuales se disuadían las ofertas hostiles de adquisición que tanta fuerza cobraron en la época.

La crisis financiera de 2008 puso de manifiesto el valor a largo plazo de la reputación de Berkshire y su capacidad de ofrecer capital paciente sin que ello precipite formas intervencionistas de gestión y supervisión. Tras el estallido de la Gran Recesión, Berkshire proporcionó capital en cantidades variables a empresas tan diversas como Bank of America, General Electric, Goldman Sachs, Harley-Davidson, Swiss Re y Tiffany & Co.[579] Con los mercados de crédito secos, todas estas firmas enfrentaron crisis temporales de liquidez de gravedad diversa. En el caso de Goldman, por ilustrar una de las operaciones más importantes, Berkshire inyectó 5.000 millones de dólares en acciones preferentes, pagando un dividendo del 10 por ciento canjeable por una prima del 10 por ciento sobre el precio de adquisición. Berkshire también recibió una opción para comprar una cantidad similar de acciones ordinarias de Goldman a 115 dólares por acción, por debajo del precio de mercado vigente en el momento de cerrar la operación, de 125 dólares, lo que hacía dicha opción claramente favorable.

A principios de 2011, con los mercados de crédito recuperando su funcionamiento habitual y el sector financiero estabilizado al fin, Goldman amortizó las preferentes. Berkshire ganó unos años de dividendos, más la prima de recompra, sumando en total 1.800 millones de dólares. A principios de 2013, Berkshire ejerció su opción de compra de las acciones comunes de Goldman. En lugar de pagar 5.000 millones de dólares en efectivo (su valor por aquel entonces era ya de 6.400 millones), Goldman dejó que Berkshire se hiciera con títulos valorados por la diferencia entre ambas rúbricas, es decir, unos 1.400 millones. La ganancia total de Berkshire por su inversión de 5.000 millones de dólares fue de 3.200 millones, dibujando una ganancia del 64 por ciento en pocos años. A esto se sumó la propiedad del 3 por ciento de las acciones ordinarias de Goldman. Las demás inversiones de la corporación acometidas durante este período arrojaron resultados comparables.[580]

Desde el punto de vista de la compra de títulos, la más importante de las intervenciones de Berkshire durante la crisis de 2008 consistió en casi duplicar su vieja participación en USG Corporation. La empresa es el mayor fabricante del mundo de placas de yeso y se esfuerza por ser un productor de referencia

579. Ver: Kilpatrick, *Of permanent...*, *op. cit.*, p. 613.

580. Berkshire Hathaway, Inc., *2013 Annual Report*, nota 4 a los estados financieros consolidados.

por su bajo coste, un aspecto esencial para apuntalar un foso defensivo en una industria competitiva y sensible a los precios en la que es fácil entrar.[581]

El yeso es un mineral blanco, a menudo llamado alabastro, que se encuentra por toda Norteamérica. Al calentarlo, se elimina el agua y se produce la cristalización que da pie a un nuevo material, el yeso blanco (o «yeso de París»). Este yeso es maleable y, tras añadirle agua, se le puede dar cualquier forma. Además, puede reforzarse para su uso en la industria de la construcción a base de añadir retardantes con los que formar placas de yeso (en ocasiones llamadas, en inglés, *sheetrock*, que de hecho es una marca acuñada por USG).

A finales del siglo XIX surgieron decenas de empresas productoras de yeso, 35 de las cuales se consolidaron en 1901 para formar la United States Gypsum Company, como se denominó originalmente. La empresa estuvo dirigida hasta 1951 por Sewell L. Avery, un importante accionista de USG. Avery, que más tarde formó parte del consejo de U.S. Steel Corporation a petición de J. P. Morgan, definió la cultura de USG como la de una empresa austera orientada a la investigación y a las adquisiciones. Son rasgos que perduran hoy en día en la operativa de la compañía.[582]

Una de las primeras adquisiciones en 1909 fue la Sackett Plaster Board Company, llamada así por Augustine Sackett, el inventor de las placas de yeso. El producto, aislante e ignífugo, consiste en capas de yeso sujetas entre hojas de papel. USG mejoró las placas de Sackett reduciendo el número de capas y sellando los bordes para evitar que se desmoronaran. A lo largo del siglo XX, la cuota de mercado de USG osciló entre un tercio y la mitad de su mercado. El tamaño y la cultura de USG demostraron ser ventajas competitivas duraderas, de modo que la firma se expandió internacionalmente durante la década de 1950 y lideró

581. Para más datos históricos sobre USG, ver: *International directory of company histories*, vol. 26, St. James, Estados Unidos, 1999; Thomas W. Foley, *United States Gypsum: A company history (1902—1994)*, USG Corporation, Estados Unidos, 1995.

582. Foley, *United States Gypsum...*, *op. cit.*, p. 49.

la industria de la renovación del hogar a lo largo de la década de 1960.

Al igual que Johns Manville, pero a menor escala, USG había utilizado amianto en algunos productos especializados hasta 1977, lo que abrió distintos frentes judiciales a raíz de las demandas interpuestas en la década de 1980. Al igual que Gillette durante el mismo período, USG rechazó en dos ocasiones ofertas hostiles de adquisición. Repeler estos intentos fue costoso y obligó a acometer recapitalizaciones que añadieron una deuda considerable al balance de la empresa.[583] Debilitada por estas adversidades, USG se vio en peligro cuando el sector inmobiliario estadounidense sufrió una recesión a finales de los años ochenta.

USG intentó reestructurar su deuda, pero incumplió sus compromisos de pago en 1991, pasó apuros durante el siguiente año y se acabó declarando en quiebra en 1993. En una resolución negociada (preconcurso de acreedores), USG redujo su deuda y preservó el valor de sus acciones.[584] El mercado inmobiliario mejoró progresivamente y USG volvió a ser rentable en 1996. La firma reinvirtió en su actividad principal, construyendo nuevas plantas de producción que generaron un crecimiento orgánico. Asimismo, USG gestionó los litigios por amianto presionando a sus aseguradoras para que le proporcionaran cobertura ante estos escenarios, lo que evitó que las responsabilidades legales aplastaran a la empresa.

En 2000, Berkshire compró una participación del 15 por ciento de USG cuando su precio de mercado era de 15 dólares.[585] Durante la primera mitad de 2001, la compañía luchó por mantener la ventaja en las batallas legales del amianto, pero los reveses sufridos, incluidos distintos veredictos adversos por parte de los jurados populares que dictaron sentencia, indujeron a la

583. Christina Duff, «Costly recapitalization drives USG Corp. to the wall», *The Wall Street Journal*, 3 de junio de 1992.

584. James P. Miller, «USG modifies 'prepackaged' chapter 11 plan», *The Wall Street Journal*, 25 de enero de 1993.

585. «Berkshire Hathaway reports big stake in USG», *The New York Times*, 28 de noviembre de 2000.

rendición. La firma se declaró en concurso de acreedores.[586] La segunda quiebra de USG duró cinco años, hasta que la empresa resurgió de nuevo en 2006. Gracias a la habilidad de su presidente, William C. Foote, USG volvió a saldar toda su deuda preservando el valor de sus acciones ordinarias. Buffett lo calificó como «el mayor éxito en materia de gestión de una quiebra que he visto nunca».[587]

En 2006, la efervescencia del mercado inmobiliario estadounidense auguraba un auge empresarial, pero la naturaleza cíclica de la industria de la construcción se magnificó cuando estalló la crisis financiera de 2008 y el sector de la vivienda se hundió. El precio de las acciones de USG subió a 100 dólares en 2006 y luego se desplomó a apenas 6 dólares a finales de 2008.[588] En aquel momento, en medio de las profundidades de la crisis financiera, Berkshire invirtió 300 millones de dólares para comprar deuda de USG, con una rentabilidad del 10 por ciento anual. El préstamo era convertible en acciones ordinarias de USG, a un precio de 11,4 dólares por acción.[589]

En 2009 y 2010, USG incurrió en pérdidas significativas y despidió a 5.000 empleados, reduciendo su plantilla a 9.000 trabajadores.[590] Durante las recesiones económicas, muchas empresas escatiman en investigación y desarrollo, pero USG redobló sus esfuerzos en dicho campo después de 2008.[591] En respuesta a la demanda de los clientes, los investigadores de USG crearon

586. Jonathan D. Glanter, «Asbestos bankruptcies face setbacks on two fronts», *The New York Times*, 4 de junio de 2004.

587. Sandra Guy, «USG Chairman foote to retire; CEO to take over», *Chicago Sun-Times*, 27 de septiembre de 2011.

588. H. Lee Murphy, «Focus: Corporate boards», *Crain's Chicago Business*, 4 de octubre de 2010.

589. Holly LaFon, «Warren Buffett owns 30% of USG after converting crisis-era deal», *GuruFocus*, 3 de enero de 2014. Disponible en: <http://www.gurufocus.com/news/241558/warren-buffett-owns-30-of-usg-in-fruition-of-crisisera-deal>.

590. Guy, «USG Chairman...», *op. cit.*

591. Jim Metcalf, entrevistado por Sara Eisen, *Bloomberg Surveillance*, Bloomberg TV, 7 de noviembre de 2013.

placas de yeso un tercio más ligeras que las anteriores. El resultado es un yeso que resulta más fácil de levantar y con el que es más sencillo maniobrar, lo que ahorra costes y satisface las preferencias de los clientes.

USG volvió a crecer de forma rentable en 2013. Una vez que la economía estadounidense y USG se recuperaron, el precio de sus acciones subió a 29 dólares. Berkshire convirtió entonces su deuda en capital ordinario. Además de ganar un 10 por ciento durante cinco años, la conversión duplicó el valor de la inversión de Berkshire a una fracción del coste, aumentando su participación en el capital de USG a una cuarta parte de la capitalización. Dado su ajuste a la cultura de Berkshire, USG es, *a priori*, un candidato ideal para una adquisición total.

En 2013, en un movimiento inusual, Berkshire coinvirtió con 3G Capital, una firma brasileña de capital privado dirigida por el multimillonario Jorge Paulo Lemann, y cerró la adquisición de la H. J. Heinz Company. 3G financió parte de su participación mediante deuda, mientras que Berkshire recibió parte de su inversión en acciones preferentes. Con una participación del 50 por ciento, Heinz no es para Berkshire ni su típica filial, controlada al cien por cien, ni una inversión convencional, con una participación minoritaria, sino que supone algo intermedio, una nueva estructura de operaciones para Berkshire que, según Buffett, podría convertirse en un modelo para el futuro.[592]

La empresa en cuestión fue fundada en 1869 por Henry J. Heinz y L. C. Noble como Heinz, Noble & Company. Se dedicaba a vender rábano picante embotellado.[593] Tras su colapso en me-

592. Berkshire Hathaway, Inc., *2013 Annual Report*, «Carta del presidente».

593. Los datos históricos más destacados sobre Heinz en esta sección se encuentran en *International directory of company histories*, vol. 36, St. James, Estados Unidos, 2001. Ver también: Robert C. Alberts, *The good provider: H. J. Heinz and his 57 varieties*, Houghton Mifflin, Estados Unidos, 1973; Eleanor Foa Dienstag, *In good company: 125 years at the Heinz table, 1869-1994*, Warner, Estados Unidos, 1994.

dio del pánico de 1873, Henry la reorganizó centrándose en el kétchup. En 1888 tomó el control de la empresa y la rebautizó como H. J. Heinz Company. Su eslogan de marketing hablaba de «57 variedades». Tal proclama apareció por primera vez en los documentos comerciales de la firma en 1892. En 1900, aunque la empresa ya tenía unos 200 productos (pepinillos, mostaza, vinagre, aceitunas, etcétera), el citado eslogan adornaba los primeros carteles electrónicos de Nueva York. Así, en la pantalla situada entre la Quinta Avenida y la calle 23, se proyectaba por ejemplo un pepinillo de 12 metros de largo.

Pioneros en el comercio mundial, la empresa abrió su primera planta de fabricación en el extranjero, ubicada en Inglaterra, en el año 1905. Las fábricas de Heinz eran consideradas un modelo a seguir por su seguridad y por el trato considerado que dispensaban a sus empleados. Rompiendo filas con el resto de la industria, Heinz apoyó la Ley de Alimentos y Medicamentos Puros de 1905, una legislación federal de corte progresista destinada a promover la pureza de los alimentos procesados. Heinz la apoyó porque creía que ayudaría a fomentar la confianza del consumidor.

Tras su muerte en 1919, el liderazgo quedó en manos de su hijo Howard hasta 1941, cuando el hijo de Howard, H. J. (*Jack*) Heinz II, le sucedió. Durante el largo mandato de Jack, que fue director general hasta 1966 y ocupó la presidencia de la firma hasta su muerte dos décadas más tarde, la compañía se expandió dentro y fuera de Estados Unidos. Heinz salió a Bolsa en 1946 y emprendió un impresionante programa de adquisiciones que incluyó la adquisición del atún StarKist (1963), así como las compras de Ore-Ida Foods, Inc. (1965) o Weight Watchers, International (1978). Heinz participó en los cambios industriales de la época a medida que se desarrollaban las nuevas cadenas de supermercados y surgían nuevos sistemas de distribución, incluidos los promovidos por McLane desde el seno de Berkshire.

En 1979, Anthony J. F. O'Reilly, que no era miembro de la familia fundadora, se convirtió en el director ejecutivo. Era un verdadero «adicto al trabajo» que dirigió la empresa y tomó decisiones aún más audaces. Bajo su liderazgo, Heinz realizó otras

20 adquisiciones durante la década de 1980. La compañía se enfrentó a la competencia de los productos genéricos empleando medidas creativas de reducción de costes, como el uso de botellas de vidrio más finas para reducir los gastos de envasado y transporte, la reducción del tamaño de algunos de sus productos o la minimización del etiquetado. Las ventas se duplicaron durante la década de 1980, pasando de 3.000 millones de dólares en 1980 a 6.000 millones en 1990.

En medio de la globalización de los años noventa, la empresa emprendió una importante reorganización, similar a la que hizo P&G en el mismo período, articulando su operativa en torno a líneas de productos que vendía en todo el mundo, en lugar de mantener el enfoque tradicional que se basaba en direcciones de tipo geográfico. El programa de reestructuración traía consigo una combinación de operaciones de ajuste (con cierres de instalaciones y despidos) y distintas desinversiones seleccionadas (incluida la de Weight Watchers, si bien ambas compañías mantuvieron una relación de comercialización conjunta tras la venta). En 1994-1995, Heinz adquirió Budget Gourmet (una empresa de comidas congeladas) y se hizo con los negocios de comida para mascotas de la Quaker Oats Company, que incluían negocios como Kibbles'n Bits, Gravy Train y Ken-L Ration.

En 1998, William R. Johnson sucedió a O'Reilly como consejero delegado, mientras las ventas anuales se acercaban a los 10.000 millones de dólares. Sin embargo, las ventas se mantuvieron estables durante años, ya que Johnson conservó la escala de la operación intacta en lugar de ampliarla. En 2006, preocupado por estos modestos resultados, Nelson Peltz, un experto en «asaltar» de forma hostil a empresas en dificultades reconvertido en accionista activista, atacó a Heinz y logró hacerse con un asiento en su consejo de administración. No obstante, el negocio continuó teniendo un crecimiento constante, que no rápido, de modo que la firma parecía tener más promesas que resultados en su haber. En 2012, la compañía logró ventas por 12.000 millones de dólares. La firma seguía siendo más conocida por el kétchup, aunque vendía miles de productos alimentarios en todos los rincones del planeta.

En enero de 2013, Berkshire y 3G ofrecieron 70 dólares por acción en una oferta sin licitación, lo que suponía una prima del 20 por ciento sobre el precio por acción vigente. El consejo de administración de Heinz respondió pidiendo más dinero y subrayando que no se podía cerrar ningún trato si no había garantías de que los compradores mantendrían la presencia y el legado de Heinz en Pittsburgh. Berkshire y 3G subieron su oferta a 72,50 dólares y asumieron el compromiso de mantener el corazón de la compañía en Pittsburgh.

Entre los distintos rasgos poco habituales de esta transacción para Berkshire, nos topamos, por ejemplo, con la presentación de una oferta no solicitada, cosa que Buffett siempre había rechazado. Emerge, además, la presencia de un coinversor, lo cual el de Omaha nunca había visto con buenos ojos.

La operación surgió después de que Lemann, a quien Buffett conocía y admiraba desde que ambos formaron parte del consejo de Gillette, le presentase la idea al máximo responsable de Berkshire. Ambos acordaron que sería 3G y no Berkshire quien tomaría las decisiones en Heinz. Esta decisión explicó un nuevo giro en la historia, cuando Lemann nombró rápidamente a un nuevo consejero delegado, el antiguo jefe de Burger King, y se produjeron una serie de cambios en la dirección.[594]

Como prototipo para futuras adquisiciones de la corporación, la operación Heinz parece ser un modelo inteligente. Es probable que el socio de capital riesgo desee vender en un plazo de cinco a diez años y, suponiendo que las mejoras acometidas en la empresa sean efectivas, Berkshire adquirirá el resto del accionariado en ese punto. Bajo este modelo, las empresas de capital riesgo se convierten en otra fuente potencial de adquisiciones para la corporación, al buscar oportunidades en las que las necesidades a corto plazo del capital riesgo pueden ser satisfechas con el capital paciente de Berkshire. Parece realista pensar que la compañía pueda adquirir el resto de Heinz, puesto

594. Annie Gasparo, «Three more longtime executives leaving Heinz», *Dow Jones*, 13 de enero de 2014.

que hablamos del tipo de empresa que encaja en su familia corporativa, y también parece probable que, con el tiempo, la estructura de esta operación se pueda ver nuevamente en otras adquisiciones.

Además de arrojar luz indirecta sobre la cultura de Berkshire, los perfiles de las principales apuestas de su cartera muestran el poder de la cultura de la firma de Buffett para trascender a los individuos.

Las figuras capaces de ejercer un liderazgo memorable (ya sea Kay Graham en *The Washington Post*, Sam Walton en Walmart o Sewell Avery en USG) imprimen un sello indeleble a sus empresas; sin embargo, los directores ejecutivos van y vienen, mientras que las culturas corporativas perduran. P&G ha tenido 12 presidentes en 12 décadas, en medio de una cultura centrada en la marca que al menos uno de ellos, Durk Jager, encontró difícil de cambiar. Coca-Cola tuvo cuatro presidentes en 13 años, pero conserva anclajes que sus primeros líderes reconocerían, a pesar de la huella dejada por el legendario periplo de administración de Roberto Goizueta. Tanto él como los sucesivos jefes de las empresas analizadas (desde Gillette hasta Heinz, así como los sucesores de Graham en el *Post* y de Walton en Walmart) nos recuerdan que pocos líderes empresariales son del todo indispensables para la supervivencia de sus compañías.

La cartera de acciones de Berkshire puede considerarse como una unidad de negocio similar en magnitud a Berkshire Hathaway Energy, BNSF, GEICO, Gen Re, Lubrizol, Marmon Group o McLane, con la correspondiente importancia para quien toma las decisiones de inversión. Históricamente, estas inversiones han sido cosa de Buffett, ayudado por Lou Simpson en el caso de las compras de cartera de GEICO hasta 2010. Ese año, Berkshire añadió dos nuevos subgestores de cartera, Todd Combs y Ted Weschler, entre cuyas empresas participadas se encuentran DaVita HealthCare Partners, Inc., el fabricante de equipos médicos, y DirecTV. Buffett ha elogiado al dúo como «modelos de integridad, útiles para Berkshire en muchos sentidos más allá de la gestión de cartera y una combinación cultural perfecta».[595] Hasta la fecha, el funcionamiento de esta unidad reafirma el carácter distintivo de la cultura de Berkshire y sugiere la fortaleza de su promesa de durabilidad, que se analizará en las páginas siguientes.

595. Berkshire Hathaway, Inc., *2012 Annual Report*, «Carta del presidente».

Parte III

14

Sucesión

En enero de 2012, los clientes de Larson-Juhl, una empresa fabricante de marcos de fotos personalizados que Berkshire Hathaway había adquirido una década antes, recibieron una carta firmada por Drew Van Pelt. El joven ejecutivo, recién llegado al sector, anunciaba que se había convertido en consejero delegado de la empresa e informaba de la marcha de su predecesor, Steve McKenzie, tras dos décadas en Larson-Juhl.[596] La decisión sorprendió por completo a muchos.

Las raíces de Larson-Juhl se remontan a 1893, con la creación de Pacific Picture Frame en Seattle. Pacific creció al mismo ritmo que su sector y posteriormente experimentó un auge con la invención de las pinzas para marcos o la mejora de la maquinaria para cortar paspartús. En 1968, Pacific se fusionó con Juhl, Inc.,

596. Ver la carta de Van Pelt en: <http://www.larsonjuhl.com/docs/Customer%20Communication.pdf>. «Es posible que este cambio les sorprenda y que tengan preguntas o inquietudes. Puedo asegurarles que la empresa mantendrá su compromiso de atender sus necesidades de enmarcación en el futuro. Además, he recibido personalmente el compromiso de Warren Buffett de que Berkshire Hathaway no tiene intención de vender Larson-Juhl y que sigue creyendo firmemente en las perspectivas de la empresa y del sector. Durante los próximos 30 días, estaré en "modo aprendizaje" [...]. Les pido paciencia mientras aprendo más sobre sus negocios y la industria de la enmarcación personalizada.»

otra importante compañía fabricante de marcos que se había fundado diez años antes, y Juhl-Pacific se convirtió en el productor de referencia en el Oeste de Estados Unidos. En 1988, Juhl-Pacific se fusionó con Larson Picture Frame para configurar una compañía líder en el sector, con 67 plantas de fabricación repartidas por 17 países que abastecen a miles de tiendas de marcos y atienden a una clientela predominantemente de gama alta.

El presidente de Larson-Juhl, Craig Ponzio, que había supervisado la fusión de 1988, propuso en 2001 que Berkshire adquiriera la empresa. Buffett nunca había oído hablar de la compañía, pero en apenas dos semanas cerró un trato para hacerse con el negocio, que entonces generaba unas ventas anuales de 314 millones de dólares. Ponzio se jubiló y McKenzie permaneció como consejero delegado. A mediados de la década de los 2000, la empresa prosperó y se expandió a otras ramas de actividad, como la venta de obras de arte. Sin embargo, sus beneficios fueron a menos en medio de un contexto económico difícil. Los consumidores fueron dándole la espalda al elevado coste de los marcos personalizados, donde los trabajos rutinarios de fabricación cuestan cientos de dólares. Por su parte, los minoristas insistían en obtener márgenes elevados, para así ofrecer una gama más amplia de estilos.

En la sede central de Berkshire, Buffett había pedido a Tracy Britt Cool, otra joven directiva, que le ayudara a supervisar a algunas de las empresas más pequeñas de Berkshire y a las empresas que necesitaban más ayuda de la matriz. Larson-Juhl entraba en ambas categorías. En aquel invierno de 2012, una de las tareas de Cool en Larson-Juhl consistía en buscar un sustituto para McKenzie. Van Pelt fue quien consiguió el puesto. Desde entonces, el nuevo responsable de la firma se ha esforzado por reivindicar el voto de confianza que Berkshire le concedió, anunciando su disposición para implantar una «cultura fuerte» en Larson-Juhl y haciendo todo lo posible por navegar entre la demanda de las tiendas de marcos de conseguir márgenes altos y la aversión de los consumidores a los precios altos.[597]

597. Noah Buyayar y Laura Colby, «Buffett Leans on 29-year-old to oversee problems», *Bloomberg Businessweek*, 21 de enero de 2014.

La contratación de Cool por parte de Buffett en 2009 descargó algunas responsabilidades y amplió la memoria institucional a medida que el crecimiento de Berkshire se disparaba y el de Omaha seguía planificando el futuro. Pasos como éstos ayudan a aclarar el futuro de Berkshire más allá de Buffett y sirven para empezar a abordar la respuesta a la eterna pregunta: «¿Qué pasará con Berkshire si Buffett es atropellado por un camión?».[598]

Esta pregunta ha acosado a los dirigentes de la compañía desde hace al menos dos décadas. La preocupación emana de la convicción que tienen muchas personas que consideran que el destino del hombre en cuestión (Buffett) y el desempeño de la empresa que construyó (Berkshire) son lo mismo. Siguiendo este pensamiento, con la desaparición de Buffett se acabaría Berkshire. Pero después de años de intensos esfuerzos que han sido plasmados en palabras, hechos y formación, Buffett ha definido e institucionalizado las actitudes y prácticas de la corporación de un modo que permitirá su supervivencia más allá de la eventual marcha de su máximo responsable, que de momento goza de muy buena salud, por lo que utilizar el ejemplo de un camión en la eterna pregunta sigue siendo acertado.

Desde 1993, Buffett ha escrito sobre lo que sucederá cuando él ya no esté, y tanto él como el consejo de Berkshire han formalizado el plan. Tras su última actualización, en 2006, el plan de sucesión prescribe dividir el trabajo de Buffett en dos: por un lado, la gestión (con un director ejecutivo a cargo), y por el otro, la inversión (con uno o más directivos al mando). En cuanto a la inversión, Buffett escribió lo siguiente:

> En un momento dado, Charlie era mi sustituto potencial para la inversión, y más recientemente Lou Simpson ha ocupado ese puesto. Lou es un inversor de primera categoría, con un excelente histo-

598. Publiqué mi versión al respecto en: «Buffett's ultimate achievement: Berkshire is bigger than him», *Beyond Proxy* (blog), 14 de abril de 2013.

> rial a largo plazo en la gestión de la cartera de acciones de GEICO. Sin embargo, apenas es seis años más joven que yo. Si yo muriera pronto, él me sustituiría magníficamente durante un breve período, pero para el largo plazo, necesitamos una respuesta diferente.[599]

Así que Berkshire contrató a dos jóvenes gestores de inversiones, Todd Combs y Ted Weschler. Ambos deberían ser capaces de manejar la línea de inversión del trabajo de Buffett, quizá junto a un directivo más que pueda ayudarles. Combs y Weschler poseen las habilidades necesarias para gestionar las inversiones de la compañía en empresas cotizadas y han demostrado tener un historial de rentabilidad que incluso supera el de Buffett en algunos años.[600]

Sin embargo, en muchos aspectos es indudable que el equipo sucesor lo tendrá más difícil que en el pasado. Combs y Weschler gestionan apenas una parte de la cartera de Berkshire. Para ser precisos, manejan 7.000 millones de dólares cada uno sobre un total de 115.000 millones de inversiones de cartera a finales de 2013. Sin Buffett, el portafolio que deberán dirigir será mucho mayor que el que han gestionado en el pasado y, en igualdad de condiciones, es más difícil batir al mercado con una cartera de gran tamaño que con una pequeña.

El número de participaciones en la cartera de Berkshire también crecerá. Actualmente, las inversiones de la corporación están bastante concentradas. Sus cuatro mayores posiciones son American Express, Coca-Cola, IBM y Wells Fargo, que tienen un valor de 60.000 millones de dólares, más de la mitad de la cartera. Si sumamos las ocho mayores participaciones (añadiendo las posiciones de Berkshire en ExxonMobil, Munich Re, P&G y Walmart), encontramos que estas compañías suponen más del 70 por ciento del dinero invertido en títulos de acciones cotizadas. Uno de los deberes de los sucesores de Buffett será vigilar estas posiciones y, si las características económicas se deterioran, vender. Habrá po-

599. Berkshire Hathaway, Inc., *2006 Annual Report*, «Carta del presidente».

600. Por ejemplo: Berkshire Hathaway, Inc., *2012 Annual Report*, «Carta del presidente»; Berkshire Hathaway, Inc., *2013 Annual Report*, «Carta del presidente».

cas oportunidades de reinvertir bloques tan grandes (un promedio de 10.000 millones de dólares por compañía) en empresas individuales. Eso significa que será necesario añadir más valores, lo que hará más difícil superar las rentabilidades de épocas previas.

Por otro lado, los inigualables recursos de capital y la cultura de Berkshire la convierten en un inversor de elección para aquellos que buscan financiación. Ya sea para empresas que necesitan liquidez en medio de dificultades, como Goldman Sachs o USG en 2008, o para empresas de capital privado como 3G que buscan socios para coinvertir en grandes empresas como Heinz en 2013, Berkshire se encuentra en una posición única para atraer buenas oportunidades de inversión. Sus directores de inversiones (Combs y Weschler u otros) se encargarán de manejarlas.

El trabajo de director ejecutivo (supervisar las filiales, asignar capital corporativo y realizar nuevas adquisiciones) será exigente. La supervisión será más difícil para un sucesor que para Buffett. Una cosa es que el fundador, que estuvo presente en cada adquisición, apoye y revise a los directivos y distribuya el capital entre ellos. Otra que cualquier otra persona deba asumir el mando. De entrada, el reto es desalentador, pero no cabe duda de que, entre los ejecutivos de las filiales de Berkshire, el conglomerado posee un océano de talento en el aspecto directivo y de gestión.

El rasgo general más importante para elegir al sucesor de Buffett en su rama de director ejecutivo pasa por contar con alguien capaz de desarrollar un compromiso debidamente informado con la cultura corporativa de Berkshire, incluyendo aspectos como la apuesta por la permanencia, la autonomía de las filiales o la habilidad y capacidad para acometer operaciones de adquisición. Por lo tanto, los mejores candidatos son los que están dentro de la corporación, es decir, los directivos que hoy encabezan las filiales de Berkshire. Así lo contempla el plan de sucesión de Berkshire. Entre estos candidatos, son especialmente prometedores aquellos que reúnen determinados puntos fuertes, como un largo historial de servicio en la corporación, la profesionalidad en la dirección de sus operaciones más grandes y extensas, y el bagaje en materia de gestión de filiales que repliquen la mayoría de los rasgos específicos constitutivos de la cultura corporativa de Berkshire. La experiencia al frente de una gran empresa cotizada también sería una ventaja.

Estos factores explican por qué durante muchos años los observadores percibieron correctamente que Buffett consideraba a Sokol como uno de los principales candidatos a la sucesión, de igual modo que muchos veían a Santulli de esa manera. Este último demostró seriedad y espíritu emprendedor al fundar NetJets, sacarla a Bolsa y venderla y dirigirla dentro de Berkshire durante un período de una década, pero en última instancia, pareció mostrar una conciencia empresarial insuficiente. Por su parte, Sokol convirtió MidAmerican Energy en una empresa cotizada de tamaño considerable, realizó durante 13 años acertadas operaciones de adquisición en un momento en que la compañía ya era una empresa filial de Berkshire, identificó a Lubrizol como candidata a ser adquirida por la corporación, fue implacablemente austero durante su paso por NctJcts y participó simultáneamente en la supervisión de Johns Manville. Pero, al final, a Sokol le faltó sensibilidad en cuestiones de reputación.

Hay varios candidatos prometedores. A lo largo de mi investigación para este libro, que incluye entrevistas y encuestas con personas que cuentan con información privilegiada o que son accionistas de larga trayectoria en Berkshire, pude identificar al menos diez directivos que son capaces de ejecutar adquisiciones y asignar capital, animar, asesorar e intervenir ocasionalmente. Ajit Jain, de NICO, es uno de los ejecutivos más veteranos de Berkshire.[601] Dirige un potente motor de la generación de capital de la corporación y es el ejecutivo al que más elogia Buffett, a pesar de que no ha dirigido ninguna empresa cotizada. Los consejeros delegados de las mayores filiales de Berkshire también suelen ser señalados como candidatos. Se trata de Greg Abel, de Berkshire Hathaway Energy, que además es uno de los directivos

601. Otros ejecutivos de filiales de Berkshire con muchos años de servicio son Tony Nicely, de GEICO (empleado desde 1961, consejero delegado desde 1993); Irv y Ron Blumkin, de Nebraska Furniture Mart (empleados desde su juventud en la empresa que Berkshire adquirió en 1983); y Brad Kintsler, de See's (empezó en Berkshire en 1987).

más activos en operaciones de adquisición de todas las empresas propiedad de Berkshire, y Matthew Rose, de BNSF Railway, que es quien más tiempo ha trabajado en empresas cotizadas, tras haber ocupado puestos ejecutivos en BNSF desde 1997.

Quizá el ejecutivo con más experiencia sea Frank Ptak, del Marmon Group, un auténtico mini-Berkshire. Su currículum también abarca un impresionante historial de adquisiciones, así como su experiencia como codirector de Illinois Tool Works, una empresa cotizada. A ello hay que sumarle conocimientos de inversión como director de Morningstar. Entre otros muchos gestores ejemplares mencionados en las conversaciones, destaco también a Tad Montross, de Gen Re, que dirige una empresa grande y próspera; James Hambrick, que dirigió Lubrizol cuando era una empresa cotizada y tiene un sólido historial de adquisiciones a su espalda; Grady Rosier, de McLane, que año tras año *hace de las suyas* en una empresa masiva y descentralizada; Kevin Clayton, de Clayton Homes, un *jugador* capaz de rendir bien en todas las *posiciones*; y Bruce Whitman, de FlightSafety, uno de los directivos más veteranos de una empresa clásica y próspera que en su día estuvo cotizada y ahora es una filial del grupo. La lista podría continuar, pero estos ejemplos bastan para sugerir la abundancia de talento disponible para ocupar puestos de gran envergadura en Berkshire.

Para ello, los sucesores de Buffett podrían seguir el ejemplo de lo que John Nichols hizo en el Marmon Group ante el reto de suceder a Bob Pritzker. Nichols optó por organizar la empresa en sectores supervisados por presidentes de división. Su razonamiento se aplica igualmente al reto que enfrentará el sucesor de Buffett en Berkshire:

> Hay una diferencia entre un fundador que ha construido personalmente una organización, adquiriendo entidades y estando íntimamente involucrado en el proceso, y alguien como yo, que llega con un estilo de gestión similar, pero sin el conocimiento íntimo de los procesos anteriores. Bob mantenía unas operaciones muy horizontales en el Marmon Group. En cambio, en Illinois Tool Works, yo creía en la estructuración de las operaciones en sectores empresariales. Así que cuando llegué [a Marmon], creamos diez sectores diferentes con un presiden-

te para cada uno. Eso me dio la posibilidad de contar con varios directivos que día a día podían crear y aplicar la estrategia. Con 150 empresas y un conjunto tan diverso de diez nichos especializados, no había forma de que yo solo pudiera hacer que todo funcionase bien.[602]

La apuesta funcionó:

> Aunque [Bob Pritzker y yo] utilizamos muchas de las mismas técnicas de gestión, la organización [de Marmon] fue modificada para aprovechar la cultura fundamental que Bob había construido. La prueba de nuestro éxito es que, tras el ajuste, prácticamente no hemos tenido cambios en la dirección.[603]

Berkshire podría organizarse siguiendo las líneas sugeridas por el enfoque utilizado en las cartas a los accionistas de Buffett: por un lado, las empresas de seguros (especialmente GEICO, Gen Re y NICO); por otro lado, las empresas reguladas/intensivas en capital (principalmente Berkshire Hathaway Energy y BNSF Railway); en un tercer flanco, las compañías más ligadas a las finanzas (Clayton Homes, CORT y XTRA); y, en cuarto lugar, el sector final, que podría subdividirse de varias formas diferentes, incluyendo textil (Brooks, Fruit of the Loom, Garan, H. H. Brown, Justin Brands); materiales de construcción (Acme, Benjamin Moore, Johns Manville, MiTek) y operaciones de venta al por menor (Ben Bridge Jeweler, Helzberg Diamonds, Nebraska Furniture Mart, Star Furniture).

Cada grupo tendría un presidente que dependería del consejero delegado. Esta estructura simplificaría la gestión, al tiempo que minimizaría la burocracia y mantendría la autonomía. El resultado se asemejaría no sólo al modelo Marmon, sino también a los de McLane, MiTek y Scott Fetzer. Hay muchos candidatos para dirigir estos sectores empresariales, de modo que este sistema garantizaría una transición suave que le pondría las cosas más fáciles al sucesor del consejero delegado de Berkshire.

602. Foti, «John Nichols...», *op. cit.*
603. Íbidem.

Aunque la mayoría de los planes de sucesión empresarial se centran en el personal, el de Berkshire también aborda la propiedad, ya que Buffett ha sido el accionista mayoritario de la corporación desde 1965. En tiempos recientes, el de Omaha controlaba el 34 por ciento de los derechos de voto de Berkshire y el 21 por ciento de sus participaciones, lo que al mismo tiempo representa alrededor del 99 por ciento de su patrimonio neto.[604]

Buffett ha ido reduciendo lentamente su participación en el accionariado de Berkshire mediante transferencias anuales planificadas a fundaciones benéficas, en el marco de un proceso que continuará desarrollándose de forma progresiva durante muchos años después de su muerte.

Desde 2006, por ejemplo, Buffett ha venido transfiriendo anualmente acciones de clase B a la Fundación Bill y Melinda Gates, un compromiso que se desarrollará hasta 2026 y que habrá transferido unos 500 millones de acciones (alrededor del 45 por ciento de los títulos de clase B existentes en la actualidad), con la condición de que las donaciones de la fundación aumenten en paralelo. En efecto, la fundación sólo tiene derecho a acometer transferencias anuales de acciones mientras las venda y conceda subvenciones por un importe aproximadamente igual al que recibe por dichas operaciones. Buffett ha hecho transferencias similares (aunque menores) de acciones de clase B entregadas a las fundaciones de sus hijos y de su difunta esposa por un total de 102.500 millones (alrededor del 9 por ciento del total). Esas fundaciones también liquidan acciones para hacer donaciones, aunque en este caso lo hacen como condición del compromiso de Buffett.[605]

La herencia de Buffett le sucederá como accionista mayoritario de Berkshire, mientras sus albaceas distribuyen gradualmente sus acciones. Durante ese tiempo, que los expertos estiman

604. Berkshire tiene dos clases de acciones, A y B, con diferentes derechos de voto y económicos. Las acciones de clase A tienen un voto por acción y el derecho equivalente al interés económico, como los dividendos, mientras que las acciones de clase B tienen 1/10.000 de dicho poder de voto y 1/1.500 de dicho interés económico.

605. Las cartas de Buffett que describen estos compromisos están publicadas en el sitio web de Berkshire Hathaway.

que podría durar hasta 12 años, los albaceas controlarán un bloque grande y decreciente de acciones de Berkshire. Como responsables del fideicomiso sucesorio, los albaceas actuarán de acuerdo con instrucciones delimitadas por el propio Buffett que abordarán aspectos como la elección y supervisión de los directivos o la votación en las juntas de accionistas de acuerdo con los principios imperantes en Berkshire.

Así que durante una década o más después del fallecimiento de Buffett, sus acciones de Berkshire tendrán una variedad de propietarios designados por él, algunos de los cuales ostentarán posiciones considerables. Él ya no será el accionista mayoritario de la corporación, pero en lugar de un abrupto giro que deje a la compañía sin un accionista de referencia, lo que seguirá será un largo proceso de transición.

La durabilidad de Berkshire se ve reforzada por un accionariado que, en general, está de acuerdo con los principios que Buffett cultivó y desarrolló en la empresa. A pesar de ser una enorme sociedad anónima, el carácter accionarial de Berkshire es el de sociedad colectiva. Buffett forjó esta concepción afirmándolo repetidamente en sus cartas anuales y actuando como socio gestor de una sociedad. Explica sus decisiones empresariales con franqueza, admite abiertamente sus errores y cataloga los acontecimientos que han definido la cultura de Berkshire para que la organización se fortalezca.

Recíprocamente, los propietarios de las acciones de la compañía actúan más como socios de una empresa no cotizada que como accionistas de una empresa de capital abierto. Muchas acciones de Berkshire son propiedad de personas para las que la corporación es una de sus mayores participaciones.[606] En la última década, la rotación de acciones ha sido inferior al 1 por ciento, en comparación con el 3, 4 o 5 por ciento de otros conglomerados, de las grandes compañías de seguros o de antiguas filiales de Berkshire que estaban cotizadas.[607]

606. En las encuestas realizadas a los accionistas para este libro, una mayoría sustancial indicó que Berkshire figura entre sus mayores participaciones.

607. Por ejemplo, de 2001 a 2012, la rotación de acciones de Berkshire

La baja rotación de las acciones de Berkshire está relacionada con otra característica inusual del conglomerado: la mayoría de las acciones de Berkshire son propiedad de particulares y familias, y no de empresas o fondos. Normalmente, las grandes empresas cotizadas encuentran que entre el 70 y el 80 por ciento de sus acciones están controladas por inversores institucionales.[608] Bajo este esquema, las decisiones suelen tomarse por compromiso y se basan en modelos financieros y en previsiones que pueden llevar a mover las acciones de espaldas a las motivaciones y circunstancias de la empresa en sí. En cambio, en Berkshire una gran parte del poder de voto y de los intereses económicos están controlados por individuos y familias que se centran en sus características económicas y culturales específicas.

---

nunca fue superior al 0,34 por ciento para la clase A o al 0,615 por ciento para la clase B, salvo que la clase B aumentó en los últimos años después de que Berkshire dividiera dicha clase de acciones y la utilizara para pagar la adquisición de BNSF (ver tabla 14.1.)

A modo de comparación, consideremos las dos empresas cotizadas que han sido adquiridas más recientemente por Berkshire. Desde 2001 hasta su adquisición, los títulos de BNSF llegaron a rotar hasta un 3 por ciento; en seis de esos años, más del 1 por ciento, y siempre y en todo caso más que en Berkshire. La rotación de Lubrizol alcanzó el 3,6 por ciento; en nueve de esos años fue superior al 1 por ciento y siempre superior a la de Berkshire.

La rotación es baja en comparación con otras compañías de seguros: en ACE es siempre de al menos el 0,966 por ciento y ha llegado incluso a un 2,873 por ciento; para Allstate es siempre superior al 0,886 por ciento y ha llegado a ser del 2,785 por ciento. Por último, si comparamos a Berkshire con varios conglomerados como General Electric, United Technologies, Danaher, Robert Half, Fluor o Level 3 Communications, vemos movimientos que llegaron a ser mayores a un 6 por ciento, con rotaciones que siempre rebasaron el 1 por ciento y que a menudo se movieron en torno al 4 o 5 por ciento.

608. En la tabla 14.1, por ejemplo, todas las empresas, salvo Berkshire y General Electric, están participadas en un 80-90 por ciento por instituciones, mientras que General Electric cuenta con un 60 por ciento de accionistas institucionales.

Tabla 14.1. Rotación de la titularidad de acciones en empresas relacionadas

	Clase A	Clase B	BNSF	Lubrizol	GE	UT	DHR	R. Half	LLL	Fluror	ACE	Allstate
2001	0,060	0,538	0,857	1,056	0,549	1,332	1,777	0,911	4,337	1,689	1,795	0,934
2002	0,064	0,449	0,867	0,846	0,691	1,437	1,926	1,145	4,824	1,532	2,124	0,857
2003	0,072	0,457	0,822	0,969	0,504	1,220	1,628	1,173	3,035	1,797	1,472	0,886
2004	0,057	0,398	1,017	1,741	0,524	1,066	1,114	1,412	2,067	1,898	1,152	0,909
2005	0,078	0,430	1,442	1,420	0,477	0,895	1,234	1,329	1,874	2,012	1,230	1,062
2006	0,082	0,369	1,747	1,129	0,605	0,901	1,076	1,663	2,095	2,877	0,966	1,033
2007	0,103	0,304	2,243	1,940	0,921	1,159	1,346	1,827	1,743	3,644	1,338	1,576
2008	0,240	0,564	3,033	2,662	1,982	1,800	2,024	2,876	2,186	6,172	2,873	2,373
2009	0,239	0,615	2,692	3,183	2,798	1,583	1,841	2,987	2,324	5,272	1,822	2,785
2010	0,346	2,085	0,585	2,797	1,706	1,286	1,393	2,570	2,052	3,698	2,146	2,205
2011	0,151	1,324		3,605	1,522	1,290	1,465	2,994	2,255	3,211	1,641	2,373
2012	0,157	0,981			1,085	1,138	1,131	2,371	1,700	2,583	1,186	2,124

GE, General Electric; UT, United Technologies; DHR, Danaher; R. Half, Robert Half; LLL, Level 3 Communications.

Los accionistas de Berkshire acuden en masa a sus juntas anuales. La asistencia ha pasado de 7.500 en 1997 a 21.000 en 2004, 35.000 en 2008 y 40.000 en 2013.[609] Estudian el informe anual de Berkshire, las cartas de Buffett a los accionistas y otros materiales de referencia. En la mayoría de las grandes empresas cotizadas, los accionistas individuales son racionalmente apáticos. Pasan por alto la lectura de los informes y rara vez asisten a las reuniones, que casi parecen un mero ritual formal. Por el contrario, en la reunión anual de Berkshire se palpa la pasión por la compañía y se producen grandes debates empresariales.

Berkshire no es una empresa familiar, de la misma manera que lo son Ben Bridge Jeweler o RC Willey Home Furnishings, pero muchas familias tratan las acciones de Berkshire como partes preciadas de su patrimonio financiero que deben ser preservadas por generaciones sucesivas.[610] Las acciones de Berkshire de Howard Buffett le dan el 0,12 por ciento del poder de voto y el 0,07 por ciento del interés económico. (Para que nos hagamos una idea, cada 0,01 por ciento del interés económico de Berkshire, un «punto básico», vale unos 30 millones de dólares). La familia de Charlie Munger (ocho hijos y docenas de nietos) posee más del 1 por ciento del poder de voto y casi el 1 por ciento de la participación económica, con instrucciones públicas de su cascarrabias patriarca de «no ser tan estúpidos como para vender» dichos títulos.[611]

609. Correspondencia digital de Debbir Bosanek, asistente de Warren Buffett, con el autor, en correos electrónicos enviados los días 7 y 8 de marzo de 2014. Hago referencia a las cifras históricas y a las fuentes en: *The essays of Warren Buffett: Lessons for corporate America*, Cunningham Group, Estados Unidos, 1997, 2001, 2008, 2013.

610. Ver: Kilpatrick, *Of permanent...*, *op. cit.*, cap. 170.

611. Ver: Andrew Ross Sorkin, «For Buffett, the past isn't always prologue», *The New York Times*, 6 de mayo de 2013, citando la admonición de Munger a «los muchos Mungers reunidos entre la audiencia» de la reunión anual de Berkshire de 2013. Munger ha transferido en los últimos años una parte sustancial de sus acciones de Berkshire a organizaciones benéficas y familiares. Ver: Steve Jordan, «Donations bring the value of Charlie Munger's Berkshire stock below $1 billion», *Omaha World-Herald*, 13 de junio de 2013.

Ciertos propietarios de cantidades sustanciales de acciones de Berkshire dirigen también instituciones cuyos clientes (familias e individuos adinerados) son grandes tenedores de Berkshire. El director de la corporación, Sandy Gottesman, por ejemplo, posee acciones que representan el 2,02 por ciento del poder de voto de Berkshire y el 1,29 por ciento de su interés económico. Los clientes de First Manhattan, la empresa que Gottesman fundó en 1964 (y en la que su hijo Robert W. Gottesman es directivo) poseen otro 1,91 por ciento de los derechos de voto y un 1,22 por ciento de la participación económica.

Bill Gates, que forma parte del consejo de la compañía, posee personalmente acciones de clase A con el 0,45 por ciento del poder de voto y el 0,26 por ciento del poder económico, mientras que la Fundación Bill y Melinda Gates recibe y distribuye los millones de acciones de clase B que Buffett le prometió (un recuento que elevaría el poder de voto de Gates al 1,32 por ciento y su interés económico al 3,7 por ciento).[612] Meryl Witmer compró siete acciones de clase A poco después de ser elegida consejera, en 2013, y es copropietaria de Eagle Capital, cuyas participaciones incluyen acciones de clase B con el 0,16 por ciento del poder de voto de Berkshire y el 0,53 por ciento de su interés económico.

Entre otros consejeros de Berkshire que cuentan con una participación significativa figura Thomas S. Murphy, que posee el 0,14 por ciento del poder de voto y el 0,08 por ciento de la participación económica (ver tabla 14.2). Los directivos de las filiales de Berkshire también poseen considerables acciones de Berkshire. La mayoría cuentan con una gran fortuna de forma independiente y muchos poseen más participaciones en Berkshire que todos sus altos cargos, excepto los que estén más invertidos entre éstos. Hablamos de personas que creen en la cultura de Berkshire y, por tanto, *comen lo que cocinan.*

612. Gates posee una gran parte de las acciones de clase A de Berkshire a través de una empresa de su propiedad llamada Cascade Investment, LLC.

Tabla 14.2. Directivos de Berkshire

	Año de nacimiento	Año de nombramiento	Acciones de clase A	Acciones de clase B	Poder de voto (%)	Participación económica (%)
Warren E. Buffett	1930	1965	336.000	1.469.357	34,41	20,50
David S. Gottesman	1926	2003	19.538	2.393.398	2,02	1,29
Charles T. Munger	1924	1978	5.324	750	0,53	0,32
William H. Gates III	1955	2004	4.350	0	0,45	0,26
Thomas S. Murphy	1925	2003	1.376	26.976	0,14	0,08
Howard G. Buffett	1954	1993	1.200	2.450	0,12	0,07
Ronald L. Olson	1941	1997	306	17.500	0,03	0,02
Charlotte Guyman	1956	2003	100	600	*	*
Donald R. Keough	1927	2003	100	60	*	*
Walter Scott, Jr.	1931	1988	100	0	*	*
Stephen B. Burke	1958	2009	22	0	*	*
Meryl B. Witmer	1962	2013	7	0	*	*
Susan L. Decker	1962	2007	0	3.125	*	*
					37,70 %	22,54 %

* Cada uno es *de minimis*, pero juntos suman el 0,03 por ciento del poder de voto y el 0,02 por ciento de la participación económica.

Nota: Las acciones de clase A tienen un voto por acción y el derecho equivalente a dividendos y otras distribuciones económicas; las acciones de clase B tienen 1/10.000 del poder de voto de las acciones de clase A y 1/1.500 del interés económico. Por lo tanto, el poder de voto de un consejero o accionista es la parte de las acciones de clase A que posee más 1/10.000 de la parte de las acciones de clase B que posee, mientras que el interés económico es la parte de las acciones de clase A que posee más 1/1.500 de la parte de las acciones de clase B que posee. Los datos de las tablas adjuntas corresponden al cierre del ejercicio 2013. En dicho ejercicio (2013), con un valor de mercado agregado de Berkshire de unos 300.000 millones de dólares, cada punto básico (0,01 por ciento) de interés económico representaba unos 30 millones de dólares.

Fuente: *Berkshire Hathaway Annual Proxy Statement* (2014); Bloomberg (dato de valoración de la compañía a finales de 2013).

A futuro, pocos inversores seguirán poseyendo una acción por razones sentimentales, pero muchos accionistas de Berkshire son amigos de Buffett, veneran la cultura del conglomerado y, por supuesto, han ganado mucho dinero con la inversión. Por ejemplo, Shelby Davis, que fundó Davis Select Advisers en 1969 (hoy dirigida por su hijo Christopher C. Davis), posee una participación personal no revelada en Berkshire, mientras que los clientes de la empresa poseen acciones que suponen el 1,19 por ciento del poder de voto y el 0,79 por ciento de la participación económica. Otros accionistas de largo recorrido poseen bloques considerables de acciones controlados a través de firmas con reputaciones que van en sintonía con la cultura de Berkshire, incluido el sentido de permanencia. Es el caso de Ruane Cunniff & Goldfarb (1,15 por ciento y 0,85 por ciento, en cada caso) o Gardner Russo & Gardner (0,53 por ciento y 0,40 por ciento, respectivamente). También lo vemos con Brown Brothers Harriman (0,49 y 0,47 por ciento); Markel Corporation (0,21 y 0,21 por ciento); y Tweedy Browne (0,13 y 0,09 por ciento) (ver tabla 14.3).

Tabla 14.3. Listado de propietarios de acciones influyentes que no forman parte del consejo

	Acciones de clase A	Acciones de clase B	Poder de voto (%)	Participación económica (%)
FMR (Fidelity)	29.493	10.006.024	3,12	2,20
First Manhattan	18.419	2.438.265	1,91	1,22
Davis Selected Advisers	11.367	2.424.072	1,19	0,79
Ruane Cunniff & Goldfarb	10.710	4.773.987	1,15	0,85
Vanguard Group	3.593	76.265.844	1,15	3,31
Capital Group	9.332	3.067.498	0,99	0,69
Blackrock	1.350	79.992.047	0,96	3,33
State Street	830	78.145.827	0,89	3,22
Norges Bank	6.233	*	0,64	0,38
Gardner Russo & Gardner	4.953	2.317.684	0,53	0,40
Brown Brothers Harriman	4.309	5.130.657	0,49	0,47

.../...

.../...

	Acciones de clase A	Acciones de clase B	Poder de voto (%)	Participación económica (%)
Bank of New York Mellon	2.772	18.467.142	0,47	0,92
First Eagle	3.815	*	0,39	0,23
LourdMurray Capital	2.838	472.377	0,30	0,19
Legal & General	2.203	4.700.001	0,27	0,32
Northern Trust Corp.	307	21.215.675	0,25	0,88
Water Street Capital	1.909	3.295.776	0,23	0,25
Intl. Value Advisers	2.068	161.530	0,21	0,13
Markel Corporation	1.752	2.553.764	0,21	0,21
Bank of America	1.307	5.434.334	0,19	0,30
CalPERS	1.427	3.327.100	0,18	0,22
Wells Fargo	1.099	5.363.611	0,17	0,28
Eagle Capital	320	12.625.866	0,16	0,53
Everett Harris	1.480	814.362	0,16	0,12
PNC	1.418	1.237.468	0,16	0,14
Geode Capital	*	13.629.477	0,14	0,55
Stewart West Indies	1.335	*	0,14	0,08
INVESCO	1.099	2.057.949	0,13	0,15
Mackenzie Financial	1.249	*	0,13	0,08
Tweedy Browne	1.184	412.914	0,13	0,09
Goldman Sachs	384	5.624.318	0,10	0,25
Morgan Stanley	208	7.497.457	0,10	0,32
American Century	313	1.912.350	0,05	0,10
TOTAL			17,28 %	21,00 %

* No declarado o cero.

Fuente: Bloomberg (a cierre del ejercicio 2013).

Los inversores sofisticados suelen seguir la sabiduría convencional para evitar concentrar las carteras en las acciones de una sola empresa. Entre los accionistas que hacen públicas sus participaciones, por ejemplo, pocos de los 100 mayores accionistas de las empresas más relevantes, como Apple, ExxonMobil o General Electric, asignan más del 5 por ciento de sus carteras a los títulos de dicha compañía.[613] Sin embargo, muchos de los accionistas de Berkshire sí presentan una mayor concentración en su cartera, como vemos también en las propias inversiones en acciones del conglomerado de Buffett. Así, 44 de los 100 mayores propietarios de las acciones de clase A (o, al menos, de los 100 de los que públicamente se han divulgado datos) poseen más del 5 por ciento de su cartera en títulos de Berkshire, empezando por el propio Buffett.[614] De igual modo, 17 de los 100 mayores titulares de las acciones de clase B están igual de concentrados, al igual que vimos con Buffett y otros siete partícipes de la clase A (ver tablas 14.4 y 14.5).

Tabla 14.4. Listado de los 100 mayores propietarios de los que se haya divulgado públicamente su tenencia de acciones de Berkshire de clase A

	Número de acciones	**Porcentaje de acciones de la clase A (%)**		**Número de acciones**	**Porcentaje de acciones de la clase A (%)**
Warren E. Buffett	336.000	39,11	Bank of America	1.307	0,15
FMR (Fidelity)	29.493	3,43	Mackenzie Financial	1.249	0,14
David S. Gottesman	19.538	2,27	Howard G. Buffett	1.200	0,14
First Manhattan	18.419	2,14	State Farm Mutual Auto	1.186	0,14
Davis Selected Advisers	11.367	1,32	Tweedy Browne Co.	1.184	0,14

.../...

613. La concentración de la cartera de accionistas también es rara en la mayoría de las empresas en las que Berkshire tiene concentradas sus participaciones, como Coca-Cola, IBM y P&G. Es más común en American Express y Wells Fargo debido a la presencia de varios accionistas de Berkshire que también mantienen posiciones concentradas en esas empresas.

614. La demografía accionarial de Berkshire se parece más a la de otros conglomerados con accionistas fundadores muy influyentes, como Danaher (fundada y controlada por Mitchell y Steven Rales) o Level 3 Communications (fundada y controlada por Walter Scott, miembro del consejo de Berkshire).

.../...

	Número de acciones	Porcentaje de acciones de la clase A (%)		Número de acciones	Porcentaje de acciones de la clase A (%)
Ruane Cunniff & Goldfarb	10.710	1,24	Boulder Inv. Advisers	1.156	0,13
Capital Group	9.332	1,08	INVESCO, Ltd.	1.099	0,13
Norges Bank	6.233	0,72	Wells Fargo & Co.	1.099	0,13
Charles T. Munger	5.324	0,62	Wellcome Trust	1.000	0,12
Gardner Russo & Gardner	4.953	0,57	Clearbridge Investments	933	0,11
William H. Gates III	4.350	0,50	Hikari Tsushin, Inc.	887	0,10
Brown Brothers Harriman	4.309	0,50	State Street Corp.	830	0,10
First Eagle Investment	3.815	0,44	Legg Mason, Inc.	778	0,09
Vanguard Group	3.593	0,42	Pacific Financial (Clipper)	709	0,08
LourdMurray Capital	2.838	0,33	Baldwin Investment Mgmt.	707	0,08
Bank of New York Mellon	2.772	0,32	Sleep, Zakaria & Co.	666	0,08
Legal & General Group	2.203	0,25	US Bancorp	636	0,07
Intl. Value Advisers	2.068	0,24	IG Investment Mgmt.	552	0,06
Water Street Capital	1.909	0,22	Eaton Vance Mgmt.	526	0,06
Markel Corporation	1.752	0,20	Eagle Capital Mgmt.	520	0,06
Everett Harris & Co.	1.480	0,17	Investment Taktiengesell	511	0,06
CalPERS	1.427	0,17	Troy Asset Mgmt.	500	0,06
PNC Financial Services	1.418	0,16	Allen Holding, Inc.	500	0,06
Thomas S. Murphy	1.376	0,16	Universal Investment Co.	471	0,05
Blackrock	1.350	0,16	Henry H. Armstrong Assoc.	469	0,05

.../...

.../...

	Número de acciones	Porcentaje de acciones de la clase A (%)		Número de acciones	Porcentaje de acciones de la clase A (%)
Stewart W. Indies Trading	1.335	0,15	UBS	400	0,05
Timucuan Asset Mgmt.	392	0,05	Brown Advisory, Inc.	269	0,03
Goldman Sachs	384	0,04	Hartline Investment Corp.	263	0,03
Virtu Financial	384	0,04	JPMorgan Chase	232	0,03
Falcon Edge Capital	377	0,04	KCG Holdings	221	0,03
Punch Card Capital	373	0,04	RBF LLC	220	0,03
Union Investment	371	0,04	Aviva PLC	218	0,03
Gamco	360	0,04	Kovitz Inv. Group	213	0,02
Whalerock Point	359	0,04	Morgan Stanley	208	0,02
Vontobel Holding AG	347	0,04	Fenimore Asset Mgmt.	207	0,02
HSBC Holdings	342	0,04	Budros Ruhin & Roe	201	0,02
Auto Owners Group	333	0,04	Stearns Financial	200	0,02
Royal Bank of Canada	322	0,04	Shelter Ins. Group	199	0,02
Bridges Inv. Mgmt.	314	0,04	Matthew 25 Mgmt. Corp.	197	0,02
American Century Cos.	313	0,04	State Farm Ins. Cos.	197	0,02
Ronald L. Olson	306	0,04	Great Lakes Advisors	196	0,02
Northern Trust Corp. Cos.	307	0,04	Irish Life Inv. Mgrs.	171	0,02
Chou Associates	300	0,03	Suntrust Banks	171	0,02
Fayez Sarofim	300	0,03	TDAM USA, Inc.	163	0,02
Credit Agricole	290	0,03	CMT Asset Mgmt.	159	0,02
Franklin Resources	289	0,03	Ballentine Finn	154	0,02

.../...

.../...

	Número de acciones	Porcentaje de acciones de la clase A (%)		Número de acciones	Porcentaje de acciones de la clase A (%)
Amundi SA	289	0,03	Insight 2811	153	0,02
Degroof Gestion Inst.	288	0,03	Toronto Dominion Bank	145	0,02
Deutsche Bank	286	0,03	Forum Inv. Advisors	144	0,02
Burgundy Asset Mgmt.	277	0,03	Arlington Value Capital	140	0,02

Nota: Las entradas sombreadas indican concentración de cartera. Por concentración de cartera se alude a un inversor que cuenta con más del 5 por ciento de su cartera invertida en acciones de Berkshire (ya sean de clase A o de clase B). Las entidades que tienen múltiples fondos también se cuentan así si un fondo está concentrado hasta ese punto.

Fuente: Bloomberg (a cierre de 2013).

Tabla 14.5. Listado de los 100 mayores propietarios de los que se haya divulgado públicamente su tenencia de acciones de Berkshire de clase B

	Número de acciones	Porcentaje de acciones de la clase B (%)		Número de acciones	Porcentaje de acciones de la clase B (%)
Gates Foundation	81.384.404	6,91	Legal & General	4.700.001	0,49
Blackrock	79.992.047	6,79	Deutsche Bank	4.462.645	0,38
State Street	78.145.827	6,63	Neuberger Berman	4.393.807	0,38
Vanguard	76.265.844	6,47	Canada Pension Plan	4.272.687	0,37
Northern Trust Corp.	21.215.675	1,80	SE Asset Mgmt. (Longleaf)	4.240.058	0,36
BONY Mellon	18.467.142	1,57	Caisse de Depot	4.131.100	0,35
Geode Capital	13.629.477	1,15	T. Rowe Price Group	3.962.531	0,34
Eagle Capital	12.625.866	1,07	Charles Schwab Inv.	3.909.676	0,33
FMR (Fidelity)	10.006.024	0,85	Primecap Mgmt.	3.853.924	0,33
D. E. Shaw & Co.	8.297.240	0,70	N. Y. State Teachers Ret.	3.733.504	0,32
TIAA-CREF	8.071.048	0,69	Columbia Mgmt.	3.625.473	0,31

.../...

.../...

	Número de acciones	Porcentaje de acciones de la clase B (%)		Número de acciones	Porcentaje de acciones de la clase B (%)
Robeco Group NV	7.775.857	0,66	Sumitomo Mitsui Trust	3.447.571	0,29
Morgan Stanley	7.497.457	0,64	CalPERS	3.327.100	0,28
UBS	6.848.650	0,59	Water Street Capital	3.295.776	0,28
Fiduciary Mgmt.	6.809.912	0,58	Cal. State Teachers	3.258.400	0,28
Alliance Bernstein	6.508.151	0,56	Prudential Financial	3.146.939	0,27
JPMorgan Chase	5.854.663	0,50	Credit Suisse	3.091.442	0,26
Goldman Sachs	5.624.318	0,48	Capital Group	3.067.498	0,26
Bank of America	5.434.334	0,46	Rhumbline Advisers	3.020.881	0,26
Wells Fargo	5.363.611	0,46	Mitsubishi UFJ	2.984.453	0,26
Fisher Investments	5.190.077	0,44	Florida State Board	2.982.011	0,25
Norges Bank	5.157.763	0,44	Adage Capital	2.775.977	0,24
Brown Bros. Harriman	5.130.657	0,44	Wedgewood Partners	2.698.966	0,23
New York State C. R.	5.126.517	0,44	Acadian Asset Mgmt.	2.672.776	0,23
Manulife Financial	5.067.856	0,43	Susquehanna Intl.	2.606.017	0,22
Ruane Cunniff	4.773.987	0,41	Markel Corp.	2.553.764	0,22
First Manhattan	2.438.265	0,21	Sprucegrove Inv. Mgmt.	1.574.265	0,13
Davis Select Advisers	2.424.072	0,21	Great West Life Assur.	1.558.404	0,13
David S. Gottesman	2.393.398	0,20	Wisconsin Inv. Bd.	1.552.376	0,13
Janus Capital	2.372.483	0,20	Mizuho Financial	1.540.497	0,13
Gardner Russo & Gardner	2.317.684	0,20	Ohio Public Emp. Ret.	1.518.038	0,13
Principal Financial Group	2.305.645	0,20	State of Tennessee	1.490.061	0,13
Teachers Advisors, Inc.	2.267.430	0,19	Citigroup	1.474.054	0,13
Royal Bank of Canada	2.251.053	0,19	Warren E. Buffett	1.469.357	0,13

.../...

.../...

	Número de acciones	Porcentaje de acciones de la clase B (%)		Número de acciones	Porcentaje de acciones de la clase B (%)
Allianz	2.240.609	0,19	Baillie Gifford & Co.	1.463.455	0,13
Clearbridge Investments	2.236.151	0,19	STRS	1.353.327	0,12
INVESCO	2.057.949	0,18	BNP Paribas	1.311.726	0,11
Cortland Advisers	2.000.000	0,17	HSBC	1.266.295	0,11
BMO Financial	1.961.063	0,17	Eaton Vance Mgmt.	1.244.371	0,11
American Century	1.912.350	0,16	PNC	1.237.468	0,11
ING Inv. Mgmt.	1.890.652	0,16	Wintergreen Advisers	1.222.090	0,10
Parametric Portfolio	1.841.284	0,16	Klingenstein Fields	1.179.926	0,10
Check Capital Mgmt.	1.782.399	0,16	AXA	1.161.424	0,10
Dimensional Fund	1.768.096	0,16	Gateway Inv. Advisors	1.132.067	0,10
SQ Advisors	1.754.366	0,16	Prudential	1.125.510	0,10
Frank Russell Trust Co.	1.751.443	0,16	Weitz Wallace	1.118.981	0,10
APG All Pensions Group	1.698.381	0,15	Met Life	1.115.353	0,10
Barclays	1.658.413	0,14	Toronto Dominion Bank	1.101.182	0,09
Chevy Chase Trust	1.646.451	0,14	Creative Planning	1.074.700	0,09
Legg Mason	1.586.376	0,14	Brown Advisory	1.051.916	0,09

Nota: Las entradas sombreadas indican concentración de cartera.

Fuente: Bloomberg (a cierre de 2013).

Las empresas *blue chip* de Estados Unidos tienden a tener los mismos grandes accionistas, principalmente grandes bancos, asesores de inversión y fondos de inversión. Por ejemplo, instituciones como Blackrock, Fidelity, State Street y Vanguard poseen entre el 2 y el 5 por ciento de las acciones de estas compañías, de modo que tienen un peso importante en su accionariado. Sin embargo, aunque muchas de ellas también poseen acciones de Berkshire, no son sus accionistas dominantes.

El inusual cuerpo de accionistas de Berkshire incluye, por tanto, una afiliación de accionistas fácilmente coordinados con un porcentaje significativo del poder de voto y un interés económico que resulta poco común en las grandes empresas cotizadas estadounidenses. Su considerable grupo de accionistas incondicionales tiene una convicción asociativa sobre la corporación y ha desarrollado mucha fe en la orientación hacia el propietario de la compañía y sus filiales.[615] Es cierto que su afecto por Buffett puede resultar desbordante y que muchos crean que nadie puede sustituirle, pero se trata asimismo de partícipes que valoran enormemente lo que construyó el de Omaha y creen en la durabilidad de la organización más allá de su máximo responsable. El poder de voto que ejercen estos partícipes contribuirá a forjar el futuro de Berkshire.

Por lo tanto, sus sucesores considerarán conveniente adherirse al modelo empresarial de Berkshire. Las garantías de libertad y no intervencionismo en la gestión, así como la propiedad permanente y perpetua que desarrolla la corporación en los negocios que adquiere crean un activo único. Si alguien en el seno de Berkshire propusiera adelantarse a la autoridad de gestión o vender una filial como si fuera mera mercancía, sería reprendido por un coro de puristas dispuestos a utilizar su poder de voto en consecuencia, especialmente en la elección y destitución de directores. Los directivos de las filiales de Berkshire también se opondrían y, además de votar con sus acciones, amenazarían con dimitir o con renunciar, causando trastornos que no desearía tener ningún sucesor de Buffett ni ningún miembro directivo de Berkshire.

Así que es poco probable que Berkshire pierda pronto su carácter distintivo y termine convertido en un conglomerado más

615. En las encuestas a accionistas realizadas para este libro, casi la totalidad de los encuestados se mostraron de acuerdo con las afirmaciones de que Berkshire se concibe mejor como una sociedad y con el hecho de que la compañía exhibe una firme orientación hacia el propietario.

o en una mera *boutique* de adquisiciones. Se puede sacar a Buffett de Berkshire, pero no se puede sacar a Berkshire de sus filiales.

A muchos efectos, los puntos de vista de la gran mayoría de los accionistas de Berkshire serán coincidentes, sobre todo si la rentabilidad es satisfactoria. Como empresa cotizada, sin embargo, la corporación enfrentará presiones externas que pondrán en peligro sus compromisos de permanencia. Las grandes empresas cotizadas son vigiladas de cerca por accionistas activistas y su desempeño es monitorizado por analistas que se fijan con lupa en los resultados trimestrales e interanuales. La presencia de Buffett asegura la adhesión de Berkshire a sus valores, entre los cuales destaca un horizonte temporal dilatado. En su ausencia, podríamos ver un tira y afloja entre los accionistas que comparten estas convicciones y otros inversores más activistas que prefieran las ganancias a corto plazo y las antepongan a la creación de valor a largo plazo.

Los propietarios más tradicionalistas de Berkshire y los accionistas activistas podrían tener choques al presentar preferencias muy diferentes ante varios tipos de escenarios. Uno de ellos podría ser la política de dividendos de Berkshire, que consiste en retener cada dólar de beneficio conseguido si el valor de mercado se incrementa en al menos un dólar (y, en caso contrario, pagar dividendos). Siguiendo esta política, Berkshire no ha repartido dividendos desde 1967. A medida que la compañía crece, aumenta la probabilidad de que esta prueba exija pagar dividendos. Accionistas de todas las tendencias podrían respaldar esta posibilidad. Sin embargo, ante esta tesitura, los accionistas activistas no alineados con la tradición de Berkshire podrían agitar las aguas para animar a que se produzca un cambio en su política de dividendos y empujar al conglomerado a hacer repartos de efectivo más grandes y frecuentes.

Otro escenario en el que pueden salir a la luz estas tensiones sería uno de malos resultados. En medio de un estancamiento grave o prolongado, ya sea por causa de determinadas filiales o por un flojo desempeño de toda la corporación, los activistas podrían apostar por un cambio radical, que no sólo exigiría desinvertir en determinados negocios, sino que incluso podría suponer el desmantelamiento de Berkshire, que sería dividida o vendida por partes. Estos operadores a buen seguro que son más impacientes que los accionistas más tradicionalistas de Berkshire. Algunos podrían incluso prescribir tanto las desinversiones de activos como el pago de más dividendos a partir de los beneficios.

Para librar estas batallas, podríamos imaginar que los incondicionales de Berkshire se podrían plantear sacar a la empresa del mercado bursátil y acabar con su estatus de compañía cotizada. Estos pasos nunca son fáciles. En el caso de Berkshire, cualquier oferta planteada debería competir con propuestas alternativas de operadores dispuestos a dividir la empresa para obtener beneficios a corto plazo. Algunos de ellos podrían interponer demandas que cuestionen la equidad del proceso y el precio. Con todo, la amenaza puede bastar para que los accionistas más ambivalentes favorezcan los valores tradicionales de Berkshire y derroten a sus rivales.

Para pasar a ser una empresa no cotizada, los incondicionales tendrían que reunir a un grupo de hasta 300 accionistas para seguir siendo propietarios de Berkshire. Esa cifra es el límite legal que distingue a las empresas cotizadas de las de titularidad totalmente privada, particular y no sujeta a ventas en el mercado. Dependiendo de la distribución exacta de las acciones entre los incondicionales (incluido Buffett o sus sucesores y legatarios), un grupo de 300 accionistas tendría gran parte del poder de voto (al menos dos tercios y hasta tres cuartos). Para adquirir los títulos del resto se necesitarían entre 75.000 y 100.000 millones de dólares, una cifra muy superior a la de cualquier compra corporativa conocida en la historia, pero que estaría al alcance de la mano, dados los recursos de que dispone un grupo de este tipo.

La verdadera prueba sería convencer a los demás accionistas. Los partícipes que invierten en la firma a corto plazo seguramente zanjarían la cuestión exigiendo una pequeña prima sobre el precio de mercado. En cambio, los devotos de la cultura a largo plazo de Berkshire resistirán, como siempre han hecho.[616] Si es-

616. En las encuestas realizadas a los accionistas para este libro, nadie se mostró dispuesto a aceptar una prima inferior al 30 por ciento, la mayoría in-

tos últimos representan una parte significativa del accionariado, la operación fracasaría y los tradicionalistas se verían reivindicados. Tal resultado serviría como validación definitiva de la durabilidad de la cultura de Berkshire.

Pero supongamos que eso no fuera cierto. Imaginemos que quienes se oponen a los valores tradicionales de Berkshire se imponen y ofrecen suficientes acciones para que Berkshire se convierta en una compañía no cotizada. Eso podría hacerle un favor a Berkshire como institución, porque su desempeño podría ser mejor dejando de ser una cotizada que está expuesta a las presiones a corto plazo de analistas e inversores activistas. Para Berkshire, ser una empresa cotizada acarrea pocas ventajas y numerosas desventajas.

Aunque Berkshire puede haber obtenido ventajas netas de su condición de empresa cotizada en décadas anteriores, no está claro que ese estatus siga siendo beneficioso.[617] La corporación no necesita los mercados de capital, ya que es un *proveedor* neto de capital que, de hecho, genera grandes cantidades a partir de las operaciones que luego invierte en amplios sectores de la economía. Si Berkshire deseara capital externo, su estructura descentralizada señalaría la filial concreta para la cual habría manifestado tal interés y dicha compañía podría acudir directamente al mercado de deuda para obtener financiación, como de hecho hacen ya algunas firmas del grupo, caso de Berkshire Hathaway Energy o BNSF.

Del mismo modo, Berkshire no necesita la moneda de una acción cotizada en Bolsa para remunerar a los directivos o emplear los títulos en las operaciones de adquisición, cosa que sí hacen muchas empresas que no tienen otras alternativas. Berkshire evita utilizar sus acciones para compensar a nadie, ni siquiera a sus directivos. Buffett se ha mostrado dispuesto a hacerlo

---

dicó no estar dispuesta a vender salvo por una prima mínima del 50 por ciento, y una parte considerable dijo que aguantaría a menos que la prima fuese del cien por cien.

617. Publiqué una versión diferente de este resumen como: «Should Berkshire Hathaway go private?», *Beyond Proxy* (blog), 15 de abril de 2013.

sólo en circunstancias limitadas, como, por ejemplo, para compensar a su sucesor como director ejecutivo o para formalizar una adquisición cuando los directivos de la compañía que Berkshire compra poseen títulos de ella. La adquisición por Berkshire de Burlington Northern Santa Fe es un ejemplo de esto, pero, por lo general, la corporación rara vez utiliza sus acciones para materializar sus operaciones de adquisición.

Los beneficios de ser una empresa cotizada son para los accionistas, más que para Berkshire como institución. La presencia en Bolsa habilita un mercado líquido en el que los partícipes pueden transferir acciones a bajo precio. Esto es relevante para el pequeño grupo de propietarios muy ricos y también es importante para las fundaciones que necesitan liquidar las acciones de Berkshire que Buffett les va legando. Con todo, se pueden organizar colocaciones privadas de acciones, y algunos compradores pueden preferir esta fórmula. Si los costes de las presiones a corto plazo resultan demasiado elevados, salir del parqué y abrirse a este tipo de medidas sería un pequeño precio a pagar para no tener que lidiar con las dificultades que rodean a las cotizadas.

Por otra parte, por inimitables que sean, los cacareados valores de Berkshire son un faro digno de emulación. Son un modelo a seguir para las empresas estadounidenses y una aspiración para los demás. Si Berkshire ya no estuviese cotizada en Bolsa, estos valores quedarían ocultos a la vista del público. Al final, por lo tanto, seguir siendo una empresa cotizada puede ser parte del compromiso de Berkshire, así como de su identidad. Dada la naturaleza a largo plazo del patrimonio de Buffett, la presencia de tantos incondicionales entre sus partícipes y la calidad de la cultura de la corporación, la predicción más lógica es que Berkshire seguirá siendo indefinidamente un conglomerado cotizado de empresas, más allá del eventual adiós de Buffett.

Como empresa cotizada, el consejo de administración de Berkshire desempeñará un papel en su futuro sin el de Omaha, sobre todo a la hora de fijar la política de dividendos o en el momento de resolver los desacuerdos estratégicos que puedan surgir entre los accionistas. Aunque los partícipes de Berkshire seguirán eligiendo al consejo y a los consejeros en función de su fidelidad a la cultura del conglomerado, el plan de sucesión contempla una acción que ha sido encomendada al propio consejo: designar al nuevo presidente. Buffett, que ha desempeñado esta función, así como la dirección del grupo, ha recomendado que sea un miembro de su familia quien ejerza como presidente no ejecutivo del consejo.[618]

Berkshire se uniría así al creciente número de grandes empresas que tienen personas diferentes en las funciones principales de la compañía, que son la presidencia y el rol de consejero delegado. Dado que es tan difícil suplir a Buffett, dividir las funciones puede ser una fórmula muy deseable para ayudar a reducir la carga derivada de asumir el reto de caminar en sus zapatos.

Aunque uno podría imaginar la promoción de otros altos cargos de Berkshire a la presidencia (en particular, destaca la perspectiva de nombrar a alguien tan serio como Bill Gates), es lógico pedirle a Howard Buffett que desempeñe ese papel. La mitad de los otros altos cargos de Berkshire tienen 70 años o más y, entre los de su generación, Howard es el directivo de Berkshire que más tiempo lleva en el cargo (ver tabla 14.2). Como miembro de la familia Buffett, e hijo leal a su padre, tiene una perspectiva única de los valores de Warren y del sentido de la cultura de Berkshire. Para un plan de sucesión, es difícil imaginar una elección más apropiada. Como Howard Buffett expresó en una correspondencia mantenida para este libro, «Berkshire ha sido el trabajo de toda la vida de mi padre, y significa mucho para mí poder preservarlo».[619]

618. Ver, por ejemplo: Warren E. Buffett, «An owner's manual», Berkshire Hathaway, publicado por vez primera en junio de 1996, actualizado el 1 de marzo de 2014. Disponible en: <http://www.berkshirehathaway.com/ownman.pdf>.

619. Howard G. Buffett, en correspondencia digital con el autor. E-mail enviado el 6 de marzo de 2014.

El plan de sucesión de Berkshire pretende garantizar la permanencia de la empresa. Mediante el nombramiento de directivos excepcionales que deberán cumplir una variedad de funciones que históricamente han sido manejadas por una sola persona, la sucesión está calculada para tener éxito. El plan de sucesión de Buffett prevé una larga transición en la que su influencia como accionista mayoritario de Berkshire irá disminuyendo gradualmente. Durante y después de ese largo proceso, un grupo incondicional de partícipes que comparten la actitud asociativa de Berkshire contribuirá a la longevidad del proyecto. Para Buffett, Berkshire es el logro de toda una vida de trabajo y, sin duda, ese logro está destinado a tener vida propia. Con todo, deberá lidiar con retos adicionales, como anticipa el próximo capítulo.

15

Retos

En 2001, Julian Robertson, fundador del preeminente Tiger Fund, manifestó a Buffett su voluntad de vender una importante participación en XTRA Corporation, la empresa de alquiler de camiones.[620] Subiendo la apuesta, Berkshire propuso al consejo de administración de XTRA una oferta pública de adquisición a los accionistas de la cotizada que obtuvo el pertinente respaldo, de modo que Buffett no tardó en cerrar la operación.

XTRA es el líder del sector de alquiler y *leasing* de remolques de camiones operados por organizaciones comerciales. Fundada en 1957, salió a Bolsa en 1961. Cotizó en la Bolsa de Nueva York y se incorporó al Índice Dow Jones que reúne a los 20 principales valores del sector del transporte. En la actualidad gestiona grandes flotas de grandes clientes corporativos, como FedEx y UPS, dedicados al envío de paquetes. También hace lo propio con empresas como Home Depot, Kroger y Walmart, gigantes del comercio minorista, con Kraft o Pepsi, para la comercialización de sus alimentos y bebidas, o con JB Hunt, Penske y YRC, en el campo del transporte de mercancías.[621] La flota de 80.000

620. Berkshire Hathaway, Inc., *2001 Annual Report*, «Carta del presidente».

621. Yellow Freight y Roadway Express se fusionaron en 2003, y en 2009 cambiaron el nombre de la empresa resultante a YRC, de Yellow Roadway Corporation.

remolques de la empresa incluye chasis, plataformas, furgonetas convencionales, furgonetas refrigeradas, furgonetas de almacenamiento y distintos equipos especiales.

XTRA fue una de las primeras empresas de alquiler de Estados Unidos que arrendó remolques sobre vagones de plataforma, una de las primeras formas de transporte intermodal apodada como *piggybacking* o transporte «a cuestas».[622] Con el *piggybacking*, el remolque de un camión puede subirse fácilmente a un vagón de ferrocarril. Históricamente, los sistemas de transporte estaban segmentados y cada modo (palés, tractores, remolques, vagones de ferrocarril, barcazas, buques oceánicos, instalaciones de almacenamiento...) competía con los demás, en lugar de coordinarse. En las últimas décadas, XTRA ha participado en la integración global de dichos modos, produciendo elementos intermodales aptos para el transporte universal de contenedores.

Cuando Berkshire adquirió XTRA, su director ejecutivo era Lewis Rubin, la sede estaba en Westport, Connecticut, y la compañía se dedicaba tanto al alquiler de remolques como a las operaciones intermodales de contenedores. Con todo, los gastos generales eran elevados, la rentabilidad de los activos era baja y los beneficios seguían siendo modestos. Tres años después de la adquisición por parte de Berkshire, Rubin fue sustituido por William H. Franz, un antiguo ejecutivo de la empresa. La sede se trasladó de Westport a San Luis y XTRA se desprendió de su negocio de contenedores y de la operativa intermodal para centrarse en el alquiler de camiones articulados (remolque más tractora). El objetivo era reducir los gastos generales, mejorar la utilización de los activos y aumentar los beneficios. Es raro que una de estas reformas siga a una adquisición de Berkshire, menos aún tres. El caos de XTRA es un recordatorio de que la corporación es un negocio y su cultura no se basa en cuentos de hadas, a pesar de sus elevadas aspiraciones como

622. Ver: Jean-Paul Rodrigue y Brian Slack, «Intermodal transportation and containerization», incluido en *The geography of transport systems*, Routledge, Estados Unidos, 2013, cap. 3, concepto 6.

organización y de un sólido historial en materia de logros y resultados.

Recordar que el modelo de Berkshire tiene límites y que los errores son inevitables ayuda a que la empresa siga en pie evitando incurrir en las trampas de la nostalgia. Si uno lee las cartas anuales de Buffett, encuentra rápidamente que reconoce muchos de sus errores, incluidos algunos a los que se hace referencia en este libro. Por ejemplo, Buffett se equivocó en la adquisición de Dexter, la filial de calzado que adquirió en 1993, de modo que la integró en H. H. Brown cuando comprobó que, por sí sola, ya no podría sobrevivir. La adquisición de Gen Re en 1998 resultó finalmente valiosa, pero no hasta después de varios años en los que la operación golpeó a los accionistas y generó una gran angustia entre los directivos. Buffett aprendió la lección muy pronto. De hecho, la primera compra de Berkshire Hathaway había sido un desastre.

La autonomía de las filiales es una cuestión sacrosanta en la corporación. El enfoque de gestión no intervencionista, sin embargo, no pretende ser una abdicación, aunque pueda acercarse a ello en algunos casos. Cuando se dan estas situaciones, las consecuencias pueden ser duras, algo que no conviene olvidar a pesar de que los beneficios netos de la gestión no intervencionista sean positivos. En el caso de NetJets, por ejemplo, la autonomía se tradujo en una gestión del balance y unas estructuras de coste que acabaron por disgustar a Buffett, lo que le llevó a pedir la retirada de Richard Santulli en 2009, favoreciendo entonces la entrada de David Sokol. La confianza implícita en la noción de autonomía fue una de las causas de la crisis de 2011, cuando Sokol compró acciones de Lubrizol antes de presentar la empresa como una adquisición de Berkshire.

Buffett tiene un don para elegir directivos sobresalientes y Berkshire se enorgullece de la larga permanencia de sus ejecutivos, lo que hace que las excepciones a la norma sean casos más destacables. En la década de 1990, por ejemplo, Fechheimer tuvo unos cuantos presidentes, entre ellos Richard Bentley, que fue ascendido tras haber desempeñado el cargo de jefe de división en Scott Fetzer. En 1998 dimitió de su nueva posición sin que ni él ni Berkshire hicieran comentarios al respecto. Le sucedió Patrick Byrne, que permaneció sólo dos años en el cargo.[623] Ya en 2002, Sheila O'Connell Cooper, directora ejecutiva de The Pampered Chef, se marchó tras cinco meses en el puesto sin dejar rastro.[624] En 2006, Barry Tatelman se retiró de la dirección de Jordan's Furniture para emprender una carrera en el mundo de las artes, dejando a su hermano Eliot al frente.[625] Aunque estas salidas no suelen dar lugar a revelaciones de dificultades concretas, pueden causar agitación en las filiales. Los sucesores de Buffett deben elegir muy cuidadosamente a sus directivos.

Buffett tiene un enfoque único para las adquisiciones, que ha servido bien a Berkshire pero que, indudablemente, es muy difícil de emular. La mayoría de las compañías, incluidos los conglomerados, adoptan un plan formal que traza los sectores deseados en los que expandirse, a veces incluso nombrando objetivos de adquisición. Por el contrario, al describir determinadas transacciones en sus cartas anuales, Buffett califica la estrategia de adquisiciones de Berkshire cómo «fortuita»[626] y «casual»,[627] apuntando que no es «elaborada cuidadosamente» ni tampoco muy «sofisticada».[628] Considera que la falta de planificación por parte de la corporación es una gran ventaja, puesto que los planes limitan el juicio y la discreción, que de hecho son vitales para acometer posibles adquisiciones con más prudencia.

623. Geert De Lombaerde, «Fechheimer President exits», *Cincinnati Business Courier*, 16 de mayo de 1998; Kilpatrick, *Of permanent...*, *op. cit.*, p. 438.

624. Ver: Linder, *The women...*, *op. cit.*, p. 93.

625. «Barry Tatelman leaves Jordan's Furniture», *The Boston Globe*, 21 de diciembre de 2006.

626. Berkshire Hathaway, Inc., *1985 Annual Report*, «Carta del presidente» (en referencia a Scott Fetzer: «Enfoque aleatorio de las adquisiciones [...], sin estrategia maestra, sin planificadores corporativos»).

627. Berkshire Hathaway, Inc., *2000 Annual Report*, «Carta del presidente» (en referencia a Justin: «También en este caso nuestra adquisición fue fruto de la casualidad»).

628. Berkshire Hathaway, Inc., *1996 Annual Report*, «Carta del presidente» (en referencia a Kansas Bankers Surety: «Estrategia de adquisición cuidadosamente elaborada y sofisticada»).

En el campo de las adquisiciones, las empresas suelen contratar a bancos de inversión y otros intermediarios para negociar las operaciones. Buffett prefiere evitar estos procesos.[629] De hecho, Berkshire no suele iniciar el proceso de adquisición, que a menudo arranca con su respuesta a las propuestas que le hacen llegar los vendedores. Las fuentes de los 35 acuerdos sobre los que aparece información en la divulgación ofrecida por Berkshire fueron las siguientes:[630] en 11 casos, los vendedores se pusieron en contacto con la corporación,[631] nueve operaciones surgieron a partir de una relación comercial preexistente,[632] en

629. Ver: Deborah DeMott, «The skeptical principal», *Concurring Opinions* (blog), 21 de mayo de 2013.

630. Las referencias a las empresas en las notas que acompañan a este análisis son las descripciones que hace Buffett de las adquisiciones y que incluye en las cartas a los accionistas adjuntas a los informes anuales de Berkshire Hathaway. En algunas adquisiciones se recogen historias interesantes que hacen que la fuente sea más difícil de clasificar. Algunos ejemplos incluyen las operaciones de BNSF y GEICO, dos adquisiciones más graduales (la segunda de ellas se remonta de hecho muchas décadas atrás, hasta Ben Graham), así como las compras de Nebraska Furniture Mart (a través de distintas conexiones en Omaha) o Clayton Homes (sugerida por estudiantes de la Universidad de Tennessee del profesor Al Auxier, a cuyo consejo reaccionó Berkshire contactando y negociando con el propietario directamente).

631. En sentido estricto, si ha sido idea del propietario, pero ha surgido a raíz de otras conexiones, la operación figura bajo este segundo concepto. Es el caso de Fechheimer Bros., Helzberg Diamonds (oportunidad que surgió mientras Buffett paseaba por las calles de Nueva York), Ben Bridge (Ed Bridge llamó a Berkshire tras hablar con Barnett Helzberg), MiTek (el director general de la filial envió un paquete por correo a Berkshire con el permiso de su empresa matriz), Larson-Juhl, Forest River, Business Wire (donde, de hecho, el director general sugirió que el propietario aprobaría la operación), ISCAR, Richline (caso en el que el propietario oyó hablar a Buffett en un almuerzo de Ben Bridge), Star Furniture (a través de un intermediario y respaldada por Blumkins y Child, poniéndose después en contacto con Robert Denham), Willey (a través de un intermediario, cuando Child preguntó a Irv Blumkin).

632. A través de una relación comercial se cerraron las compras de Gen Re (Ronald Ferguson), U.S. Liability (Ferguson), Applied Underwriters (Ajit Jain llegó a un acuerdo con los propietarios), Dairy Queen (un banquero presentó la posible operación un año antes de la muerte de Rudy Luther, pero el trato se cerró rápidamente), Benjamin Moore (Robert Mundheim), NetJets (Berkshire era cliente

siete episodios fueron amigos o familiares quienes se pusieron en contacto con Buffett,[633] en cuatro casos fue Berkshire quien contactó al vendedor directamente,[634] en tres compras fueron extraños o personas conocidas quienes lanzaron la idea,[635] y en una única ocasión se produjo una intermediación (a saber, el caso anómalo de Sokol, que contrató a Citi en la búsqueda de adquisiciones que condujo a la operación de Lubrizol).

En una adquisición promedio, los contables comprueban los controles internos y las cifras de los estados financieros de la empresa y los abogados investigan los contratos, el cumplimiento con la legislación aplicable y los posibles litigios con los que está lidiando la compañía adquirida. Estos exámenes suelen realizarse en las sedes de las empresas que se pretende comprar. Asimismo, se suelen coordinar reuniones en las que los compradores se conocen mutuamente y visitan *in situ* las instalaciones de la compañía que va a ser adquirida. El proceso puede durar semanas o meses. Berkshire, en cambio, proclama orgullosamente que no suele hacer nada de esto.[636] Buffett evalúa a la gente con

---

y Richard Santulli hizo la llamada), Shaw Industries (tras discutir sobre un acuerdo de seguros abortado), McLane (Byron Trott, Goldman Sachs), Marmon Group (las semillas del acuerdo datan de 1954, cuando Buffett conoció a Jay Pritzker).

633. A través de amigos/familiares: NICO (Jack Ringwalt), Central States (Bill Kizer), Kansas Bankers Surety (en la fiesta de cumpleaños de una sobrina), H. H. Brown (John Loomis, jugando al golf con Frank Rooney), XTRA (Julian Robertson), TTI (John Roach, parece que surgió la amistad con Justin), MidAmerican (Walter Scott Jr.).

634. A iniciativa de Berkshire: Scott Fetzer (escribió al consejero delegado en medio de un concurso de adquisición menguante), Jordan's Furniture (implícitamente, con peticiones de Blumkins, Bill Child y Melvyn Wolff), Johns Manville (anunció el colapso de un acuerdo de compra y Berkshire intervino para formular otro que terminó materializándose) y Fruit of the Loom (a la que se hizo una oferta de compra en medio de su proceso de quiebra).

635. El origen de algunas operaciones también emana de extraños, caso de CORT (cuando un conocido envió un fax), FlightSafety (cuando un accionista de ambas compañías escribió a Robert Denham) o Justin (cuando se remitió a Berkshire un fax con una propuesta de coinversión).

636. Marmon Group («se hizo de la forma que Jay habría querido [...], con el precio y utilizando sólo los estados financieros de Marmon, sin asesores ni

la que quiere hacer negocios en poco tiempo, a menudo en menos de un minuto.[637] Llega a acuerdos sin apenas demora, a veces en la llamada telefónica inicial,[638] a menudo en reuniones de menos de dos horas.[639] Invariablemente, los acuerdos se cierran «rápidamente»,[640] con «prontitud»,[641] cerrando los acuerdos «pronto»[642] o «antes de que pase mucho tiempo»,[643] en franjas que a menudo no exceden una semana.[644]

Los contratos se formalizan rápidamente, en el plazo de una semana, diez días o un mes.[645] Las operaciones, incluidas las de gran envergadura, que implican miles de millones de dólares, suelen cerrarse en el plazo de un mes desde el contacto inicial.[646] Incluso en el caso de las adquisiciones de empresas cotizadas, Berkshire se mueve mucho más rápido que la media. Algunos ejemplos de ello son la compra de MidAmerican Ener-

---

trámites quisquillosos»), Fechheimer (sin necesidad de visitar la sede de Cincinnati) o Borsheim (sin el proceso de diligencia debida).

637. The Pampered Chef («tardé unos diez segundos en decidirme»), FlightSafety («en unos 60 segundos lo tuve claro») y MiTek («me llevó sólo un minuto darme cuenta»).

638. Ben Bridge (Ed Bridge llamó a Buffett).

639. Larson-Juhl («en 90 minutos llegamos a un acuerdo»), Star Furniture («llegamos a un acuerdo en una única sesión de dos horas»), McLane («una única reunión de unas dos horas»), TTI («nos reunimos por la mañana» y «llegamos a un acuerdo antes de comer»).

640. NetJets («hicimos rápidamente un trato de 725 millones de dólares»), CORT («la compramos rápidamente»).

641. The Pampered Chef («pronto hicimos un trato»).

642. Jordan's Furniture («pronto firmamos un acuerdo»), Justin («poco después [de la reunión], compramos Justin por 570 millones de dólares en efectivo»), Clayton («poco después»), Richline («pronto hicimos un trato»).

643. MiTek («hicimos una oferta en efectivo [...] y en poco tiempo llegamos a un acuerdo»), Kansas Bankers Surety («en poco tiempo llegamos a un acuerdo»), Business Wire (se llegó a un acuerdo «en poco tiempo»).

644. Forest River (oferta realizada el 22 de junio; acuerdo alcanzado el 28 de junio).

645. Johns Manville («una semana después firmamos el contrato»), Larson-Juhl («en diez días habíamos firmado la operación»), FlightSafety («un mes después teníamos un acuerdo»).

646. McLane («20 días después, Walmart tenía su dinero»).

gy, que se cerró en dos breves reuniones, la adquisición de Shaw Industries, que se abordó en junio y se firmó en agosto, o la operación de Benjamin Moore, que comenzó en julio y se cerró con su compra en diciembre.

Es habitual *regatear* el precio en este tipo de negociación. Los vendedores piden un precio que no esperan obtener y los compradores hacen una oferta a la baja. Algunas personas disfrutan de ese *toma y daca*. Muchas creen, de hecho, que ésa es la forma más económica de producir valor. En cambio, Buffett considera que estos ejercicios son una pérdida de tiempo. Quiere un precio único al que ambas partes puedan decir que sí o, de lo contrario, retirarse de la mesa de negociación. Su oferta es la oferta. Cuando te da una oferta, tienes lo que la mayoría de la gente clasifica como el «mejor precio», la «oferta final» o la «oferta más alta». Buffett fija un precio al que Berkshire tiene claro que está dispuesto a comprar, y a ese precio se atiene. En algunos casos, el vendedor ha contestado a Buffett para pedirle un precio más alto, pero en todos esos casos la respuesta fue «no».[647]

647. Los siguientes resúmenes se basan en los archivos SEC de las respectivas transacciones: Benjamin Moore (Berkshire ofreció precio; sin respuesta); BNSF (Berkshire ofreció precio; el vendedor pidió más; Berkshire dijo que no); Clayton Homes (Berkshire ofreció precio; la junta directiva pidió más; Berkshire dijo que no); CTB (Berkshire ofreció precio, que en realidad bajó un 25 por ciento por los honorarios del asesor; Berkshire dijo que eso era todo lo que podía ofrecer); Dairy Queen (Berkshire ofreció precio y no hubo más discusión); Fruit of the Loom (Berkshire planteó una única oferta en el marco del proceso de quiebra, al final del proceso de subasta, y se hizo con la compañía); Garan (el vendedor buscó precio por encima de 60 dólares; Berkshire ofreció dicho precio y eso fue todo); Gen Re (Buffett propuso la ecuación de canje y Gen Re aceptó); Johns Manville (Berkshire ofreció el precio; el consejo intentó obtener más; Berkshire dijo que no); Justin (Berkshire ofreció su precio; otro licitador abandonó la puja y no hubo más discusiones); Lubrizol (Berkshire ofreció el precio; el vendedor intentó conseguir más; Berkshire dijo que no); Shaw Industries (Berkshire ofreció el precio; el consejo/banquero pidió más; Berkshire dijo que ése era el mejor precio que podían ofrecer); XTRA (Berkshire ofreció 59 dólares; el vendedor preguntó si ésa era su mejor oferta; Berkshire dijo que sí).

En el caso de las adquisiciones de empresas cotizadas, sólo hubo dos excepciones a esta dinámica. En ambos casos, el vendedor respondió a la oferta pi-

Las filiales de Berkshire tienen una amplia práctica en el campo de las adquisiciones y los experimentados ejecutivos que sucedan a Buffett aportarán su propio estilo y sus habilidades a estos procesos, pero esas hipotéticas desviaciones de estilo o de procedimiento no socavarán la cultura de Berkshire. Algunos, como los ejecutivos de Marmon, siguen claramente la práctica de Buffett, especialmente en lo que se refiere a actuar de forma oportunista y dejar que los vendedores den el primer paso. Otros, como los de Lubrizol y MiTek, definen un objetivo estratégico y buscan objetivos. Sus sucesores pueden beneficiarse de un enfoque más cercano al de Buffett que al de sus rivales en el mercado de adquisiciones, pero hagan lo que hagan, el mayor reto será resistir la tentación de emular a Buffett.

A principios de la primera década de este siglo, antes de que Fruit of the Loom adquiriera Russell Corporation, dicha compañía firmó importantes acuerdos de licencia para producir ropa deportiva adornada con logotipos y marcas populares. Firmó contratos con decenas de universidades estadounidenses y un gran contrato con la Asociación Nacional de Baloncesto (la NBA). El problema era que los productos con los logotipos de Russell bajo licencia se fabricaban en fábricas de China y Honduras que incurrían en conductas censurables. En China, los productos de la empresa se fabricaban en talleres donde se apre-

---

diendo un precio mayor y obtuvo una oferta más alta. No obstante, en cada una de estas dos operaciones, Buffett y Berkshire tenían socios inversores en la transacción y fueron ellos los que estuvieron dispuestos a entrar en el juego de los regateos. En uno de los casos se trataba de Heinz, una adquisición en la que Berkshire es socio al 50 por ciento junto con 3G Capital. Los compradores ofrecieron 70 dólares por acción, Heinz pidió más, y ambos socios subieron y cerraron el trato en 72,50 dólares. El otro caso fue el de MidAmerican Energy, que más tarde pasó a llamarse Berkshire Hathaway Energy. En dicha operación, Berkshire contó con la participación de Walter Scott y David Sokol. La oferta era de 34,60 dólares, pero los vendedores consiguieron que los compradores pasaran primero a 35 dólares y finalmente a 35,05 dólares. Si Buffett y Berkshire hubieran negociado solos, no habrían cedido.

ciaban condiciones de explotación que violaban los estándares laborales y los principios centrales de los derechos humanos. En Honduras, directivos de la empresa cerraron la planta de fabricación y echaron a los trabajadores a la calle como represalia ante los intentos de formar un sindicato representativo que defendiese los derechos de estos asalariados.

Esta mala conducta atrajo la atención de activistas estadounidenses, incluido un grupo de estudiantes universitarios que exigieron que las universidades que habían firmado aquellos contratos rescindieran los acuerdos que concedían la licencia de explotar su logo o su marca. En 2009, un antiguo empleado de las instalaciones de la empresa en Honduras tomó la palabra en la asamblea anual de Berkshire, denunció las condiciones de trabajo y exigió una respuesta. Las actividades operativas de Russell contrastaban con los principios de integridad y la buena reputación de Berkshire. Nada más tener conocimiento de estos problemas, Fruit of the Loom se aseguró de corregirlos.

Este episodio pone de relieve los retos a los que se enfrentará el sucesor de Buffett a la hora de supervisar un abanico de operaciones tan amplio. Ilustra claramente el lado negativo de la descentralización corporativa. Cuando se trata de posibles violaciones de la política o la legislación de la empresa por parte de las filiales, la información debe llegar inmediatamente a la sede central de Berkshire, pero el marco existente es informal y se basa en gran medida en el mandato que Buffett envía a los directores de las filiales para que informen con rapidez de las malas noticias que puedan ir surgiendo. En el contexto distintivo de la cultura de Berkshire, impregnada de integridad, este enfoque puede ser satisfactorio. Y para preservar y cultivar un espíritu de autonomía, es esencial responder a esa exigencia de comunicar con celeridad cualquier circunstancia negativa.

Con todo, muchos dan a Berkshire un pase en ciertos asuntos debido a la popularidad del de Omaha. Su eventual ausencia eliminará ese beneficio de la duda que hoy permite capear mejor algunas situaciones difíciles. Los sucesores tendrán que garantizar tanto la continuidad como la fiabilidad de la empresa y sus procesos. Las sorpresas negativas podrían dar lugar a cambios más radicales y menos deseables. Berkshire no quiere tener que contener una controversia, sino ponerse al frente de ella y resolverla. El episodio vivido con Russell es tanto la excepción a la norma en la operativa de la corporación como una razón para considerar cómo abordar la cuestión de la supervisión de las filiales.

Aunque Berkshire ha recibido elogios por ejercer un buen papel como empresa,[648] sus críticos se quejan de la ausencia de informes que expliquen el desempeño del conglomerado en temas como la responsabilidad social y la sostenibilidad.[649] Muchas filiales, entre ellas Brooks, Johns Manville, Lubrizol y Shaw, están a la vanguardia en esos temas. Se han unido a la élite de las empresas mundiales en su práctica de emitir declaraciones formales de responsabilidad y sostenibilidad, o informes auditados sobre el tratamiento corporativo de distintas partes interesadas, especialmente los trabajadores nacionales y extranjeros, así como de su desempeño en lo referido al medioambiente.

Berkshire es una empresa inusual, en el sentido de que su estructura no se presta a la publicación de un informe corporativo formal en el nivel de la empresa matriz. Además, el número y tamaño de las filiales de Berkshire puede ocultar algunos de sus esfuerzos internos de medición e información. Los críticos instan a adoptar políticas consolidadas, incluida una declaración conglomerada de responsabilidad o algún tipo de carta general referida a cuestiones de sostenibilidad. Esto podría interferir indebidamente con la autonomía de las filiales al establecer una política uniforme, pero un informe consolidado podría tener la virtud de resultar valioso para poner de relieve las diversas for-

648. Por ejemplo, el Center for Corporate Citizenship Corporate Reputation and Social Responsibility del Boston College publicó el ranking de las empresas estadounidenses más respetadas en el año 2008. La publicación situó a Berkshire en el noveno puesto de un total de 203 empresas analizadas a partir de los datos de una encuesta realizada a 20.000 personas.

649. Elaine Cohen, «Warren Buffett on sustainability: Not», *CSR-Reporting*, 12 de junio de 2010. Disponible en: <http://csr-reporting.blogspot.com/2010/06/warren-buffett-on-sustainability-not.html>.

mas en que las filiales de Berkshire conducen su gestión y se adhieren de forma continuada a tales estándares.

Shaw Industries, por ejemplo, condujo al sector de las alfombras a un reconocimiento renovado de su responsabilidad en la protección del medioambiente y el desarrollo sostenible.[650] Durante la década de 1990, la gente empezó a darse cuenta de los costes medioambientales derivados de utilizar fibras artificiales no biodegradables para fabricar alfombras. Como reacción, Shaw empezó a promover programas de reciclaje de alfombras. Optó por producir hilo sintético a partir de plásticos reciclados, por ejemplo de botellas de refresco, y desarrolló un material de soporte de poliolefina que reducía a la mitad el uso de materias primas.

McLane adopta una «iniciativa de ventaja ecológica» para gestionar su flota de camiones, que abastecen a los supermercados de Estados Unidos.[651] Esta iniciativa hace hincapié en la reducción del impacto medioambiental y el aumento de la eficiencia operativa. Entre otras medidas, ha mejorado el consumo de gasolina reduciendo la velocidad de sus camiones en carretera o reciclando miles de litros de agua empleados para lavar los productos. Asimismo, McLane se gastó 7 millones de dólares en instalar una iluminación más eficiente en sus centros de distribución e invirtió 100 millones en tecnologías de programación automatizada para planificar los envíos de los camiones, reduciendo el coste y el impacto de su flota.[652]

Acme Brick fabrica un producto ecológico, como son los ladrillos de arcilla terrosa.[653] Estos ladrillos proporcionan un aislamiento eficiente, reduciendo así el uso de otros materiales y los costes energéticos de su construcción. Desde su fundación en 1891, Acme ha construido distintas fábricas cerca de los destinos

650. Patton, *Shaw Industries...*, *op. cit.*, p. 180.

651. Ver la web corporativa de McLane: <https://www.mclaneco.com/about/community/sustainability/>.

652. Ver: «Top green providers», *Food Logistics*, 1 de junio de 2013.

653. Ver la web corporativa de Acme Brick: <http://www.brick.com/homebuyer/sustainability.htm>.

de distribución, una idea codificada en los actuales protocolos de diseño medioambiental, que definen un radio de 800 kilómetros.[654] El reciclaje incorpora arcilla y serrín de desecho al ladrillo. Los programas de recuperación crean humedales para la vida salvaje y plantan bosques enteros en antiguos lugares de producción. Acme Brick ha ganado numerosos premios del sector por su gestión medioambiental.[655]

En lo referente a los trabajadores, Brooks, como muchos fabricantes de ropa, calzado y equipamiento deportivo, recuerda la furia que rodeó a Nike, Inc. a finales de la década de 1990 y principios de los años 2000, cuando los clientes se enteraron de las prácticas laborales abusivas en sus fábricas asiáticas. Fueron muchos quienes boicotearon los productos Nike como protesta, de modo que la empresa reformó sus prácticas. Muchos factores contribuyeron a las transgresiones de Nike, incluida la incesante presión de los costes en sus mercados competitivos. El precio del calzado deportivo disminuyó rápidamente a finales de la década de 1990 y principios de la de los 2000, de modo que Nike acabó optando por buscar las formas más baratas de fabricar calzado, lo que incluía el recurso a prácticas laborales inhumanas.[656]

Brooks evitó este atolladero gracias a un modelo de negocio centrado en una marca *premium* vendida a precios *premium*, un equipamiento pensado para el corredor serio y una apuesta por vender zapatillas más caras en tiendas especializadas. En su sector, Brooks no es un productor de bajo coste, de modo que sus fábricas de producción en el extranjero no son fábricas de bajo coste. Como explicó Jim Weber, consejero delegado de la compañía, en una entrevista para este libro, sus clientes valoran la apuesta de la empresa por ese comportamiento responsable.[657]

654. Ver, por ejemplo: U. S. Green Building Council, Leadership in Energy and Environmental Design (LEED) Rating Systems. Disponible en: <http://www.usgbc.org/leed/rating-systems>.

655. Ver: «Lean and green», *Ceramic Industry*, 1 de agosto de 2009.

656. Vogel, *The market for virtue...*, *op. cit.*, pp. 77-78 y pp. 93-94.

657. Jim Weber, entrevista telefónica con el autor el 11 de octubre de 2013.

Conservar la autonomía de las filiales en Berkshire es importante, tanto por una cuestión cultural como porque las necesidades de las empresas varían mucho. Por ejemplo, las empresas de joyería se centran en la extracción ética de minerales; las de muebles para el hogar, en la preservación de los bosques; las de transporte, en la reducción del uso de combustible y de las emisiones; y las de energía, en centrarse en el despliegue de fuentes renovables. Para algunas empresas, la prioridad se centra en las operaciones internas, mientras que otras se fijan en la cadena de suministro. Para algunas otras, la preocupación es la seguridad de los empleados, mientras que otras atienden a un tipo de cliente concreto. Al mismo tiempo, para Berkshire, como grupo, puede ser valioso recopilar y dar a conocer los resultados.

Es probable que la necesidad de sistemas de control interno y de informes consolidados vaya aumentando a medida que Berkshire se expanda en el ámbito internacional. Algunas filiales cuentan con importantes operaciones mundiales, especialmente ISCAR/IMC, así como Gen Re, Lubrizol y MiTek. Otras tienen importantes operaciones en el extranjero, como Berkshire Hathaway Energy, CTB, Dairy Queen, Flight Safety, Justin y Larson-Juhl. La mayoría de las empresas tienen al menos algunas operaciones en Canadá y México, caso de Benjamin Moore, Fruit of the Loom, Johns Manville y el Marmon Group, mientras que otras empresas manufactureras poseen o gestionan instalaciones en Asia, por ejemplo, Brooks y TTI. Sin embargo, hasta su adquisición de ISCAR/IMC, iniciada en 2006 y completada en 2013, Berkshire sólo había comprado empresas estadounidenses.

La globalización invitará a ampliar el universo de adquisiciones de la corporación. El momento puede ser propicio, ya que la acumulación y el flujo de riqueza familiar intergeneracional que se produjo en Estados Unidos durante las primeras décadas de funcionamiento de Berkshire se está repitiendo en Asia y América Latina. Pero al globalizarse, se intensificará la necesidad de un control interno más centralizado y de producir más informes sobre la actividad del conglomerado.

Un último reto de gestión es reconocer que, incluso si todos los rasgos de Berkshire son deseables, los valores entrarán inevitablemente en conflicto. En una ocasión, Fechheimer cerró su planta de Cincinnati, donde había operado durante más de un siglo, y se trasladó a San Antonio, donde los costes eran más bajos. ¿Cómo deben equilibrar los directivos el ahorro de costes con el impacto en la comunidad? ¿Deben tomar la decisión los directivos de Berkshire o los de Fechheimer?

¿Cómo deben evaluar los directivos de Clayton Homes o MiTek una adquisición que automáticamente provocará el cierre de fábricas o el despido de trabajadores? Berkshire evita incurrir en adquisiciones hostiles, pero da autonomía a sus filiales. Entonces, ¿qué debe ocurrir si una filial propone una oferta hostil, como hicieron ocasionalmente los Pritzker en el Marmon Group o como hizo David Sokol varias veces mientras desarrollaba MidAmerican Energy antes de que Berkshire la adquiriera?

De igual modo, supongamos que surge un conflicto entre la expansión empresarial y una estructura financiera modesta. Por ejemplo, ¿cuál es el nivel prudente de deuda que se puede llegar a aceptar para financiar la expansión de la flota principal de NetJets? ¿Cuál es el número adecuado de simuladores de vuelo que deben comprarse para aumentar la cuota de mercado de FlightSafety? O para Shaw Industries, ¿qué es más importante, el valor de la autonomía en una organización descentralizada o el ahorro de costes que supone una integración vertical combinada con una supervisión más centralizada?

La cultura de Berkshire nos ofrece orientación sobre las compensaciones que se dan dentro de su propio sistema de valores. Los directivos tienen autoridad sobre todas las decisiones, excepto sobre las que afectan a la reputación de Berkshire o a la asignación de capital. Así pues, los ejecutivos de la compañía de Buffett tienen rienda suelta para actuar, pero siempre basando tal arreglo en el consentimiento informado y la confianza ganada. De igual modo, las infracciones justifican la revocación de tal autonomía, y entre las represalias esperables se debe incluir la destitución de los directores ejecutivos. Berkshire es implacable en cuestiones de ética.

En resumen: todas las cuestiones anteriores son cosa de los gestores en primera instancia, y están sujetas a la revocación por parte de Berkshire cuando se rompan las premisas sobre las que descansa la prerrogativa de autonomía. Esto revela el significado último de la «orientación al propietario» en Berkshire. Como explicó el director ejecutivo de Lubrizol, James Hambrick, en una entrevista para este libro, ni él ni sus colegas tienen contratos de trabajo. Todos sirven a las órdenes de Berkshire, y todos responden ante ella.[658]

Los más escépticos en torno a la cuestión de la durabilidad de Berkshire señalan el caso de Teledyne, Inc., un conglomerado iniciado en 1960 por el doctor Henry E. Singleton,[659] que construyó la compañía mediante la adquisición de decenas de empresas diversas, inicialmente concentradas en las ciencias. Con el tiempo, amplió la baraja para incluir también otro tipo de firmas, por ejemplo, algunas dedicadas a fabricar productos de consumo, servicios de finanzas o seguros.[660] Singleton y sus coejecutivos eran gestores prácticos, muy activos en el establecimiento de la estrategia empresarial y el despliegue de tácticas para sus filiales. Su perspicacia demostró ser valiosa a la hora de producir impresionantes resultados de forma periódica.

Irónicamente, estos directivos eran tan valiosos que se convirtieron en indispensables para la organización. En los años posteriores a la jubilación de Singleton en 1989, la compañía se reconfiguró enormemente. Primero redujo su tamaño mediante escisiones y desinversiones. Después, en 1996, acometió una fu-

658. James L. Hambrick, entrevista telefónica con el autor el 20 de diciembre de 2013.

659. Douglas A. Kass, un célebre inversor y escéptico en relación con Berkshire, planteó este tipo de preguntas a Buffett en la reunión anual de Berkshire Hathaway de 2013. Ver: Sorkin, «For Buffett...», art. cit.

660. Para un relato sobre Teledyne y Singleton firmado por el número 2 de este último, ver: George A. Roberts (junto a Robert J. McVicker), *Distant force: A memoir of the Teledyne Corporation and the man who created it*, Teledyne Corporation, Estados Unidos, 2007.

sión con Allegheny Ludlum Corporation.[661] Ya en 1999, Allegheny Ludlum escindió dos de sus empresas, una de productos de consumo y otra dedicada principalmente a la electrónica y el sector aeroespacial. Esta última, que es la actual Teledyne Technologies, Inc., creció mediante adquisiciones bajo la dirección de Robert Mehrabian, antiguo presidente de la Universidad Carnegie Mellon. Aunque gestiona negocios científicos y tecnológicos que no son muy distintos de los de la Teledyne original, la empresa es totalmente diferente.[662]

La cultura de Berkshire es tan diferente de la de la antigua Teledyne que un desarrollo así parece poco probable. Berkshire está totalmente descentralizada y sus directivos gozan de gran autonomía. Todas las decisiones operativas (empleados, almacenes, fabricación, aprovisionamiento, marketing, distribución, precios, etcétera) son tomadas por los administradores de las respectivas filiales. No hay reuniones en la sede, ni ejercicios de presupuestación o de planificación. Tampoco hay burocracia corporativa.

Los directivos de Berkshire, emprendedores por naturaleza, están facultados para ampliar su foso corporativo como consideren oportuno. La cultura descentralizada de Berkshire y su dilatado horizonte temporal no son idiosincrasias propias de su actual presidente, sino características inherentes a sus operaciones. La centralización de Singleton en Teledyne hacía que él fuera esencial. En cambio, por la descentralización de Berkshire, Buffett no es tan relevante para la viabilidad del conglomerado.

Otra comparación relevante pasaría por fijarnos en el desempeño de la General Electric Company, un gran conglomerado de escala similar a Berkshire. Thomas A. Edison cofundó General Electric (GE) en 1892, al fusionar su empresa eléctrica, que tenía 14 años de bagaje, con otras dos mercantiles. La cultura de la GE actual debe mucho aún a los valores y el liderazgo de Edison, especialmente a su espíritu como inventor. Asimismo, la GE de hoy refleja la impronta de John F. (*Jack*) Welch, célebre presi-

661. Ibídem, pp. 249-250.

662. Simon M. Lorne, directivo de Teledyne, en correspondencia digital con el autor. E-mail remitido el 3 de enero de 2014.

dente de GE entre 1981 y 2001, quien anunció que la compañía sólo permanecería en aquellos negocios en los que fuera el primer o, a lo sumo, el segundo operador de referencia. Afirmó al respecto que todas las demás empresas del grupo se cerrarían o venderían. Este imperativo transmitió un objetivo de *supervivencia del más apto*, contribuyendo a una cultura corporativa enormemente competitiva. En ese mundo en que *los unos se comen a los otros*, solamente el más hábil sobrevivía. Los que no estaban a la altura pasaban al basurero de la historia de GE.

Buffett ha inculcado en Berkshire una cultura muy diferente. Sin embargo, este modelo probablemente será más duradero. La forma de actuar de Berkshire consiste en tomar decisiones de adquisición una sola vez, en el momento en que decide si comprar o no una compañía. Busca empresas de rentabilidad probada, con una gestión excelente y buenos rendimientos sobre el capital no apalancado. Sin embargo, una vez formaliza la adquisición, la idea de cerrar o vender una empresa es un anatema. El manual del propietario de Berkshire explica lo siguiente:

> Independientemente del precio, no tenemos ningún interés en vender las buenas empresas que posee Berkshire en cartera. También somos reacios a vender negocios más mediocres, siempre que esperemos que generen al menos algo de efectivo y siempre que nos sintamos bien con sus directivos y con las relaciones laborales establecidas. Esperamos no repetir los errores de asignación de capital que nos condujeron a adquirir empresas deficientes, y reaccionamos con gran cautela ante la perspectiva de que nuestros negocios más deficientes puedan recuperar una rentabilidad satisfactoria a base de desembolsar grandes inversiones de capital. No obstante, el modelo de gestión basado en descartar a cada paso el negocio menos prometedor no encaja dentro de nuestro estilo. Preferimos que nuestros resultados globales se vean un poco penalizados antes que incurrir en ese tipo de comportamiento.[663]

663. Buffett, «An owner's...», art. cit.

En Berkshire, los problemas pueden surgir si falla el modelo de adquisiciones, si la gestión no intervencionista muestra su cara más problemática y si una estructura descentralizada que elude el control estricto y evita los informes no financieros consolidados termina siendo un obstáculo. Para ayudar a la durabilidad de Berkshire, tiene sentido recordar estos retos, convivir con ellos cuando esté justificado y traerlos a colación y enmendarlos cuando sea prudente hacerlo. Por otro lado, aquellas personas ajenas a la corporación que se sientan atraídas por su modelo deberían adaptarlo a sus necesidades, en vez de imitarlo ciegamente, como se analizará en el último capítulo.

16

B • E • R • K • S • H • I • R • E

Desde 2000 hasta 2009, la lista de los mayores donantes que figuran anualmente en los registros del *Chronicle of Philanthropy* ha incluido el nombre de Lorry I. Lokey.[664] Se trata del fundador de Business Wire, una empresa que Berkshire adquirió en 2005 por 600 millones de dólares. Natural de Portland, Oregón, y licenciado por la Universidad Stanford, Lokey destina sus donaciones a instituciones de educación superior como la Universidad Estatal de Portland, la Universidad Stanford o la Universidad de Oregón. Las donaciones totales de Lokey en el momento de la adquisición de Berkshire ascendían a 160 millones de dólares. Desde entonces, el monto total que ha aportado a causas filantrópicas ha superado los 400 millones.[665]

Tras servir en el Ejército en la Segunda Guerra Mundial, Lokey fue redactor del periódico *Pacific Stars & Stripes*. Se especializó en periodismo en Stanford, donde editaba el periódico de la universidad. Posteriormente, trabajó para la agencia United

664. Ver: «Notice, online discussion next week: What motivates top donors», *Chronicle of Philanthropy*, 23 de enero de 2009.

665. Ver: «Lokey gives UO largest gift: $74.5M», *Portland Business Journal*, 1 de octubre de 2007.

Press, ahora United Press International, así como para varios periódicos y empresas de relaciones públicas.

En 1961, Lokey fundó Business Wire como propietario único, operando en una oficina alquilada de apenas 3 × 4 metros de tamaño. Empezó en San Francisco, con siete clientes.[666] El negocio se centraba en distribuir comunicados de prensa que algunas empresas deseaban remitir a los medios de comunicación y otros canales. Lokey aumentó el número de clientes a 22 en apenas cuatro meses. En aquella época, la principal tarea del personal era mecanografiar la información recibida de los clientes por teléfono. En pocos años, Lokey abrió nuevas oficinas en Boston y Seattle.

En 1979, Lokey publicó un anuncio en un periódico de San Francisco. Contrató a Cathy Baron Tamraz, una trabajadora de 25 años que se graduó en Filología Inglesa. Tamraz escuchaba los dictados que le hacían Lokey o sus clientes por teléfono y, a continuación, editaba los comunicados de prensa que remitía y distribuía entre los medios. En 1980, cuando Lokey abrió una oficina en Nueva York, Tamraz encabezó el proyecto. Era nativa de Long Island, donde incluso trabajó como taxista durante un verano.

En los 30 años siguientes, Lokey, Tamraz y una plantilla de varios cientos de personas hicieron crecer Business Wire, que llegó a tener 30 oficinas repartidas por todo el mundo y consiguió generar unos ingresos superiores a 100 millones de dólares. En la era de internet, Business Wire se adaptó rápidamente y supo explotar las nuevas tecnologías disponibles. En pleno auge de la globalización, fue muy ágil a la hora de extender su franquicia por todo el mundo, empezando por Europa y siguiendo por Asia. Hoy en día cuenta con más de 25.000 clientes, para los que difunde comunicados de prensa en 150 países.

En noviembre de 2005, Tamraz escribió a Buffett una carta explicándole por qué creía que Business Wire y Berkshire encajarían bien. El siguiente pasaje resulta de gran interés:

666. Linder, *The women...*, *op. cit.*, pp. 97-101.

> Conducimos el barco con cautela y prudencia y evitamos incurrir en gastos innecesarios. Aquí no hay secretarias ni distintos niveles de gestión. Lo que sí hacemos es invertir mucho dinero para obtener una ventaja tecnológica y seguir sacando adelante nuestro negocio.[667]

En diciembre de 2005, Lokey nombró a Tamraz presidenta y directora ejecutiva y, en enero de 2006, Berkshire acordó comprar Business Wire. Éstas fueron las palabras de Buffett tras la adquisición:

> La historia de Lokey, como la de muchos empresarios que han elegido Berkshire como hogar permanente para el proyecto al que han dedicado su vida, es un buen ejemplo de lo que puede ocurrir cuando se produce una convergencia en torno a una buena idea, una persona con talento y mucho trabajo duro.[668]

Las páginas de este libro están repletas de historias de emprendedores de éxito, todos ellos ahorradores, serios y reputados. ¿Qué lecciones pueden extraer otros sobre Berkshire y sus filiales?

Las características distintivas de Berkshire están hechas a medida para sus circunstancias especiales. La corporación cuenta con un accionariado atípico que disfruta del carácter distintivo de la empresa. Un rasgo universal de los directivos de Berkshire y del personal de las filiales descrito en este libro es su convicción de que la cultura corporativa es importante. A partir del ejemplo de la compañía, se pueden adaptar valores específicos de forma rentable. Berkshire ofrece lecciones que aprender en varias áreas.

El secreto de la corporación para gestionar una organización grande y compleja es administrar con parquedad, interfiriendo lo menos posible. Berkshire parece gozar de buena salud, como pue-

667. Ibídem, p. 112. Berkshire Hathaway, Inc., *2005 Annual Report*, «Carta del presidente».

668. Ibídem.

de concluir cualquiera que contemple su historial de resultados excepcionalmente satisfactorios. Por tanto, podría ser un modelo de gestión empresarial digno de estudio. Sin embargo, los resultados de dicho estudio podrían sorprendernos. Uno no encontrará materiales de referencia, como tutoriales sobre organigramas, revisiones presupuestarias, presentaciones, reuniones con clientes, presentación de ofertas, gestión de recursos humanos, análisis del valor actual u otros elementos básicos de las escuelas de negocios. Berkshire no utiliza ninguna de esas herramientas.

En lugar de las típicas lecciones propias de un libro de texto, las historias de las filiales de Berkshire se centran en algunos aspectos más fundamentales. El primero de ellos es la austeridad, sobre todo a través del tipo de minimización de costes que subyace en el modelo de negocio de firmas como GEICO o las tiendas de muebles y joyería incorporadas en Berkshire, todas ellas empresas donde los precios bajos multiplican el volumen de facturación y los beneficios. Una implicación relacionada con todo esto es la de evitar incurrir en un endeudamiento costoso. Ben Bridge experimentó los peligros del apalancamiento durante la Gran Depresión y su sabia aversión a este tipo de operaciones ha perdurado en su cadena de joyerías, que ya está en la quinta generación de gestión familiar. Otras filiales de Berkshire aprendieron la lección en un punto más tardío de su periplo empresarial, como ocurrió, por ejemplo, en el momento en que Bill Child heredó RC Willey y tuvo que corregir algunos excesos derivados de la gestión de su despilfarrador suegro. Asimismo, los excesos de las compras apalancadas llevaron a la quiebra a Fruit of the Loom en la década de 1980, generando problemas similares para Forest River u Oriental Trading en tiempos más recientes.

Reinvertir los beneficios en negocios prometedores es un bastión central de la cultura de Berkshire, que impulsa las adquisiciones tanto como matriz como en la operativa de sus filiales. Esto puede ayudar a estimular a una mano de obra complaciente, como hizo James Hambrick en Lubrizol. También contribuye a construir una empresa a través de un constante proceso de agregación de nuevas filiales, como hace MiTek. Asimismo, puede servir para convertirse en una de las principales fuerzas del sector, como ilustra el caso de Berkshire Hathaway Energy. Pero al mismo tiempo, es importante no aportar capital a empresas que no generen grandes beneficios, caso de *The Buffalo News* o See's Candies. Es importante comprometerse con la permanencia, pero también hay que saber cuándo retirarse, como hizo Buffett al cerrar las fábricas de la firma original de Berkshire Hathaway en los años ochenta o en el momento de echar el cerrojo de las plantas de fabricación de Dexter, dos décadas después.

Fomentar el espíritu emprendedor también puede dar grandes frutos, como demuestran las múltiples fuentes de ingresos que Clayton Homes llegó a crear en torno al negocio de las viviendas prefabricadas. Su historia es similar a la de la marca de botas vaqueras y ladrillos del tenaz John Justin Jr. o a la de Garanimals de Garan. También es vital tomar en cuenta en qué medida la creación de industrias totalmente nuevas puede ayudar a llenar un vacío en el mercado, como vimos al repasar el papel de FlightSafety en la formación de aviadores o al estudiar el modelo de propiedad fraccionada de aviones de NetJets. Vale la pena animar a las pequeñas empresas a crecer y expandirse paso a paso, aunque sea de forma fortuita, ya que la acumulación de logros individuales aparentemente pequeños puede dar lugar a grandes compañías, como ilustran las numerosas historias de éxito que condujeron a la construcción de Dairy Queen. También tiene sentido dejar que la energía empresarial impulse el crecimiento a través de la geografía de los productos existentes, como hizo McLane cuando llenó Estados Unidos de centros de distribución de sus comestibles.

Pero también es importante saber ceñirse a lo que uno hace mejor, como ha hecho BNSF Railway desde hace un siglo y medio, y como ilustran otras filiales de Berkshire que han incurrido en desviaciones que resultaron equivocadas y dañinas. Un ejemplo es el de GEICO cuando ofreció tarjetas de crédito a sus clientes de seguros. También ocurrió algo parecido cuando Shaw Industries intentó inútilmente comercializar alfombras y competir con sus clientes minoristas. Hay que aprender de estos y otros errores, como la peligrosa suscripción de Gen Re o la miopía potencialmente mortal que exhibió Johns Manville ante los peligros del amianto.

Otro punto importante es la autonomía ofrecida a los compañeros de equipo, que es más probable que prosperen con ella, como han demostrado los distribuidores de pinturas Benjamin Moore, los directores de división de Clayton Homes, los franquiciados de Dairy Queen, los distribuidores de producto de Scott Fetzer o los asesores de The Pampered Chef. Al mismo tiempo, hay que guardarse siempre las espaldas, como hizo Berkshire cuando respaldó a los consultores de The Pampered Chef para evitar boicots a sus productos o cuando apoyó a los distribuidores de Benjamin Moore a pesar de los desafíos económicos que se habían presentado. Eso sí: no hay que permitir que nadie dañe la reputación de la empresa, de modo que el ejemplo de Buffett debe invitar a cualquier observador interesado a ser implacable con cualquier directivo que opte por andar en arenas movedizas.

En el caso de las empresas familiares, hay que abordar los complejos retos inherentes a un esquema de ese tipo fomentando valores como la identidad y la importancia de proteger el legado familiar. Las empresas familiares vendidas a Berkshire (See's, Fechheimer, Jordan's, Nebraska Furniture Mart, Star Furniture, RC Willey, Helzberg Diamonds, Ben Bridge...) cuentan con culturas sólidas que probablemente habrían sostenido su operativa en pie sin necesidad de incorporarse a Berkshire. Con todo, la venta al conglomerado de Buffett reforzó esa longevidad y añadió flexibilidad a sus operativas, algo muy necesario a medida que las familias crecían y los intereses se complicaban.

Ganar dinero, mucho dinero, pero sin perder de vista el largo plazo es otro elemento central del modelo de Berkshire. Fijémonos en lo que le ocurrió a Brooks, la empresa de zapatillas para correr. Luchó durante décadas con las limitaciones propias de los continuos cambios de propietarios que vino experimentando y prosperó al fin cuando pudo adoptar un horizonte temporal de 50 años bajo un paraguas estable. Es importante gestionar proyectos sabiendo que la gente valora los intangibles, especialmente la promesa de permanencia, que efectivamente ha demostrado ser un aspecto vital en numerosas adquisiciones de Berkshire que se formalizaron con pagos inferiores al valor empresarial. Así sucedió con la mayoría de las empresas familiares, así como con todas las firmas adquiridas tras una quiebra (como Fruit of the Loom y Johns Manville) y también con otras compras, como Dairy Queen o NetJets.

Por encima de todo, es importante hacer hincapié en la integridad, que se confirma como el elemento central de muchas de las historias de inversión de Berkshire. Lo vemos en la forma en que Clayton Homes vela por sus clientes, en la manera en que NICO ofrece férreas promesas de seguro en situaciones complejas o en la manera en que personas como el propio Warren Buffett o los Pritzker del Marmon Group han hecho de su palabra una garantía.

Mucha gente está interesada en imitar a Berkshire. Sueñan con crear conglomerados a su imagen y semejanza, del mismo modo que los típicos literatos quieren escribir la próxima gran novela. Es poco probable que puedan reproducir su éxito a la misma escala o con los mismos resultados, pero la creación de Berkshires más pequeñas puede reportar muchas recompensas. Hay bastantes ejemplos de ello en las mismas filiales del conglomerado, como vemos en los casos de Berkshire Hathaway Energy, MiTek, el Marmon Group o Scott Fetzer. Asimismo, algunas empresas han adaptado conscientemente el modelo de Berkshire para diseñar su operativa.

Un ejemplo destacado de esto último es el de Markel Corporation, una empresa de tercera generación originaria de Richmond, Virginia, que cuenta con profundas y duraderas raíces en el campo de los seguros. Además de ser un inversor relevante en Berkshire desde 1990, esta compañía cotizada y de tamaño milmillonario gestiona una impresionante cartera de inversiones. Además, desde 2005, ha adquirido una docena de empresas y operaciones. Sus filiales se dedican a una amplia gama de actividades (fabricación, consumo, atención sanitaria, servicios empresariales, servicios financieros...) y han sido adquiridas con arreglo a un sistema de valores que se asemeja mucho al de Berkshire.[669] De esos rasgos en común, el de ofrecer un «capital permanente» es quizá el más relevante.

669. Thomas S. Gayner (Markel Corporation), en conversación telefónica con el autor mantenida el 13 de febrero de 2014.

Adaptando el modelo de Berkshire, Markel y otros han creado una ventaja competitiva sobre sus rivales en el mercado de adquisiciones, como las empresas de capital riesgo o los operadores especializados en compras apalancadas. Su ventaja se deriva de que estas empresas utilizan su propio capital corporativo para invertir, mientras que los rivales emplean dinero apostado por otros que, además, esperan recuperar dicho capital y obtener ganancias en períodos muy cortos. Así, las empresas de capital riesgo trabajan a corto plazo por diseño, ya que crean fondos con una vida de diez años, los primeros cinco «para sembrar» y los cinco siguientes «para recoger».

De igual modo, los inversores quieren empezar a cosechar ganancias desde el sexto año como partícipes. Los defensores de estos modelos empresariales han explicado sus virtudes, que provienen de características como la disciplina y la experiencia.[670] Tanto Berkshire como las empresas integradas en el conglomerado compiten ofreciendo autonomía, permanencia y otros valiosos beneficios no monetarios.

Para las empresas cotizadas, el valor más importante que pueden importar de Berkshire es su perspectiva de largo plazo. Bajo la vigilancia constante de analistas y accionistas activistas que acosan al equipo gestor para sujetarlo a su desempeño durante el último trimestre, los directivos se enfrentan con una intensa presión para obtener resultados a corto plazo.

Sin embargo, los beneficios a largo plazo derivados de pasar por alto algunos contratiempos del corto plazo se van acumulando con el tiempo. Invertir en una reputación de seriedad a largo plazo, y obtener resultados en períodos de entre cinco y diez años, puede ser un valioso logro para una empresa cotizada.

670. Ver, por ejemplo: David Carey y John E. Morris, *King of capital: The remarkable rise, fall, and rise again of Steve Schwarman and Blackstone*, Crown Business, Estados Unidos, 2010. Para una mirada crítica, ver: Eileen Appelbaum y Rosemary Batt, *Private equity at work*, Russell Sage Foundation, Estados Unidos, 2014.

Buffett suele bromear diciendo que su trabajo es tan maravilloso que va a la oficina bailando claqué. Alguna que otra vez le gusta soltar un simpático dicho de Ronald Reagan: «Dicen que el trabajo duro nunca ha matado a nadie, pero yo pienso que es mejor no arriesgarse...». Sin embargo, sean cuales fueren las condiciones bajo las que trabaja Buffett, no cabe duda de que aquellos que ocupan funciones de gestión en los despachos de sus filiales lidian a menudo con circunstancias agotadoras. Construir y mantener el tipo de las empresas que hemos analizado exige mucho de los fundadores y líderes de dichas compañías, lo que a menudo tiene un coste personal. Hemos visto cómo varios líderes subrayan la importancia del equilibrio entre lo laboral y lo familiar, que fue de hecho el motivo explícito por el cual Doris Christopher creó The Pampered Chef, un proyecto con el que quería compaginar la carrera profesional con la vida familiar. También fue éste el caso cuando Barnett Helzberg Jr. redujo su carga de trabajo después de que su hijo de 7 años criticara inocentemente su aparente tendencia a la adicción al trabajo.

Rose Blumkin era sin duda una adicta al trabajo. Aparte de su familia, su vida consistía enteramente en dirigir Nebraska Furniture Mart. Era, además, una empresa familiar, de modo que muchos de sus familiares también estaban involucrados en su actividad laboral. Por eso apenas había separación entre familia y negocio. Su tienda era su vida y pasaba en ella la mayor parte de su tiempo. Ya entrada en años, reconoció el coste de haber actuado así: «Ahora vivo sola. Por eso trabajo. Odio volver a casa. Trabajo para evitar irme a la tumba».[671] Muchos se maravillan ante semejante resistencia y algunos la consideran digna de emulación, pero una mayoría diría seguramente que la vida es mucho más que trabajar, por muy gratificante que pueda ser el esfuerzo.

En sus memorias, Jim Clayton celebra su exitosa carrera, pero también destaca lo que supuso pasar por tres matrimonios distintos.[672] Los vástagos heredan tanto las ventajas como los

671. Kilpatrick, *Of permanent...*, *op. cit.*, p. 423.

672. Clayton y Retherford, *First a dream*, *op. cit.*, p. 76, pp. 211-212, p. 228 y p. 285.

males de las empresas familiares, lo cual a menudo implica que las relaciones personales se complican y que las expectativas se vuelven más confusas, circunstancias que pueden incluso empujar a algunas personas al abuso del alcohol, el juego adictivo u otros mecanismos negativos con los que intentar sobrellevar una situación adversa. Esto es lo que le ocurrió a Terry Watanabe, de la segunda generación de propietarios-gerentes de Oriental Trading, que en 2007 acumuló pérdidas de 127 millones de dólares en los casinos de Las Vegas, erosionando notablemente su fortuna personal.[673] Harry See adoptó el enfoque opuesto, manteniéndose totalmente al margen del negocio familiar del chocolate y optando por centrarse en el cuidado de su viñedo.

Randy Watson, director ejecutivo de Justin Brands, ofrece un sabio consejo al respecto: «Trabajar duro es bueno. Pero, por favor, si tienes hijos, asiste a todos sus eventos... Puedes trabajar 30 o incluso 50 años en una empresa, pero tus hijos sólo pasan una vez por el primer curso».[674] Marla Gottschalk, ex directora ejecutiva de The Pampered Chef, hizo suyo el lema «trabaja duro, juega duro» y se hizo eco del consejo de Watson, señalando que tal máxima debe mantenerse en el tiempo: «Después del trabajo, voy a apoyar a mis hijas en sus entrenamientos de natación».[675]

Con Lorry Lokey como catalizador, otros miembros de Berkshire se han convertido también en generosos benefactores y filántropos. Otro ejemplo extraordinario es el programa iniciado por el fundador de FlightSafety, el difunto Al Ueltshci. Su objetivo era acabar con la ceguera. Creó un hospital oftalmológico móvil llamado ORBIS International para ofrecer cirugía que ayudase a salvar la vista de personas que lidiaban con circunstancias muy delicadas. Además, desplegó programas orientados a brin-

673. Ver: Alexandra Berzon, «The gambler who blew $127 million», *The Wall Street Journal*, 5 de diciembre de 2009.

674. Chan, *Behind the Berkshire...*, *op. cit.*, pp. 35-36.

675. Ibídem, p. 119.

dar formación a cirujanos de todo el mundo. Junto a su hijo James, trató de erradicar la ceguera provocada por las cataratas en países en vías de desarrollo. Para ello adaptó los conocimientos que adquirió en FlightSafety para crear dispositivos de simulación con los que formar a cirujanos oftalmológicos que de esta forma pudieron atender a los afectados en comunidades locales repartidas por todo el globo.

Un tercer ejemplo notable del espíritu filantrópico que también se observa en Berkshire es el de Jeffrey Comment, que durante mucho tiempo fue director ejecutivo de Helzberg Diamonds. Durante muchos años, Comment visitaba en Navidad distintos hospitales infantiles de Estados Unidos vestido de Papá Noel. Su propósito era compartir un poco de alegría con niños que estaban gravemente enfermos. En sus conmovedoras memorias sobre dicha actividad, Comment explica que su inspiración era la maravillosa sensación de inocente esperanza que veía en aquellos niños.[676]

Clientes, trabajadores y otras personas contribuyen a los esfuerzos filantrópicos de las filiales de Berkshire. Los miles de franquiciados de Dairy Queen, por ejemplo, prestan un apoyo económico a la red de hospitales de Children's Miracle Network (CMN).[677] Desde 1984 han donado más de 100 millones de dólares, lo que convierte a Dairy Queen en una de las pocas empresas de su *founders circle* [círculo de fundadores].[678] Los fondos proceden del cambio que dejan los clientes, los eventos celebrados en las tiendas o la venta de *miracle balloons* [globos milagrosos]. Desde 1986, los empleados de McLane han recaudado más de 65 millones de dólares para los hospitales CMN, lo que la sitúa en el selecto grupo de empresas que son consideradas «socias» de esta iniciativa.[679]

676. Jeffrey W. Comment, *Santa's gift: True stories of courage, humor, hope & love*, Wiley, Estados Unidos, 2002.

677. Otis, *The cone...*, *op. cit.*, p. 129 y p. 152.

678. Children's Miracle Network Hospitals. Disponible en: <http://childrensmiraclenetworkhospitals.org/Partners/Sponsors>.

679. Ibídem; Kahler y Hampton, *McLane Company...*, *op. cit.*, p. 35 y p. 49.

Los intereses filantrópicos de los ejecutivos de las filiales de Berkshire son tan variados como diverso es el grupo. John Justin Jr. era un apasionado de la cultura propia del Oeste de Estados Unidos y del mundo del rodeo. En 1988, aportó 3,4 millones de dólares para ayudar a construir el Will Rogers Equestrian Center en Fort Worth, Texas, cuyo coste total fue de 17,4 millones de dólares.[680] Justin Jr. apoyó también la creación de un programa de medicina deportiva para las National Finals del rodeo. Uno de sus componentes es el Justin Cowboy Crisis Fund, un fondo que ofrece ayuda financiera a profesionales lesionados durante el ejercicio del rodeo, así como a sus familias.[681]

Otro tejano, Drayton McLane Jr., gerente de tercera generación de la empresa familiar mayorista y distribuidora de comestibles, es un generoso benefactor de la Universidad de Baylor.[682] Entre sus donaciones figuran 48 campanas de bronce fundido izadas en la torre del edificio administrativo central de la universidad.

Bill Child, de Utah, que construyó RC Willey junto con su familia, se sintió atraído por la perspectiva de donar millones a los Servicios para Indios Americanos y a la financiación de becas para nativos estadounidenses. Al igual que McLane y otros constructores de Berkshire, Child también apoyó la educación superior, haciendo grandes donaciones a la Universidad de Utah, así como a la Universidad Brigham Young, la Universidad Estatal de Dixie y la Universidad Estatal de Weber. En 2003, los Child donaron 3 millones de dólares al Centro de Urgencias William H. y Patricia W. Child del hospital de la Universidad de Utah.

Harold Alfond, fundador de Dexter en Nueva Inglaterra, destinó gran parte de sus 3.000 millones de dólares de patrimonio neto a financiar universidades, becas y centros comunitarios en Maine y Massachusetts. Sus donaciones financiaron proyectos de construcción en el Boston College, la Universidad de Maine y la Universidad de Massachusetts, a menudo con la condición

680. Farman, *Standard of the West...*, *op. cit.*, p. 190 y pp. 216-221.
681. Ibídem, p. 227.
682. Kahler y Hampton, *McLane Company...*, *op. cit.*, p. 35.

de que dichas instalaciones se compartieran también con los vecinos de las comunidades vecinas.[683]

La filantropía implica donar dinero y tiempo. Ed Bridge, por ejemplo, es miembro del consejo y expresidente de Jewelers for Children, una organización sin ánimo de lucro constituida en 1999 por el sector de la joyería. Hasta 2013, recaudó más de 43 millones de dólares a beneficio de niños víctimas de enfermedades graves, abusos y abandono.[684] Por otro lado, Stan Lipsey, director durante muchos años de *The Buffalo News*, recaudó 14 millones de dólares para restaurar el complejo Darwin Martin House de 1907 de Búfalo, diseñado por Frank Lloyd Wright.

En el ámbito artístico, Shirley y Barnett Helzberg Jr. han donado millones al Kaufman Center for the Performing Arts de Kansas City, centro al que dieron el nombre de Helzberg Hall, así como al zoo de Kansas City. Jim Clayton, natural de Tennessee y amante del arte, donó 5 millones de dólares al Museo de Arte de Knoxville para la construcción de un nuevo edificio, en la que supuso la mayor donación a las artes en la historia del estado. Clayton también donó un millón de dólares para construir un centro de partos en el hospital donde nacieron sus hijos.[685]

El de la familia Pritzker es un caso excepcional, tanto por su riqueza como por su filantropía. Una docena de miembros de la familia tienen un patrimonio neto superior a 1.000 millones de dólares, lo que los sitúa en los primeros puestos de la lista Forbes 400. Sus miembros han financiado numerosas academias, centros, galerías, institutos, premios y escuelas en su Chicago natal, pero también en lugares tan lejanos como Camboya. Entre ellos, destacan las galerías del Instituto de Arte de Chicago, la Facultad de Medicina de la Universidad de Chicago, un programa de investigación jurídica de la Universidad del Noroeste o un centro de ingeniería en el Instituto de Tecnología de Illinois.

683. Ver: Richard Pérez-Peña, «Harold Alfond, donor and shoe factory owner, dies at 93», *The New York Times*, 17 de noviembre de 2007.

684. Jewelers for Children. Junta de la organización disponible en: <https://jewelersforchildren.org/about-us/our-board/>.

685. Clayton y Retherford, *First a dream*, *op. cit.*, pp. 263-267.

Charlie Munger ha donado cientos de millones de dólares a diversas causas, a menudo en forma de acciones de Berkshire. Entre sus principales beneficiarios, destacan la Universidad de Michigan (a la que en una ocasión realizó una donación de 110 millones de dólares), la Universidad Stanford (a la que ha aportado 43 millones de dólares) o la Universidad Harvard. Sus donaciones incluyen también una cátedra de negocios en la Facultad de Derecho de la Universidad Stanford, el ala del Centro de Investigación Munger de la Biblioteca Huntington de San Marino, en California, o el Centro de Ciencias Munger de la Escuela Harvard-Westlake, un colegio preparatorio de Los Ángeles donde han estudiado muchos de sus descendientes.

Buffett, por su parte, ha decidido donar todo su patrimonio a obras benéficas, canalizando parte importante de estas aportaciones a través de la Fundación Bill y Melinda Gates y de una serie de fundaciones organizadas por sus propios hijos. Se trata de un movimiento poco habitual en la historia de la filantropía empresarial. A lo largo de la historia, otros magnates han dejado un legado que llevará su nombre a la perpetuidad, sea a través de fundaciones o de escuelas. Además de Munger y Pritzker, podemos rescatar los casos de Carnegie, Ford, Kellogg o Rockefeller. Aunque todo el camino recorrido por Buffett es característicamente inusual, nos habla de una aspiración muy extendida. Al final, la mayoría de nosotros deseamos dejar una huella en el mundo, algo duradero que nos trascienda. Pues bien, el legado de Buffett no se mide, en última instancia, en dinero, sino que cobra vida a través de Berkshire, sus valores, su gente y sus empresas.

Buffett ha comentado a menudo que en el juego del póker se dice que, si te has unido a una partida pero aún no sabes quién es el «primo», entonces *tú* eres el primo. Los rasgos que caracterizan la cultura de Berkshire conforman la base de la confianza. Es razonable confiar en empresas y directivos que se van a preocupar por ser austeros y mantenerse dentro del presupuesto, como también es razonable confiar en ejecutivos serios, reputados, afines y emprendedores. No intervenir y conceder autonomía es un acto de fe basado en la confianza. Sin embargo, no es un acto de fe ciega, o no tiene por qué serlo, siempre que aquel en el que se confía sepa realmente sobre los asuntos encomendados. Esto, a su vez, implica simplicidad, es decir, escenarios empresariales que resultan básicos y fáciles de entender.

Para neutralizar el riesgo de ser el «primo», hay que apostar por negocios sencillos y básicos, con los que ambas partes puedan estar encantadas para siempre. Formalizada esta situación, llega el momento de colaborar con miembros del grupo que valoren dichos rasgos. Se trata de una receta prometedora para el éxito. Funcionó para Berkshire en el pasado y debería seguir haciéndolo en el futuro. De hecho, también puede funcionar bien para otras organizaciones. Los valores subyacentes al modelo pueden adaptarse fácilmente. Y, en última instancia, hay que recordar siempre que *hay valor en los valores.*

Epílogo

La historia de Warren Buffett es *sui generis*. Además, no hay otra empresa como Berkshire Hathaway. Se trata de un modelo que no puede reproducirse, al igual que su líder no puede ser sustituido. Pero gracias a que se ha infundido al negocio un conjunto de valores trascendentes, la compañía podrá sobrevivir a su líder. Como de costumbre, las palabras de Warren son acertadas: «La cultura tan especial que tiene Berkshire está tan profundamente arraigada en nuestras filiales que sus operaciones no perderán el ritmo cuando yo muera».[686] Todos esperamos que el famoso camión tarde una década o más en llegar, y sin duda lamentaremos su llegada cuando lo haga. Sin embargo, tal y como bromeó el propio Buffett en la conferencia de 1997, en la que presentamos *Los ensayos*, el eventual «accidente» no será tan malo para el resto de nosotros como lo será para él...

He examinado Berkshire y sus filiales para ofrecer una imagen de la cultura corporativa del grupo. Sus empresas están imbuidas de valores venerables: el ahorro en los seguros para automóviles de GEICO; la integridad en las casas prefabricadas de Clayton; la honorabilidad en las pinturas de Benjamin Moore... Hemos conocido empresas familiares, pertenecientes a los Blum-

686. Buffett, «An owner's...», art. cit.

kin, los Bridge o los Child. Hemos conocido a empresarios como Al Ueltschi, de FlightSafety, Richard Santulli, de NetJets, o John Justin Jr. y su empresa familiar de botas, así como los muchos empresarios que dieron forma al proyecto de Dairy Queen. Hemos estudiado compañías que operan con una enorme autonomía, como The Pampered Chef o las divisiones de Scott Fetzer. Hemos identificado a inversores hábiles que hacen crecer las empresas reinvirtiendo en proyectos de expansión y en adquisiciones, caso de Berkshire Hathaway Energy, Lubrizol, McLane y MiTek. Hemos visto también los casos de distintas empresas centradas en lo más básico y ceñidas a esa labor en la que descansa su especialización, como Burlington Northern Santa Fe, Fruit of the Loom o Shaw Industries.

Lo que hemos aprendido estudiando el funcionamiento de todas estas filiales es la existencia de una serie de valores compartidos, más allá del elevado número dc compañías de las que hablamos y de la gran diversidad entre ellas. En última instancia, las anteriores páginas nos convierten en testigos de la perspectiva común de permanencia que tienen todas estas compañías, muchas de las cuales habían enfrentado las dificultades propias de otras formas de propiedad ligadas a adquisiciones apalancadas, firmas de capital privado o capital riesgo, etcétera. Como pudimos ver, hay precedentes suficientes para creer que incluso una empresa tan vasta y descentralizada puede perdurar en el tiempo cuando sus fundadores ya no estén, como con el caso del Marmon Group, que sigue adelante tras la partida de los emblemáticos hermanos Pritzker.

Buffett tiene un don para seleccionar gestores sobresalientes. Su historial es imperfecto, pero sus resultados promedio le hacen merecedor de entrar en el Salón de la Fama. Su instinto para discernir las cualidades humanas intangibles es poco común y, sin él, Berkshire puede resentirse. El propio Buffett observó una vez que ningún alto ejecutivo había dejado Berkshire para irse a una empresa competidora, a pesar de las lucrativas ofertas y las jugosas remuneraciones que podrían lograr haciendo lo mismo. Sin embargo, el liderazgo de Buffett motiva y retiene a sus talentosos directivos, haciendo que se sientan orgullosos de formar parte de la empresa. Éste es otro rasgo que podría esfumarse tras su fallecimiento. La negativa de Buffett a imitar, y su firmeza en adquisiciones que se realizan sin la revisión de nadie más, se basan asimismo en cualidades muy personales, como una capacidad de lectura diaria gigantesca o una memoria prodigiosa. Es probable que el valor incalculable de estos rasgos no perdure tras su muerte.

Por tanto, en el Berkshire que seguirá al adiós de Buffett, lo normal es esperar que se produzcan deslices. Puede que los mejores acuerdos dejen de presentarse a las puertas de Berkshire, que las ofertas de compra de la corporación no se muevan en términos tan amables como hasta ahora, que las negociaciones resulten menos favorables, que el cribado sea menos útil y redunde en la compra de negocios más mediocres o directivos más decepcionantes... Si los grandes negocios no aparecen o los grandes gestores no llegan, la rentabilidad será menor, pero, a falta de alguna perturbación extraordinaria, las rentabilidades no causarán tanta frustración como para justificar el desmembramiento de Berkshire o algún otro tipo de cambio radical en la compañía. Su diseño para la sostenibilidad es mucho más poderoso que eso.

El campechano comportamiento de Buffett, su sensibilidad por las empresas del Medio Oeste de Estados Unidos, sus técnicas de negociación y su estilo de escritura son inimitables. Los acuerdos de Berkshire se gestionarán de forma diferente, las cartas a los accionistas tendrán un tono distinto y las reuniones anuales resultarán extrañas, pero Berkshire siempre adquirirá nuevos negocios, los curiosos seguirán estudiando las cartas anuales a los accionistas de la corporación y los partícipes seguirán acudiendo en masa a las juntas anuales.

Conforme la nueva guardia empiece a dirigir la evolución de Berkshire más allá de Buffett, su nuevo rumbo se irá configurando y la empresa no volverá a ser la misma. Sin embargo, los valores fundamentales que la definen han demostrado ofrecer un valor sostenible único. Es difícil imaginar un Berkshire sin Buffett, pero parece más sensato creer en Berkshire más allá de Buffett. Es una institución que trasciende al hombre. Ése será su legado.

Agradecimientos

Gracias a Warren E. Buffett por su apoyo a este proyecto y por brindarme un tema tan fascinante sobre el que escribir. Con su característica generosidad, dio luz verde para que sus colegas de Berkshire Hathaway me ayudaran con la investigación, corrigiendo algunos errores del manuscrito original y dándome también su permiso para usar los logotipos corporativos de Berkshire en la portada del libro. Le sigo debiendo mi agradecimiento por permitirme publicar *The essays of Warren Buffett: Lessons for corporate America*, así como por participar en el simposio de 1997 dedicado a dicho libro, en el que presenté una selección de sus mejores cartas a los accionistas de Berkshire.

En el simposio de 1997, Buffett me presentó a otros miembros internos de Berkshire que me brindaron su apoyo para elaborar este libro. Howard G. Buffett, su hijo, es director de Berkshire desde 1993 y, probablemente, se convertirá en un futuro en el presidente del consejo de empresa. Ajit Jain, ejecutivo de seguros en Berkshire desde 1985, ha sido mencionado de manera recurrente como un sucesor potencial en la dirección ejecutiva. Carol Loomis, de *Fortune*, se ha encargado de editar las cartas de Buffett a los accionistas de Berkshire desde 1973. Charles T. Munger, director y vicepresidente de Berkshire desde 1978, me instó a destacar la estrecha conexión entre la autonomía y la permanencia.

Por sus extensos y perspicaces comentarios sobre el manuscrito, que mejoraron considerablemente el texto, quiero trasladar mi agradecimiento a distintas personas. Es el caso de George R. Gillespie III, asesor y confidente de Buffett desde 1973, cuando ambos comenzaron a servir como directores en juntas corporativas. También quiero referirme a Donald E. Graham, colega de Buffett desde 1974, cuando ambos se unieron a la junta de The Washington Post Company, la empresa familiar de Graham, que ha sido parte significativa del accionariado de Berkshire desde hace muchos años. Asimismo, quiero transmitir mi agradecimiento a Simon M. Lorne, de Millennium Management, antiguo socio de larga trayectoria en Munger, Tolles & Olson, el principal bufete de abogados de Berkshire.

A continuación presento una lista de directivos, actuales o pasados, de distintas empresas propiedad de Berkshire. Todos ellos me brindaron su ayuda a través de entrevistas que dan vida al libro, completando mis encuestas gerenciales sobre la cultura de Berkshire y proporcionando otro tipo de aportaciones. Es el caso de Paul E. Andrews Jr. (TTI), Ed Bridge (Ben Bridge Jewelers), William C. Child (RC Willey, ahora jubilado), Doris Christopher (The Pampered Chef), Kevin T. Clayton (Clayton Homes), Tracy Britt Cool (vinculado con varias empresas del grupo), James L. Hambrick (Lubrizol), Thomas J. Manenti (MiTek), Franklin *Tad* Montross (Gen Re), John W. Mooty (expresidente y accionista importante en Dairy Queen), Robert H. Mundheim (exdirector de Benjamin Moore), Olza M. *Tony* Nicely (GEICO), Mary K. Rhinehart (Johns Manville), Richard Roob (Benjamin Moore, ahora jubilado), W. Grady Rosier (McLane), Richard T. Santulli (NetJets, ahora jubilado), Michael Searles (Benjamin Moore), Kelly Smith (The Pampered Chef), Drew Van Pelt (Larson-Juhl), Jim Weber (Brooks) y Bruce N. Whitman (FlightSafety).

Estoy agradecido, asimismo, a los cientos de accionistas de Berkshire que me ayudaron contestando a mis encuestas de accionistas: Charles Akre, J. Jeffrey Auxier, Christopher M. Begg, Arthur D. Clarke, Robert W. Deaton, Jean-Marie Eveillard, Thomas S. Gayner, Timothy E. Hartch, Andrew Kilpatrick, Paul Lountzis, Blaine Lourd, Nell Minow, Mohnish Pabrai, Larry Sarbit, Guy Spier, Kenneth H. Shubin Stein y Timothy P. Vick. Agradezco también a Buck Hartzell y The Motley Fool por haberme ayudado a administrar algunas de las encuestas, a Robert P. Miles por organizar mi conferencia sobre el libro en la Universidad de Nebraska durante el fin de semana de la reunión anual de accionistas de Berkshire Hathaway en 2014 y a John y Oliver Mihaljevic, que no solamente me conectaron con muchos accionistas de Berkshire, sino que, además, revisaron el manuscrito y me permitieron publicar ocasionalmente algunos artículos en su blog para desgranar algunas de las ideas centrales de este libro.

Por sus ideas, críticas y datos de enorme precisión, quiero trasladar mi agradecimiento a Steven Keating y Rodney Lake, que han sido profesores durante muchos años en el curso aplicado de gestión de carteras en la Escuela de Negocios de la Universidad George Washington. Ambos me invitaron a dar una conferencia sobre este libro en el encuentro anual del Ramsey Student Investment Fund. Aprecio también las críticas y sugerencias útiles sobre el manuscrito aportadas por personas como Kelli A. Alces (Universidad del Estado de Florida), Deborah A. DeMott (Universidad de Duke), Prem Jain (Universidad de Georgetown), John Leo (Manhattan Institute), Jennifer Taub (Escuela de Derecho de Vermont), Evan Vanderveer (Vanshap Capital) y David Zaring (Universidad de Pensilvania). Agradezco a Nicholas Stark, bibliotecario e investigador en la Biblioteca de la Universidad George Washington, que me ayudó a localizar distintos documentos, así como a verificar hechos y generar nueva información. Por editar nuevamente un libro de mi autoría, quiero agradecer a Ira Breskin, mi editor *freelance* desde el año 2000. Además, por su minuciosa verificación de los hechos recogidos en el manuscrito, quiero mostrarme especialmente agradecido con tres de mis más excepcionales estudiantes: Lillian Bond, Nathaniel Castellano y Christopher Lee.

Gracias, cómo no, a los amigos y desconocidos que amablemente me ayudaron a resolver algunas de las muchas preguntas que surgen en una obra de este tipo: Scott A. Barshay (Cravath, Swaine & Moore), Jeff Hampton (autor de *McLane*), Carla y Roderick Hills (socios cofundadores de Munger, Tolles & Olson), Janet Lowe (autora de *Damn right*), Peter Rea (autor de *Integrity is a growth market*), Joel Silvey (historiador de vehículos recreativos), Bruce Smith (miembro de la Sociedad Técnica e Histórica del Ferrocarril de Pensilvania), Michael Sorkin (*St. Louis Post-Dispatch*) o Brent St. John (nieto político del fundador de MiTek).

Por su ayuda con innumerables consultas, agradezco a distintas personas que han ocupado el cargo de asistente ejecutivo en Berkshire y otras empresas, caso de Debbie Bosanek y Deb Ray (a las órdenes de Buffett), Debby Hawkins y Griffin B. Weiler (de la oficina de Santulli), Patricia Matson (del gabinete de Murphy), Denise Copeland (Clayton Homes), Doerthe Obert (en el equipo de Munger), Julie Young (Lubrizol), Julie Ring (MiTek) y Linda A. Rucconich (FlightSafety). De mi oficina de trabajo en la Universidad George Washington, agradezco al excelente personal que me ha apoyado, como Bonnie Sullivan, Sara Westfall y Lillian White. En cuanto a mi gabinete en la Escuela de Derecho Cardozo de Nueva York, agradezco a Matthew Diller y Edward Stein por facilitarme tantas cosas, con una mención añadida al sobresaliente personal que me apoyó allí, como Lillian Castanon, Val Myteberi, Sandra Pettit y Josh Vigo.

Mi agradecimiento va a todo el equipo de Columbia University Press, dirigido por Myles C. Thompson, un visionario del mundo editorial cuyos libros he admirado desde hace dos décadas. En este elenco de apoyo incluyo también a la perspicaz editora de desarrollo, Bridget Flannery-McCoy, al eficiente editor asociado, Stephen Wesley, y al meticuloso equipo de producción externo de Cenveo, liderado por Ben Kolstad. Por otro lado, recibí comentarios muy útiles que mejoraron la redacción del libro gracias a las aportaciones del consejo editorial de Columbia University Press y de cinco revisores externos anónimos.

Por último, y por encima de todo, gracias a Stephanie Cuba, mi esposa, una mujer de excelencia infinita. Ella es *mi* editora jefe, mi mejor amiga, el amor de mi vida y el ingrediente secreto de mis éxitos. Tenemos la fortuna de que nuestras dos amadas hijas, Rebecca y Sarah, están cortadas por el mismo patrón. Mi familia merece, pues, mi más profunda gratitud por su extenso y firme apoyo durante un proyecto al que he dedicado incontables horas. Sois mis *estrellas de rock* y este libro va para vosotras.

Apéndice

Berkshire Hathaway es estructuralmente compleja y está muy descentralizada. La matriz es propietaria directa de al menos 50 filiales operativas que poseen, a su vez, un total de al menos 225 filiales, subdivisiones o sucursales. Al mismo tiempo, este último grupo posee al menos otras 200 unidades de negocio. Éstas, a su vez, cuentan con 65 filiales, mientras que otras 12 son propiedad de ese último lote.

En total, la familia empresarial de Berkshire incluye al menos 425 filiales operativas, junto con 75 divisiones, 25 sucursales y 25 unidades. Además de estas entidades, hay al menos otras 50 filiales sin actividad real, así como numerosos proyectos de *joint ventures*, asociaciones de empresas, plantas de fabricación... En total, hablamos de casi 600 unidades de negocio. (A modo de comparación, General Electric tiene aproximadamente 300 unidades de negocio bajo su paraguas.)

La siguiente lista, adaptada principalmente a partir de datos recolectados y cotejados por LexisNexis, se ha elaborado a partir de registros públicos, no de información corporativa. Es poco probable que se trate de un listado completo, puesto que las unidades de negocio pueden crearse internamente, sin que consten en el registro público, y las operaciones internas pueden seguir estructuras diferentes. Con todo, la siguiente lista se aproxima bastante a la amplitud del gran conglomerado empresarial que es Berkshire.

Los números que aparecen a continuación designan los niveles que ocupa cada una de estas compañías en la jerarquía corporativa, con el (1) empleado para identificar a las filiales controladas directamente por Berkshire, el (2) para aludir a la propiedad directa de dicha filial, y así sucesivamente con los números (3), (4) y (5). Asimismo, se anota (F) para las filiales, (S) para las sucursales, (D) para las divisiones y (U) para las unidades de negocio.

La lista está organizada en tres grandes bloques: primero, las grandes compañías de seguros; después, las pequeñas compañías de seguros; y, por último, las empresas no aseguradoras. La negrita se emplea para destacar a aquellas empresas de las que se habla en este libro.

Principales empresas de seguros

(1) **GEICO Corporation** (F), Washington D. C.
(2) GEICO Casualty Company (F), Washington D. C.
(2) GEICO General Insurance Company (F), Chevy Chase, Maryland
(2) GEICO Indemnity company (F), Washington D. C.
(2) Resolute Reinsurance Company (F), Stamford, Connecticut
(3) Resolute Management Corporation (F), Stamford, Connecticut
(1) **General Reinsurance Corporation** (F), Stamford, Connecticut
(2) General Reinsurance Corporation (16 sucursales en Estados Unidos)
(2) General Re Corporation (F), Stamford, Connecticut
(3) Berkshire Hathaway Homestate Insurance Company (F), Omaha, Nebraska
(3) Continental Divide Insurance Company (F), Greenwood Village, Colorado
(3) Gen Re Intermediaries Corporation (F), Stamford, Connecticut

(3) Gen Re Securities Holdings, LLC (F), Nueva York, Nueva York
(4) General Re Financial Products (Japan), Inc. (F), Tokio, Japón
(3) General Star Indemnity Company (F), Stamford, Connecticut
(3) General Star National Insurance Company (F), Stamford, Connecticut
(4) General Cologne Re (F), Stamford, Connecticut
(4) Genesis Underwriting Management Company (F), Stamford, Connecticut
(3) Genesis Indemnity Insurance Company (F), Stamford, Connecticut
(3) Genesis Insurance Company (F), Stamford, Connecticut
(3) Faraday Holdings Limited (F), Londres, Reino Unido
(4) Faraday Reinsurance Company Ltd. (F), Londres, Reino Unido
(4) Faraday Underwriting Limited (F), Londres, Reino Unido
(2) United States Aircraft Insurance Group (F), Nueva York, Nueva York
(2) General Reinsurance AG (D), Colonia, Alemania
(3) General Re Riga SIA (F), Riga, Letonia
(3) General Reinsurance Scandinavia A/S (F), Copenhague, Dinamarca
(3) General Cologne Re Ibérica Corredores de Reaseguros (F), Madrid, España
(3) General Cologne Re Ruckversicherungs-AG (F), Viena, Austria
(2) Gen Re Corporation (F), Dublín, Irlanda
(2) Gen Re México (F), Ciudad de México, México
(2) Gen Re New England Asset Management (F), Farmington, Connecticut
(2) General & Cologne Re (Sur) Compañía de Reaseguros (F), Buenos Aires, Argentina
(2) General Life Re UK Limited (F), Londres, Reino Unido
(2) General Re Beirut (F), Beirut, Líbano
(2) General Re UK Limited (F), Londres, Reino Unido

(2) General Reinsurance Africa Ltd. (F), Ciudad del Cabo, Sudáfrica
(3) General Reinsurance Africa Ltd. (S), Johannesburgo, Sudáfrica
(2) General Reinsurance Australia Ltd. (F), Sídney, Nueva Gales del Sur, Australia
(3) General Re Australia Ltd. (S), Perth, Australia Occidental, Australia
(3) General Re Australia Ltd. (S), Melbourne, Victoria, Australia
(3) General Re Australia Ltd. (S), Auckland, Nueva Zelanda
(2) General Reinsurance Corporation (F), Toronto, Ontario, Canadá
(2) General Reinsurance Life Australia Ltd. (F), Sídney, Nueva Gales del Sur, Australia
(2) General Reinsurance UK Limited (F), Londres, Reino Unido
(1) **National Indemnity Company** (F), Omaha, Nebraska
(2) BH Specialty Insurance (D), Boston, Massachusetts
(2) Clal U. S. Holdings, Inc. (F), Wilkes Barre, Pensilvania
(2) Columbia Insurance Co. (F), Omaha, Nebraska
(3) Hartford Life International Ltd. (F), Weatogue, Connecticut
(2) GUARD Insurance Group, Inc. (F), Wilkes Barre, Pensilvania
(3) InterGUARD, Ltd. (F), Wilkes Barre, Pensilvania
(3) NorGUARD Insurance Company (F), Wilkes Barre, Pensilvania
(2) National Fire & Marine Insurance Company (F), Omaha, Nebraska
(3) NFM of Kansas, Inc. (F), Kansas City, Kansas
(3) Redwood Fire & Casualty Insurance Company, Inc. (F), Omaha, Nebraska
(2) National Indemnity Company of Mid-America (F), Omaha, Nebraska
(2) National Indemnity Company of the South (F), Omaha, Nebraska

(2) National Liability and Fire Insurance Company (F), Omaha, Nebraska

Empresas de seguros de menor tamaño

(1) Applied Underwriters, Inc. (F), Omaha, Nebraska
(1) Boat America Corporation (F), Alexandria, Virginia
(1) California Insurance Company (F), Foster City, California
(1) Central States Indemnity Co. of Omaha (F), Omaha, Nebraska
(1) Cypress Insurance Company (F), San Francisco, California
(1) Kansas Bankers Surety Company (F), Topeka, Kansas
(1) Medical Protective Corporation (F), Fort Wayne, Indiana
(1) Oak River Insurance Company (F), Omaha, Nebraska

Empresas no relacionadas con los seguros

(1) **Acme Brick Company** (F), Fort Worth, Texas
(2) Acme-Ochs Brick and Stone, Inc. (F), Edina, Minnesota
(2) Featherlite Building Products (F), Round Rock, Texas
(2) Jenkins Brick Company, Inc. (F), Montgomery, Alabama
(3) Jenkins Brick Company, Inc. -Attalla (S), Attalla, Alabama
(1) **The Ben Bridge Corporation** (F), Seattle, Washington
(2) Ben Bridge Jeweler, Inc. (F), Seattle, Washington
(1) **Benjamin Moore & Co.** (F), Montvale, Nueva Jersey
(2) Insl-X Products Corp. (F), Montvale, Nueva Jersey
(3) Lenmar Corporation (F), Baltimore, Maryland
(2) Janovic-Plaza, Inc. (F), Long Island City, Nueva York
(2) Benjamin Moore & Co. (U), Pell City, Alabama
(2) Benjamin Moore & Co., Limited (F), Concord, California
(1) **Berkshire Hathaway Energy Co.** (referida también por su nombre original de MidAmerican Energy Holdings Company)
(1) **BH Media Group, Inc.** (F), Omaha, Nebraska (compuesto por al menos 69 periódicos, entre los que figuran los que se citan a continuación)
(2) *Bristol Herald Courier* (U), Bristol, Virginia

(2) *Culpeper Star-Exponent* (U), Culpeper, Virginia
(2) *The Daily Nonpareil* (U), Council Bluffs, Iowa
(2) *The Daily Progress* (U), Charlottesville, Virginia
(2) *Danville Register* (U), Danville, Virginia
(2) *The Dothan Eagle* (U), Dothan, Alabama
(2) *Eden Daily News* (U), Reidsville, Carolina del Norte
(2) *Enterprise Ledger* (U), Enterprise, Alabama
(2) *Greensboro News & Record* (U), Greensboro, Carolina del Norte
(2) *Hickory Daily Record* (U), Hickory, Carolina del Norte
(2) *Morning News* (U), Florence, Carolina del Sur
(2) *The News & Advance* (U), Lynchburg, Virginia
(2) *The News Virginian* (U), Waynesboro, Virginia
(2) *Omaha World-Herald* (U), Omaha, Nebraska
(2) *Opelika-Auburn News* (U), Opelika, Alabama
(2) *The Press of Atlantic City* (U), Atlantic City, Nueva Jersey
(2) *The Reidsville Review* (U), Reidsville, Carolina del Norte
(2) *Richmond Times-Dispatch* (U), Richmond, Virginia
(2) *Roanoke* (U), Roanoke, Virginia
(2) *Tribune Herald* (U), Waco, Texas
(2) *Tulsa World* (U), Tulsa, Oklahoma
(2) *Virginia Business Magazine* (U), Richmond, Virginia
(2) *Winston-Salem Journal* (U), Winston Salem, Carolina del Norte
(1) **Borsheim Jewelry Company, Inc.** (F), Omaha, Nebraska
(1) **Brooks Sports, Inc.** (F), Bothell, Washington
(1) ***The Buffalo News*** (F), Búfalo, Nueva York
(1) **Burlington Northern Santa Fe, LLC** (F), Fort Worth, Texas
(2) BNSF Railway Company (F), Fort Worth, Texas
(3) The Belt Railway Company of Chicago (F), Bedford Park, Illinois
(3) Los Angeles Junction Railway Company (F), Vernon, California
(3) SFP Pipeline Holdings, Inc. (F), Fort Worth, Texas
(3) Central California Traction Company (empresa asociada), Stockton, California

(3) Burlington Northern (Manitoba) Limited (F), Winnipeg, Manitoba, Canadá
(2) FreightWise, Inc. (F), Fort Worth, Texas
(3) BNSF Logistics, LLC (F), Springdale, Arizona
(4) BNSF Logistics International (D), Grapevine, Texas
(4) BNSF Logistics, LLC (D), Versailles, Ohio
(2) Meteor Communications Corporation, Inc. (F), Kent, Washington
(1) **Business Wire, Inc.** (F), San Francisco, California
(1) **Clayton Homes, Inc.** (F), Maryville, Tennessee
(2) CMH Homes, Inc. (F), Maryville, Tennessee
(2) CMH Manufacturing, Inc. (F), Maryville, Tennessee
(2) CMH Parks, Inc. (F), Maryville, Tennessee
(2) Southern Energy Homes, Inc. (F), Addison, Alabama
(3) Cavalier Homes, Inc. (F), Addison, Alabama
(4) Cavalier Home Builders, LLC (F), Addison, Alabama
(4) Cavalier Homes (F), Addison, Alabama
(3) Classic Panel Design, Inc. (F), Hartselle, Alabama
(2) Vanderbilt Mortgage & Finance, Inc. (F), Maryville, Tennessee
(3) Schult Homes Corp. (F), Middlebury, Indiana
(4) Crest Homes Corporation (F), Middlebury, Indiana
(5) Crest Homes Corporation (fábrica), Milton, Pensilvania
(4) Marlette Homes, Inc. (F), Lewistown, Pensilvania
(1) **CTB International Corp.** (F), Milford, Indiana
(2) Chore-Time/Brock International (D), Milford, Indiana
(2) Chore-Time Cage Systems (D), Milford, Indiana
(2) Chore-Time Equipment (D), Milford, Indiana
(2) CTB, Inc. (F), Milford, Indiana
(3) Ironwood Plastics, Inc. (F), Ironwood, Michigan
(3) Shore Sales of Illinois, Inc. (F), Rantoul, Illinois
(3) Meyn Food Processing Technology B.V. (F), Oostzaan, Países Bajos
(4) Meyn America, LLC (F), Ball Ground, Georgia
(2) Fancom B.V. (F), Panningen, Países Bajos
(3) Fancom E.u.r.l. (F), Vitre, Francia
(1) **The Fechheimer Brothers Company** (F), Cincinnati, Ohio

(2) All-Bilt Uniform Corp. (F), Cincinnati, Ohio
(1) **FlightSafety International, Inc.** (F), Flushing, Nueva York
(2) FlightSafety International Courseware Support (D), Hurst, Texas
(2) FlightSafety International Simulation Systems (D), Broken Arrow, Oklahoma
(2) FlightSafety Services Corporation (F), Englewood, Colorado
(2) FlightSafety International (U), Hazelwood, Misuri
(1) **Forest River, Inc.** (F), Elkhart, Indiana
(2) Coachmen Recreational Vehicle Company (D), Middlebury, Indiana
(3) Coachmen Recreational Vehicle Company of Georgia (F), Fitzgerald, Georgia
(3) Pro Designs (F), Elkhart, Indiana
(3) Viking Recreational Vehicles, LLC (F), Centreville, Minnesota
(2) Forest River, Inc. (D), Goshen, Indiana
(1) **Fruit of the Loom, Inc.** (F), Bowling Green, Kentucky
(2) Fruit of the Loom Sports & Licensing (D), Bowling Green, Kentucky
(2) Russell Corporation (F), Bowling Green, Kentucky
(3) Russell Corp. Alexander City (S), Alexander City, Alabama
(3) Jerzees (D), Atlanta, Georgia
(3) Russell Athletic (D), Atlanta, Georgia
(3) Spalding (D), Springfield, Massachusetts
(3) American Athletic, Inc. (F), Jefferson, Iowa
(3) DeSoto Mills, Inc. (F), Bowling Green, Kentucky
(3) Russell Europe Limited (F), Livingston, West Lothian, Reino Unido
(2) Union Underwear Company, Inc. (F), Bowling Green, Kentucky
(2) Vanity Fair Brands, Inc. (F), Alpharetta, Georgia
(3) Vanity Fair Brands-Knitting Plant (fábrica), Jackson, Alabama
(3) Vanity Fair Brands (fábrica), McAllen, Texas

(3) VF Intimates (fábrica), Monroeville, Alabama
(2) Fruit of the Loom de México S.A. de C.V. (F), Ciudad de México, México
(2) Fruit of the Loom Limited (F), Telford, Shropshire, Reino Unido
(1) **Garan, Incorporated** (F), Nueva York, Nueva York
(2) Garan Manufacturing Corp. (F), Starkville, Misisipi
(1) **Helzberg Diamond Shops, Inc.** (F), Kansas City, Misuri
(1) **H. H. Brown Shoe Company, Inc.** (F), Greenwich, Connecticut
(2) Cove Shoe Company (F), Martinsburg, Pensilvania
(2) Dexter Shoe Company (F), Hanover, Massachusetts
(3) Dexter Shoe Company (F), Dexter, Maine
(2) Double H Boot Company (F), Martinsburg, Pensilvania
(2) Sofft Shoe Company, Inc. (F), Andover, Massachusetts
(1) **H. J. Heinz Company** (controlada al 50 por ciento e incorporada al listado en base al método de capital), Pittsburgh, Pensilvania
(2) H. J. Heinz Company, L.P. (F), Pittsburgh, Pensilvania
(3) Heinz North America (D), Pittsburgh, Pensilvania
(4) Alden Merrell Fine Desserts (F), Newburyport, Massachusetts
(4) Escalon Premier Brands (F), Escalon, California
(4) Lea & Perrins, Inc. (F), Fair Lawn, Nueva Jersey
(4) Portion Pac (F), Mason, Ohio
(4) Quality Chef Foods, Inc. (F), Cedar Rapids, Iowa
(4) Todds (F), Irvine, California
(4) Truesoups, LLC (F), Kent, Washington
(3) Alimentos Heinz C.A. (F), Caracas, Venezuela
(3) Cairo Foods Industries SAE (F), Cairo, Egipto
(3) Heinz European Holding B.V. (F), Zeist, Utrecht, Países Bajos
(4) H. J. Heinz B.V. (F), Zeist, Países Bajos
(4) Heinz Ibérica, S.A. (F), Madrid, España
(4) Heinz Italia S.p.A. (F), Milán, Italia
(4) Heinz Polska Sp. (F), Dzialdowo, Polonia
(4) H. J. Heinz Belgium S.A. (F), Turnhout, Bélgica

(4) H. J. Heinz Company Ireland (F), Blackrock, Dublín, Irlanda
(4) H. J. Heinz Company Limited (F), Hayes, Middlesex, Reino Unido
(4) H. J. Heinz Company Limited (F), Hayes, Middlesex, Reino Unido
(5) H. J. Heinz Foodservice (F), Hayes, Middlesex, Reino Unido
(5) H. J. Heinz Frozen & Chilled Foods Limited (F), Grimsby, North East Lincolnshire, Reino Unido
(4) H. J. Heinz France S.A.S. (F), París, Francia
(4) H. J. Heinz GmbH (F), Dusseldorf, Alemania
(4) Kgalagadi Soap Industries (Pty) Ltd. (F), Gaborone, Botsuana
(4) Refined Oil Products (Pty.) Ltd. (F), Gaborone, Botsuana
(3) Heinz-UFE Ltd. (F), Guangzhou, Guangdong, China
(3) Heinz Win Chance Ltd. (F), Samut Prakan, Tailandia
(3) H. J. Heinz Company Australia Ltd. (F), South Melbourne, Victoria, Australia
(4) Heinz-Wattie's Australasia (Unit), Parnell, Hawksby, Nueva Zelanda
(3) H. J. Heinz Co. of Canada Ltd. (F), North York, Ontario, Canadá
(4) Renee's Gourmet Foods, Inc. (F), North York, Ontario, Canadá
(3) Sugalidal-Indústrias de Alimentação, SA (F), Lisboa, Portugal
(2) H. J. Heinz Finance Company (F), Pittsburgh, Pensilvania
(1) **HomeServices of America, Inc.** (F), Mineápolis, Minnesota (compuesta por más de 20.000 agentes a través de numerosas entidades que, de forma creciente, incorporan Berkshire Hathaway en el nombre de su marca, como vemos en los siguientes casos)
(2) Berkshire Hathaway HomeServices Carolinas Realty (F), Charlotte, Carolina del Norte
(2) Berkshire Hathaway HomeServices California Properties

(F), San Diego, California (antes Prudential California Realty)
(2) Berkshire Hathaway HomeServices First Realty (F), West Des Moines, Iowa (antes First Realty/GMAC)
(2) Berkshire Hathaway HomeServices Fox & Roach, Inc. (F), Devon, Pensilvania (antes Prudential Fox & Roach)
(2) Berkshire Hathaway HomeServices Georgia Properties (F), Atlanta, Georgia
(2) Berkshire Hathaway HomeServices New England Properties (F), Wallingford, Connecticut (antes Prudential Connecticut Realty, LLC)
(2) Berkshire Hathaway HomeServices Northwest Real Estate (F), Portland, Oregón
(2) CBSHOME Real Estate (F), Omaha, Nebraska
(2) Champion Realty, Inc. (F), Severna Park, Maryland
(2) Dauphin Realty Corporation (F), Mobile, Alabama
(3) Dauphin Realty of Mobile, Inc. (F), Mobile, Alabama
(2) Edina Realty, Inc. (F), Mineápolis, Minnesota
(3) Edina Realty Title (F), Edina, Minnesota
(3) Edina Realty (F), Baxter, Minnesota
(2) Esslinger-Wooten-Maxwell Realtors, Inc. (F), Coral Gables, Florida
(2) Harry Norman Realtors (F), Atlanta, Georgia
(2) Home Real Estate, Inc. (F), Lincoln, Nebraska
(2) Iowa Realty Co., Inc. (F), West Des Moines, Iowa
(2) Koenig & Strey GMAc Real Estate (F), Skokie, Illinois
(2) Long Realty Company (F), Tucson, Arizona
(2) RealtySouth (F), Birmingham, Alabama
(2) Rector-Hayden Realtors (F), Lexington, Kentucky
(2) Reece & Nichols Realtors (F), Shawnee Mission, Kansas
(2) Semonin Realtors (F), Louisville, Kentucky
(2) Woods Bros Realty, Inc. (F), Lincoln, Nebraska
(1) **International Dairy Queen, Inc.** (F), Mineápolis, Minnesota
(2) American Dairy Queen Corporation (F), Mineápolis, Minnesota
(2) Dairy Queen Corporate Store (F), Mineápolis, Minnesota

(2) Orange Julius of America (F), Mineápolis, Minnesota
(2) Dairy Queen Canada, Inc. (F), Burlington, Ontario, Canadá
(2) I.D.Q. Canada, Inc. (F), Burlington, Ontario, Canadá
(2) Orange Julius Canada Ltd. (F), Burlington, Ontario, Canadá
(1) **IMC International Metalworking Companies B.V.** (F), Gouda, Países Bajos
(2) IMC Group USA Holdings, Inc. (F), Arlington, Texas
(3) Ingersoll Cutting Tool Company (F), Rockford, Illinois
(4) Ingersoll Werkzeuge GmbH (F), Haiger, Alemania
(2) IMC Holdings GmbH (F), Vaihingen, Baden-Wurttemberg, Alemania
(2) Iscar Ltd. (F), Nahariyya, Israel
(3) Iscar Metals, Inc. (F), Bartonsville, Pensilvania
(3) Iscar Alati d.o.o (F), Samobor, Croacia
(3) Iscar Austria GmbH (F), Steyr, Austria
(3) Iscar Benelux s.a. (F), Dilbeek, Bélgica
(3) Iscar Bulgaria Ltd. (F), Kazanlak, Bulgaria
(3) ISCAR CR s.r.o. (F), Plzen, República Checa
(3) ISCAR FINLAND OY (F), Espoo, Finlandia
(3) ISCAR FRANCE SAS (F), Guyancourt, Francia
(3) ISCAR Germany GmbH (F), Ettlingen, Alemania
(3) ISCAR HARTMEALL AG (F), Frauenfeld, Suiza
(3) ISCAR Hungary Kft. (F), Budapest, Nagytarcsa, Hungría
(3) ISCAR Ibérica, S.A. (F), Barcelona, España
(3) ISCAR Italia SRL (F), Arese, Italia
(3) ISCAR Netherlands BV (F), Gouda, Países Bajos
(3) ISCAR Poland Sp. z o.o. (F), Katowice, Polonia
(3) ISCAR Portugal SA (F), Porto, Portugal
(3) ISCAR RUSSIA, LLC (F), Moscú, Rusia
(3) ISCAR Slovenija d.o.o. (F), Trzin, Eslovenia
(3) ISCAR SR, s.r.o. (F), Zilina, Eslovaquia
(3) ISCAR Sverige AB (F), Uppsala, Suecia
(3) ISCAR Tools Ltd. (F), Birmingham, West Midlands, Reino Unido
(3) ISCAR Tools SRL (F), Otopeni, Rumanía

(3) Serbia ISCAR TOOLS d.o.o. (F), Zemun, Serbia
(2) Taegutec Ltd. (F), Taegu, Corea del Sur
(2) Tungaloy Corp. (F), Kawasaki, Japón
(1) **Johns Manville Corporation** (F), Denver, Colorado
(2) Johns Manville (F), Denver, Colorado
(2) Industrial Insulation Group, LLC (empresa asociada), Brunswick, Georgia
(2) Johns Manville Corp. —Engineered Products Waterville (fábrica), Waterville, Ohio
(2) Johns Manville Canada, Inc. —Innisfail (F), Innisfail, Alberta, Canadá
(2) Johns Manville Canada, Inc. (F), Cornwall, Canadá
(2) Johns Manville Eslovaquia (F), Trnava, Eslovaquia
(2) Schuller GmbH (Holding), Wertheim, Alemania
(1) **Jordan's Furniture, Inc.** (F), Avon, Massachusetts
(1) **Justin Brands, Inc.** (F), Fort Worth, Texas
(2) Chippewa Boot Co., Fort Worth, Texas
(2) Highland Shoe Co., Bangor, Maine
(2) Justin Boot Company (fábrica), Cassville, Misuri
(2) Nocona Boot Co., Fort Worth, Texas
(2) Tony Lama Boot Co., Fort Worth, Texas
(1) **Larson-Juhl** (nombre comercial de Albecca, Inc.), (F), Norcross, Georgia
(1) **The Lubrizol Corporation** (F), Wickliffe, Ohio
(2) Chemtool, Inc. (F), Rockton, Illinois
(2) Lubrizol Advanced Materials, Inc. (F), Cleveland, Ohio
(3) Active Organics, Inc. (F), Lewisville, Texas
(3) Noveon Hilton Davis, Inc. (F), Cincinnati, Ohio
(3) Lubrizol Advanced Materials, Inc. —Paso Robles (fábrica), Paso Robles, California
(3) Lubrizol Advanced Materials Asia Pacific Limited (F), Wanchai, China (Hong Kong)
(3) Lubrizol Advanced Materials Europe BVBA (F), Bruselas, Bélgica
(2) Lubrizol Australia (S), Silverwater, Nueva Gales del Sur, Australia
(2) Lubrizol Canada Ltd. (F), Vaughan, Ontario, Canadá

(2) Lubrizol Deutschland GmbH (F), Hamburgo, Alemania
(2) Lubrizol do Brasil Aditivos Ltda. (F), Río de Janeiro, Brasil
(2) Lubrizol Española, S. A. (F), Madrid, España
(3) Merquinsa (F), Montmeló, España
(2) Lubrizol France SAS (F), París, Francia
(2) Lubrizol GmbH (F), Viena, Austria
(2) Lubrizol Italiana, S.p.A. (F), Milán, Italia
(2) Lubrizol Japan Limited (F), Tokio, Japón
(2) Lubrizol Limited (F), Chertsey, Surrey, Reino Unido
(2) Lubrizol Southeast Asia (Pte.) Ltd. (F), Singapur, Singapur
(2) Terminal Industrial Apodaca S.A. de C.V. (compañía asociada), Monterrey, Nuevo León, México
(2) Lubrizol India Pvt. Ltd. (*joint venture*), Mumbai, India
(1) **Marmon Holdings, Inc.** (F), Chicago, Illinois
(2) The Marmon Group, LLC (F), Chicago, Illinois
(3) Marmon Building Wire (D), Chicago, Illinois
(4) Cerro Wire, LLC (F), Hartselle, Alabama
(3) Marmon Crane Services (D), Chicago, Illinois
(4) Sterling Crane (F), Edmonton, Alberta, Canadá
(5) Procrane Engineering (D), Edmonton, Alberta, Canadá
(5) Procrane Sales, Inc. (D), Edmonton, Alberta, Canadá
(5) Sterling Crane —división de contratos (D), Edmonton, Alberta, Canadá
(5) Sterling Crane —división de alquileres (D), Edmonton, Alberta, Canadá
(3) Marmon Distribution Services (D), Chicago, Illinois
(4) Bushwick Metals, Inc. (F), Bridgeport, Connecticut
(5) AZCO Steel Company (D), South Plainfield, Nueva Jersey
(5) Bushwick-Koons Steel (D), Parker Ford, Pensilvania
(5) Tarco Steel, Inc. (D), Binghamton, Nueva York
(4) Future Metals, Inc. (F), Tamarac, Florida
(4) M/K Express Company, Inc. (F), East Butler, Pensilvania
(4) Marmon/Keystone, LLC (F), Butler, Pensilvania
(5) Marmon/Keystone Corporation (F), Butler, Pensilvania
(3) Marmon Engineered Wire & Cable (D), Chicago, Illinois
(4) Cable USA, Inc. (F), Naples, Florida

(4) Dekoron Unitherm, Inc. (F), Cape Coral, Florida
(4) Dekoron Wire & Cable, Inc. (F), Mount Pleasant, Texas
(5) Dekoron Wire & Cable Asia Pte. Ltd. (F), Singapur, Singapur
(4) Harbour Industries, Inc. (F), Shelburne, Vermont
(5) Harbour Industries Canada Ltd. (F), Farnham, Quebec, Canadá
(4) Hendrix Marmon Utility, LLC (F), Milford, New Hampshire
(4) The Kerite Company (F), Seymour, Connecticut
(4) Owl Wire & Cable, Inc. (F), Canastota, Nueva York
(4) RSCC Wire & Cable, LLC (F), East Granby, Connecticut
(5) Rockbestos-Surprenant Cable Corp. (F), East Granby, Connecticut
(3) Marmon Flow Products (D), Chicago, Illinois
(4) Cerro Flow Products, Inc. (F), Sauget, Illinois
(5) Cerro Flow Products, Inc. (fábrica), Shelbina, Misuri
(3) Marmon Food Service Equipment (D), Chicago, Illinois
(4) Prince Castle, Inc. (F), Carol Stream, Illinois
(4) Silver King Refrigeration, Inc. (F), Mineápolis, Minnesota
(4) Unarco Industries, LLC (F), Wagoner, Oklahoma
(4) Catequip, S. A. (F), Bouilly, Francia
(3) Marmon Highway Technologies (D), Birmingham, Alabama
(4) Fleetline Products (F), Springfield, Tennessee
(4) Fontaine International, Inc. (F), Trussville, Alabama
(4) Fontaine Modification Company (F), Charlotte, Carolina del Norte
(4) Fontaine Trailer Company (F), Haleyville, Alabama
(4) Hogebuilt, Inc. (F), Springfield, Tennessee
(4) Marmon-Herrington (F), Louisville, Kentucky
(4) Perfection Clutch (F), Timmonsville, Carolina del Sur
(4) Triangle Suspension Systems, Inc. (F), Du Bois, Pensilvania
(3) Marmon Industrial Products (D), Chicago, Illinois
(4) Atlas Bolt & Screw Company (F), Ashland, Ohio
(4) Cerro Fabricated Products, Inc. (F), Weyers Cave, Virginia

(4) Deerwood Fasteners International (F), Conover, Carolina del Norte
(4) IMpulse NC, Inc. (F), Mount Olive, Carolina del Norte
(5) EMC Traction, S.r.l. (F), Vimodrone, Italia
(4) Koehler-Bright Star, Inc. (F), Wilkes Barre, Pensilvania
(5) Bright Star, Inc. (U), Wilkes Barre, Pensilvania
(5) Koehler Lighting Products (U), Wilkes Barre, Pensilvania
(4) Penn Aluminum International, Inc. (F), Murphysboro, Illinois
(4) Robertson, Inc. (F), Milton, Ontario, Canadá
(5) Specialty Bolt & Stud, Inc. (F), Milton, Ontario, Canadá
(3) Marmon Retail Store Fixtures (D), Chicago, Illinois
(4) L.A. Darling Company, LLC (F), Paragould, Arkansas
(4) Store Opening Solutions, Inc. (F), Murfreesboro, Tennessee
(4) Streater, Inc. (F), Albert Lea, Minnesota
(4) Thorco Industries, Inc. (F), Lamar, Misuri
(4) Ecodyne Limited (F), Burlington, Ontario, Canadá
(4) Eden Industries (UK) Limited (F), Wellingborough, Northants, Reino Unido
(4) Leader Metal Industry Co., Ltd. (F), Zhongshan, Guangdong, China
(4) The Sloane Group (F), Wellingborough, Northamptonshire, Reino Unido
(3) Marmon Transportation Services & Engineered Products (D), Chicago, Illinois
(4) EXSIF Worldwide, Inc. (F), Purchase, Nueva York
(4) Penn Machine Company (F), Johnstown, Pensilvania
(5) Penn Locomotive Gear (D), Blairsville, Pensilvania
(5) Midwest Gear (F), Twinsburg, Ohio
(4) Railserve, Inc. (F), Atlanta, Georgia
(4) Trackmobile, Inc. (F), Lagrange, Georgia
(4) Uni-Form Components Co. (F), Houston, Texas
(4) Union Tank Car Company (F), Chicago, Illinois
(4) Enersul, Inc. (F), Calgary, Alberta, California
(5) Enersul Operations (D), Calgary, Alberta, California
(5) Enersul Technologies (D), Calgary, Alberta, California

(4) Procor Limited (F), Oakville, Ontario, Canadá
(3) Marmon Water Treatment (D), Chicago, Illinois
(4) Amarillo Gear Company, Inc. (F), Amarillo, Texas
(5) Amarillo Wind Machine Company, Inc. (F), Exeter, California
(5) Reductores de México S.A. (F), Santa Catarina, Nuevo León, México
(4) Ecodyne Heat Exchangers, Inc. (F), Houston, Texas
(4) Ecodyne Water Treatment, LLC (F), Naperville, Illinois
(4) EcoWater Systems, LLC (F), Woodbury, Minnesota
(5) Ecowater Canada Ltd. (F), Mississauga, Ontario, Canadá
(4) Graver Technologies, LLC (F), Glasgow, Delaware
(4) Graver Water Systems, LLC (F), New Providence, Nueva Jersey
(3) 3Wire Group, Inc. (F), Osseo, Minnesota
(3) Display Technologies, LLC (F), Lake Success, Nueva York
(3) IMI Cornelius, Inc. (F), Osseo, Minnesota
(4) IMI Cornelius, Inc. —Garner (S), Garner, Iowa
(4) IMI Cornelius, Inc. —Glendale Heights (S), Glendale Heights, Illinois
(4) IMI Cornelius Australia Pty. Ltd. (F), Milperra, Nueva Gales del Sur, Australia
(4) IMI Cornelius de México S. A. de C. V. (F), Ciudad de México, México
(4) IMI Cornelius Deutschland GmbH (F), Langenfeld, Alemania
(4) IMI Cornelius España, S. A. (F), Gavá, España
(4) IMI Cornelius Europe SA (F), Kapellen, Bélgica
(4) IMI Cornelius Hellas SA (F), Atenas, Grecia
(4) IMI Cornelius Italia s.r.l. (F), Merate, Lecco, Italia
(4) IMI Cornelius Österreich GesmbH (F), Viena, Austria
(4) IMI Cornelius (Pacific) Ltd. (F), Tsuen Wan, China (Hong Kong)
(4) IMI Cornelius (Singapur) Pte. Ltd. (F), Singapur, Singapur
(4) IMI Cornelius (Tianjin) Co. Ltd. (F), Tianjin, China
(4) IMI Cornelius Ukraine, LLC (F), Kharkiv, Ucrania

(4) IMI Cornelius (UK) Ltd. (F), Brighouse, West Yorkshire, Reino Unido
(3) Wells Lamont, LLC (F), Niles, Illinois
(4) Wells Lamont Industry Group, LLC (F), Niles, Illinois
(4) Wells Lamont Retail Group (U), Niles, Illinois
(4) Jomac Canada (D), Stanstead, Quebec, Canadá
(1) **McLane Company, Inc.** (F), Temple, Texas[687]
(2) Empire Distributors, Inc. (F), Atlanta, Georgia
(3) Empire Distributors, Inc. (S), Charlotte, Carolina del Norte
(3) Empire Distributors of North Carolina, Inc. (F), Durham, Carolina del Norte
(3) Horizon Wine & Spirits, Inc. (F), Nashville, Tennessee
(2) Foodservice/Temple (D), Temple, Texas
(2) McLane/America (D), Salt Lake City, Utah
(2) McLane Foodservice, Inc. (F), Carrollton, Texas
(2) McLane/High Plains (D), Lubbock, Texas
(2) McLane/Mid Atlantic (D), Fredericksburg, Virginia
(2) McLane/Midwest (D), Danville, Illinois
(2) McLane/Northeast (D), Baldwinville, Nueva York
(2) McLane/Northwest (D), Tacoma, Washington
(2) McLane/Pacific (D), Merced, California
(2) McLane/Southeast (D), Athens, Georgia
(2) McLane/Southern (D), Brookhaven, Misisipi
(2) McLane/Southern California (D), San Bernardino, California
(2) McLane/Southwest (D), Temple, Texas
(2) McLane/Suneast (D), Kissimmee, Florida
(2) McLane/Sunwest (D), Goodyear, Arizona
(2) McLane/Western (D), Denver, Colorado
(2) Meadowbrook Meat Co., Inc. (F), Rocky Mount, Carolina del Norte
(2) Professional Datasolutions, Inc. (F), Temple, Texas
(1) **MidAmerican Energy Holdings Company** (F), Des

687. La información sobre McLane sale, en parte, de: Kahler y Hampton, *McLane Company...*, *op. cit.*, p. 58 y p. 90.

Moines, Iowa (renombrada como Berkshire Hathaway Energy desde 2014)
(2) Kern River Gas Transmission Company (F), Salt Lake City, Utah
(2) MidAmerican Energy Funding, LLC (F), Des Moines, Iowa
(3) MidAmerican Energy Company (F), Des Moines, Iowa
(3) Midwest Capital Group, Inc. (F), Des Moines, Iowa
(2) Northern Natural Gas Company (F), Omaha, Nebraska
(2) NV Energy, Inc. (F), Las Vegas, Nevada
(3) Nevada Power Company (F), Las Vegas, Nevada
(3) Sierra Pacific Power Company (F), Reno, Nevada
(2) PacifiCorp (F), Portland, Oregón
(3) Pacific Power & Light Company (F), Portland, Oregón
(3) Rocky Mountain Power (F), Salt Lake City, Utah
(2) CE Electric UK (F), Newcastle Upon Tyne, North East, Reino Unido
(1) **MiTek, Inc.** (F), Chesterfield, Misuri[688]
(2) Aegis Metal Framing (F), Chesterfield, Misuri
(2) Benson Industries, Inc. (F), Portland, Oregón
(3) Benson Ltd. (F), Ulsan, Corea del Sur
(2) Blok-Lok, Ltd. (F), Woodbridge, Ontario, Canadá
(2) Buildsoft Pty. Ltd. (F), Campbelltown, Nueva Gales del Sur, Australia
(2) Cubic Designs, Inc. (F), New Berlin, Wisconsin
(2) Gang Nail Brazil (F), Itaquaquecetuba, Brasil
(2) Hardy Frames, Inc. (F), Ventura, California
(2) Heat Pipe technology, Inc. (F), Tampa, Florida
(2) Hohmann & Barnard, Inc. (F), Hauppauge, Nueva York
(3) Dur-O-Wal (F), Hauppauge, Nueva York
(3) Foamtastic Products, Inc. (F), Downingtown, Pensilvania
(3) RKL Building Specialties Co., Inc. (F), Astoria, Nueva York
(3) Sandell Industries, Inc. (F), Schenectady, Nueva York

688. La información sobre MiTek sale, en parte, de: Healey, *MiTek...*, *op. cit.*, p. 145.

(2) Kova Solutions, LLC (F), Woburn, Massachusetts
(2) Mitek Australia Ltd.
(2) Mitek Canada (F), Bradford, Ontario, Canadá
(2) Mitek South Africa Ltd. (F), Blackheath, Sudáfrica
(2) Mitek UK (F), Dudley, West Midlands, Reino Unido
(2) Mitek USA, Inc. (F), Chesterfield, Misuri
(2) Mi-tek Industries, Inc. (F), Chesterfield, Misuri
(2) Robbins Engineering (F), Tampa, Florida
(2) TMI Climate Solutions (F), Holly, Michigan
(2) Sideplate Systems, Inc. (F), Laguna Hills, California
(2) United Steel Products Co., Inc. (F), Burnsville, Minnesota
(2) TBS Engineering Ltd. (F), Cheltenham, Gloucestershire, Reino Unido
(2) Truss Industry Production Systems, Inc. (F), Britton, Dakota del Sur
(1) **Nebraska Furniture Mart, Inc.** (F), Omaha, Nebraska
(2) Homemakers Plaza, Inc. (F), Irwindale, Iowa
(1) **NetJets, Inc.** (F), Columbus, Ohio
(2) Marquis Jet Partners, Inc. (F), Nueva York, Nueva York
(1) **Omaha World Herald Company** (F), Omaha, Nebraska (ver también BH Media Group)
(1) **Oriental Trading Company, Inc.** (F), Omaha, Nebraska
(2) MindWare Holdings, Inc. (F), Mineápolis, Minnesota
(1) **The Pampered Chef Ltd.** (F), Addison, Illinois
(1) **RC Willey Home Furnishings** (F), Salt Lake City, Utah
(1) **Richline Group, Inc.** (F), Tamarac, Florida
(2) Aurafin, LLC (D), Tamarac, Florida
(3) Aurafin OroAmerica (F), Burbank, California
(2) Bel-Oro International, Inc. (D), Mount Vernon, Nueva York
(3) Michael Anthony Jewelers, Inc. (F), Mount Vernon, Nueva York
(2) HONORA, Inc. (F), Nueva York, Nueva York
(2) Inverness Corporation (D), Attleboro, Massachusetts
(3) Inverness France (S), Montereau, Francia
(3) Inverness UK (S), Bidford-on-Avon, West Midlands, Reino Unido

(2) LeachGarner (D), Attleboro, Massachusetts
(3) Excell Manufacturing Company (F), Attleboro, Massachusetts
(3) Findings, Inc. (F), Keene, New Hampshire
(3) Stern Metals, Inc. (F), Attleboro, Massachusetts
(1) **The Scott Fetzer Company** (F), Westlake, Ohio
(2) Adalet (D), Cleveland, Ohio
(2) Altaquip (D), Fort Lauderdale, Florida
(2) Arbortech (D), Wooster, Ohio
(2) Campbell Hausfeld (D), Harrison, Ohio
(2) Carefree of Colorado (D), Broomfield, Colorado
(2) Douglas/Quikut (D), Walnut Ridge, Arkansas
(2) France (D), Fairview, Tennessee
(2) Halex (D), Cleveland, Ohio
(2) Kirby World Headquarters (D), Cleveland, Ohio
(2) Meriam Instrument (D), Cleveland, Ohio
(2) Northland Motor Technologies (D), Watertown, Nueva York
(2) Scot Laboratories (D), Chagrin Falls, Ohio
(2) The ScottCare Corporation (D), Cleveland, Ohio
(3) Rozinn Electronics, Inc. (F), Woodbury, Nueva York
(2) Stahl (D), Wooster, Ohio
(2) Wayne Water Systems (D), Harrison, Ohio
(2) Western Enterprises Division (D), Westlake, Ohio
(2) Western Plastics (D), Portland, Tennessee
(2) United Consumer Financial Services Company (F), Westlake, Ohio
(2) World Book/Scott Fetzer Company, Inc. (F), Chicago, Illinois
(1) **See's Candies, Inc.** (F), South San Francisco, California
(1) **Shaw ndustries Group, Inc.** (F), Dalton, Georgia
(2) Shaw Industries, Inc. (F), Franklin, Carolina del Norte
(2) Shaw Industries Group (fábrica), Dalton, Georgia
(1) **Star Furniture Company** (F), Houston, Texas
(1) **TTI, Inc.** (F), Fort Worth, Texas
(2) Mouser Electronics, Inc. (F), Mansfield, Texas
(3) Mouser Electronics Pte. Ltd. (F), Singapur, Singapur

(2) Sager Electrical Supply Co. (F), Middleboro, Massachusetts
(1) **Wesco Financial, LLC** (F), Pasadena, California
(2) **CORT Business Services Corporation** (F), Fairfax, Virginia
(3) CORT Furniture Rentals (F), West Chester, Ohio
(3) CORT Furniture Rentals (F), Tampa, Florida
(3) Relocation Central, Inc. (F), Santa Clara, California
(4) Relocation Central, Inc. (F), Oak Brook, Illinois
(4) Relocation Central, Inc. (F), Rolling Meadows, Illinois
(2) The Kansas Bankers Surety Company (F), Topeka, Kansas
(2) Precision Steel Warehouse, Inc. (F), Franklin Park, Illinois
(1) **XTRA Corporation** (F), San Luis, Misuri
(2) XTRA, LLC (F), San Luis, Misuri
(3) XTRA Lease, LLC (D), San Luis, Misuri

Bibliografía seleccionada

La investigación para este proyecto se ha beneficiado de los siguientes libros, que tratan de Berkshire o de determinadas filiales. La investigación también ha utilizado otras obras que tratan sobre otros temas, que se citan, junto con otros materiales, en las notas a pie de página.

Benedict, Jeff, *How to build a business Warren Buffett would buy: The R. C. Willey Story*, Shadow Mountain, Estados Unidos, 2009.

Chan, Ronald, *Behind the Berkshire Hathaway curtain: Lessons from Warren Buffett's top business leaders*, Wiley, Estados Unidos, 2010.

Christopher, Doris, *The Pampered Chef*, Doubleday Currency, Estados Unidos, 2005.

Clayton, Jim; y Retherford, Bill, *First a dream*, FSB, Estados Unidos, 2002.

Cunningham, Lawrence A., *The essays of Warren Buffett: Lessons for corporate America,* Cunningham Group, Estados Unidos, 1997, 2001, 2008, 2013.

Farman, Irvin, *Standard of the West: The Justin story*, Texas Christian University Press, Estados Unidos, 1996.

Gillespie, Liz Murtaugh, *Running through the first 100 years*, Brooks Sports, Inc., Estados Unidos, 2014.

Graham, Katharine, *Personal history*, Vintage, Estados Unidos, 1998.

Hagstrom, Robert J., *The Warren Buffett way*, 3.ª ed., Wiley, Estados Unidos, 2013.

Healey, Jim, *MiTek: A global success story, 1981-2011*, MiTek, Estados Unidos, 2012.

Helzberg, Barnett C. Jr., *What I learned before I sold to Warren Buffett: An entrepreneur's guide to developing a highly successful company*, Wiley, Estados Unidos, 2003.

International directory of company histories, vols. 12-75, St. James, Estados Unidos, 1996-2005.

Jain, Prem C., *Buffett beyond value: Why Warren Buffett looks to growth and management when investing*, Wiley, Estados Unidos, 2010.

Kahler, Martha; y Hampton, Jeff, *McLane Company, Inc.: The first one hundred years*, McLane Company, Estados Unidos, 1994.

Kaufman, Laurence H., *Leaders count: The story of BNSF Railway*, Monthly Custom Publishing/Texas A&M University Press, Estados Unidos, 2005.

Kilpatrick, Andrew, *Of permanent value: The story of Warren Buffett*, Andy Kilpatrick Publishing Empire, Estados Unidos, 2011.

—, *Warren Buffett: The good guy of Wall Street*, Primus/Donald I. Fine, Estados Unidos, 1992.

Klingaman, William K., *GEICO: The first forty years*, GEICO, Estados Unidos, 1994.

Lehr, Edwin E., *Colossus in clay: Acme Brick Company*, Walsworth, Estados Unidos, 1998.

Light, Murray B., *From Butler to Buffett: The story behind The Buffalo News*, Prometheus, Estados Unidos, 2004.

Linder, Karen, *The women of Berkshire Hathaway: Lessons from Warren Buffett's female CEOs and directors*, Wiley, Estados Unidos, 2012.

Loomis, Carol J., *Tap dancing to work: Warren Buffett on practically everything, 1966—2012*, Portfolio, Estados Unidos, 2012.

Lowe, Janet, *Damn right! Behind the scenes with Berkshire Hathaway billionaire Charlie Munger*, Wiley, Estados Unidos, 2000.

Lowenstein, Roger, *Buffett: The making of an American capitalist*, Random House, Estados Unidos, 1995.

Miglani, Bob, *Treat your customers: Thirty lessons on service and sales that I learned at my family's Dairy Queen store*, Hyperion, Estados Unidos, 2006.

Miles, Robert P., *The Warren Buffett CEO: Secrets from the Berkshire Hathaway managers*, Wiley, Estados Unidos, 2003.

Moos Pick, Margaret, *See's old time candies*, Chronicle Books, Estados Unidos, 2005.

Otis, Caroline Hall, *The cone with the curl on top: The Dairy Queen story, 1940-1990*, International Dairy Queen, Estados Unidos, 1990.

Patton, Randall L., *Shaw Industries: A history*, University of Georgia Press, Estados Unidos, 2002.

Rodengen, Jeffrey L., *The Marmon Group: The first fifty years*, Write Stuff Syndicate, Estados Unidos, 2002.

Schroeder, Alice, *The snowball: Warren Buffett and the business of life*, Bantam Dell, Estados Unidos, 2008.

Schulte, Ann F., *So far: The story of Helzberg Diamonds*, Helzberg's Diamond Shops, Estados Unidos, 1990.

Sokol, David L., *Pleased but not satisfied*, autopublicación, 2007.

Thorndike, William N. Jr., *The outsiders: Eight unconventional CEOs and their radically rational blueprint for success*, Harvard Business Review Press, Estados Unidos, 2012.

Ueltschi, A. L., *The history and future of FlightSafety International*, FlightSafety International, Estados Unidos, 1999.